utb 5665

Eine Arbeitsgemeinschaft der Verlage

Böhlau Verlag · Wien · Köln · Weimar
Verlag Barbara Budrich · Opladen · Toronto
facultas · Wien
Wilhelm Fink · Paderborn
Narr Francke Attempto Verlag / expert verlag · Tübingen
Haupt Verlag · Bern
Verlag Julius Klinkhardt · Bad Heilbrunn
Mohr Siebeck · Tübingen
Ernst Reinhardt Verlag · München
Ferdinand Schöningh · Paderborn
transcript Verlag · Bielefeld
Eugen Ulmer Verlag · Stuttgart
UVK Verlag · München
Vandenhoeck & Ruprecht · Göttingen
Waxmann · Münster · New York
wbv Publikation · Bielefeld
Wochenschau Verlag · Frankfurt am Main

Elisabeth Göbel

Neue Institutionenökonomik

Grundlagen, Ansätze und Kritik

UVK Verlag · München

Prof. Dr. Elisabeth Göbel lehrt an der Universität Trier und forscht zu den Themen Organisation, Neue Institutionenökonomik, Strategisches Management und Wirtschaftsethik. Sie studierte an der RWTH Aachen und an der Universität Tübingen. Dort war sie danach Assistentin am Lehrstuhl für Planung und Organisation bei Prof. Dr. F. X. Bea.

Umschlagabbildung und Kapiteleinstiegsseiten: © iStock shuoshu

Bibliografische Information der Deutschen Nationalbibliothek
Die Deutsche Nationalbibliothek verzeichnet diese Publikation in der Deutschen Nationalbibliografie; detaillierte bibliografische Daten sind im Internet über http://dnb.dnb.de abrufbar.

© UVK Verlag 2021
– ein Unternehmen der Narr Francke Attempto Verlag GmbH + Co. KG
Dischingerweg 5 · D-72070 Tübingen

Internet: www.narr.de
eMail: info@narr.de

Einbandgestaltung: Atelier Reichert, Stuttgart
CPI books GmbH, Leck

utb-Nr. 5665
ISBN 978-3-8252-5665-4 (Print)
ISBN 978-3-8385-5665-9 (ePDF)
ISBN 978-3-8463-5665-4 (ePub)

Inhalt

Vorwort 11

Teil I: Grundlagen 13

Kapitel 1 | Institutionen 15

1.1 Begriff der Institution 15
1.1.1 Versuch einer Definition 15
1.1.2 Institution und soziale Rolle 18
1.1.3 Institution und Organisation 19
1.2 Funktionen von Institutionen 21
1.3 Entstehung von Institutionen 25
1.4 Durchsetzung von Institutionen 27
1.5 Verhältnis von Individuum und Institution 30
1.5.1 Das Spannungsverhältnis von Individuum und Institution 30
1.5.2 Voluntarismus des Individuums 31
1.5.3 Determiniertheit des Individuums 32
1.5.4 Determinismus und Voluntarismus in der Vertragstheorie
von Hobbes 32
1.6 Bewertung von Institutionen 36
1.6.1 Notwendigkeit der Bewertung 36
1.6.2 Grundlagen der Bewertung 37
1.6.3 Bewertungskriterien für Institutionen 40

Kapitel 2 | Ökonomik 45

2.1 Begriff der Ökonomik 45
2.2 Das Modell des Homo Oeconomicus 47
2.2.1 Grundannahmen 47

2.2.2 Gefahr der Tautologie 49

2.2.3 Das Menschenbild der Ökonomik 50

Kapitel 3 | Ökonomische Analyse der Institutionen 59

3.1 Der ökonomische Zugang zu den Institutionen 59

3.2 Ökonomisches Entscheidungsverhalten in Institutionen . 61

3.3 Ökonomisches Entscheiden über Institutionen 64

3.4 Besonderheiten des ökonomischen Zugangs zu den
Institutionen 68

3.4.1 Funktionen von Institutionen aus ökonomischer Sicht .. 68

3.4.2 Entstehung von Institution aus ökonomischer Sicht 70

3.4.3 Durchsetzung von Institutionen aus ökonomischer Sicht 73

3.4.4 Individuum und Institution aus ökonomischer Sicht 74

3.4.5 Bewertung von Institutionen aus ökonomischer Sicht ... 77

3.5 Alte und Neue Institutionenökonomik 82

Teil II: Ansätze der Neuen Institutionenökonomik 85

Kapitel 1 | Interaktives Wirtschaften 87

1.1 Vorteile des interaktiven Wirtschaftens 87

1.2 Probleme des interaktiven Wirtschaftens 91

1.2.1 Basis-Institutionen: Privateigentum und Vertrag 91

1.2.2 Das Koordinationsproblem 92

1.2.3 Das Motivationsproblem 95

1.2.4 Die „Lösung" der Probleme durch die neoklassische
Mikroökonomik 96

Kapitel 2 | Uberblick über die Ansätze der Neuen
Institutionenökonomik 101

2.1 Die zentralen institutionenökonomischen Ansätze 101

2.2 Kurze Charakterisierung des Verfügungsrechtsansatzes . 102

2.3 Kurze Charakterisierung des Principal-Agent-Ansatzes . 103

2.4   Kurze Charakterisierung des Transaktionskostenansatzes 105
2.5   Beziehung zwischen den Ansätzen 107

Kapitel 3 | Der Verfügungsrechtsansatz 109

3.1   Was sind Verfügungsrechte? 109
3.2   Die eingeschränkte Nutzung von Verfügungsrechten . . . 111
3.3   Hypothesen zur Wirkung bestimmter
       Verfügungsrechtskonstellationen 114
3.3.1 Zentrale Verhaltenshypothesen 114
3.3.2 Privateigentum und Gemeineigentum – die
       Mengenteilung der Verfügungsrechte 117
3.3.3 Gebündeltes und segmentiertes Eigentum – die
       Artenteilung von Verfügungsrechten 125
3.3.4 Der Kaufvertrag – die sequentielle Teilung der
       Verfügungsrechte 138
3.4   Die verfügungsrechtliche Lösung von
       lnteraktionsproblemen 145
3.4.1 Entstehung und Wandel von Verfügungsrechten aus
       ökonomischer Sicht 145
3.4.2 Beispiele für eine Effizienzsteigerung durch eine
       vertragliche Umverteilung von Rechten 147
3.4.3 Löst eine Änderung der Verfügungsrechte alle
       Interaktionsprobleme? 150

Kapitel 4 | Der Principal-Agent-Ansatz 153

4.1   Prinzipale und Agenten 153
4.2   Problematik von Agency-Beziehungen 155
4.2.1 Ursachen der Probleme 155
4.2.2 Hidden characteristics 157
4.2.3 Hidden action 158
4.2.4 Hidden information 159
4.2.5 Hidden intention 160
4.3   Problemsicht des Prinzipals 161

4.4   Einfache und komplexe Agencyprobleme 162

4.4.1   Einfache Probleme 162

4.4.2   Komplexe Probleme 163

4.5   Lösungsmöglichkeiten für Agencyprobleme 169

4.5.1   Reduktion der Informationsasymmetrie 170

4.5.2   Auflösung der Zielkonflikte 174

4.5.3   Vertrauensbildung 181

4.6   Die Agency Costs als Bewertungskriterium für die
        Lösungsalternativen 191

Kapitel 5 | Der Transaktionskostenansatz 199

5.1   Transaktionen und Transaktionskosten 199

5.2   Probleme bei Transaktionen 204

5.2.1   Vergleich von Transaktionskostentheorie und
        Agencytheorie 204

5.2.2   Die problematischen Situationen im Einzelnen 207

5.2.3   Hold up-Gefahr bei Faktorspezifität als zentrales Problem 209

5.3   Lösungsmöglichkeiten für Transaktionsprobleme 212

5.3.1   Der ordinale Institutionenvergleich 212

5.3.2   Merkmale von Transaktionen 213

5.3.3   Unterschiedliche Beherrschungs- und
        Überwachungssysteme 218

5.3.4   Zuordnung von Transaktionstypen zu Beherrschungs-
        und Überwachungssystemen 221

5.4   Der Clanmechanismus als zusätzliches Beherrschungs-
        und Überwachungssystem 226

5.5   Die Transaktionskosten als Maßstab der Vorteilhaftigkeit
        institutioneller Arrangements 230

5.5.1   Erklärung der Vielzahl von institutionellen Arrangements
        aus den TAK 230

5.5.2   Probleme der empirischen Prüfung 231

5.5.3   Einseitige Kostenbetrachtung 233

Kapitel 6 | Institutionen machen Märkte – Eine institutionenökonomische Betrachtung des Marktes für Bio-Lebensmittel

Kapitel 6 | Institutionen machen Märkte – Eine institutionenökonomische Betrachtung des Marktes für Bio-Lebensmittel 237

6.1   Marktfehler und Marktversagen 237
6.1.1   Das Ideal der „unsichtbaren Hand" 237
6.1.2   Funktionsvoraussetzungen der „unsichtbaren Hand" ... 238
6.1.3   Gründe für Marktversagen 239
6.2   Marktversagen auf dem Markt für biologisch erzeugte Lebensmittel 240
6.2.1   Informationsprobleme 240
6.2.2   Institutionen zur Behebung der Informationsprobleme .. 242
6.2.3   Externe Effekte und öffentliche Güter 243
6.2.4   Institutionen zur Vermeidung externer Effekte 244
6.2.5   Marktmacht 246
6.2.6   Spezifität versus Reichweite 248
6.3   Entwicklung des Marktes für Öko-Produkte 249

Teil III: Bewertung der Neuen Institutionenökonomik

Teil III: Bewertung der Neuen Institutionenökonomik 253

Kapitel 1 | Probleme der NIÖ

Kapitel 1 | Probleme der NIÖ 255

1.1   Überblick 255
1.2   Das Homo Oeconomicus-Modell 256
1.2.1   Die ökonomische Perspektive in der NIÖ 256
1.2.2   Unklare disziplinäre Spezialisierung 258
1.2.3   Negatives Menschenbild als Kennzeichen der NIÖ 261
1.2.4   Gefahren des negativen Menschenbildes der NIÖ 262
1.3   Das vertragstheoretische Denken 266
1.3.1   Vernachlässigung formloser Beschränkungen 266
1.3.2   Vernachlässigung gesetzlicher Rahmenbedingungen 268
1.4   Probleme der Modellbildung 271
1.5   Versteckte Wertungen 272

Kapitel 2 | Stärken und Weiterentwicklungsmöglichkeiten der NIO 277

2.1   Die Offenheit des Ansatzes 277
2.1.1 Breite Anwendbarkeit 277
2.1.2 Öffnung der Ökonomik gegenüber den
       Verhaltenswissenschaften 279
2.1.3 Nachdenken über Präferenzen 281

2.2   Vertragstheoretisches Denken 285
2.2.1 Verantwortung für Institutionen 285
2.2.2 Einbeziehung formloser Beschränkungen 287

2.3   Die Berücksichtigung von individuellen Interessen 288
2.3.1 Aufdeckung von Interessengegensätzen 288
2.3.2 Einbeziehung harmonischer Interessen 290
2.3.3 Konsensorientierte Unternehmenspolitik 291

Literaturverzeichnis 295

Register 303

Vorwort

Kaum ein wirtschaftswissenschaftliches Forschungsprogramm hat in den letzten zwei Jahrzehnten soviel Widerhall gefunden wie die sog. Neue Institutionenökonomik. Im Jahr 2001 ging der Nobelpreis an drei Wissenschaftler, die dieser Denkrichtung zugeordnet werden, nämlich George A. Akerlof, A. Michael Spence und Joseph E. Stiglitz. Früher wurden bereits mehrfach Vertreter dieser Forschungsrichtung mit dem Nobelpreis gewürdigt. Das institutionenökonomische Forschungsprogramm ist in der Volkswirtschaftslehre entwickelt worden und zwar als Gegenprogramm zur neoklassischen Analyse, in welcher Institutionen keine Rolle spielen. In der neoklassischen Idealwelt funktioniert der Austausch zwischen Wirtschaftsakteuren völlig problemlos über den vollkommenen Markt. Diese Fiktion ist nützlich, um die Grundgedanken ökonomischer Effizienz in exakten Modellen abzubilden. Die Modellvoraussetzungen schienen aber doch zunehmend als zu abstrakt und realitätsfern, um die komplexe Wirklichkeit der Wirtschaft auch nur annähernd richtig zu erfassen und zu erklären. Aus dem Anliegen, den Anwendungsbereich der neoklassischen Theorie durch realitätsnähere Prämissen zu erweitern, entwickelte sich nach und nach das Gedankengebäude, das heute als „Neue Institutionenökonomik" bezeichnet wird. Kernpunkt ist die Anerkennung von Koordinations- und Motivationsproblemen bei der Interaktion von Menschen in einer arbeitsteiligen Wirtschaft, zu deren Bewältigung Institutionen nötig werden. Hinter dieser Entwicklung stand kein koordiniertes Bemühen um die Entwicklung einer neuen Lehre, und so ist bis heute nicht eindeutig geklärt, was alles inhaltlich zur Neuen Institutionenökonomik (NIÖ) zu rechnen ist. Weitgehende Einigkeit besteht jedoch darin, dass der Kern von drei Theoriesträngen gebildet wird: dem Verfügungsrechtsansatz (Property-Rights-Ansatz), dem Principal-Agent-Ansatz (auch Agencytheorie oder Vertretungstheorie) und dem Transaktionskostenansatz.

Es ist ein Anliegen dieses Buches, die Grundgedanken der NIÖ im Allgemeinen (Teil I) und jene der drei wesentlichen Theoriestränge im Besonderen (Teil II) gründlich und verständlich mit vielen Beispielen darzustellen. Wie ein Markt mit Hilfe der NIÖ analysiert und gestaltet werden kann, wird am Beispiel des Marktes für Bio-Lebensmittel gezeigt.

Der dritte Teil des Buches ist einer zusammenfassenden Bewertung der NIÖ gewidmet. Es wird überlegt, inwiefern die Betriebswirtschaftslehre von einer Einbeziehung des institutionenökonomischen Forschungsprogramms profitieren könnte und wo eine ausschließlich ökonomische Perspektive zu Lücken führt und möglicherweise sogar Gefahren für die Praxis birgt.

Mein herzlicher Dank geht an Herrn Dr. Jürgen Schechler für die gute verlegerische Unterstützung. Über Rückmeldungen und Anregungen freue ich mich unter der e-mail egoebeltr@aol.com.

Teil I: Grundlagen

Kapitel 1

Institutionen

„Der Sinn von Institutionen besteht ... darin, soziale Handlungen der Einzelnen in eine bestimmte Richtung zu steuern." (Richter [Aktion] 17).

1.1 Begriff der Institution

1.1.1 Versuch einer Definition

Der Begriff der Institution lässt sich nur schwer definieren. Zu den Institutionen zählt man so verschiedene Dinge wie den Staat, die Verfassung, den Vertrag, das Unternehmen, die Schule, die Ehe, die Sprache, das Geld, die Marktwirtschaft, die Gewerbefreiheit, die Mitbestimmung, die Menschenrechte, das Schuldverhältnis, das Eigentum, die Justiz und noch vieles andere mehr, bis hin zu den Spielregeln beim Mannschaftssport (vgl. *North* [Institutionen] 4 f.). Wir leben in einer Welt der Institutionen.

> **Beispiele:**
> Von der Institution „Unternehmung", welche ein Teil der Institution „Marktwirtschaft" ist, wird die Institution „Vertrag" genutzt, um die Institution „Schuldverhältnis" zu begründen, welches im Streitfall durch die Institution „Justiz" geklärt wird. Oder: Durch die Institution der Hochzeit wird die Institution der Ehe begründet, welche durch die Institution des Staates in besonderer Weise geschützt wird.

Was ist das Verbindende in dieser Vielfalt institutioneller Erscheinungen? Allen Institutionen gemeinsam ist, dass sie Erscheinungsformen eines geregelten Miteinanderumgehens, einer geordneten Kooperation von Menschen sind (vgl. *Gukenbiehl* [Institution] 96). **Institutionen schaffen Ordnung im Bereich des Sozialen,** also überall dort, wo Menschen ihr Handeln dem Sinne nach auf das Verhalten anderer beziehen und darin in seinem Ablauf orientieren. Ordnung bedeutet, dass dieses Handeln weder zufällig noch beliebig ist, sondern eben geregelt abläuft und damit für den anderen kalkulierbar ist. Eine Kooperation kann überhaupt nur gelingen, wenn die beteiligten Menschen richtige Erwartungen hinsichtlich der Handlungen des jeweils anderen hegen. Der Wahlbereich für ihr Verhalten muss limitiert werden.

Damit ist ein erstes Vorverständnis für das gewonnen, was eine Institution ausmacht. Das menschliche Miteinander wird allerdings auf sehr vielfältige Weise geordnet. Alle Regeln, Normen, Gewohnheiten, Traditionen, Sitten, Bräuche, Gesetze, Verbote, Vorschriften, Gepflogenheiten, Anweisungen und Befehle schaffen Ordnung im zwischenmenschlichen Umgang und sind also Beschränkungen im Wahlbereich des Verhaltens. Es ist aber nicht üblich, für jedes einzelne Verbot, das Eltern gegenüber ihrem Nachwuchs aussprechen oder für Regeln, die Kinder spontan untereinander beim Spielen ausmachen, oder für jedes einzelne Verkehrsschild den Begriff der Institution zu verwenden, auch wenn es sich bei den genannten Beispielen ohne Zweifel um eine „Art von Beschränkung (handelt), die Menschen zur Gestaltung menschlicher Interaktion ersinnen" *(North* [Institutionen] 4). Wenn von einer Institution die Rede ist, meint man normalerweise nicht einzelne Ordnung schaffende Regeln und Normen, sondern ein **System von Regeln,** um menschliches Verhalten zu steuern (vgl. *Richter/Furubotn* [Neue] 7). Als Institution bezeichnet man zugleich die **Handlungssysteme, denen ein bestimmtes Regelsystem zugrundeliegt.** Also nicht das einzelne Verkehrsschild ist eine Institution, aber die Verkehrsordnung. Und nicht das einzelne elterliche Verbot ist eine Institution, sondern die Familie, zu deren Regelsystem es gehört, dass Eltern gegenüber Kindern Verbote aussprechen dürfen und teilweise sogar müssen.

Ein solches Regelsystem bzw. geregeltes System braucht einen gemeinsamen Zweck oder Bezugspunkt, ohne den kein systemischer Zusammenhang zwischen den Regeln hergestellt werden kann. Dieser Bezugspunkt ist ein bestimmter Problembereich menschlicher Interaktion, der häufig wiederkehrt und daher standardisiert werden sollte.

Beispiele:
Wie sollen Männer und Frauen zusammenleben, wie soll die Erziehung der Kinder geregelt werden, wem soll was gehören, wie soll man Leistungen und Güter austauschen, wie sollen Streitigkeiten geschlichtet werden, wie soll man mit Krankheit und Tod umgehen, wie kann man sich das Wohlwollen „höherer Mächte" sichern, wem ist es erlaubt, verbindliche Regeln zu erlassen?

Die „Antworten" auf diese Fragen gruppieren sich um eine bestimmte **Leitidee,** die dem Regelsystem (der Institution) die Richtung und Kohärenz gibt und die vor ihrer „Institutionalisierung" schon da sein muss (zur Leitidee oder idée directrice vgl. *Gukenbiehl* [Institution] 98, 102).

> **Beispiel:**
> Die in unserer heutigen Gesellschaft gültige Leitidee der Ehe ist die auf Liebe begründete, lebenslange und exklusive Gemeinschaft von Mann und Frau, die gemeinsam die ehelichen Kinder aufziehen. Um diese Leitidee gruppieren sich Gesetze (Ehe und Familienrecht), Sitten und Bräuche (die Feier des Hochzeitstages, die silberne Hochzeit), Gewohnheiten (die Kinder werden von der Mutter betreut), Erwartungen (eheliche Treue) und Traditionen (Weihnachten feiern im Kreis der Familie), an die man bei der Institution „Ehe" denkt.

Da sich Institutionen typischerweise um eine bestimmte, in der Kultur einer Regelgemeinschaft tief verwurzelte Leitidee gruppieren und ein ganzes Geflecht von aufeinander aufbauenden geschriebenen und ungeschriebenen Regeln umfassen, sind sie im Allgemeinen **sehr stabil** und haben über längere Zeit und für einen größeren Kreis von Menschen Geltung. Sie sind „festgewurzelt" und wandeln sich nur langsam.

Eine solche dauerhafte und weitverbreitete Geltung der Regelsysteme muss allerdings zunächst erzeugt und auch immer wieder gesichert werden. Es braucht Vorkehrungen zur **Durchsetzung der Regeln**, denn den Menschen steht es prinzipiell frei, ob sie sich den Regeln fügen wollen oder nicht. Anders als Tiere sind sie nicht instinktmäßig an ein bestimmtes Verhaltensrepertoire gebunden. Damit es unter diesen Umständen überhaupt zu einer verlässlichen Verhaltenserwartung kommen kann, muss abweichendes Verhalten bestraft bzw. regelkonformes Verhalten belohnt werden. Die Instrumente, die zur Durchsetzung der Regelsysteme eingesetzt werden, sind vielfältig und in ihrer Sanktionswirkung unterschiedlich stark. Die Palette reicht von der bloßen Erwartung, dass die Mitmenschen ein regelabweichendes Verhalten missbilligen würden, über die soziale Ächtung bis hin zur Androhung von Gefängnisstrafen bei Gesetzesverstößen. Eine sehr wichtige, von Ökonomen oft vernachlässigte Form von Durchsetzungsinstrument ist das innere moralische Empfinden, das Gewissen des Einzelnen, das ihm ein bestimmtes regelkonformes Verhalten gebietet, auch wenn ihn äußere Sanktionen nicht erreichen.

Vor allem von Ökonomen wird der Begriff der Institution häufig ganz auf die Regeldurchsetzung reduziert und die Institution wird mit einem „Überwachungs- und Durchsetzungssystem" gleichgesetzt (vgl. *Richter/Furubotn* [Neue] 6 f.). Dass Institutionen Probleme menschlicher Interaktion zunächst mal gemäß einer Leitidee sinnvoll lösen sollen und die Überlegungen zur Durchsetzung dieser sinnvollen Regeln erst hinzukommen, geht bei einer solchen Verkürzung verloren.

Institutionen sind

- Systeme von verhaltenssteuernden Regeln bzw. durch diese gesteuerte Handlungssysteme,
- die Problembereiche menschlicher Interaktion gemäß einer Leitidee ordnen,
- die für längere Zeit und einen größeren Kreis von Menschen gelten
- und deren Beachtung auf unterschiedliche Art und Weise durchgesetzt wird.

1.1.2 Institution und soziale Rolle

Institutionen im oben genannten Sinne sind gewissermaßen die Spielregeln einer Interaktion, die jedem Einzelnen sagen, was von ihm „normalerweise" erwartet wird, was er tun muss, tun soll, tun kann (Muss, Soll- und Kann-Erwartungen; vgl. *Dahrendorf* [Homo] 31). Für den Einzelnen, quasi den „Spieler", konkretisiert sich das Bündel der Verhaltenserwartungen im Rahmen einer Institution als Handlungssystem als seine „Rolle". Die Rolle ist die **personalisierte Seite der Institution**.

Beispiele:
Die verschiedenen geregelten Handlungssysteme geben unterschiedliche Rollen vor, z. B. als „Ehefrau" und als „Mutter" im Rahmen der Familie, als „Hochschullehrerin" im Rahmen der Universität, als „Vertragspartnerin" beim Kauf eines Hauses, als „Christin" im sonntäglichen Gottesdienst usw. Jede dieser Rollen erweckt nicht nur Vorstellungen von bestimmten Handlungen, sondern auch von einem dazugehörigen **„materiellen Apparat"** bestehend aus Räumen, Geräten, Kleidungsstücken, Symbolen usw.

> **Soziale Rollen** sind vom Einzelnen prinzipiell unabhängige, gesellschaftlich vorgegebene Komplexe von Verhaltensvorschriften, die dem Einzelnen mit einer gewissen Verbindlichkeit begegnen, so dass er sich ihnen nicht ohne Schaden entziehen kann (vgl. *Dahrendorf* [Homo] 27 f.).

Leben gewinnen Institutionen erst, wenn Menschen sie in ihr Empfinden, Denken, Sprechen und Tun einbeziehen und die vorgesehenen Rollen in ihren Alltag übernehmen. Diese „Übersetzung" aus der geistigen in die materielle Welt führt dazu, dass die Institutionen trotz aller Stabilität auch dynamisch und wandelbar bleiben. Jedem Menschen verbleibt nämlich immer ein Spielraum zur Interpretation seiner Rolle, er kann sich den Verhaltenserwartungen entziehen und neue Rollenauffassungen kreieren. Ändern sich die durchschnittlichen Verhaltensweisen etwa in der Institution Ehe deutlich (hohe Anzahl von Scheidungen, viele Alleinerziehende, Lebensgemeinschaften zwischen gleichgeschlechtlichen Partnern, dauerhaft zusammenlebende unverheiratete Paare), dann steht irgendwann die Leitidee selbst zur Debatte und wird etwa von der Idee der „Lebensabschnitts-Partnerschaft" abgelöst, die wiederum in neuen Gesetzen, Traditionen und Bräuchen, in einem veränderten Regelsystem, neuen Rollen, einer gewandelten Institution mündet.

1.1.3 Institution und Organisation

Im Alltagsverständnis wird die Institution oft mit der Organisation gleichgesetzt. Tatsächlich ist eine Organisation aber nur eine spezielle Art von Institution. *Hayek* (vgl. [Studien] 34) schlägt vor, eine Ordnung dann als Organisation zu bezeichnen, wenn sie planvoll und bewusst hergestellt wurde. Die Organisation ist eine künstliche Ordnung, keine spontan und „von selbst" gewachsene Ordnung, wie etwa die Traditionen. Organisationen stellen insofern eine „rationalisierte" Form der Institution dar.

Bewusst hergestellt wurden allerdings auch alle Gesetze, die man dennoch nicht als Organisation bezeichnen würde. Das Bürgerliche Gesetzbuch ist eine Institution, aber keine Organisation. *North* (vgl. [Institutionen] 5) betont auch den Aspekt der bewussten Gestaltung, weist aber zusätzlich darauf hin, dass es sich bei einer Organisation immer um eine abgegrenzte Gruppe von Einzelpersonen handelt, d.h. eine Organisation hat Grenzen. Man kann Mitglieder und Nichtmitglieder unterscheiden, in Organisationen kann man eintreten und man kann sie verlassen. Die Organisation ist also ein Handlungssystem. Die Gruppe der Mitglieder wird verbunden durch einen gemeinsamen Zweck, ein gemeinsames Ziel, welches zunächst das Ziel der Gründer ist. Das in der Organisation geltende Regelsystem wird im Idealfall so geschaffen, dass schließlich alle Organisationsmitglieder das Ziel bestmöglich verfolgen (vgl. *Richter/Furubotn* [Neue] 9).

Eine **Organisation** ist ein von seinen Gestaltern bewusst geschaffenes, begrenztes, zweckgerichtetes Handlungssystem, mit einer Menge von Aktionsregeln, die den Mitgliedern vorschreiben, wie sie zu handeln haben und einer Menge von Durchsetzungsregeln, um sie zu motivieren, gemäß den Aktionsregeln zu handeln (vgl. *Richter/Furubotn* [Neue] 8 f.).

In der betriebswirtschaftlichen Organisationslehre ist es üblich, nicht nur das geregelte Handlungssystem (Unternehmung) als Organisation zu bezeichnen, sondern auch das System von Aktionsregeln (die Organisationsstruktur), also die Kombination von Spielregeln und Spielern und die Spielregeln für sich. Dieser Sprachgebrauch wird oft folgendermaßen dargestellt: Das Unternehmen **ist** eine Organisation (eine bewusst geschaffene, zweckgerichtete Institution mit Grenzen und Mitgliedern) und das Unternehmen **hat** eine Organisation (ein Regelsystem, eine Organisationsstruktur, die die Handlungsabläufe regelt) (vgl. *Bea/Göbel* [Organisation] 25 f.). Wie man die Organisationsmitglieder dazu bringt, den Aktionsregeln Folge zu leisten, also wie man Motivations- und Anreizsysteme gestaltet (z. B. Entlohnungsformen), wird in der Betriebswirtschaftslehre traditionell eher als Thema der Personalwirtschaft oder der Führung eingeordnet. Erst neuerdings wird im Zuge einer institutionellen Organisationsbetrachtung die Motivationsproblematik verstärkt als Thema der Organisationslehre behandelt, weil zur Organisation als Institution auch die Motivations- oder Durchsetzungsinstrumente gehören.

Viele Institutionen ziehen Organisationen nach sich, die den Sinn haben, den Institutionen konkrete Geltung zu verschaffen.

Beispiele:
Die Institution der Demokratie manifestiert sich in Organisationen wie dem Parlament, den politischen Parteien, den Verwaltungsbehörden. Die Institution der Marktwirtschaft nimmt Gestalt an in Organisationen wie den Unternehmen, den Gewerkschaften, den Verbraucherver-

bänden. Die Menschenrechtsorganisation „Amnesty International" will die Institution der Menschenrechte fördern.

Damit wird der Begriff der Organisation relativ eng ausgelegt. Eine Organisation entspricht in etwa dem, was im Angelsächsischen als „bureaucracy" oder „hierarchy" bezeichnet wird. Dagegen wird gerade im angelsächsischen Sprachgebrauch der Begriff „organization" häufig so verwendet, wie wir den Begriff „Institution" verwenden, nämlich für jedes stabile Muster der Interaktion von Menschen (vgl. *Ouchi* [Markets] 132, Fußnote 1). Nach einem solchen weiten Organisationsbegriff ist auch der Markt eine Form der Organisation.

1.2 Funktionen von Institutionen

Die Frage „Warum gibt es Institutionen?" kann man auf zweierlei Weise verstehen, nämlich erstens als Frage nach der Ursache, welche die Institutionen hervorgerufen hat (kausale Ursache, Wirkursache, causa efficiens), und zweitens als Frage nach dem Nutzen, den Institutionen haben (finale Ursache, Zielursache, causa finalis). Im Abschnitt 1.3 wird überlegt, auf welche Weise Institutionen entstehen, was sie kausal hervorruft. In diesem Abschnitt soll es zunächst um die finale Erklärung von Institutionen gehen, also um die Frage nach deren Funktionen.

> Zentrale **Funktionen von Institutionen** sind: Ordnungsfunktion, Entlastungsfunktion, Motivationsfunktion, Koordinationsfunktion, Kohäsionsfunktion und Wertmaßstabsfunktion.

Diese Funktionen werden mehr oder weniger von allen Instiutionen erfüllt.

Ordnungsfunktion: Institutionen sollen zunächst einmal Ordnung herstellen, d. h. **Komplexität reduzieren.** Komplexität kann definiert werden als die Fähigkeit eines Systems, in einer gegebenen Zeitspanne eine große Anzahl von verschiedenen Zuständen anzunehmen. Komplexität geht also mit Unsicherheit einher. Eine „künstliche" Komplexitätsreduktion durch Institutionen ist nötig, weil es bei den Menschen keine natürliche Verhaltenssicherheit gibt. Sie sind, wie der Anthropologe *Arnold Gehlen* (1904-1976) es ausdrückt, „Mängelwesen", weil sie kein durch Instinkt festgelegtes Verhaltensprogramm haben. Positiv ausgedrückt kann man auch sagen, dass die Menschen flexibel und wandlungsfähig, umweltoffen und lernfähig sind. Durch Intelligenz und Sprachfähigkeit können sie selbst eine Ordnung für ihr Zusammenleben entwickeln und festlegen sowie überlegen, wie diese Ordnung durchzusetzen ist. Von einer solchen Ordnung profitieren die Menschen in vielerlei Weise.

Entlastungsfunktion: Zunächst stellt die Ordnung für jeden Einzelnen eine enorme Entlastung dar. Der Mensch braucht sich nicht mehr ständig zwischen allen denkbaren alternativen Handlungsmöglichkeiten zu entscheiden, weil die Institutionen **den Handlungsspielraum deutlich einschränken.** In vielerlei Hinsicht bleibt den Menschen gar keine große Wahl bei ihren Handlungen. Dass eine solche Entlastung im Allgemeinen erwünscht ist, kann man an den zahlreichen Routinen und Gewohnheiten ablesen, welche die meisten Menschen für sich selbst ausbilden und an die sie sich völlig ohne äußeren Zwang halten. Gegenüber den Mitmenschen muss ein Verhalten, welches den geltenden Regeln entspricht, weder besonders erklärt noch gerechtfertigt werden. Bei den meisten Menschen erzeugt es Unbehagen, etwas Ungewohntes oder gar Verbotenes zu tun, so dass es auch eine Entlastung von Furcht und Zweifeln bedeutet, sich an die gegebene Ordnung zu halten. Die Entlastung von ständigen Experimenten, Improvisationen, Entscheidungen, Erklärungen und mühsamen Abstimmungen mit anderen gibt den Menschen erst die Zeit und Energie für weitere Kulturleistungen und die Vermehrung von Wohlstand. Institutionen tragen so zur Stärkung der Kräfte des Einzelnen und zur verbesserten Nutzung seiner Fähigkeiten bei.

Motivationsfunktion: Institutionen **steuern das Verhalten der Einzelnen in eine bestimmte, erwünschte Richtung.** Es ist u. a. gesellschaftlich gewollt, dass Menschen die Rechte anderer respektieren, etwa deren Eigentum oder das Recht auf körperliche Unversehrtheit. Mord und Totschlag sowie Diebstahl gelten als schädliches Verhalten, ebenso wie Vertragsbruch, Betrug, Steuerhinterziehung und vieles mehr. Bestimmte Verhaltensweisen, etwa Respekt vor Eigentum, Einhaltung von Verträgen, Fleiß, Sparsamkeit, Pünktlichkeit können als besonders günstig für das wirtschaftliche Wachstum angesehen werden (vgl. *Kasper/Streit* [Institutional] 17 ff.). Insofern Institutionen ein erwünschtes Verhalten hervorrufen (bzw. ein unerwünschtes verhindern), erfüllen sie eine Motivationsfunktion. Dies gilt für staatliche Institutionen (wie

Gesetze, Justiz, Polizei usw.) in gleichem Maße wie für private Institutionen (wie etwa die vertragliche Vereinbarung von Prämien für gute Arbeit). Betont man die Verhinderung unerwünschten Verhaltens, kann man auch von einer **Kontroll- oder Überwachungsfunktion** sprechen.

Koordinationsfunktion: In der Interaktion mit anderen Menschen schaffen die Institutionen die für eine erfolgreiche Kooperation notwendige Sicherheit und Verlässlichkeit im Verhalten. Ohne sich dessen bewusst zu sein, prognostiziert man im alltäglichen Umgang mit anderen Menschen ständig, dass diese sich „richtig" und „normal" verhalten werden und stellt seine eigenen Handlungen und Pläne darauf ab. Die Ordnung erzeugt die Konsistenz und Zuverlässigkeit, ohne die kein Glied einer arbeitsteiligen Gesellschaft seine individuellen Pläne verwirklichen könnte. Konflikte und Missverständnisse werden reduziert, die **Interaktion wird effizienter**. Die Institutionen erfüllen insofern eine wesentliche Koordinationsfunktion. Sie sorgen dafür, dass die arbeitsteiligen Handlungen zueinander passen.

Kohäsionsfunktion: Institutionen erzeugen ein Zusammengehörigkeitsgefühl in der Regelgemeinschaft. Über die gemeinsame Beachtung von Sitten, Bräuchen und Traditionen entsteht eine **soziale und kulturelle Identität**, welche dem Einzelnen Geborgenheit vermittelt und sein Leben strukturiert. Man kann von einer Kohäsionsfunktion sprechen. Die Identifikation mit der Gemeinschaft über die Institutionen kann auch dazu motivieren, sich für die Belange der Gruppe einzusetzen. Die gemeinsame Sicht der Welt erleichtert das Zusammenleben und die Verständigung. Mit ihrer Kohäsionsfunktion unterstützen Institutionen so zugleich die Motivations- und Koordinationsfunktion.

Wertmaßstabsfunktion: Institutionen liefern weiterhin einen Beurteilungsmaßstab für eigenes und fremdes Verhalten. Indem sie ein bestimmtes Verhalten für erlaubt oder unerlaubt, erwünscht oder unerwünscht erklären, bringen sie **soziale Wertungen** zum Ausdruck (du sollst, du musst, du darfst nicht, das gehört sich nicht...). Der Einzelne kann durch die Beachtung oder Missachtung der Regeln darstellen, ob er mit diesen Wertungen einverstanden ist oder nicht. Weil Institutionen Wertungen zum Ausdruck bringen, kann man sie „hassen" oder engagiert für sie kämpfen. Mit dieser Wertmaßstabsfunktion liefern Institutionen auch die legitime Basis für eine Verurteilung und Bestrafung bzw. Belohnung. Mit einer Messlatte für richtiges Verhalten kann man Konflikte vermeiden oder besser lösen.

Neben diesen allgemeinen Funktionen haben verschiedene Institutionen noch je **spezielle Funktionen**, je nachdem für welchen Problembereich sie geschaffen wurden. Institutionen regeln die Lebensgemeinschaft von Mann und Frau, die Erziehung der Kinder, die Produktion und den Austausch von Gütern, die Religionsausübung, das Verhältnis von Nachbarn usw. Eine wichtige spezielle Funktion ist die der **Herrschaftssicherung.** Sowohl durch die ungeschriebene Ordnung der Tradition als auch durch die „gesatzte" Ordnung bürokratischer Institutionen kann – wie schon *Max Weber* darstellte (vgl. [Wirtschaft] 124) – Herrschaft legitimiert und abgesichert werden. Das heißt, durch viele Institutionen wird auch festgelegt, wer in welchem Maße berechtigt ist, Macht über andere auszuüben und Gehorsam von ihnen zu verlangen. Das gilt bspw. für Institutionen wie Familie, Schule, Kirche, Unternehmen, Behörden, Staat.

Schließlich gibt es noch zahlreiche Institutionen, welche regeln, wie Institutionen entstehen und durchgesetzt werden sollen. Es gibt Institutionen die regeln, wie neue Organisationen geschaffen werden sollen (etwa das Gesellschaftsrecht), Institutionen die helfen sollen, geltende Regeln durchzusetzen (Polizei, Justiz), Institutionen, die den Nachwuchs die geltenden Regeln lehren sollen (Familien, Schulen, Kirchen).

Keine Gesellschaft kann auf die ordnende Kraft der Institutionen verzichten. Aber sie haben auch ihre **Schattenseiten.** Spontaneität, Kreativität und Individualismus stoßen mit der fest vorgegebenen Ordnung zusammen. Die Institutionen bringen nicht nur Sicherheit und Stabilität mit sich, sondern auch Enge, Zwang und Starrheit. Weil jede Institution Freiheit beschneidet, Lebens- und Handlungsmöglichkeiten ausschließt, evtl. sogar unter Strafe stellt, muss ihre Funktionalität und Legitimität immer wieder unter Beweis gestellt werden. Institutionen können nämlich nicht nur von Anfang an mehr oder weniger problemadäquat sein, sie können es auch im Laufe der Zeit durch eine Veränderung der äußeren Bedingungen werden.

Beispiele:
Früher als selbstverständlich gültig akzeptierte Institutionen empfinden wir heute als falsch (Leibeigenschaft, Sklaverei) oder überholt (Monarchie, Zünfte).

Wegen der möglichen negativen Folgen von Institutionen ist es besonders wichtig zu fragen, wie sie entstehen, wer das Recht hat sie festzulegen und zu ändern und weiterhin nach welchen Maßstäben sie bewertet werden können.

1.3 Entstehung von Institutionen

Auf die Frage nach der kausalen Ursache von Institutionen, also ihrer **Entstehungsweise**, werden verschiedene Antworten gegeben, die man grob in zwei Gruppen einteilen kann:

- ▸ Es gibt die von selbst entstehenden
- ▸ und die bewusst gegründeten Institutionen.

Ungeplant entstandene Institutionen: Manche Institutionen entstehen „von selbst", sie bilden sich im Laufe der Zeit aus, zwar durch menschliches Handeln, aber ohne menschlichen Entwurf (vgl. *Hayek* [Studien] 97 ff.). Bestimmte Handlungen werden in immer gleicher Weise ausgeführt, also habitualisiert, wie die Soziologen sagen. Diese Habitualisierungen werden von anderen übernommen, Situationen und Personen werden typisiert, d. h. man weiß, was man typischerweise in einer bestimmten Situation und Rolle zu tun hat bzw. von anderen zu erwarten hat. Hat sich eine Institution durchgesetzt, ist ihre Entwicklungsgeschichte oft kaum noch nachzuvollziehen. Sie ist als Selbstverständlichkeit verinnerlicht und wirkt wie etwas objektiv von außen Gegebenes (vgl. *Berger/Luckmann* [Konstruktion]). Welche Institution die Kraft hat, sich in einer Gesellschaft durchzusetzen, erweist sich im evolutionären Prozess der Variation, Selektion und Retention. Aus verschiedenen Regelsystemen (den Varianten) bleiben diejenigen übrig, die der Regelgemeinschaft einen Vorteil gegenüber anderen Gruppen verschaffen, die also besonders funktional sind (Selektion). Diese werden beibehalten und tradiert (Retention).

Geplante Institutionen: Andere Institutionen werden bewusst gegründet. Bei der bewussten Gründung kann man sich wiederum verschiedene Spielarten vorstellen:

- ▸ Ausgewählte Einzelpersonen **stiften oder erlassen** eine Institution, die dann auch für andere Geltung erlangt. Diese Personen müssen in irgendeiner Weise ausgezeichnet sein, damit sich die Institution durchsetzen lässt. Sie können über eine große Macht verfügen, die ihnen ermöglicht, anderen ihr Regelsystem aufzuzwingen. Oder sie haben kraft ihrer traditionellen Stellung (z. B. als König), kraft ihrer charismatischen Persönlichkeit (etwa als Religionsstifter) oder kraft eines ihnen übertragenen Amtes (beispielsweise als Parlamentarier) einen legitimen Herrschaftsanspruch, der ihnen die Durchsetzung ihrer Ordnungsvorstellungen erlaubt (zu den Formen legitimer Herrschaft vgl. *Weber* [Wirtschaft] Kapitel III und IX).

‣ In der zweiten Spielart der bewussten Gründung von Institutionen schließen die von dem Regelsystem Betroffenen einen **Vertrag** ab. Ein Vertrag entsteht, wenn mindestens zwei Beteiligte inhaltlich übereinstimmende Willenserklärungen mit Bezug aufeinander abgeben. Man geht davon aus, dass die Vertragspartner etwa gleich stark und gleich gut informiert sind und daher ein Ergebnis aushandeln, welches beiden Seiten vorteilhaft erscheint.

Entstehungsweisen von Institutionen		
Ungeplant (bspw. durch Tradition und Evolution)	geplant	
	durch Erlass (bspw. Gesetzgebung durch das Parlament)	durch Vertrag (bspw. Gründung eines Unternehmens)

Abb. 1: Entstehungsweisen von Institutionen

Die verschiedenen Entstehungsarten können unterschiedlichen Institutionen zugeordnet werden. Als Beispiele für „von selbst" entstandene Institutionen werden häufig die Sprache, das Geld und die Familie genannt. Die Ausbildung anderer Institutionen kann auf einzelne Personen zurückgeführt werden. Das römische Recht des Corpus iuris civilis wurde vom oströmischen Kaiser Justinian am 30. Dezember 533 in Kraft gesetzt (vgl. *Behrends u. a.* [Corpus] V). Bestimmte Vereine und Unternehmen entstehen durch die übereinstimmende Willenserklärung der Gründer, also durch Vertrag.

Bei einer dynamischen Betrachtung der Entstehungsgeschichte lässt sich allerdings feststellen, dass kaum eine Institution eindeutig auf eine Entstehungsart zurückgeführt werden kann. Viele ursprünglich von selbst entstandene Regelsysteme sind im Laufe der Zeit planvoll verbessert, genauer kodifiziert und bewusst abgesichert worden. Für die Sprache gibt es heute verbindliche Regeln der Grammatik und der Rechtschreibung, deren Nichteinhaltung sanktioniert wird (z. B. durch schlechte Noten in der Schule). Wie Rechtschreibreformen zeigen, kann eine Organisation außerdem die gewachsene Institution „Sprache" gezielt verändern.

Auf der anderen Seite spielen in den bewusst gestalteten Institutionen häufig auch „gewachsene" Regeln eine Rolle. Regelsysteme entstehen immer innerhalb bereits geltender Institutionen. Wenn ein Unternehmen durch einen Gesellschaftsvertrag konstituiert wird, muss es bereits die Institution des Vertrages geben. Zur Institution des Vertrages gehören Regelungen darüber, wer überhaupt als Vertragspartner in Frage kommt (z. B. keine kleinen Kinder), in welcher Form der Vertrag zu schließen ist (z. B. bei Immobilien vor einem Notar), ob und wie ein Vertrag geändert oder gelöst werden kann und vieles mehr. Fragt man weiter nach dem Ursprung solcher Regeln, könnte man auf die oben angeführten Gesetzestexte des Kaisers Justinian verweisen, der sich ausführlich mit der Institution des Vertrages beschäftigte (vgl. *Behrends u. a.* [Corpus]). Um seine Regeln zu begründen, beruft sich dieser aber wiederum auf frühere Gesetze (37), langwährende Gewohnheit (5) und auf das, was nach natürlicher Vernunft gilt und was deshalb alle Menschen schon immer befolgen (3). Auch in den bewusst gegründeten Institutionen spielt so die gewachsene Tradition eine nicht zu unterschätzende Rolle. Wenn heute eine Unternehmung gegründet wird, ist das zwar ein geregelter juristischer Akt, ob aber die Institution Unternehmung an sich geplant ins Leben gerufen wurde oder ob sie sich spontan entwickelt hat, ist umstritten (vgl. *Schneider* [Unsichtbare]).

Auch die Gründung von Institutionen durch Vertrag und der Erlass von Regeln kommen häufig gemeinsam vor. Verträge bewegen sich zum ersten immer im Rahmen des erlassenen Vertragsrechts. Zum zweiten kann durch Vertrag gerade auch einzelnen Personen oder Organisationen für die Zukunft das Recht eingeräumt werden, weitere Regeln verbindlich zu erlassen. Im ersten Fall folgt der Vertrag auf den Erlass, im zweiten Fall der Erlass auf den Vertrag.

1.4 Durchsetzung von Institutionen

Regelsysteme können ihre handlungsregulierende Funktion nur entfalten, wenn sie von vielen Menschen faktisch befolgt werden.

Die Gründe für eine Befolgung von Regeln sind in Abb. 2 zusammengefasst.

Was motiviert zur Regelbefolgung?	Beispiel
Angst vor Strafe	Ein Autofahrer hält sich an das Tempolimit, weil er einen Blitzer sieht.
Erwartung von Vorteilen	Eine Arbeitnehmerin beachtet alles Vorschriften genau, weil sie sich eine Beförderung erhofft.
Konformismus	Ein neuer Mitarbeiter feiert seinen Einstand, weil das alle so machen.
Gewohnheit	Eine alte Dame geht seit ihrer Kindheit immer sonntags in die Kirche.
Gefühlsmäßige Bindung an den Regelgeber	Ein Kind gehorcht den Eltern, weil die sonst traurig werden.
Anerkennung der Legitimität der Regelentstehung	Jemand hält sich an die Gesetze, weil sie sie in einem demokratischen Verfahren zustande gekommen sind.
Einsicht in die normative Gültigkeit der Regeln	Jemand, der eine gut gefüllte Geldbörse findet, liefert sie im Fundbüro ab, weil er das als richtig erachtet.

Abb. 2: Gründe für die Befolgung von Regeln

Die einzelnen Gründe für eine Regelbefolgung können sich vermischen. Die konformistische Haltung wird möglicherweise verursacht von einer dahinter stehenden Angst vor sozialen Strafen oder auch von dem Wunsch nach sozialer Anerkennung, also Belohnung. Gewohnheiten bringen Entlastung mit sich und auch das kann in einem weiteren Sinne als Belohnung (Vorteil) empfunden werden.

Eine Institution ist besonders schwer durchzusetzen, wenn sich die Befolgung alleine auf **Angst vor Strafe** gründet. Dann muss nämlich jederzeit mit einem Regelbruch gerechnet werden, sobald sich ein Verstoß nicht ohne weiteres feststellen lässt oder die Strafe nicht ausreichend abschreckend ist. Es müssen eigens Organisationen zur Kontrolle und Bestrafung geschaffen werden.

Besonders leicht lassen sich dagegen Regeln durchsetzen, deren Befolgung **allen Betroffenen nur (materielle) Vorteile** bringt. Man geht davon aus, dass Regelungen, die durch Vertrag entstanden sind, für alle Vertragspartner Vorteile bringen. Sie setzen sich quasi von selbst durch. Sobald sich allerdings die Verhältnisse so ändern, dass die Vorteile (für einige) wegfallen, ist nicht mehr mit einer Regelbefolgung zu rechnen.

Wenn man etwas aus **Gewohnheit** tut, dann hält man sich an Regeln, ohne die Vorteile und Nachteile jedesmal zu kalkulieren. Die Befolgung der Regeln droht aber zu erodieren, sobald Gewohnheiten reflektiert werden, weil sich die Handlungsbedingungen deutlich geändert haben.

Folgt man Regeln, weil es alle so machen (**Konformismus**), ist die Regelbefolgung in Frage gestellt, wenn andere sich offenbar nicht mehr an die Regeln halten. Hängt die Regelbefolgung davon ab, dass man jemanden respektiert (**gefühlsmäßige Bindung**), ist sie gefährdet sobald die gefühls-mäßige Bindung sich lockert.

Als **besonders stabil in ihrem Bestand sind Institutionen einzu-schätzen, die als normativ legitimiert gelten,** d. h. von deren Gültigkeit und Rechtmäßigkeit die Menschen überzeugt sind (Einsicht in die Legiti-mität des Regelgebers und/oder die Gültigkeit der Regeln). Nur bei einer solchen Überzeugung ist zu erhoffen, dass die Menschen Regeln auch dann einhalten, wenn die Kontrolle schwierig ist, wenn viele andere sich nicht an die Regeln halten und wenn es ihnen keine erkennbaren Vorteile sondern vielleicht sogar Nachteile bringt. Die Regelbefolgung wird als innere Hal-tung stabilisiert und ist relativ unabhängig von äußeren Einflüssen wie Lohn und Strafe.

Diese **normative Legitimation** einer Institution tritt in zwei Formen auf (vgl. *Homann* [Legitimation] 54):

▸ Legalistische Legitimation (die Institution ist ordnungsgemäß enstan-den)

▸ und philosophisch-ethische Legitimation (die Institution kann mit guten Gründen gerechtfertigt werden).

Legalistische Legitimation: Eine Institution wird als rechtens und gültig anerkannt, weil sie von dazu befugten Instanzen **ordnungsgemäß gesetzt** wurde oder auf anderen Wegen ordnungsgemäß zustande kam. Es werden nicht die einzelnen Regeln auf ihre Gültigkeit geprüft, sondern der Weg, auf dem die Regeln entstanden sind. Regeln werden beachtet, weil sie auf einem gültigen Weg zustande gekommen sind, früher etwa durch Befehl des Kaisers, heute durch parlamentarische Gesetzgebungsverfahren oder durch Weisungen einer Autoritätsperson. Als gültige Wege der Regelentstehung können auch Verträge angesehen werden. Diese Art der Legitimation wird als juristisch oder **legalistisch** bezeichnet, weil jede Regel als rechtens gilt, die auf legalem, ordnungsgemäßem Weg entstanden ist. Die Regeln selbst sind nur indirekt legitimiert.

Philosophisch-ethische Legitimation: Eine philosophisch-ethische Legitimation sieht dagegen nur solche Institutionen als gültig an, die „mit guten Gründen" gerechtfertigt werden können. Regeln müssen direkt ge-rechtfertigt werden, nicht indirekt über den Weg ihres Zustandekommens. Auf legalem Weg entstandene Regeln können (und sollen) also noch einer weiteren Beurteilung unterzogen werden, nämlich ob sie auch „recht" sind.

(Welche Gründe angeführt werden, wird in Abschnitt 1.6 noch genauer thematisiert.) Eine solche philosophisch-ethische Rechtfertigung ist im Grunde immer nötig, um Legitimität zu begründen, denn auch wer Regeln anerkennt, weil sie legal zustande gekommen sind, muss gute Gründe angeben können, warum man der regelgebenden Instanz das Recht zusprechen sollte, gültige Regeln zu erlassen. Die Rechtfertigung mit guten Gründen wird also zwar nicht auf die Regeln direkt angewandt, aber doch auf die regulierende Instanz. Man erkennt ein Regelsystem als legitim an, weil man die Herrschaft des Kaisers, die gesetzgebende Gewalt des Parlaments, die Gültigkeit eines Vertrages mit guten Gründen anerkennt.

Obwohl es nach dem bisher Gesagten vielerlei Motive gibt, einem Regelsystem Folge zu leisten, kann keiner dieser Gründe die faktische Befolgung garantieren. Bei wichtigen Institutionen lässt sich daher auch häufig eine **Kombination verschiedener Durchsetzungswege** finden.

Beispiel:
Nehmen wir an, eine Mutter wolle ihr Kind davon überzeugen, dass es fremdes Eigentum respektieren soll und nicht stehlen darf. Sie könnte auf vielerlei Art argumentieren: Wenn du stiehlst, kommst du ins Gefängnis (Strafe androhen). Wenn du immer ehrlich bist, wird man dir vertrauen (Vorteile in Aussicht stellen). Stehlen, das tut man einfach nicht (Konformismus ansprechen). Wenn du jemand etwas wegnimmst, wird Mama ganz traurig (auf gefühlsmäßige Bindung hinweisen). Das ist vom Gesetz verboten (Illegalität herausstellen). Stell dir vor, dir würde jemand einfach etwas weg nehmen. Das möchtest du doch auch nicht (an vernünftige Einsicht appellieren).

1.5 Verhältnis von Individuum und Institution

1.5.1 Das Spannungsverhältnis von Individuum und Institution

Das Verhältnis von Mensch und Institution ist ein zweifaches: Der Mensch ist zugleich Schöpfer von Institutionen und er ist in sie eingebunden. Er bestimmt sie und wird von ihnen bestimmt.

Jeder Mensch wird in eine Welt bestehender Institutionen hinein geboren und in ihr sozialisiert. Er lernt, was bereits (objektiv) gilt und kann sich im Extremfall den Institutionen ohnmächtig ausgeliefert sehen. Die ständige Wandlung von Institutionen in der Zeit und ihre interkulturelle Unterschiedlichkeit sind zugleich Zeichen für die Freiräume zu ihrer aktiven Gestaltung. Ob es nun herausragende Einzelne sind, abgrenzbare Gruppen von Menschen oder eine amorphe Menge, die schlagartig oder allmählich Institutionen schaffen und verändern, immer sind Menschen die Schöpfer der Institutionen. Die Eingrenzung des Einzelnen durch die Regelsysteme kann durch die Frage ausgedrückt werden: „Was darf der Mensch?" Seine Gestaltungsfreiheit zieht die Frage nach sich: „Was will der Mensch?" Beide Fragen wurden und werden unterschiedlich beantwortet, je nach dem Menschenbild verschiedener Zeiten, Kulturen und Gelehrter.

1.5.2 Voluntarismus des Individuums

Nach der nihilistischen Philosophie *Friedrich Nietzsches* darf der Mensch im Prinzip alles, denn es gibt überhaupt keine verbindlichen Maßstäbe für richtiges Handeln und richtige Regeln. Alle vorhandenen Institutionen einschließlich der Moral sind willkürlich, tyrannisch und dumm und können keine wirkliche Geltung beanspruchen (vgl. [Moral] 646 f.). Weder Gott noch die Vernunft noch den Konsens lässt er als Bewertungsgrundlage für Institutionen gelten. Allenfalls die Natur lehrt uns, was richtig ist. Aber es ist nicht die natürliche Ordnung, die *Nietzsche* dabei im Auge hat, sondern die ungeordnete, wildwüchsige Dschungelnatur und die rücksichtslose Raubtiernatur, die ihm vorbildlich erscheinen (vgl. [Moral] 653). Da der Mensch alles darf, steht ganz die Frage im Vordergrund, was er will. Die meisten Menschen seien zaghafte, ängstliche Herdentiere, die nur gehorchen wollten. Nur einige herausragende Menschen hätten den Willen zur Macht und allein dieser Wille gebe ihnen das Recht, die anderen ohne Rücksicht, Verantwortung und Schuldgefühl zu unterwerfen und die Herrschaft an sich zu reißen. Die „Raubmenschen" (653) seien die „geborenen Organisatoren" (827), die den anderen ihre willkürlichen, irrationalen Regeln gewaltsam aufdrückten. Sie können und dürfen alles, was sie wollen.

1.5.3 Determiniertheit des Individuums

Als gesellschaftlich, institutionell weitgehend determiniert sieht der Soziologe *Ralf Dahrendorf* den Einzelnen an. Der „Homo sociologicus" ([Homo] 67) ist ein Aggregat von Rollen, ein rollenspielendes determiniertes Wesen. Er ist eingebettet in die zahlreichen Muss-, Soll- und Kann-Erwartungen, die die Gesellschaft – genauer: die jeweilige Bezugsgruppe – an ihn stellt und deren Beachtung sie überwacht. Die Rollen sind weder von Einzelnen willkürlich oder rational gesetzt worden, noch sind sie „gottgewollt" oder „natürlich". Vielmehr entstehen sie im Laufe der Zeit von selbst, um die Ansprüche der Gesellschaft mit dem Willen des Einzelnen zu vermitteln. Man könnte vielleicht sagen, es gibt einen impliziten Konsens über die Geltung der Rollen. Der Einzelne erlebt sich als den Institutionen ausgeliefert und an sie gekettet. Er bewahrt sich aber immer einen Rest an Freiheit, der sich der Berechnung und Kontrolle entzieht (vgl. [Homo] 46). Er kann manche Rollen bewusst wählen (etwa als Vorsitzende des Fußballvereins), verschiedene Rollen unterschiedlich stark gewichten (etwa die Berufsrolle über die Vaterrolle stellen), Rollenerwartungen individuell interpretieren und Rollenerwartungen (vor allem Kann-Erwartungen) einfach ignorieren. Der individuelle freie Wille wird nicht ausgeschaltet, hinterlässt aber nur Spuren in den Erwartungen der Gesellschaft, die sich höchstens nach und nach zu veränderten Institutionen summieren können, wenn viele den alten Erwartungen nicht mehr folgen. Was der Mensch darf, ist weitgehend gesellschaftlich festgelegt. Der persönliche Wille ist demgegenüber eine Art Restgröße.

1.5.4 Determinismus und Voluntarismus in der Vertragstheorie von Hobbes

Während nach *Nietzsche* der Mensch – zumindest der Machtmensch – völlig frei ist in der Gestaltung der Regeln und nach *Dahrendorf* der Mensch weitgehend an die schon vorhandenen Regeln gekettet ist, soll als Beispiel für die Position einer begrenzten Freiheit bei der Gestaltung von Institutionen das vertragstheoretische Denken angeführt werden.

Die folgenden Ausführungen beziehen sich vor allem auf *Thomas Hobbes* (1588-1679), der als Urvater der Vertragstheorie gilt. Der Mensch verfolgt nach *Hobbes* seinen eigenen Nutzen, seine persönliche Glückseligkeit. Das Streben nach Glück bedeute für die meisten Menschen, so *Hobbes* Behauptung, Streben nach Wohlstand, Befehlsgewalt und Sinnesfreuden (vgl. [Leviathan] 118; die folgenden Seitenangaben beziehen sich immer auf [Leviathan]). An die erste Stelle der menschlichen Neigungen setzt er „ein ständiges und rastloses Verlangen nach Macht" (81).

Wenn nun in einem völlig ungeregelten **Naturzustand** die Menschen mit ihrem ungezügelten Willen aufeinanderstoßen, ihre Macht, ihren Reichtum und ihre Lust zu mehren, dann entwickelt sich ein „Krieg eines jeden gegen jeden" (104). Es herrscht ständig die Gefahr eines gewaltsamen Todes " und das Leben der Menschen ist einsam, armselig, widerwärtig, vertiert und kurz" (105).

Aber wie findet man aus diesem Naturzustand heraus? Ähnlich wie später *Kant* beruft sich *Hobbes* auf das Wirken der **Vernunft**. „Die Vernunft legt geeignete Friedensartikel nahe" (107), die er auch als ewige und unveränderliche Naturgesetze bezeichnet. Das erste und grundlegende Naturgesetz ist es, „Frieden zu suchen und zu halten" (108). Daraus abzuleiten ist das zweite Naturgesetz, nämlich dass der Mensch bereit sein soll, seine Freiheit einzuschränken und seinem Recht zu entsagen, alles zu tun, was ihm beliebt. Er soll sich mit den Rechten zufriedengeben, die er auch anderen gegen sich selbst zugestehen würde und niemanden an der Ausübung seiner Rechte hindern. Die „goldene Regel" soll sein Handeln leiten: Alles nun was ihr wollt, das euch die Leute tun, das tut ihr ihnen auch (109). Diese gegenseitige Übertragung von Rechten nennt er Vertrag (111). Für *Hobbes* ist der Vertrag, die freiwillige, auf Vernunft gegründete Einräumung von Rechten, die jeden vor der Willkür des anderen schützen, die Basis jedes Gemeinwesens. Daraus folgt als drittes Naturgesetz, dass geschlossene Verträge erfüllt werden müssen. Es ist Pflicht, sie zu erfüllen (109), es wäre widersinnig und gegen die Idee des Vertrages selbst, wenn man ihn nicht einhalten müsste (119). Diesen Naturgesetzen fügt Hobbes noch viele weitere hinzu (insgesamt 19), die geeignet erscheinen, den Menschen ein friedliches, geselliges und zufriedenes Leben zu bescheren. Solche Gesetze sind die Dankbarkeit für erwiesene Freundlichkeiten, die Bereitschaft zur Vergebung von Unrecht, die Anerkennung des anderen als gleichberechtigt, die gerechte Nutzung gemeinsamen Eigentums.

Anders als *Kant* begründet *Hobbes* die Gültigkeit der Naturgesetze nicht kategorisch, als Zweck an sich selbst. Vielmehr seien sie geschickte Mittel im Hinblick auf den übergeordneten Zweck, ein angenehmes Leben mit Sicherheit, Wohlstand, Kultur und Bildung zu ermöglichen. Er verweist also auf die **Kooperationsgewinne,** wie es Ökonomen nennen würden. Mit dieser Zweckorientierung des Handelns ist aber zugleich die Wahrscheinlichkeit groß, dass die Individuen sofort von den Gesetzen abweichen, sobald es ihnen persönlich im Hinblick auf ihre übergeordneten Zwecke opportun erscheint. Ursprünglich hätten zwar alle dem Vertrag zugestimmt, weil sie aus Vernunft erkennen, dass die Einhaltung von Regeln allen Vorteile bringt. Dass es allen, oder dem Gemeinwesen Vorteile bringt, muss aber nicht zugleich heißen, dass es jedem Einzelnen in jedem Fall Vorteile bringt. Ein individueller Kalkül könne jederzeit auch einen Bruch der Gesetze als vorteilhaft erscheinen lassen. Aufgrund der Natur des Menschen, die ihn zu Unfrieden, zu Hass, Rachedurst, Gewalt und Betrug anstifte, sei die allgemeine Einhaltung der Gesetze sogar sehr unwahrscheinlich. Einzig die Furcht vor Strafe ist in *Hobbes* Augen geeignet, Gesetzestreue zu garantieren (118). Darum muss ein starker Staat die Einhaltung der Regeln erzwingen, indem er die Menschen in Furcht und Schrecken hält (120, 141).

Das Verhältnis von Individuum und Institution ist damit bei *Hobbes* sehr zwiespältig. Der Mensch ist von Natur aus berechtigt, alles zu tun was er will. Jeder hat ein Recht auf alles, sogar auf den Körper eines anderen (108). Gewalt und Betrug sind im Naturzustand Kardinaltugenden, Begriffe von Recht und Unrecht haben keinen Platz (106). Der Mensch gleicht dem Raubmenschen *Nietzsches*. Die Einhaltung von Regeln ist „unnatürlich". Eines Tages (wann?) wird den Menschen (allen?) klar, dass die Existenz im Naturzustand nicht angenehm ist, dass sie in einem institutionellen Rahmen besser leben könnten. Aus den Raubmenschen, den Wölfen wie *Hobbes* sie nennt, werden vernünftige, gleichberechtigte Vertragspartner, die erkennen, dass Tugenden wie Gerechtigkeit, Dankbarkeit, Mäßigung und Barmherzigkeit die besten Mittel zu einem friedlichen, geselligen und zufriedenen Leben sind (134). Der Mensch ist in diesem Moment frei, sich selbst vernünftige Regeln zu geben, einen Gesellschaftsvertrag zu schließen, dem er sich aus freien Stücken unterwirft, weil er ihn als vorteilhaft für alle erkennt. Doch dann bricht sich die Wolfsnatur wieder Bahn (wann und warum?) und weder die vernünftige Einsicht an sich noch die Aussicht auf die Vorteile der Gesetzestreue für alle sind als Durchsetzungsgründe stark genug, um den Institutionen Geltung zu verschaffen. Nur ein **starker Staat,** der sterbliche Gott „Leviathan", kann die Individuen mit Strafandrohungen zwingen, sich an die Regeln zu halten. Der völligen Freiheit im Naturzustand folgt die vollkommene Unterwerfung unter einen absoluten Herrscher, der nicht abgesetzt, nicht kritisiert oder bestraft werden kann und der alle weiteren Institutionen eigenmächtig schafft (145 ff.).

Die merkwürdige Wandlung des Menschen vom skrupellosen Raubtier über den vernünftigen Vertragspartner bis hin zum gehorsamen Untertan erscheint nicht sehr überzeugend. Warum sollte der Raubmensch zum Vertragspartner mutieren? „Wer befehlen kann, wer von Natur Herr ist, wer gewalttätig in Werk und Gebärde auftritt – was hat der mit Verträgen zu schaffen!" mokiert sich *Nietzsche* über *Hobbes* „Schwärmerei" vom Gesellschaftsvertrag ([Moral] 827). Zum Bild des egoistischen Raubmenschen passt logisch viel besser, dass sich die Stärksten, die Sieger im Krieg eines jeden gegen jeden, der Herrschaft einfach bemächtigen und sich willkürlich Privilegien zubilligen, ohne sich um Gerechtigkeit oder Verantwortung auch nur einen Deut zu kümmern. Und warum sollte weiterhin der vernünftige Vertragspartner, der die Vorteile der Kooperation für alle erkannt hat, nicht durch diese Einsicht zur Einhaltung der Regeln motiviert werden können? Warum wirft er alle Vernunft wieder über Bord und kann nur durch Furcht bewegt werden, sich an eine Ordnung zu halten, die er selbst mit guten Gründen geschaffen hat? Was passiert in den Fällen, in denen der Staat (die Justiz) nicht entscheiden kann, wer Recht hat? Und wer hält eigentlich den Leviathan im Zaum?

Das vertragstheoretische Modell wird viel konsistenter, wenn der Mensch von Anfang an nicht als das skrupellose Raubtier gesehen wird, das sich rücksichtslos nimmt, was es will, sondern als ein sozialisiertes und vernünftiges Wesen, das den Sinn einer Ordnung einsehen kann. Ein solches Menschenbild findet sich beispielsweise bei *Adam Smith*. Der Mensch, der von Natur aus die Zustimmung und Achtung seiner Mitmenschen will, der vor seinem Gewissen bestehen will, der das eigene Glück aber auch das Glück und Wohlbefinden der anderen will ([Wohlstand] XXXVIIff.), das ist der Mensch, der sich auf die freiwillige und gleichmäßige Einräumung von Rechten für alle und deren Einhaltung einlässt, der die *Hobbes'schen* Naturgesetze einsieht. Er ist zugleich derjenige, der sich die Freiheit erhält, Institutionen weiterhin selbst zu schaffen und zu ändern, weil er nicht gewaltsam seiner Freiheit beraubt werden muss, um sich an die Ordnung zu halten. Er erlangt mehr persönliche Freiheit gegenüber den Institutionen, gerade weil und solange er sich freiwillig an sie bindet.

Voluntarismus und Determinismus sind dann nicht mehr sich abwechselnde Phasen in der Entwicklungsgeschichte vom Naturzustand zur zivilisierten Gesellschaft. Vielmehr sind sie miteinander verwoben in einem gemäßigten Voluntarismus, der dem Einzelnen gerade dadurch Freiheit,

Sicherheit und Wohlstand ermöglicht, weil er ihn, und die anderen, institutionell einbettet.

1.6 Bewertung von Institutionen

1.6.1 Notwendigkeit der Bewertung

Institutionen sind Antworten auf zentrale Fragen des menschlichen Zusammenlebens. Diese Antworten fallen in verschiedenen Ländern und zu verschiedenen Zeiten sehr unterschiedlich aus.

Beispiele:
Es gibt die Staatsformen der Monarchie und der Demokratie, es gibt Privateigentum und Gemeineigentum, Planwirtschaft und Marktwirtschaft, Klein- und Großfamilie, Monogamie und Polygamie usw.

Jeder interkulturelle und intertemporale Vergleich zeigt uns eine Fülle von Regelungen und geregelten Handlungssystemen, die uns zumindest fremdartig, oft auch falsch erscheinen.

Beispiele:
Falsch finden wir die Leibeigenschaft, die Sklaverei, das fehlende Wahlrecht für Frauen in manchen islamischen Ländern, die grausamen Beschneidungen von Mädchen in Afrika.

Ordnungen, die den Menschen früherer Tage und/oder anderer Länder als selbstverständlich richtig und gültig erschienen, bewerten wir hier und heute offenbar ganz anders. Warum die eine Institution gegenüber der anderen vorziehenswürdig sein soll, muss angesichts der immer auch vorhandenen Alternativen begründet werden. Mit welchen Argumenten könnte man bei einer bewussten Gründung zwischen alternativen Institutionen wählen bzw. bestehende Institutionen gegen Änderungen verteidigen? Wie kann eine **Legitimation der Regeln bzw. regelgebenden Instanzen mit guten Gründen** aussehen, die die Menschen zur Einsicht in die Gültigkeit der Institution bringt und sie so zur Regelbefolgung motiviert? Was kann uns die Gewissheit geben, dass wir die bestmögliche Antwort auf die Probleme menschlichen Zusammenlebens gefunden haben?

1.6.2 Grundlagen der Bewertung

Die umfangreiche Geschichte der Suche nach einer philosophisch-ethischen Legitimation bestimmter Institutionen kann hier nicht beschrieben werden. Es soll nur grob nachgezeichnet werden, welche unterschiedlichen Geltungsgrundlagen im Laufe der Zeit benutzt wurden (vgl. *Homann* [Legitimation] 55 f.).

Unterschieden werden die Geltungsgrundlagen:

- Natur,
- Göttliche Offenbarung,
- Vernunft,
- Konsens.

Natur: Seit der Antike sieht man eine Möglichkeit der Begründung darin, sich auf die Natur und die **natürliche Ordnung** der Dinge zu berufen. Kaiser Justinian begründet die Gesetze des „Corpus Iuris Civilis" zum Teil mit diesem Argument. Es war für ihn natürlich, dass Mann und Frau in der Ehe zusammenleben, dass Luft, fließendes Wasser und Strand allen Menschen gehören, dass kein Jüngerer einen Älteren adoptieren kann, dass die Jagdbeute zum Eigentum des Jägers wird, um nur Beispiele zu nennen (vgl. *Behrends u. a.* [Corpus] 2, 20, 47, 49). Die Natur in der Vielfalt ihrer Erscheinungen gibt aber nur sehr vage Anhaltspunkte für die natürliche Ordnung der Dinge, und die Skepsis gegenüber einer solchen Bewertungsgrundlage wächst, wenn man überlegt, was schon alles als „natürlich" bezeichnet wurde, etwa die natürliche Überlegenheit der weißen Rasse oder das natürliche Bestimmungsrecht des Mannes in Ehe und Familie.

Göttliche Offenbarung: In der jüdisch-christlichen Tradition berief man sich zur Rechtfertigung der geltenden Regelsysteme auf die **göttliche Ordnung**, wie sie den Menschen etwa in der Bibel geoffenbart wurde. Die Herrschergewalt des Königs und die Gliederung der Gesellschaft in Stände wurden im Mittelalter als von Gott bestimmte Regelungen angesehen. Die Interpretationsbedürftigkeit biblischer Texte hat allerdings dazu geführt, dass im Laufe der Zeit sehr unterschiedliche Auffassungen über die gottgewollte Ordnung kursierten. Der Versuch, die göttliche Ordnung zusätzlich aus der Natur herauszulesen, führt wieder zurück zum antiken Begründungstypus.

Beide Begründungstypen, die Begründung aus der Natur und aus der göttlichen Offenbarung, tragen die Gefahr in sich, dass die Menschen ihre Wahl, was als „natürliche" oder „gottgewollte" Ordnung gelten soll, verschleiern und damit zugleich gegen Kritik immunisieren. Eine natürliche oder göttliche Ordnung ist nämlich letztbegründet, d.h. man kann nicht mehr weiter fragen, warum gerade sie gelten soll und nicht eine andere Ordnung.

Vernunft: Mit der Neuzeit wurde die oben genannte Art der Begründung der Geltung von Institutionen zunehmend in Frage gestellt. An die Stelle der Natur oder Gott als Garanten einer richtigen Ordnung trat die **Vernunft** als interne Bewertungsinstanz. In der deutschen Tradition steht vor allem *Immanuel Kant* für diesen Begründungstyp. Auf ihn stützt sich die folgende Argumentation in der gebotenen Verkürzung und Vereinfachung (als Quelle wird die „Grundlegung zur Metaphysik der Sitten", zitiert als [Grundlegung], herangezogen; die Seitenzahlen beziehen sich auf die Akademie-Ausgabe, AA). *Kant* unterscheidet drei Imperative (Sollensaussagen) der Vernunft mit je unterschiedlicher Verbindlichkeit: die Imperative der Geschicklichkeit, der Klugheit und der Sittlichkeit.

- ▸ Die **Imperative der Geschicklichkeit** sagen uns, was man am besten tun soll, um irgend einen Zweck zu erreichen. Es handelt sich quasi um technisches Wissen. „Ob der Zweck vernünftig und gut sei, davon ist hier gar nicht die Rede" ([Grundlegung] AA415). „Geschickt" kann auch ein Diktator sein, der eine Geheimpolizei institutionalisiert und damit seine Herrschaft sichert.

- ▸ Von den Imperativen der Geschicklichkeit unterscheiden sich die **Imperative der Klugheit** dadurch, dass auch die Zwecke vernünftig überlegt sein müssen. Ehe man die geschickten Mittel wählt, muss man sich Gedanken machen über die richtigen Ziele. Als ganz allgemein vernünftige Ziele gelten für den Einzelnen seine „Glückseligkeit" und für die Gemeinschaft die „allgemeine Wohlfahrt". Die genauere Bestimmung von Zielen, die z. B. die Glückseligkeit konkretisieren (wie Gesundheit, Reichtum, Macht, langes Leben, Erkenntnis), ist allerdings schwierig, denn niemand kann mit Sicherheit sagen, ob das angestrebte Ziel tatsächlich zum Glück führt ([Grundlegung] AA

417 f.). Es ist daher auch schwerer zu beurteilen, ob ein Handeln oder ein Regelsystem „klug" ist, als zu beurteilen, ob es „geschickt" ist.

▸ Die **Imperative der Sittlichkeit** sagen uns schließlich, welche Regeln wir „unbedingt" und „kategorisch" einhalten müssen. Es sind nach *Kant* die Regeln, von denen jeder vernünftige Mensch „wollen muss", dass sie ein allgemeines Gesetz werden, nach dem sich jeder Mensch richtet (vgl. [Grundlegung] AA 41 6, 421, 423, 424 und passim). Die Einhaltung dieser Regeln ist Pflicht und zwar ohne Bezug auf einen Zweck. Diese Regeln sind also auch letztbegründet und nicht mehr hintergehbar. Das Kriterium der Bewertung ist die **Verallgemeinerungsfähigkeit** der Regel. Kann ich wollen, dass jeder sich so verhält, wie es die Regel gebietet? *Kants* bekanntestes Beispiel für ein kategorisches Gebot der Vernunft ist der Satz: Du sollst nicht betrüglich versprechen (Grundlegung] AA 419). Jeder, der einen Betrug plant, muss zugleich voraussetzen, dass die Betrogenen ihm glauben, dass also im Allgemeinen die Wahrheit gesprochen werden soll und Versprechen eingehalten werden sollen. Ein anderes Grundprinzip des Handelns besagt, dass jeder Mensch Zweck an sich selbst ist und niemals bloß als Mittel im Hinblick auf andere Zwecke betrachtet werden darf ([Grundlegung] AA429). Aus diesem Grundprinzip der Menschenwürde können die Menschenrechte abgeleitet werden, die heute mehr und mehr als absolut verbindliches, zwingendes Völkerrecht verstanden werden. Zu den Menschenrechten gehören das Recht auf Leben, Freiheit, Gleichheit, Eigentum, Sicherheit und Teilhabe am sozialen Prozess (vgl. *Hilpert* [Menschenrechte]). Staatlich institutionalisiert sind solche Rechte und daraus abgeleitete Regeln bei uns im Grundgesetz.

Konsens: Neben Natur, Gott und Vernunft wird noch eine vierte Bewertungsgrundlage angeboten und zwar der Konsens (vgl. *Homann* [Legitimation] 58 ff.). Wenn sich Menschen freiwillig auf die Einhaltung bestimmter Regelsysteme geeinigt haben, weil sie allen Beteiligten individuell vorteilhaft erscheinen, dann sind diese Regelsysteme „richtig". Es ist die Entstehungsweise der Institution durch **Vertrag**, die zugleich das Ergebnis rechfertigt. Im Grunde sind die entstehenden Regelsysteme also nur indirekt gerechtfertigt, nämlich über die Art ihres Zustandekommens. Die indirekte Rechtfertigung ist nur anzuerkennen, wenn an die Art des Zustandekommens, an den Vertragsabschluss, weitere Anforderungen gestellt werden. Wenn alle Betroffenen zu Beteiligten gemacht werden, wenn jeder der Beteiligten aus freien Stücken, ohne Druck und gut informiert über die Folgen einem Regelsystem zustimmt, muss es aus Sicht jedes Beteiligten für ihn persönlich gut und vorteilhaft sein. Eine solche vertragstheoretische Rechtfertigung von Institutionen ist vor allem unter Ökonomen verbreitet. Zu bedenken ist allerdings, dass unter Realitätsbedingungen ein strikter Konsens aller fast immer zu teuer ist, dass weder Macht noch Informationen zwischen den Beteiligten gleich verteilt sind und in vielen Fällen die beteiligten Vertragspartner nicht mit den Betroffenen übereinstimmen (externe Effekte).

1.6.3 Bewertungskriterien für Institutionen

Institutionen sind nach dem bisher Gesagten „gut", wenn sie der natürlichen Ordnung entsprechen, mit der göttlichen Offenbarung vereinbar sind, wenn sie vernünftig sind oder konsensfähig. Was das heißen könnte, soll nun für die Bewertungsgrundlagen „Vernunft" und „Konsens" genauer bestimmt werden.

1.6.3.1 Vernünftigkeit von Institutionen

Eine Institution ist vernünftig i. S. von „geschickt", wenn sie das gewünschte Ziel technisch effizient erreicht. Da das Ziel selbst nicht zur Debatte steht, ist es vor allem die Durchsetzbarkeit einer Institution, die der Bewertung zugrunde gelegt werden kann. Eine Institution ist besser als eine andere, wenn man mit ihr das gegebene Ziel voraussichtlich besser (schneller, gründlicher, kostengünstiger) erreicht. Im Rückgriff auf die bereits früher (1.4) genannten Gründe für eine Akzeptanz von Regeln, kann man sagen:

Eine Institution ist geschickt,

- ▸ wenn sich Verstöße gegen die Regeln leicht feststellen und bestrafen lassen (**Kontrollierbarkeit**),
- ▸ wenn sie zu verbreiteten Gewohnheiten, überkommenen Denkweisen und Traditionen passt (**Kulturkompatibilität**),
- ▸ wenn eine gefühlsmäßige Bindung erzeugt werden kann (**Bindungsmöglichkeit**).

Das kürzlich vorgeschlagene Verbot des Rauchens im Auto kann als Beispiel für eine ungeschickte Regel genannt werden, weil es nur äußerst schwer zu kontrollieren ist und nicht zu der verbreiteten Denkweise passt, dass das Auto ebenso ein privater Raum ist, wie die eigene Wohnung. Das Rechtsfahrgebot ist dagegen sehr geschickt, denn jeder Verkehrsteilnehmer hat einen Vorteil von der Einhaltung dieser Regel. Dass eine Institution geschickt gestaltet ist, ist allerdings noch ein sehr rudimentäres Verständnis von ihrer Vernünftigkeit. Ob eine Institution über die Geschicklichkeit hinaus als umfassend vernünftig, als „geschickt", „klug" und „sittlich richtig" zu bezeichnen ist, kann nur durch eine weitergehende Reflexion bewertet werden.

Zu fragen ist zunächst, ob sie die „richtigen" Ziele verfolgt. Die Versorgung der Menschen mit Gütern, die Mehrung des allgemeinen Wohlstandes, der Frieden nach innen und außen, die Sicherung des Existenzminimums für alle Bürger, Verbesserung der Gesundheit, Bildung, Freiheit, Gerechtigkeit und Sicherheit sind solche in unserem Kulturkreis allgemein anerkannten Ziele (vgl. auch *Kasper/Streit* [Institutional] 70). Ob ein Ziel vernünftig ist, d.h. geeignet, die übergeordneten Ziele des individuellen Glücks und des Gemeinwohls zu fördern, kann nicht mit Sicherheit bestimmt werden. Es ist eine Sache der persönlichen Lebenserfahrung bzw. des kollektiven Erfahrungsschatzes, das zu wünschen, was das Wohl am meisten befördert. Schließlich ist ein weiterer Prüfstein für die Güte der Institutionen, ob sie gegen sittliche Gebote, insbesondere gegen die Menschenrechte verstoßen. Wer z. B. die Ordnung der Marktwirtschaft gegenüber der Planwirtschaft als bessere Ordnung auszeichnet, weist regelmäßig nicht nur auf die deutlich höhere technische Effizienz (Geschicklichkeit) des marktwirtschaftlichen Systems hin, sondern auch auf die moralische Überlegenheit, weil der Markt mehr Freiheit, mehr Eigentum und mehr Teilhabe am sozialen Prozess erlaubt (vgl. *Molitor* [Wirtschaftsethik] 72 f.).

1.6.3.2 Konsensfähigkeit von Institutionen

Das Kriterium der Konsensfähigkeit ist – anders als das Kriterium der Vernünftigkeit – ein rein formales Kriterium. Was auch immer bei einer kollektiven Selbstbindung durch Vertrag herauskommt, es muss als richtig gelten, weil alle es wollen. Mit dieser Position kann man vermeiden, einzelne Regeln oder Regelsysteme inhaltlich zu bewerten. Dahinter steckt ein ethischer Non-Kognitivismus, d.h. die Überzeugung, dass man Normen nicht als richtig oder falsch bewerten kann. Statt der Regelsysteme selbst wird der Weg ihrer Entstehung bewertet. Dies entspricht mehr dem juris-tisch-legalistischen Verständnis einer Legitimation von Institutionen als dem philosophisch-ethischen. Die „guten Gründe", die auch zu einer philoso-phisch-ethischen Rechtfertigung der vertraglich vereinbarten Regelsysteme führen könnten, müssten quasi in die Art und Weise ihrer Entstehung „vorverlegt" werden: Wenn alle von den Regelungen Betroffenen freiwillig, gleichberechtigt und gleich informiert über die Regeln diskutieren würden und dann jeder nur durch den Zwang des besseren Argumentes überzeugt zustimmen könnte, dann wäre die daraus hervorgegangene Institution wohl eindeutig als „gut" zu bezeichnen. Das entspricht der idealen Sprechsituation nach den Vorstellungen der Diskursethik (vgl. *Habermas* [Erläuterungen] 13 f.).

Diese Vorbedingungen für einen „richtigen" Konsens könnten zu Bewer-tungskriterien für die entstandenen Regelsysteme gemacht werden.

Eine Institution ist vermutlich um so besser,
je mehr Betroffene an der Entscheidung über die Institution beteiligt wurden (**Beteiligungsintensität**)
und je gleichberechtigter (**Machtverteilung**)
und aufgeklärter sie diskutieren konnten (**Informationsverteilung**).

Je weniger ein faktischer Konsens auf diesen Vorbedingungen aufbaut, desto weniger kann das formale Kriterium der Zustimmung der Beteiligten als Garantie für die Güte der entstandenen Institutionen herangezogen werden. Mit dem formalen Kriterium der Konsensfähigkeit vermeidet man ein inhaltliches Urteil über die Güte von Institutionen. Es wird lediglich unterstellt, dass die entstandenen Regelsysteme in irgendeiner Weise „vorteilhaft" für alle Beteiligten sein müssen, sonst würden sie dem Vertrag nicht zustimmen. Was „Vorteil" inhaltlich bedeutet, bleibt völlig offen. Die Besserstellung aller ohne Schlechterstellung auch nur eines Einzelnen wird als **„Pareto-Superiorität"** bezeichnet (in Erinnerung an den italienischen Soziologen und Ökonomen *Vilfredo Pareto*) (vgl. *Homann* [Legitimation] 59).

Zusammenfassung

- ▸ Institutionen regeln Problembereiche menschlicher Interaktion gemäß einer Leitidee.
- ▸ Sie erfüllen eine Ordnungs-, Entlastungs-, Motivations-, Koordinations- und Wertmaßstabsfunktion.
- ▸ Sie entstehen von selbst (z. B. durch Tradition) oder werden bewusst geschaffen (durch Erlass oder Vertrag).
- ▸ Sie werden durchgesetzt über ein Vorteils-Nachteils-Kalkül, über Konformismus und Gewohnheit oder gefühlsmäßige Bindungen und über die Anerkennung ihrer Legitimität.
- ▸ Das Individuum ist zugleich Schöpfer der Institutionen und ist in sie eingebettet.
- ▸ Eine Institution wird gerechtfertigt über ihre Vernünftigkeit (geschickt, klug, sittlich richtig) oder über die Art ihres Zustandekommens durch Vertrag.

Kapitel 2

Ökonomik

„A central premise of economic analysis is that people ... do have well-defined interests describable by individual utility functions, and that they seek to maximize their utility." (Milgrom/Roberts [Economics] 42)

2.1 Begriff der Ökonomik

Ökonomik, so könnte man zunächst denken, ist die Wissenschaft von der Ökonomie, also der Wirtschaft als einem Funktionsbereich der Gesellschaft. Mit dem Erfahrungsgegenstand „Wirtschaft" beschäftigen sich allerdings sehr unterschiedliche Disziplinen.

> **Beispiele:**
> Psychologen untersuchen die Gründe für Mobbing am Arbeitsplatz, Mediziner prüfen die Auswirkungen von Schadstoffemissionen in Betrieben, Juristen klären Rechtsstreitigkeiten im Zusammenhang mit wirtschaftlicher Betätigung usw.

Um die Ökonomik von anderen Teilwissenschaften unterscheiden zu können, braucht man offenbar eine andere Abgrenzung.

> Ökonomik ist nicht die Wissenschaft vom Handeln in der Wirtschaft, sondern die **Wissenschaft vom wirtschaftlichen Handeln.**

Was aber ist wirtschaftliches Handeln? Wirtschaftliches Handeln ist rationales Handeln zur Befriedigung prinzipiell unbegrenzter Bedürfnisse vor dem Hintergrund der Knappheit der Ressourcen. Rationales Handeln nach dem wirtschaftlichen Prinzip bedeutet, ein gegebenes Bedürfnis (Ziel) mit möglichst wenig Ressourcen (Mitteln) zu erreichen bzw. mit gegebenen Mitteln die Zielausprägung zu maximieren. Man kann als wirtschaftender Akteur z. B. versuchen, einen bestimmten Warenkorb so billig wie möglich zu kaufen (Minimalprinzip) oder anstreben, mit einem gegebenen Betrag so viel Waren wie möglich zu erstehen (Maximalprinzip). „Es gehört zu den vom Einzelnen selbst überprüfbaren Grundtatbeständen der ökonomischen Wirklichkeit, daß Menschen Knappheit empfinden, wenn sie ihre Bedürfnisse an den zu ihrer Befriedigung verfügbaren Gütern messen. Diese Knappheit bildet den Ausgangspunkt des sogenannten Wirtschaftens ... Letztlich geht es darum, den vorhandenen Ressourcenbestand so einzusetzen, daß ein Höchstmaß an Bedürfnisbefriedigung realisiert wird" *(Picot/Dietl/Franck* [Organisation] 1).

Auch diese Definition („Ökonomik ist die Wissenschaft vom wirtschaftlichen Handeln", also vom rationalen Umgang mit knappen Ressourcen zur Befriedigung von Bedürfnissen) ist allerdings noch nicht präzise genug. Es ist nämlich zu beobachten, dass in der realen Wirtschaft (Ökonomie als Erfahrungsgegenstand) häufig knappe und lebenswichtige Ressourcen verschwendet werden, um Produkte herzustellen, die alles andere als knapp sind.

Beispiel:
Man verbraucht Luft, Wasser, Palmöl, Erdöl und viele andere Rohstoffe zur Erzeugung einer weiteren Sorte von Waschmittel, obwohl es bereits reichlich verschiedene Sorten Waschmittel gibt. Andererseits werden sehr dringende Bedürfnisse (Nahrung, medizinische Versorgung) in vielen Ländern der Welt überhaupt nicht befriedigt.

Wie ist das mit der Idee vereinbar, Ökonomik zeige die besten Wege auf, Knappheiten zu überwinden?

Es kann bei der Ökonomik nicht um eine „objektiv" beste Verwendung knapper Mittel zur Bedürfnisbefriedigung gehen. Es geht vielmehr um die „subjektiv" beste Verwendung knapper Mittel zur optimalen Erreichung je individuell festgelegter Ziele. Ein häufig unterstelltes Ziel der Individuen ist die Einkommensmaximierung.

Beispiele:
Der Waschmittelhersteller als Einkommensmaximierer handelt wirtschaftlich, d.h. ökonomisch rational, wenn er anstrebt, die Spanne zwischen dem Verkaufspreis für das Waschmittel am Markt und den Kosten der Herstellung zu maximieren. Solange er für sein Produkt mehr bekommt, als ihn die Herstellung kostet, ist sein Handeln wirt-

schaftlich. Ebenso ist es – das Ziel der Einkommensmaximierung vorausgesetzt – ökonomisch rationaler, Kunden Medikamente mit hohem Gewinn zu verkaufen, die sie anschließend wegschmeißen, als sie zu den Herstellungskosten an Menschen abzugeben, die sie dringend brauchen.

Ökonomik ist also präzise ausgedrückt die **Wissenschaft von den individuell rationalen, nutzenmaximierenden Wahlhandlungen** der Menschen in einer Welt unbegrenzter Bedürfnisse und knapper Ressourcen.

Das ökonomische Modell individuellen Handelns ist das **Modell des Homo Oeconomicus.** Wegen seiner zentralen Bedeutung für die Ökonomik soll es nun genauer vorgestellt werden.

2.2 Das Modell des Homo Oeconomicus

2.2.1 Grundannahmen

Hinter dem Handlungsmodell des Homo Oeconomicus stehen bestimmte Grundannahmen oder Prinzipien, mit deren Hilfe menschliches Verhalten erklärt und vorhergesagt werden soll. „Dazu zählen:

1. das Individualprinzip,
2. das Prinzip der Problemorientierung,
3. das Prinzip der Trennung zwischen Präferenzen und Restriktionen,
4. das Rationalitätsprinzip,
5. das Prinzip der Nicht-Einzelfall-Betrachtung,
6. das Prinzip des methodologischen Individualismus." *(Erlei/Leschke/ Sauerland* [Neue] 2 f.)

Individualprinzip: Das Individualprinzip besagt, dass das Individuum selbstinteressiert handelt. Es verfolgt seine eigenen Ziele, die als gegeben hinzunehmen sind. Der Homo Oeconomicus hat – ganz neutral gesprochen – eine Nutzenfunktion oder Präferenzen. Mögliche Problemlösungen sind nur vor dem Hintergrund dieser gegebenen Präferenzen zu bewerten. Eine

Bewertung der Präferenzen (des individuell bestimmten Nutzens) ist nicht möglich. Es ist nach dieser Logik also auch ökonomisch, wenn ein Dealer nach dem günstigsten Vertriebsweg für Heroin sucht, wenn er nun mal dieses Ziel hat.

Prinzip der Problemorientierung: Das Entscheidungsmodell wird problembezogen gebildet. Man nimmt an, dass der Homo Oeconomicus die Präferenzen und die Alternativen, die für ein Entscheidungsproblem relevant sind, vollständig und richtig abbilden kann, dass er also jedes Wahlproblem richtig modellieren kann.

Prinzip der Trennung zwischen Präferenzen und Restriktionen: Der Homo Oeconomicus sieht sich mit seinen gegebenen inneren Präferenzen einem externen Handlungsfeld gegenüber, welches seine Wahl beeinflusst (Restriktionen). Aus dem Zusammenspiel seiner Wünsche und den aktuellen Bedingungen wählt er die optimale Handlung. Beobachtet man nun eine Änderung in den Handlungen, dann wird diese einzig auf die Änderung der externen Restriktionen zurückgeführt, während die inneren Präferenzen als stabil gelten. Wenn jemand heute weniger Alkohol als früher trinkt, dann erklärt das der Ökonom durch eine Erhöhung der Alkoholpreise (Änderung der Restriktionen) und nicht durch ein gewachsenes Gesundheitsbewusstsein der Person (Änderung der Präferenzen). Wie Präferenzen entstehen, interessiert den Ökonomen in der Regel nicht.

Rationalitätsprinzip: Nach dem Rationalitätsprinzip muss das Individuum versuchen, die optimale, nutzenmaximale Entscheidung zwischen alternativen Möglichkeiten zu treffen. Ändern sich die Bedingungen im Handlungsfeld, muss der Homo Oeconomicus darauf in vorhersehbarer Weise reagieren. Als rationaler Akteur wird er den Alkoholkonsum sofort reduzieren, wenn der Preis für Alkohol steigt. Die Ökonomik kann sein Verhalten weder erklären noch vorhersagen, wenn er sich „irrational" verhält und trotz Preiserhöhung aus Gewohnheit die gleiche Menge Alkohol weiter konsumiert oder sogar aus einem aktuellen Kummer heraus mehr trinkt als zuvor.

Zur Kennzeichnung des Homo Oeconomicus reicht im Prinzip aus, wenn er sich nach Kräften bemüht, rational zu handeln (intendiert rationales oder eingeschränkt rationales Handeln), auch wenn er nicht alle Alternativen und deren Folgen genau kennt (vgl. *Kirchgässner* [Homo] 31 f.; *Williamson* [Institutionen] 51 f.).

Prinzip der Nicht-Einzelfall-Betrachtung: Die sehr strikte Annahme rationalen Verhaltens wird auch dadurch aufgeweicht, dass ein solches Verhalten nicht von jedem Individuum in jeder Situation erwartet wird, sondern nur als **tendenzielles Verhalten** der meisten Akteure. Das rationale Verhalten muss allerdings deutlich dominant sein, wenn die Ökonomik ihre Erklärungs- und Prognosekraft für die Praxis nicht verlieren will.

Prinzip des methodologischen Individualismus: Alle Eigenschaften, die sozialen Systemen (Gruppen, Gesellschaften, Familien, Unternehmen usw.) zugesprochen werden, müssen aus den individuellen Eigenschaften und Verhaltensweisen der beteiligten Akteure erklärbar sein. Insbesondere dürfen nach dem methodologischen Individualismus nur den Individuen Intentionen und Ziele zugeschrieben werden. Es gibt also z. B. keine Ziele oder Strategien der Unternehmung, sondern nur individuelle Ziele und Strategien von Personen in Unternehmen. Wer sein Ziel durchsetzen will, muss mit den möglicherweise konträren Zielen anderer rechnen.

Welche Präferenzen Menschen normalerweise haben und wie die Menschen zu ihren Präferenzen kommen, wird ebenso aus dem Modell ausgeklammert wie die Fragen der Bewertung von Präferenzen und die Probleme der Informationsverarbeitung. Der völlige Verzicht auf die Klärung dieser Fragen führt allerdings dazu, dass das Verhaltensmodell leicht nichtssagend und tautologisch wird. Dieser Gefahr soll näher nachgegangen werden.

2.2.2 Gefahr der Tautologie

Der Homo Oeconomicus ist nach dem bisher Gesagten jemand, der seinen persönlichen Nutzen durch die optimale Auswahl von Mitteln maximiert. In dieser Allgemeinheit ist das Bild des Menschen völlig wertneutral, was den „Nutzen" betrifft. Ob der Mensch nun Reichtum, Glück, Macht, Gesundheit oder Moralität anstrebt, immer muss er die dazu am besten geeigneten Mittel wählen.

Eine solche Offenheit des Nutzenbegriffs kann die Ökonomik aber nicht durchhalten, wenn sie Verhalten erklären und vorhersagen will. Die Argumentation wird sonst tautologisch, d. h. sie schließt überhaupt nichts mehr aus und ist deshalb zwar immer richtig, aber auch inhaltsleer. Ein prominentes Beispiel für eine solche Tautologie ist der Satz: Wenn der Hahn kräht auf dem Mist, ändert sich das Wetter oder es bleibt wie es ist. Auf den Bereich der Ökonomik übertragen: Wenn der Preis eines Gutes steigt und der Käufer fragt darauf hin weniger nach, maximiert er seinen Nutzen, weil er das teure Gut durch ein billigeres ersetzt. Fragt er bei steigenden Preisen mehr nach, maximiert er seinen Nutzen, weil teure Produkte seinem Geltungsbedürfnis dienen (Snob-Effekt). Reagiert er überhaupt nicht mit einer Nachfrageänderung auf die Preisänderung, dann liegt sein maximaler Nutzen in der Beibehaltung einer Gewohnheit, die ihn vom Entscheiden entlastet. Selbst wenn jemand einen anderen unter Einsatz seines Lebens rettet, kann man das noch als Nutzenmaximierung ansehen, weil man unterstellen kann, dass jemand soziale Anerkennung oder ein gutes Gewissen sehr hoch schätzt. Alles kann als nutzenmaximierend angesehen werden, was nur in irgendeiner Weise nachvollziehbar ist. Nutzenmaximierendes Verhalten ist quasi identisch mit erklärbarem, zielentsprechendem Verhalten. Daher kann aber auch niemals vorausgesagt werden, wie sich jemand bei einer Änderung des Handlungsfeldes verhalten wird, solange man seine Ziele (Nutzenvorstellungen) nicht kennt oder zu kennen behauptet.

Um dieser Beliebigkeit zu entgehen, muss der Begriff des Nutzens präzisiert werden. Auch die Ökonomik muss Aussagen darüber treffen, welche Präferenzen die Menschen „im Durchschnitt", „im Normalfall" oder „von Natur aus" haben und kann nicht beim inhaltsleeren „Nutzenmaxmierer" stehen bleiben. Man braucht mit anderen Worten ein genaueres Menschenbild.

2.2.3 Das Menschenbild der Ökonomik

Die Frage „Was will der Mensch?", die uns schon früher (vgl. 1.6) beschäftigt hat, stellt sich somit auch für die Ökonomik. Will er in Ruhe und Frieden leben? Sind Gesundheit und Wohlbefinden seine höchsten Ziele? Oder ist der Kampf sein eigentliches Element und Macht sein Begehr? Strebt er nach Erkenntnis und geistiger Vollkommenheit? Treibt ihn der Wunsch nach Wohlstand um?

Die Frage nach der Natur des Menschen, nach seinem normalerweise zu erwartenden Verhalten, wurde und wird unterschiedlich beantwortet. *Adam Smith,* der als einer der Urväter der Wirtschaftswissenschaften anzusehen ist, geht davon aus, dass dem Menschen ein natürlicher Trieb zum Handeln und Tauschen innewohnt (vgl. [Wohlstand] 16). Der Handel zielt wiederum auf eine Verbesserung der Lebensbedingungen, spezieller auf eine Vergrößerung des Vermögens (vgl. [Wohlstand] 282). Daraus ist weiterhin die allgemeine Neigung abzuleiten, dass man selbst viel Geld bekommen aber wenig abgeben will. Die Arbeiter möchten hohe Löhne und niedrige Produktpreise, die Unternehmer wollen niedrige Löhne und hohe Produktpreise (vgl. [Wohlstand] 58). Eine Erhöhung der Preise (für Produkte oder Arbeit) führt zu einer geringeren Nachfrage, dieses „ökonomische Grundgesetz" ist nur aus einer solchen Präzisierung des Nutzenbegriffs logisch ableitbar.

> Der **Homo Oeconomicus** ist in aller Regel also nicht einfach der Mensch, der nach Nutzen strebt, sondern der **Mensch,** der **nach materiellem Wohlstand strebt**, also der Einkommensmaximierer.

Ohne diese Einschränkung könnte man die Ökonomik kaum von anderen Sozialwissenschaften unterscheiden, die sich in irgendeiner Weise mit rationalem, d. h. nachvollziehbarem Handeln von Menschen beschäftigen. Der Ökonom untersucht und bewertet das menschliche Entscheidungsverhalten mit der „Messrute des Geldes" *(Schanze* [Analyse] 16). Im Normalfall, so die ökonomische Verhaltenshypothese, wird der Mensch das tun, was ihm mehr Geld einbringt. Wirtschaften könne mit dem Einkommensaspekt menschlicher Tätigkeit gleich gesetzt werden, heißt es (vgl. *Schneider* [Betriebswirtschaftslehre] 18; ähnlich auch *Neus* [Einführung] 8, 26).

Für viele ökonomische Erklärungen und Vorhersagen braucht man über diese Verhaltenshypothese hinaus weitere Präzisierungen der menschlichen Präferenzen. Je genauer diese Aussagen werden, desto eher treten allerdings auch Unterschiede in den Annahmen verschiedener Forscher zutage. *Adam Smith* hat ein recht optimistisches Menschenbild. Die meisten Menschen hält er für sparsam, fleißig und umsichtig sowie bestrebt, sich die Achtung ihrer Mitmenschen zu erwerben und vor ihrem eigenen Gewissen zu bestehen (vgl. [Wohlstand] XXXVIff., 71, 282). Für den Begründer des „Scientific Management" *Frederick W. Taylor* steht demgegenüber fest, dass Menschen von Natur aus zu Faulheit und Genusssucht neigen (vgl. [Grundsätze] 12). In der Institutionenökonomik wird *Taylors* Einschätzung durch die „Arbeitsleid-Hypothese" aufgenommen, nach welcher jeder Arbeitnehmer Arbeit negativ bewertet und eine natürliche Präferenz fürs Nichtstun hat.

Unterschiedlich eingeschätzt wird auch, inwieweit der Mensch von Natur aus ein verlässlicher Vertragspartner ist. *Hobbes* ist z. B. extrem misstrauisch, was die Verlässlichkeit des Menschen betrifft. Kein Vertrag ist das Papier wert, auf dem er steht, solange die Menschen nicht in Furcht und

Schrecken gehalten und so gezwungen werden, den Vertrag einzuhalten. „Verträge ohne das Schwert sind nur Worte" ([Leviathan] 141). Eine allgemeine Neigung des Menschen zu List und Betrug (Opportunismus), um sich Vorteile zu verschaffen, wird auch von dem Institutionenökonomen *Williamson* unterstellt (vgl. [Markets] 26). Der Mensch der Ökonomik ist häufig „undersocialized" *(Granovetter* [Economic] 483). Bei *Adam Smith* ist der Mensch dagegen weit vertrauenswürdiger, weil er aus einem aufgeklärten Selbstinteresse erkennt, dass es letztlich in seinem eigenen Interesse liegt, sich als verlässlicher Partner zu erweisen und so einem friedlichen, wohlstandssteigernden Miteinander den Weg zu bereiten (vgl. [Wohlstand] 17). Neben solchen Vorteilserwägungen halten ihn außerdem noch die Sympathie für die Mitmenschen und sein Gewissen in Zaum. Auch ein bewusster Verzicht auf (materielle) Vorteile wird daher für möglich gehalten. Verträge werden auch aus Pflichtgefühl eingehalten.

Die Ökonomik nimmt nicht beliebige Präferenzen als gegeben an, sondern hegt bestimmte, immer wieder als „realistisch" bezeichnete Erwartungen hinsichtlich der Präferenzen des Durchschnittsmenschen. Typische Verhaltenserwartungen der Ökonomik sind:

Der Mensch will seinen **Wohlstand mehren bzw. sein Einkommen maximieren,**

er will **möglichst wenig arbeiten,**

er hat **keine Scheu vor Lügen und Betrug,** wenn es ihm Vorteile bringt,

er hat **ausschließlich sein persönliches Wohl** vor Augen,

er befolgt Regeln nur aus Angst vor Strafe oder weil es vorteilhaft für ihn ist, also letztlich nach einem **Kosten-Nutzen-Kalkül.**

So wenig die Ökonomik im Prinzip darauf verzichten kann, inhaltlich genauer zu bestimmen, welche Präferenzen die Menschen im Normalfall haben, sowenig kann sie sich auch eines **Urteils über die Präferenzen** völlig enthalten. Wer als natürliches Ziel der Menschen ansieht, den Wohlstand zu mehren, erkennt als richtiges Mittel dazu den friedlichen Tausch von Gütern über Verträge in einem funktionierenden Markt. Die natürliche Präferenz des Menschen zu Handel und Tausch sowie sein Wunsch nach friedlicher Koexistenz sind „gut" im Hinblick auf dieses Ziel. Persönliche Präferenzen wie die, sich einfach mit Gewalt zu nehmen was man will, die

Mitmenschen beliebig zu töten und zu unterjochen und keine Vereinbarung zu halten, führen dagegen zu dem armseligen, kurzen und brutalen Leben, welches *Hobbes* als den Naturzustand bezeichnet. Solche Präferenzen sind also eindeutig als „schlecht" zu qualifizieren, weil sie dem übergeordneten Ziel entgegen stehen. Aus ökonomischer Sicht schädliche, weil wohlstandsmindernde Neigungen sind auch Faulheit und Verschwendungssucht sowie der Wunsch, den Wettbewerb durch Absprachen verhindern zu wollen. Erst wenn die Ökonomik bestimmte Präferenzen als schlecht bewertet, macht es Sinn, dass sie sich Gedanken über Mittel zur Ausschaltung dieser Präferenzen macht (z. B. Prämienlohn zur Überwindung von Faulheit, Kartellamt zur Unterbindung der Neigung zu wettbewerbswidrigen Absprachen, Vertragsstrafen gegen die Neigung zum Vertragsbruch).

2.3 Die institutionenlose Welt der neoklassischen Ökonomik

2.3.1 Gleichgewichtstheorie

Als das erfolgreichste und einflussreichste Gedankengebäude der Ökonomik kann das der neoklassischen **Gleichgewichtstheorie** angesehen werden (zum Folgenden vgl. *Erlei/Leschke/Sauerland* [Neue] 44 ff.). In dieser Modellwelt treffen die Anbieter und Nachfrager von Gütern und Dienstleistungen auf dem Markt zusammen. Der Preis wird von Nachfrage und Angebot beeinflusst und verändert sich solange, bis die Nachfrage komplett befriedigt und der Markt (Gütermarkt, Arbeitsmarkt) total geräumt ist. Der Gleichgewichtspreis ist der Preis, der gerade noch die Produktionskosten deckt. Der Preis sorgt dafür, dass alle Ressourcen in ihre effizienteste Verwendung fließen. Allerdings geschieht dies nur, wenn eine ganze Reihe von **Prämissen** gültig sind :

- ▸ Anbieter und Nachfrager verhalten sich als reine Mengenanpasser, d. h. sie haben keinerlei Macht zur Gestaltung der Märkte. Der Preis wird vom Markt diktiert, weil auf allen Märkten **vollständige Konkurrenz** herrscht.
- ▸ Alle Leistungen und Güter auf einem Markt sind **homogen**. Es gibt aus Sicht der Kunden keinerlei Unterschiede zwischen ihnen, etwa in räumlicher, zeitlicher oder sachlicher Hinsicht. Der Preis ist für alle Beteiligten das einzige Entscheidungskriterium.

▸ Alle Marktteilnehmer sind ohne Informationsbemühungen und -kosten über alle Marktbedingungen vollständig informiert (**vollständige und kostenlose Markttransparenz**) und können ohne irgendwelche Schwierigkeiten oder Kosten sofort auf Preisunterschiede reagieren (**sofortige und kostenlose Anpassung**).

▸ Anbieter und Nachfrager schließen vollständige Verträge, wobei Leistung und Gegenleistung vollständig spezifiziert sind und **Täuschung und Unsicherheit ausgeschlossen** sind. Der Vertrag ist jederzeit kurzfristig zu lösen.

▸ Weder der Vertragsschluss noch dessen Überwachung oder Änderung verursachen irgendwelche Kosten. Alle Transaktionen, **d. h. alle Arten von Leistungstausch, sind problemlos und kostenlos**.

▸ Alle Güter sind im genau definierten Privateigentum von Marktakteuren und können getauscht werden. **Externe Effekte und öffentliche Güter gibt es nicht**.

In dieser **Welt ohne Transaktionskosten (TAK)** gibt es keine Institutionen, zumindest interessieren sie nicht. Weil jeder alles über die Marktbedingungen weiß und jeder Marktteilnehmer zuverlässig auf Preissignale reagiert, herrscht keinerlei Verhaltensunsicherheit. Es gibt weder Informations- noch Motivations- noch Koordinationsprobleme. Der Mensch in der neoklassischen Idealwelt handelt auch nicht opportunistisch. Allerdings nicht, weil er ein moralischer Mensch wäre, sondern weil er überhaupt keinen Spielraum für Täuschungsmanöver oder Erpressungsversuche hätte, weil alle über alle Vertragsbedingungen vollständig informiert sind und kostenlos den Vertragspartner wechseln können. Es ist im Grunde gleichgültig, ob es Unternehmen gibt oder nur einzelne isolierte Tauschpartner, ob die Produktionsfaktoren im Privateigentum sind oder im Gemeineigentum, ob es sich bei den Anbietern um Einzelunternehmen oder um Aktiengesellschaften handelt, ob die Arbeitnehmer in Gewerkschaften organisiert sind, welche Gesetze es gibt, in welcher politischen und kulturellen Umwelt die Wirtschaftsakteure sich befinden. Politische, rechtliche und moralische Institutionen sind für die Ökonomik gleichgültig, bis auf die elementaren Regeln der Vertragsfreiheit (vgl. *Richter/Furubotn* [Neue] 13). Diese „sonderbare Welt" *(Richter/Furubotn* [Neue] 9) der neoklassischen Ökonomik wird vielfach kritisiert.

2.3.2 Kritik an der Gleichgewichtstheorie

Dass das neoklassische Gleichgewichtsmodell „übermäßig abstrakt" *(Richter/Furubotn* [Neue] 10) ist und wenig mit der realen Welt zu tun hat, zeigt sich bereits bei einer oberflächlichen Analyse der realen Wirtschaft:

- Es gibt (große) Unternehmen und immer neue Unternehmenszusammenschlüsse,
- die Unternehmen haben normalerweise Preisspielräume und machen Gewinne,
- die Kunden reagieren nicht ausschließlich und sofort auf marginale Preisunterschiede,
- die Unternehmen verfolgen Differenzierungsstrategien, um ihr Angebot in den Augen der Kunden einmalig zu machen,
- es gibt längerfristige Ungleichgewichte auf den Märkten (z. B. Arbeitslosigkeit),
- die Leistung in der Produktion schwankt je nach den Eigentumsverhältnissen,
- Verträge sind häufig langfristig bindend und unvollständig,
- Gesetze und andere Spielregeln beeinflussen das wirtschaftliche Handeln.

Diese Erscheinungen kann die Neoklassik nicht erklären, weil sie die Schwierigkeiten der Interaktion von Menschen durch ihre Modellprämissen systematisch ausklammert. Gegen die meisten Fragen, die den Betriebswirt beschäftigen, hat sich die Neoklassik immunisiert (vgl. *Terberger* [Ansätze] 19 ff.). Es gibt in der Modellwelt keinerlei Kosten der Zusammenarbeit und des Tausches von Gütern und Leistungen, eben keine TAK. Tatsächlich existieren aber solche **Kosten der Marktbenutzung** und zwar in erheblichem Ausmaß, weil zentrale Prämissen des Modells nicht stimmen:

- Informationen sind nicht kostenlos zu haben und die Informationsverarbeitungskapazität des Menschen ist nicht unbeschränkt. Der Marktteilnehmer hat keine vollständige Markttransparenz und die Informationen sind nicht gleichmäßig verteilt.
- Die Güter und Leistungen sind aus Sicht der Marktteilnehmer nicht homogen. Es gibt räumliche, zeitliche und sachliche Präferenzen, so dass Leistungen und Produkte spezifisch werden und nicht mehr einfach und kostenlos durch andere ersetzbar sind.

- Es besteht keine absolute Verhaltenssicherheit hinsichtlich der Marktpartner. Sie nutzen die aufgrund mangelnder Transparenz sowie aus Marktmacht entstehenden Handlungsspielräume u. U. aus, um sich opportunistisch zu verhalten, zu täuschen, zu lügen, zu faulenzen, Verträge zu ihren Gunsten zu interpretieren, nachzuverhandeln usw.
- Verträge können nicht zu einem Zeitpunkt ein für alle Mal perfekt geschlossen werden. Sie müssen ex post an Umweltänderungen angepasst werden, die zum Zeitpunkt des Vertragsschlusses noch nicht prognostiziert werden konnten.
- Verträge sind häufig so unvollständig, dass bei Streitigkeiten auch ein Gericht nicht immer eindeutig entscheiden kann, wer im Recht ist.
- Die wirtschaftliche Tätigkeit erzeugt externe Effekte, öffentliche Güter werden ausgebeutet.

Die Menschen in einer arbeitsteiligen Tauschwirtschaft stehen damit vor großen Problemen. Sie lassen sich in ein Koordinations- und ein Motivationsproblem untergliedern.

Koordinationsproblem: Es ist nicht sicher, dass Angebot und Nachfrage jederzeit perfekt aufeinander abgestimmt sind, weil die Nachfrager nicht das gesamte Angebot kennen und die Anbieter nicht die gesamte Nachfrage. Es kann vorkommen, dass nachgefragte Leistungen nicht bereitgestellt werden oder dass Angebote nicht nachgefragt werden **(Bereitstellungsproblem)**. Die Suche nach passenden Anbietern/Nachfragern ist außerdem mühsam und kostspielig (Marktforschungskosten, Kosten für Stellenangebote, Kosten für das Einholen von Vergleichsangeboten usw.) **(Suchproblem)**. Bereitstellungs- und Suchproblem können zusammengefasst werden zum Koordinationsproblem.

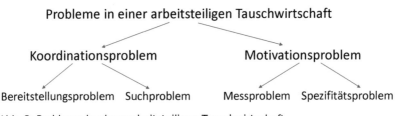

Abb. 3: Probleme in einer arbeitsteiligen Tauschwirtschaft

Motivationsproblem: Die Marktteilnehmer haben auch nicht die Sicherheit, dass sich die Vertragspartner in erwünschter Weise verhalten werden, denn sie können die ausgetauschten Leistungen nicht ohne weiteres bewerten (**Messproblem**) und sie können die Vertragspartner nicht beliebig wechseln (**Spezifitätsproblem**).

In einer solchen komplexen und unsicheren Welt muss man Regelsysteme, also Institutionen, schaffen, um die Zusammenarbeit und den Tausch zu regulieren. In einer solchen realen Welt gilt „institutions matter" und es macht Sinn, dass sich die Ökonomik mit den Institutionen befasst. Aus der Kritik an der allzu abstrakten institutionenlosen Welt der neoklassischen Gleichgewichtstheorie ergibt sich Sinn und Notwendigkeit einer Institutionenökonomik.

Zusammenfassung:

▸ Die Ökonomik ist gekennzeichnet durch das Menschenbild des Homo Oeconomicus.

▸ Der Homo Oeconomicus trifft individuell rationale, seinen persönlichen Nutzen maximierende Entscheidungen. Dabei behält er die Restriktionen ständig im Auge und passt seine Entscheidungen bei Änderungen an.

▸ Konkrete Erwartungen an das Verhalten des Homo Oeconomicus sind: Er will sein Einkommen maximieren, er will möglichst wenig arbeiten, er hat keine Scheu vor Lügen und Betrug, wenn es ihm nutzt.

▸ In einem idealen Markt sind diese Verhaltenserwartungen unproblematisch, weil alle Beteiligten über alle Austauschbedingungen vollständig informiert sind und jederzeit und kostenlos auf andere Vertragspartner ausweichen können. Die Marktkontrolle bändigt den Homo Oeconomicus.

▸ Im realen Markt entstehen aus den Verhaltenserwartungen dagegen große Koordinations- und Motivationsprobleme.

Kapitel 3

Ökonomische Analyse der Institutionen

„Kernaussage der Neuen Institutionenökonomik ist der Satz, dass Institutionen für den Wirtschaftsprozess von Bedeutung sind" (Richter/Furubotn [Neue] 1).

3.1 Der ökonomische Zugang zu den Institutionen

Mit den Institutionen befassen sich praktisch alle Kulturwissenschaften. Sie sind Gegenstand der Rechtswissenschaft, die Vorschläge ausarbeitet, welcher Teil der gesellschaftlichen Normen zum „Rechtssystem" formalisiert werden soll und Experten im Umgang mit Rechtsnormen – die Juristen – ausbildet. Das maßgebliche Lehrbuch des römischen Rechts heißt übersetzt „Die Institutionen" (vgl. *Behrends u.a.* [Corpus]). „Institution" gehört aber auch zu den „Hauptbegriffen der Soziologie" *(Korte/Schäfers* [Soziologie] 95 ff.). Der Soziologe interessiert sich insbesondere für die gesellschaftliche Funktion der Institutionen und das institutionell vermittelte Verhältnis von Individuum und Gesellschaft. Ethnologen beschreiben fremde Kulturen häufig anhand der vorgefundenen Sitten und Bräuche, also der nicht formalisierten Institutionen. Politologen diskutieren die Vor- und Nachteile verschiedener politischer Institutionen, etwa unterschiedlicher Staatsformen. Und die Institutionenethik geht der Frage nach, inwieweit Institutionen moralisches Handeln ermöglichen und stützen.

Welchen besonderen Zugang zu den Institutionen hat aber die Ökonomik? Was kann eine Institutionenökonomik (IÖ) leisten? Zunächst könnte man annehmen, die IÖ befasse sich mit der **Analyse ökonomischer Institutionen**, wie Kaufverträgen, Arbeitsverträgen, Unternehmen, Marktwirtschaft usw. Tatsächlich ist das auch der traditionelle Kernbereich ihrer Untersuchungen. Daneben gibt es aber eine Fülle **ökonomischer Analysen von nicht-ökonomischen Institutionen**.

Beispiele:
Recht, Politik, Familienplanung, Religion, Selbstmord, Kriminalität und viele weitere Gebiete sind schon ökonomisch analysiert worden (vgl. *Polinsky* [Analyse] 100), so dass schon – teils kritisch, teils anerkennend – von einem „ökonomischen Imperialismus" geredet wird (vgl. *Pies/Leschke* [Imperialismus]).

Insbesondere *Gary S. Becker,* Ökonomieprofessor in Chicago und Nobelpreisträger der Wirtschaftswissenschaften, hat sehr viel zur Verbreitung der Idee beigetragen, dass praktisch alle Bereiche menschlichen Zusammenlebens ökonomisch analysiert werden könnten und sollten (vgl. *Becker/Becker* [Ökonomik]).

Diese Möglichkeit ergibt sich aus dem Verständnis der Ökonomik als einer Wissenschaft von den individuell rationalen, nutzenmaximierenden Wahlhandlungen. Es ist das Verhaltensmodell des Homo Oeconomicus, welches die Analyse zu einer ökonomischen Analyse macht. Individuen sind rationale Vermehrer ihrer Eigeninteressen (vgl. *Posner* [Ökonomie] 80). Unter dieser Hypothese wird begründet und prognostiziert, welche Verhaltensweisen sie zeigen (werden) im handlungsleitenden Umfeld der Institutionen, wobei der Ökonom häufig vom Eigeninteresse an Einkommensvermehrung und -sicherung ausgeht.

Die Ökonomik will einerseits eine **positive Analyse** des Verhaltens in Institutionen liefern. Der Anspruch ist, Aussagen darüber zu machen, wie sich Menschen „realistischerweise" und „normalerweise" wirklich verhalten und nicht, wie sie sich verhalten sollen (vgl. *Kirchgässner* [Homo] 3, 27, 47). (Häufig genug handelt es sich in Wirklichkeit um eine logische Deduktion aus zuvor festgelegten Verhaltensprämissen – eben dem Homo Oeconomicus-Modell mit bestimmten unterstellten Präferenzen -, die z. T. nicht realistisch sind.) Aus dieser positiven Analyse können dann weiterhin Empfehlungen ausgesprochen werden für die Gestaltung von Institutionen **(normative Analyse)**.

Der Homo Oeconomicus tritt somit in zweierlei Beziehung zur Institution: Er verhält sich erstens in Institutionen in rationaler, kalkulierbarer Weise, eben ökonomisch. Aus dieser Verhaltensprämisse ergibt sich zweitens für ihn die Möglichkeit zu einer rationalen Gestaltung von Institutionen, die das Verhalten anderer Akteure in gewünschter Weise kanalisieren.

Es geht also in der Institutionenökonomik um:

- ökonomisches Entscheidungsverhalten in Institutionen und
- ökonomisches Entscheiden über Institutionen.

Man spricht auch von „choice of rules" (ökonomisches Entscheiden über Institutionen) und „choice within rules" (ökonomisches Entscheidungsverhalten in Institutionen). Da die Schöpfer der Institutionen dabei zugleich auch selbst wieder in ein institutionelles Umfeld eingebettet sind, spricht man auch noch von „choice of rules within rules". Es entsteht ein mehrfach ineinander verschachteltes System von rationalen, nutzenmaximierenden Entscheidungen in und über Institutionen, wie es in Abbildung 4 angedeutet wird.

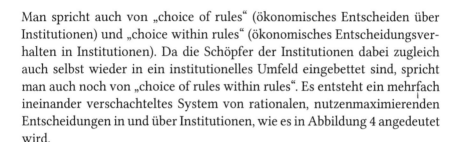
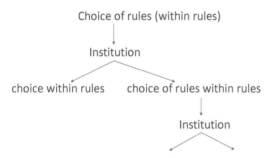

Abb. 4: Wahl von und in Institutionen

3.2 Ökonomisches Entscheidungsverhalten in Institutionen

Der Homo Oeconomicus ist der Mensch, der sich in einem veränderlichen institutionellen Umfeld immer wieder neu und frei für die Handlungsalternative entscheidet, die seinen gegebenen Präferenzen am besten entspricht. Er behält seine Handlungsbedingungen, die Restriktionen, ständig im Auge und entscheidet sich bei jeder Änderung in den Handlungsbedingungen neu, weil sich Kosten und Nutzen einer Handlung verändert haben. Die Entscheidungen haben keinerlei Effekt auf die Präferenzen selbst. Nur unter dieser Prämisse kann man hoffen, durch eine Änderung der institutionellen Rahmenbedingungen gewünschte Verhaltensänderungen zuverlässig hervorzurufen.

Beispiele:
Der Homo Oeconomicus reagiert auf eine Verschärfung der Strafen und/oder eine Erhöhung der Anzahl der Polizisten voraussehbar mit einer geringeren Kriminalität, weil ein Gesetzesverstoß unter diesen veränderten Bedingungen mehr „kostet". Wenn die Entlassung von Mitarbeitern erschwert wird, werden die Arbeitgeber weniger Menschen fest anstellen, weil sie die erhöhten Kosten der Entlassung voraussehen. Wenn die Arbeitslosenabsicherung verbessert wird, werden die Arbeitslosen sich weniger um Arbeit bemühen. Wenn „Kopfgeldjäger" auf solche Väter angesetzt werden, die den Unterhalt für ihre Kinder nicht zahlen wollen, wird es bald weniger ungeplante Kinder geben (alle Beispiele aus *Becker/Becker* [Ökonomik] 46 f., 117, 119 f, 166).

Eine gewisse Störung dieses voraussehbaren Anpassungsverhaltens ergibt sich aus dem sog. **regelgeleiteten Verhalten**. Die Menschen verinnerlichen im Rahmen ihrer Sozialisation einige Regelsysteme, die für sie zu Selbstverständlichkeiten werden, deren Geltung nicht weiter hinterfragt wird. Externe Regelsysteme (etwa die herrschende Moral) werden internalisiert. Viele Menschen bilden außerdem zu ihrer eigenen Entlastung Routinen und Gewohnheiten aus, womit sie ihre Handlungsmöglichkeiten freiwillig weiter einschränken. Fasst man den Begriff der Institution so weit auf wie *North* (Institution ist jede Art von Beschränkung, die Menschen zur Gestaltung menschlicher Interaktion ersinnen; vgl. [Institutionen] 4), könnte man solche Routinen und Gewohnheiten als **innere Institutionen** bezeichnen. Der Mensch lässt sich von inneren, internalisierten oder selbstgemachten Regeln leiten. Eine solche innere Regel könnte sich auch darauf beziehen, wie man mit externen Handlungseinschränkungen umgehen will. Nach dem Motto „ehrlich währt am längsten" könnte man der Regel folgen, Gesetze immer einzuhalten und Vertragspartner nie zu übervorteilen. Bei allen künftigen Entscheidungen wäre damit der Alternativenraum auf die legalen und vertrauenswürdigen Möglichkeiten eingeschränkt.

Als ökonomisch rational könnte man eine freiwillige Entscheidung für die Einhaltung innerer Regeln ansehen, wenn dieser Entscheidung ein Kosten-Nutzen-Kalkül vorangeht. Was bringen ein Gesetzesverstoß oder ein Vertrauensbruch möglicherweise an Vorteilen? Wie bewerte ich die Wahrscheinlichkeit und die Folgen des Erwischtwerdens bei einem Gesetzesverstoß/Vertrauensbruch? Entscheide ich mich nach einer solchen Abwägung der Folgen für die Gesetzestreue/Vertrauenswürdigkeit, dann verhalte ich mich als Homo Oeconomicus. Ist dies eine Grundsatzentscheidung, dann führt das allerdings in der Folge dazu, dass ich mich in Zukunft nicht immer wieder neu entscheide, ob es in jedem Einzelfall vorteilhaft ist, sich gesetzestreu (oder vertrauenswürdig) zu verhalten. Die einmal getroffene Entscheidung für die Einhaltung der Regeln muss gegenüber Änderungen der Handlungsbedingungen relativ robust sein, sonst erreicht man keine Entlastung.

Mit dem Homo Oeconomicus-Modell ist das der ursprünglichen Entscheidung folgende, regelgesteuerte Handeln nicht mehr ohne weiteres vereinbar. Vor allem die vom Homo Oeconomicus erwartete ständige Anpassung an die Änderungen der Handlungsbedingungen passt nicht zur entlastenden Ausbildung von inneren Regeln. Wenn er – wie *Kirchgässner* vorschlägt ([Homo] 34) – die Gültigkeit seiner Regeln immer wieder überprüft, und sie ändert, wenn sich die Handlungsbedingungen ändern, dann ist die Entlastungsfunktion der Regeln nicht mehr gegeben. Innere Regeln schaffen zumindest einen Korridor von Verhalten, das nur schwer durch Änderungen der Anreize zu ändern ist. Hat man die innere Regel, bestimmte Dinge „aus Pflicht" nie zu tun oder immer zu tun, dann ist diese Entscheidung so gut wie gar nicht revidierbar durch eine Veränderung der äußeren Bedingungen. Der Schwellenwert für eine Änderung des Verhaltens ist sehr hoch, wenn innere moralische Verpflichtungen das Verhalten regeln.

In der IÖ spielt der Mensch, der inneren Regeln folgt, keine Rolle. Im Grunde wird wohl oft die Vorstellung vertreten, dass beliebig kleine Änderungen der institutionellen Rahmenbedingungen schon zu Verhaltensänderungen führen.

Für das ökonomische Entscheidungsverhalten in Institutionen bedeutet das: Unter den möglichen Alternativen entscheidet sich der Mensch immer für die nutzenmaximale. Und welche Alternative welchen Nutzen bringt bzw. welche Kosten verursacht, kann durch eine Änderung der Restriktionen gezielt beeinflusst werden, so dass es vorhersagbar wird, für welche Handlung sich der Homo Oeconomicus entscheiden wird.

Aus der positiven Analyse des ökonomisch rationalen Verhaltens in Institutionen folgt so die Möglichkeit einer ökonomisch rationalen Gestaltung von Institutionen. Dies ist die zweite Möglichkeit, die Beziehung von Homo Oeconomicus und Institution zu modellieren.

3.3 Ökonomisches Entscheiden über Institutionen

Aus den Hypothesen, die einen regelmäßigen Zusammenhang zwischen bestimmten institutionellen Gegebenheiten und dem Verhalten der Individuen behaupten, können Empfehlungen für die „richtige" Gestaltung von Institutionen abgeleitet werden. Der Homo Oeconomicus tritt in diesem Modell als der Schöpfer von Institutionen auf. Dabei setzt er das ökonomisch rationale Verhalten seiner Mitmenschen in den Institutionen voraus.

Zunächst versucht die IÖ zu entscheiden, welche Institution dafür zuständig sein soll, weitere Institutionen zu schaffen, also aufgrund welcher Regelsysteme neue Regeln gefunden werden sollten. Nach *Coase* (vgl. [Problem] 148 ff.) gibt es dafür mit dem Vertrag und dem Erlass zwei alternative Lösungen (vgl. auch 1.3):

▸ Die Betroffenen einigen sich untereinander, indem sie einen **Vertrag** schließen. Die Vertragspartner treffen sich auf dem Markt (dem Arbeitsmarkt dem Produktmarkt, dem Kapitalmarkt, dem Heiratsmarkt usw.) und handeln Leistung und Gegenleistung fair aus. Sie stimmen den im Vertrag ausgedrückten Regeln freiwillig zu, weil sie einen Vorteil davon haben. Diese Lösung wird von den Ökonomen eindeutig favorisiert. Fast alle sozialen Interaktionen werden als Tauschverträge interpretiert, alle weiteren Institutionen aus der Basis-Institution „Vertrag" abgeleitet (die Ehe wird als ein Vertragswerk verstanden, ebenso wie der Staat oder das Unternehmen oder die Religion). In der Welt des idealen Marktes, wo der Abschluss von Verträgen keinerlei Schwierigkeiten macht und keine Transaktionskosten verursacht, wird jede Interaktion zwischen Individuen durch Verträge geregelt. Da alle vollständig und richtig über alle Vertragsbedingungen und Folgen informiert und gleich mächtig sind und alle Betroffenen beteiligt werden, sind die Verträge nicht nur geschickt, sondern auch umfassend vernünftig. Die Richtigkeit der aus dem Vertrag hervorgegangenen Regeln muss nicht mehr eigens beurteilt werden, denn jede vertragliche Lösung ist zwangsläufig richtig, weil sonst die Beteiligten nicht zugestimmt hätten. Durch die Vorteilhaftigkeit für alle Beteiligten setzt sich der Vertrag quasi von selbst durch.

▸ Die alternative Lösung ist der verbindliche **Erlass** von Regeln durch eine übergeordnete Instanz, also die administrative Weisung. In idealtypischer Entgegensetzung zum Marktmodell wird hier oft die staatliche Regulierung genannt. Der Staat reguliert die Interaktion zwischen den Individuen und nicht die Betroffenen selbst. Der Mechanismus der Steuerung ist nicht mehr der Markt, sondern die **Hierarchie**, die bestimmte Individuen mit der Autorität ausstattet, Regeln zu erlassen, denen die Betroffenen gehorchen müssen. Eine solche Hierarchie finden wir aber nicht nur beim Staat, sondern auch in jedem Unternehmen. Das Unternehmen kann insofern auch teilweise als Alternative zur Institution des Vertrages (bzw. des Marktes) angesehen werden. Dem Kontakt mit dem Markt über den Abschluss von Arbeitsverträgen folgt das Recht der Instanz, den Mitarbeitern Weisungen zu geben. Gegenüber der administrativen Entstehung von Regelsystemen sind die Ökonomen häufig misstrauisch. Die erlassenen Regeln sind nämlich nicht zwangsläufig im Interesse der Betroffenen und deshalb auch schwerer durchsetzbar. Außerdem erübrigt sich die Bewertung der entstandenen Regeln nicht mehr, wenn sie nicht für alle Betroffenen gleichermaßen vorteilhaft sind.

In der Realität treten immer gemischte Lösungen auf. Selbst bei einem weitestgehenden Vertrauen auf den Vertrag als Institution zur Schaffung von Regelsystemen braucht man zumindest ein staatlich erlassenes und garantiertes Vertragsrecht, also verbindliche Regeln, wer Verträge schließen darf, wann ein Vertrag als abgeschlossen gilt, was bei Vertragsbruch passieren soll usw. Außerdem muss das Eigentum garantiert sein, damit man sich überhaupt in Kauf- und Arbeitsverträgen einigt und sich nicht einfach stiehlt, was man will oder Menschen versklavt. Selbst wenn man sich den Staat als ursprünglich durch einen „Gesellschaftsvertrag" zustande gekommen vorstellt, wie es etwa *Hobbes* tut, dann hat dieser Staat nach Abschluss des Vertrages die Autorität, weitere Regeln zu erlassen und dafür Gehorsam einzufordern. Viele dieser absolut verbindlichen Regeln (Gesetze) betreffen den Abschluss von Verträgen.

Weiterhin muss zugestanden werden, dass es bestimmte wünschenswerte Güter gibt, die über einen Vertragsschluss selbstinteressierter Individuen nicht bereit gestellt würden. Es sind dies die sog. **öffentlichen Güter oder Kollektivgüter**, wie die innere und äußere Sicherheit eines Volkes, die Infrastruktur, die allgemeine Schulbildung oder die Rechtspflege (so schon *Adam Smith* [Wohlstand] 694 f.). Für den selbstinteressierten Einzelnen ist es nämlich rational, als Trittbrettfahrer von solchen Gütern zu profitieren, ohne die entsprechende Gegenleistung zu erbringen. Weil jeder so denkt, gibt es keine Einigung über die Bereitstellung der Kollektivgüter. Der Staat muss die entsprechenden Institutionen schaffen (bspw. die Bundeswehr, die Gerichte, die Schulen).

Der Staat schreitet auch ein, wenn zu erwarten ist, dass die Betroffenen „schlechte Verträge" aushandeln.

Beispiele:
Als unerwünscht gilt etwa eine Absprache zwischen den Anbietern eines Produktes, d. h. ein Kartell, mit dem Ziel, die Preise künstlich hoch zu halten und den Wettbewerb auszuschalten. Ebenfalls verboten oder nur eingeschränkt erlaubt sind Verträge im Drogenhandel, im Waffenhandel oder Organhandel oder Verträge zum Verkauf des Wahlrechts.

Dass die Vertragspartner sich einig sind, weil sie den Vertragsabschluss vorteilhaft finden, ist offenbar nicht immer eine Garantie für die Richtigkeit der Ergebnisse.

Schließlich wird die administrative Weisung überall dort gebraucht, wo die **Transaktionskosten** der Marktbenutzung so hoch werden, dass nicht mehr mit einer Marktlösung gerechnet werden kann. Das ist zu erwarten, wenn die auszutauschende Leistung sehr schwer zu messen ist oder wenn sehr viele Betroffene zu Beteiligten gemacht werden müssten.

Beispiel:
Dieser Fall ist gegeben, wenn eine Fabrik durch ihre Abluft eine große Anzahl von Anwohnern in unterschiedlichster Weise schädigt. Man kann in einem solchen Fall nicht erwarten, dass sich sämtliche Betroffene mit dem Unternehmen über einen Vertrag auf einen zufriedenstellenden Umgang mit der rauchbedingten Störung einigen. Ökonomisch effizienter ist in einem solchen Fall die administrative Lösung, etwa ein gesetzliches Verbot der Emission (vgl. *Coase* [Problem] 151).

Aus den zu hohen TAK für die Marktbenutzung wird auch die Entstehung von Unternehmen erklärt. Wenn aufgrund bestimmter Bedingungen schwierige Vertragsverhandlungen zu erwarten sind, wird es günstiger, die Autorität zum Erlass von Regeln bestimmten Menschen (Vorgesetzten) im Rahmen einer Hierarchie zu übertragen. Dieses Weisungsverhältnis wird zwar in Arbeitsverträgen begründet, das Arbeitsverhältnis ist aber in der Folge nicht durch die Vertragsbedingungen geregelt, sondern durch das Weisungsrecht (zu den Einzelheiten vgl. die Ausführungen zum TAK-Ansatz).

Wird die Vertragslösung nicht mehr als die einzig rationale Möglichkeit vorausgesetzt, um zu weitergehenden Regelungen zu kommen, dann ist zwischen den Alternativen eine rationale Wahl zu treffen. Die Institutionenökonomik versucht, Empfehlungen auszusprechen wann welche Lösung – Markt oder Hierarchie, Vertrag oder Weisung sowie die verschiedensten Mischformen – vorzuziehen ist. Die IÖ befasst sich aber auch einzeln mit den Alternativen, also mit der rationalen Gestaltung von Tauschverträgen sowie mit der rationalen Gestaltung der hierarchischen Strukturen (ökonomische Analyse der Staatsverfassung, der Unternehmensverfassung und der Unternehmensstruktur). Schließlich nimmt sie auch Stellung zur Eignung bestimmter Regelsysteme, spezielle Probleme zu lösen.

> **Beispiele:**
> Privateigentum führt zu einer besseren Nutzung von Ressourcen als Gemeineigentum, eine Absenkung der Löhne und der sozialen Absicherung führt zu weniger Arbeitslosigkeit, der freie Wettbewerb von Schulen verbessert die Bildung, das sind typische Folgerungen aus einer ökonomischen Analyse der Institutionen.

> Zusammenfassend kann man sagen, die **Leitidee** der **Institutionenökonomik** ist das Verhaltensmodell des Homo Oeconomicus, des Menschen der **in** und **über** Institutionen nach einem (privaten) Kosten-Nutzen-Kalkül entscheidet.

Weil die Institutionen das Verhalten steuern, sind sie für den Wirtschaftsprozess von großer Bedeutung. Was die speziell ökonomische Sicht auf die Institutionen kennzeichnet soll nun noch detaillierter verdeutlicht werden. Anknüpfend an das erste Kapitel soll geklärt werden:

- ▸ Funktionen von Institutionen aus ökonomischer Sicht,
- ▸ Entstehung von Institutionen aus ökonomischer Sicht,
- ▸ Durchsetzung von Institutionen aus ökonomischer Sicht,
- ▸ Individuum und Institution aus ökonomischer Sicht,
- ▸ Bewertung von Institutionen aus ökonomischer Sicht.

3.4 Besonderheiten des ökonomischen Zugangs zu den Institutionen

3.4.1 Funktionen von Institutionen aus ökonomischer Sicht

Wie sollen Institutionen gestaltet sein, damit die Menschen ein bestimmtes erwünschtes Verhalten zeigen, etwa nicht kriminell werden, fleißig und sorgfältig arbeiten, sich weiterbilden, den Anweisungen folgen, sich friedlich verhalten, ihre Schulden zahlen usw.? Wie kann man zunächst ungewisses menschliches Verhalten verlässlich und geschickt kanalisieren, also erwünschtes Verhalten motivieren? Diese Frage stellt sich die Institutionenökonomik vor allem. Eine **gezielte Verhaltenssteuerung** kann nach ökonomischer Sicht gelingen, weil sich der Mensch, der grundsätzlich in seinem Verhalten nicht determiniert ist, in einer Hinsicht „von Natur aus" zuverlässig verhält: Er kalkuliert Kosten und Nutzen seines Verhaltens. Wenn Kosten und Nutzen des Verhaltens geändert werden, unerwünschtes Verhalten „teurer" und erwünschtes Verhalten „einträglicher" gemacht wird, dann kann das eine Verhaltensänderung in die gewünschte Richtung motivieren. Vor allem die Sanktionierung unerwünschten Verhaltens impliziert dabei eine **Überwachung**.

Die entstehende Verhaltenssicherheit erleichtert eine abgestimmte Interaktion, d. h. die Institutionen erfüllen zugleich eine **Koordinationsfunktion**. Gerade in arbeitsteiligen Systemen sind die Menschen darauf angewiesen, dass sie richtige Verhaltenserwartungen in Bezug auf ihre Mitmenschen bilden können.

Nach dem Modell der Verhaltenssteuerung nimmt sich jemand das Recht zu bestimmen, welches Verhalten andere zeigen sollen. Darin kann ein **Herrschaftsverhältnis** gesehen werden. „Herrschaft" ist die Chance, für Befehle bei einer angebbaren Gruppe von Menschen Gehorsam zu finden (vgl. *Weber* [Wirtschaft] 122). Nach allgemeinem Sprachgebrauch denkt man bei den Begriffen Herrschaft, Befehl und Gehorsam an ein hierarchisches

System. Das Herrschaftsverhältnis wird auf das Verhältnis von Individuen beschränkt, die sich als „Chef" und „Untergebener" oder „Obrigkeit" und „Untertan" begegnen. Herrschaft wird nach diesem Verständnis also vor allem in der Institution Unternehmung ausgeübt. Herrschaft übt daneben auch der Staat aus, wenn er erwartet und institutionell absichert, dass die Bürger nicht stehlen, keine Drogen verkaufen, Steuern zahlen usw.

Verhaltenssteuerung findet aber auch in vielen anderen Vertragsverhältnissen statt. Wie es vor allem der institutionenökonomische Ansatz der Principal-Agent-Theorie verdeutlicht, will nicht nur der Vorgesetzte den Untergebenen steuern, sondern auch der Vermieter den Mieter, der Kunde den Verkäufer, der Kapitalgeber den Manager, der Wähler den Politiker (vgl. *Erlei/Leschke/Sauerland* [Neue] 75). Die aus der Sicht eines „Steuernden" geschickte Gestaltung der Institutionen wird in der IÖ oft grundsätzlich mit dem Begriff der „Beherrschung" in Verbindung gebracht. Der Kaufvertrag ist nach diesem Verständnis auch ein „Beherrschungs- und Überwachungssystem" (vgl. *Williamson* [Institutionen] 83). Ob es allerdings sinnvoll ist, mit allen Arten von Verträgen den Begriff der Herrschaft und die Funktion der Herrschaftssicherung zu verbinden, kann bezweifelt werden. Bei vielen geregelten Interaktionen trifft die allgemeinere Funktion der Motivation das Anliegen der Beteiligten besser.

Von den im ersten Kapitel dargestellten Funktionen der Institution (Entlastung, Motivation, Koordination, Kohäsion, Wertmaßstab und Herrschaftssicherung) interessiert sich die Ökonomik in erster Linie für die Funktionen der Motivation/Überwachung, Koordination und Herrschaftssicherung.

Mit der Funktion der **Entlastung** tut sich die Ökonomik schwer. Der inneren Regeln folgende Mensch, der nicht ständig entscheiden will, passt nur partiell zum Homo Oeconomicus-Modell. Sein Verhalten ist vor allem gegenüber Änderungen der Handlungsbedingungen relativ robust und insofern schwerer berechenbar und steuerbar, als es die Ökonomik vorsieht, die grundsätzlich ein präferenzgeleitetes Anpassungsverhalten erwartet (vgl. *Kirchgässner* [Homo] 18).

Mit den **Wertungen,** welche die Institutionen zum Ausdruck bringen, beschäftigt sich die Ökonomik nicht. Sie will wertfreie und rein positive Wissenschaft sein (vgl. *Kirchgässner* [Homo] 3), auch wenn sie sich mit

Regelsystemen befasst. Die Ziele der Steuerung gelten als gegeben und eben so wenig hinterfragbar, wie die zugrunde gelegten Herrschaftsverhältnisse. Als „Tatsache" wird auch das opportunistische Verhalten der Menschen angesehen. Selbst die normativen Empfehlungen zur Gestaltung von Institutionen sind nach dieser Sichtweise im Grunde noch wertfrei, weil sie nur die objektiv besten Mittel zur Erreichung der gegebenen Ziele darstellen. Sie sind nur „praktisch-normativ" (*Heinen* [Wissenschaftsprogramm] 209).

Mit der **Kohäsionsfunktion** der Institutionen beschäftigt sich die Institutionenökonomik nur selten. Wenn sie sich dieses Themas annimmt, dann werden die Stiftung von Identität und die Entstehung eines Gemeinschaftsgefühls nicht als eigenständige Funktionen von Institutionen verstanden, sondern als ein weiteres Mittel zur Motivation. Die Identität entsteht nicht einfach, sondern wird z. B. als Organisationskultur instrumentalisiert (vgl. *Richter* [Neue] 335 f.). Die Vorstellung von einem „Schöpfer" der Kultur, der die Funktionstüchtigkeit einer Organisation durch informelle Regeln verbessern will (vgl. *Richter* [Neue] 342), passt zum Verhaltensmodell des Homo Oeconomicus. In sich widersprüchlich wird das Konzept allerdings leicht dadurch, dass die durch Kultur beeinflussten Menschen sich gerade nicht mehr als reine Nutzenmaximierer verhalten sollen. Sie sollen sich als Arbeitnehmer mit der Unternehmung identifizieren, eine gefühlsmäßige Bindung zu den Kollegen und Vorgesetzten aufbauen, Loyalität gegenüber der Unternehmung entwickeln, sich solidarisch und hilfsbereit verhalten, ein Pflichtgefühl entwickeln. Wenn dies gelingt, werden sie sich auch dann nicht als Drückeberger verhalten, wenn es ihnen unmittelbar nichts einbringt als mehr Arbeit. Die permanente eigeninteressierte Anpassung des Verhaltens, die den Homo Oeconomicus auszeichnet, will man bis zu einem gewissen Grad ausschalten, im Grunde also die Präferenzen ändern (vgl. *Ghoshal/Moran* [Bad] 25 f.).

3.4.2 Entstehung von Institution aus ökonomischer Sicht

Die Ökonomik geht in aller Regel von einer bewussten und rationalen Gestaltung der Institutionen aus. Institutionen sind gemachte Ordnung (Taxis) und nicht gewachsene Ordnung (Kosmos), wie man es in Anlehnung an *Hayek* ausdrücken könnte (vgl. [Regeln] 59). Der Mensch entscheidet nicht nur in, sondern auch über die Institutionen.

Die wichtigste Entstehungsform ist der **Vertrag**. Rationale Individuen einigen sich in einem Vertrag über ein Regelsystem. Im Aushandlungsprozess bringen sie ihre unterschiedlichen individuellen Interessen zum Ausgleich. Der Vertrag kommt nur zustande, wenn alle Parteien dem Regelwerk zustimmen und das geschieht wiederum nur, wenn alle einen Vorteil davon haben.

Beispiele:
Der Gesellschaftsvertrag begründet den Staat, der Ehevertrag die Ehe, der Arbeitsvertrag das Arbeitsverhältnis, der Kaufvertrag die Eigentumsverhältnisse usw.

Jede Interaktion zwischen Menschen wird als Tausch von Leistung und Gegenleistung zwischen rationalen Individuen verstanden, die Regelung der Interaktion dementsprechend als Tauschvertrag. Allerdings werden solche Verträge in einem institutionellen Rahmen abgeschlossen (Marktwirtschaft, Demokratie, funktionierendes Rechtssystem, garantiertes Privateigentum usw.), der selbst nicht wieder auf Verträge zwischen Individuen zurückgeführt werden kann. Viele der Regelsysteme, innerhalb derer Verträge geschlossen werden, sind vielmehr von autorisierten Instanzen (bspw. dem Staat) erlassen worden. Insofern gibt es Institutionen, die dem Vertrag vorgelagert sind, und die selbst nicht durch Vertrag, sondern durch Erlass entstanden sind. Hinter den Märkten steht eine „echte Gesellschaft", wie *Williamson* es ausdrückt (vgl. [Institutionen] 345), eine Gesellschaft, die vor den Verträgen zwischen den Einzelpersonen da ist und diese regelt. Die „Vertragsgesellschaft", wie wir sie kennen, ist nicht durch Verträge entstanden, sondern ein Produkt historischer Entwicklung (vgl. *Gerum* [Unternehmensverfassung] 36 f.). Die Rahmenbedingungen, innerhalb derer Verträge abgeschlossen werden können, werden von der Ökonomik oft stillschweigend als existent und funktionierend vorausgesetzt.

In der Realität sind viele Verträge nicht perfekt. Leistung und Gegenleistung können nicht exakt spezifiziert werden, die Voraussetzungen, unter denen der Vertrag geschlossen wurde, können sich im Zeitablauf ändern, Vertragsverletzungen können nicht immer leicht festgestellt werden. Ein typischer unvollständiger Vertrag ist der Arbeitsvertrag. Dem Arbeitnehmer kann nicht auf Jahre im Voraus exakt vorgeschrieben werden, was er zu jedem Zeitpunkt tun soll. Er verpflichtet sich stattdessen im Vertrag, den Anweisungen des Vorgesetzten in Zukunft Folge zu leisten. Das heißt, der

Institution des Vertrages folgen Regeln nach, die der Hierarchie entspringen und nicht dem Vertrag.

Verschiedene Ansätze der IÖ gewichten die unterschiedlichen Entstehungsarten (Vertrag und Erlass) jeweils anders. Der institutionenökonomische Principal-Agent-Ansatz folgt eher der Vorstellung, dass alle Regelsysteme auf Verträge zurückzuführen sind. Er ist damit noch näher am neoklassischen Marktmodell, das eigentlich gar keine Institution außer dem Kaufvertrag kennt. Die Gestaltungsempfehlungen beziehen sich dementsprechend auf die richtige Vertragsgestaltung. Vom neoklassischen Ansatz unterscheidet ihn die Anerkennung gewisser Probleme beim Vertragsschluss, die vor allem auf unzureichende und asymmetrisch verteilte Informationen zurückzuführen sind. Dies ist bei der Vertragsgestaltung zu berücksichtigen. Letztlich ist aber jedes geregelte Verhältnis zwischen Menschen ein Vertragsverhältnis. Ein Arbeitsverhältnis unterscheidet sich nach dieser Auffassung prinzipiell nicht von einem Kaufvertrag. So etwas wie Hierarchie gibt es gar nicht (vgl. *Alchian/Demsetz* [Production] 777).

Der Transaktionskostenansatz unterscheidet dagegen die Entstehungsarten Vertrag und Weisung, die Entstehungsorte Markt und Hierarchie. Regeln werden im einen Fall (von anonymen Marktpartnern) ausgehandelt, im anderen (von anerkannten und bekannten Instanzen) erlassen. Aus dieser Sicht ist daher auch zunächst mal zu entscheiden, wann welche Art der Regelfindung besser ist. Eine Vertragslösung ist immer dann nicht sinnvoll, wenn die TAK sehr hoch sind. Im Anschluss kann dann natürlich noch weiter gefragt werden, wie der Vertrag bzw. die Hierarchie jeweils zu gestalten sind.

Die grundsätzliche Offenheit der Transaktionskostentheorie für verschiedene Entstehungsarten von Institutionen lässt es auch zu, eine Brücke zu den „von selbst" entstehenden Institutionen zu schlagen. Zu nennen sind vor allem die informalen Regeln und Normen, die sich zwischen Menschen, die längere Zeit interagieren, „von selbst" ausbilden. Von *Ouchi* (vgl. [Markets]) wird daher auch gefordert, die Entstehung von Regeln durch Sozialisation in einem bestimmten Umfeld zu beachten. Er hält es auch für sinnvoll und möglich, sich für diese Art der Regelfindung – häufig Clan-Mechanismus genannt – bewusst zu entscheiden. Hält man darüber hinaus eine gezielte Gestaltung der „von selbst" ablaufenden Prozesse für möglich, dann entspricht dies dem Gedanken der Verhaltenssteuerung durch Organisationskultur, wie er bereits angesprochen wurde. Auch von selbst entstehende Institutionen lassen sich demnach zumindest so „begünstigen", dass sie sich in die gewünschte Richtung entwickeln.

3.4.3 Durchsetzung von Institutionen aus ökonomischer Sicht

Regeln werden vom Homo Oeconomicus befolgt, wenn es ihm nutzt. Er kalkuliert die Vorteile der Regeleinhaltung bzw. die Gefahren eines Regelbruchs und entscheidet sich dann für oder gegen eine Regelbefolgung.

Nutzen und Kosten der Regelbefolgung können im Prinzip sehr weit gefasst werden. Die Gefahr, sich in einer sozialen Gemeinschaft unbeliebt zu machen, wenn man nicht tut, was als normal gilt, kann man als „soziale Kosten" ansehen. „Psychische Kosten" könnten darin bestehen, dass es Angst macht, etwas Ungewohntes zu tun, dass man bei Regelverstößen ein schlechtes Gewissen bekommt oder seine Selbstachtung verliert. Umgekehrt erzeugt die Akzeptanz der Regeln den Nutzen der sozialen Anerkennung, des ruhigen Gewissens usw. Bei einer so weiten Fassung von Kosten und Nutzen steht allerdings die Gefahr der Tautologie des Homo Oeconomicus-Modells wieder im Raum. Denn egal warum auch immer jemand eine Regel einhält oder sie bricht, er maximiert seinen Nutzen. Man kann ein Handeln aus materiellem Kalkül nicht mehr ohne weiteres unterscheiden von einem Handeln aus Gewohnheit, aus Konformismus, aus gefühlsmäßigen Bindungen oder aus Pflicht.

Prognosen von Verhaltensänderungen bei Änderungen der Handlungsbedingungen und daraus abgeleitete Gestaltungsempfehlungen für das institutionelle Umfeld sind leichter möglich, wenn man Nutzen und Kosten enger fasst. In aller Regel ist der Homo Oeconomicus in den Modellen der IÖ daher auch jemand, dem weder die soziale Anerkennung, noch sein Gewissen oder seine Gefühle viel bedeuten. Ihm geht es um materielle Vorteile.

Beispiele:
Er kennt als Arbeitnehmer weder ein verpflichtendes inneres Arbeitsethos noch ein Gefühl der Bindung gegenüber den Kollegen oder Vorgesetzten. Er rechnet die Kosten seiner Anstrengung (Arbeitsleid) gegen die materielle Entlohnung auf und legt sich sofort auf die faule Haut, wenn er dies ohne Lohneinbuße tun kann. Man kann ihn vom Stehlen nur dadurch abhalten, dass der „Preis" für den Diebstahl in Form härterer Gefängnisstrafen steigt. Er wird sich nicht scheiden

lassen und seine Kinder nicht verlassen, wenn die Scheidung ihn materiell hart trifft. Nicht der Appell an die Vernunft kann ihn dazu bringen, weniger Alkohol zu trinken, sondern nur ein hoher Preis für Alkoholika (alle Beispiele aus *Becker/Becker* [Ökonomik]).

Obwohl auch überzeugte Vertreter des Homo Oeconomicus-Modells zugestehen, dass es die oben genannten sozialen und psychischen Kosten des Regelbruchs gibt, dass der Homo Oeconomicus nicht ausschließlich materiell orientiert sein muss und dass sogar reiner Altruismus als Handlungsmotiv möglich ist (vgl. *Kirchgässner* [Homo] 58 ff.), tut sich die Ökonomik mit solchen Gründen für die Regelbefolgung schwer. Vor allem bei der Aufstellung von Optimierungsmodellen muss die Nutzenfunktion der beteiligten Individuen inhaltlich präzisiert werden, und zumindest für den Durchschnittsmenschen dominieren nach diesen Modellen (kurzfristige) materielle Interessen. **Eine Regel wird befolgt, so die Ökonomik, wenn es sich buchstäblich „auszahlt".** Die Einsicht in die Vernünftigkeit der Regel, die gefühlsmäßige Bindung an den Regelgeber, der Wunsch nach sozialer Anerkennung, die Gewohnheit, das alles ist als Motiv weit weniger wirkungsvoll als die Angst vor materiellen Einbußen und die Erwartung von materiellen Vorteilen.

3.4.4 Individuum und Institution aus ökonomischer Sicht

Der Homo Oeconomicus tritt in zweifacher Weise in Beziehung zur Institution: Er wählt unter bestimmten institutionellen Rahmenbedingung die für ihn optimale Handlungsalternative (Wahl innerhalb von Institutionen; **choice within rules**) und er wählt im Hinblick auf das Handeln anderer Menschen (die ebenfalls als Nutzenmaximierer gedacht werden) die optimalen institutionellen Rahmenbedingungen (Wahl von Institutionen; **choice of rules**). Der Mensch, der über optimale Institutionen entscheidet, ist selbst zugleich wieder in Institutionen eingebunden (Wahl von Institutionen innerhalb von Institutionen; **choice of rules within rules**). Das Individuum ist zugleich der Nutzenmaximierer und der, der den Mitmenschen als Nutzenmaximierer durchschaut und institutionell „bändigt".

Beispiel:
Der Drogendealer entscheidet sich in einem gegebenen institutionellen Rahmen nach einem Kosten-Nutzen-Kalkül für oder gegen den Dro-

genhandel (choice within rules). Der Staat hat verschiedene Möglichkeiten, auf dieses Kosten-Nutzen-Kalkül einzuwirken (choice of rules). Er kann erstens mehr Drogenfahnder einstellen und die Strafen für Drogenhandel verschärfen, weil damit die Kosten des Drogenverkaufs steigen. Allerdings steigt dann auch gleichzeitig der Nutzen anderer krimineller Handlungen, die eine Verhaftung verhindern sollen. Aufgrund der größeren Gefahr könnten auch die Drogenpreise steigen, was den Nutzen des Verkaufs steigert. Er könnte zweitens auch den Drogenhandel gänzlich freigeben, weil dann die Preise für Drogen rapide fallen würden und damit der Drogenhandel weit weniger attraktiv wäre, der Nutzen also sinken würde. Andererseits würde damit der Drogenhandel für manche Individuen erst recht attraktiv, weil er nicht mehr mit dem Stigma und den Gefahren der Illegalität behaftet wäre. Sinkende Preise für Drogen müssten außerdem nach dem Homo Oeconomicus-Modell des Verhaltens zu einer allgemeinen Ausweitung des Konsums führen. Auch ist die Gefahr des Einstiegs in den Drogenkonsum größer. Die Chance, größere Mengen abzusetzen, könnte auch bei sinkenden Preisen den Handel wieder einbringlich erscheinen lassen. Eine dritte Möglichkeit bestünde darin, beim Verbot des Drogenverkaufs zu bleiben und den Dealern gut bezahlte legale Arbeit anzubieten, so dass der relative Nutzen der kriminellen Handlung sinken würde. Damit würde allerdings ein Anreiz geschaffen, sich als Dealer zu betätigen, um später in den Genuss der staatlichen Arbeitsbeschaffung zu kommen.

Aus diesen Möglichkeiten die optimale Alternative herauszufinden, ist alles andere als einfach. Die Güte einer Regelung zu „berechnen", gelingt nur, wenn die rationalen Entscheidungen der Individuen in den Reglsystemen präzise vorhergesagt werden können, und zwar nicht nur die der Dealer, sondern auch die der Konsumenten. Das bedeutet wiederum, dass sie sich gemäß ihrer – als bekannt vorausgesetzten – Nutzenfunktion rational an die veränderten Bedingungen anpassen müssen. Der eine Homo Oeconomicus kann den Eigennutz des anderen dann instrumentalisieren und ihn quasi zwingen, sich in der gewünschten Art und Weise zu verhalten. Verhalten kann „durch Setzung von Anreizen systematisch beeinflusst werden" (*Kirchgässner* [Homo] 18). Dies setzt allerdings voraus, dass das Individuum in den Institutionen als weitgehend determiniert angesehen wird.

Im obigen Beispiel war die Ausgangsüberlegung, der Staat wolle das beste Mittel finden, um mit dem Drogenproblem umzugehen. Der Staat wird repräsentiert von einzelnen Politikern. Sie sollten eigentlich die Institutionen so wählen (choice of rules), dass das Verhalten der Bürger entsprechend deren Nutzenfunktionen optimal kanalisiert wird, dass sie also die erwünschten Entscheidungen im entsprechend gestalteten Umfeld treffen (choice within rules). Was aber passiert, wenn der Politiker selbst auch wieder ein Homo Oeconomicus ist, was nach der ökonomischen Verhaltenstheorie eigentlich zwingend ist? Der Politiker kann etwa als „Stimmenmaximierer" vorgestellt werden, wie es in Modellen der Neuen Politischen Ökonomik geschieht (vgl. *Erlei/Leschke/Sauerland* [Neue] 331). Einen solchen Stimmenmaximierer interessiert möglicherweise gar nicht, welche Lösung des Drogenproblems die sachrational beste ist. Er wählt vielmehr die Lösung, die ihm bei seinen Wählern viel Stimmen einbringt, die sich „gut verkaufen" lässt. Er plädiert also, nach seiner Nutzenfunktion rational, für strengere Bestrafung der Dealer, auch wenn er die Drogenfreigabe persönlich für die bessere Lösung hält, nur weil der Ruf nach strengen Strafen bei vielen Wählern gut ankommt (choice of rules within rules). Da es im allgemeinen Interesse vermutlich besser wäre, wenn der Politiker nach bestem Wissen die sachrational optimale Lösung wählte, ist also weiterhin zu fragen, wie man das Verhalten des Politikers entsprechend kanalisieren könnte. Welche Institutionen sind geeignet, den Politiker zu objektiv rationalen Entscheidungen über Institutionen zu bringen, in denen dann Individuen ihre Entscheidungen treffen? Und wer darf die Politiker steuern? Wer ist Prinzipal der Politiker, um es mit den Begriffen des Principal-Agent-Ansatzes auszudrücken?

Der Wähler ist derjenige, der ein Interesse daran haben sollte, dass die Politiker die richtigen Entscheidungen treffen. Aber natürlich ist der Wähler in der ökonomischen Welt auch wieder ein Nutzenmaximierer und hat als solcher Interesse daran, sich persönliche Einflussmöglichkeiten auf die Politik zu sichern und politische Lösungen zu erzielen, die ihn begünstigen. Er könnte u. U. ein ineffizientes und undurchschaubares politisches Entscheidungssystem geradezu schätzen, weil sich einseitige Begünstigungen in einem solchen System viel leichter verschleiern lassen. Nach einem Modell von *Mancur Olson* ist der Niedergang und Zerfall der Gesellschaft durch den Einfluss organisierter Interessengruppen auf die Politik praktisch vorprogrammiert (vgl. *Erlei/Leschke/Sauerland* [Neue] 352 f).

Das Verhältnis von Individuum und Institution ist sehr komplex. Der Homo Oeconomicus **in** den Institutionen ist relativ determiniert und kann gezielt fremdgesteuert werden. Bei der Wahl **von** Institutionen ist er dagegen weitgehend frei. Da zu befürchten ist, dass er diese Freiheit zu seinen Gunsten ausnutzt, muss dann aber auch das Entscheiden über Institutionen wieder gesteuert werden.

Gerade der Mensch, der sich die Freiheit nimmt, nur seinem eigenen Nutzen zu folgen, muss im Interesse übergeordneter Ziele „gebändigt" werden. Aber wer soll das tun? Irgendwo in der Hierarchie, so zeigt sich, muss man einen Akteur unterstellen, der die individuellen Nutzenkalküle transzendiert, und die Institutionen nicht aus Eigennutz, sondern im Interesse der Allgemeinheit optimal gestalten will. Interessanterweise scheinen es gerade die Ökonomen zu sein, die diese Rolle übernehmen wollen. Sie entwickeln und empfehlen die Institutionen, die der eine Homo Oeconomicus wählen sollte, um den anderen Homo Oeconomicus gezielt zu beeinflussen. Dabei beziehen sie sich auf Ziele wie Wohlstand, Freiheit, Chancengleichheit, hohe Allgemeinbildung, geringe Kriminalität, Abbau von Diskriminierung, Abbau von Arbeitslosigkeit, Stärkung von Fleiß, Sparsamkeit, Selbstverantwortung, Bekämpfung von Korruption, Senkung der Scheidungsraten und weitere Ziele, die nach ihrem Verständnis das Gemeinwohl repräsentieren (vgl. *Becker/Becker* [Ökonomik]).

3.4.5 Bewertung von Institutionen aus ökonomischer Sicht

3.4.5.1 Das Pareto-Kriterium als ökonomisches Standardkriterium

Als ökonomisches Standardkriterium der Bewertung alternativer Institutionen gilt das **Pareto-Kriterium** (vgl. *Erlei/Leschke/Sauerland* [Neue] 18).

Eine Institution ist pareto-effizient, wenn es keinen anderen Zustand gibt, bei dem sich ein Individuum besser stellt, ohne dass sich ein anderes Individuum schlechter stellt. Anders herum formuliert: Solange es noch eine Regelung gibt, die mindestens ein Individuum besser stellt, ohne dass irgend jemand dadurch eine Nutzeneinbuße erleidet, solange ist das Pareto-Optimum noch nicht erreicht.

Nach der Vorstellung der Ökonomen werden durch Verträge zwischen nutzenmaximierenden Individuen solche pareto-effizienten Zustände erreicht,
denn die Beteiligten sind daran interessiert, ihr Nutzenniveau anzuheben.
Der Nutzenzuwachs des Einen findet seine Grenze dort, wo der Andere einen
Nutzenentgang erleidet und deshalb dem Vertrag nicht mehr zustimmt. Alle
Möglichkeiten einer beiderseitigen Nutzenmehrung werden ausgenutzt,
bis zu dem Punkt, wo für beide kein Nutzenzuwachs mehr möglich ist,
außer auf Kosten eines der Beteiligten. Die kollektive Selbstbindung der Ver-
tragspartner garantiert den Vertrag. „Der Grund dieser Selbstbindung liegt
für jeden Einzelnen in der Pareto-Superiorität der Regelbindung: Andere
Gründe als solche individuellen Vorteilserwartungen gibt es nicht." (*Homann*
[Legitimation] 65). Alle durch Vertrag zustandegekommenen Institutionen
sind selbstdurchsetzend, denn keiner kann zu seinen Gunsten von den
Regeln abweichen, ohne das ganze Vertragswerk zu Fall zu bringen, weil der
„Geschädigte" nicht mehr zustimmt.

Es wird praktisch die Gleichung aufgemacht: Durch Vertrag entstandene
Institutionen sind pareto-optimal und zugleich umfassend vernünftig, denn
sie berücksichtigen die Nutzenvorstellungen der beteiligten Individuen
optimal und sind leicht durchsetzbar.

Es sind allerdings nur **zwei Situationen** denkbar, in denen ein Konsens
zwischen Vertragspartnern zugleich eine umfassend vernünftige Lösung garantiert:

- ▸ Die erste Situation ist eine solche, in der alle von der Entscheidung
  Betroffenen in einer idealen Sprechsituation (also freier Zugang und
  gleiche Rechte für alle, kommunikative Kompetenz der Beteiligten,
  Wahrhaftigkeit und allseitiger Wille zur Anerkennung guter Gründe)
  zu einem Konsens kommen, der von allen zwanglos akzeptiert wird.
  In der Wirtschaftstheorie wird das Pareto-Kriterium am isolierten,
  bilateralen Tausch zwischen zwei vollständig informierten Subjekten
  erläutert. Unter Realitätsbedingungen ist ein solcher strikter Konsens
  oft nicht zu erzielen, weil die Verhandlungskosten bei einer Einbeziehung aller Betroffenen schnell exorbitant werden. Wenn bei langfristigen Entscheidungen künftige Generationen betroffen sind (etwa durch
  Umweltschäden), ist der Konsens nicht mal denkbar. Außerdem sind
  die Bedingungen der idealen Sprechsituation kaum je erfüllt.
- ▸ Da der faktische Konsens aller Betroffenen wahrscheinlich kaum je
  zu realisieren ist, könnte man ersatzweise den Konsens „simulieren".

> Die Beteiligten müssten sich dazu in die Betroffenen hineinversetzen und sich fragen, ob die von ihnen aufgestellten Regeln wohl in einem idealen Diskurs allgemein zustimmungsfähig wären. Sie müssen sich quasi wie Treuhänder fremder Interessen verhalten.

Beide Situationen sind gerade unter den Voraussetzungen des ökonomischen Verhaltensmodells unwahrscheinlich. Der Homo Oeconomicus vertritt nur seine Interessen und wird nicht bestrebt sein, die Interessen anderer durch deren Einbeziehung oder treuhänderisch berücksichtigen zu müssen. Wenn er seinen Nutzen vergrößern kann, wird er das auch auf Kosten von anderen tun, wenn es die Situation erlaubt.

Es kann daher als Normalfall gelten, dass Regelungen erlassen werden, die im Interesse der Allgemeinheit den Einzelnen mit seinem individuellen Kosten-Nutzen-Kalkül bändigen sollen.

Beispiel:
Kartelle zwischen Konkurrenten werden verboten, weil sonst die Anbieter ihren individuellen Vorteil gegen die Interessen der Allgemeinheit (der Konsumenten) durchsetzen würden. Sie würden einen „verwerflichen" Vertrag schließen *(Homann* [Legitimation] 82). Um das zu verhindern wird gegen die Interessen der Anbieter ein Kartellverbot erlassen und ein Kartellamt errichtet, um das Verbot durch Überwachung und Sanktionierung durchzusetzen.

Diese Regeln sind nicht pareto-superior, denn sie stellen einzelne Individuen schlechter. Vernünftige Institutionen oder institutionelle Reformen müssen also nicht pareto-superior sein. Es ist praktisch überhaupt keine gößere institutionelle Reform denkbar, die im ökonomischen Sinne pareto-superior wäre, also ausnahmslos alle besser stellt. Das heißt aber auch, dass beinahe jeder beliebige Zustand als pareto-optimal bezeichnet werden kann, nur weil man nicht von ihm abweichen kann, ohne irgend jemand zu schaden.

Umgekehrt gilt: Auch wenn ein faktischer Konsens signalisiert, dass die beteiligten Vertragspartner eine Regelung gefunden haben, die für sie pareto-optimal ist, ist damit die Vernünftigkeit der Regelung nicht garantiert. Man kann sich viele Verträge vorstellen, die von den Vertragspartnern freiwillig und zum gegenseitigen Vorteil geschlossen werden und die trotz ihrer im Konsens zum Ausdruck gebrachten Pareto-Optimalität als unvernünftig gelten und verboten werden.

Beispiele:
Dazu gehören die schon erwähnten Verträge zur Verhinderung des Wettbewerbs (Kartelle), Verträge zur umweltschädigenden Entsorgung von Giftmüll, zur Bestechung von Politikern oder zum Drogenkauf.

Die Problematik der realen Verträge ist u. A. darin zu sehen, dass die Beteiligten am Vetrag nicht mit den Betroffenen identisch sein müssen. Die Vertragspartner erzielen zwar ausnahmslos Vorteile aus ihrer Absprache, aber sie schaden Menschen, die außerhalb der Vertragsgemeinschaft stehen. Bei Kartellen werden die Konsumenten geschädigt, bei Bestechung von Politikern die Allgemeinheit, bei einer umweltgefährdenden Giftmüllentsorgung sogar zukünftige Generationen. Lediglich beim Drogenkauf könnte man eventuell die Meinung vertreten, dass der Drogenkonsument nur sich selbst schädigt und Nutzen und Schaden seines Tuns individuell kalkulieren sollte. Darum wird auch immer mal wieder überlegt, ob der Drogenverkauf nicht freigegeben werden sollte.

3.4.5.2 Weitere ökonomische Bewertungskriterien

Die Kritik am Pareto-Kriterium macht es notwendig, nach anderen Bewertungskriterien Ausschau zu halten. In der IÖ spielen zwei Kriterien eine wichtige Rolle: die Höhe der **Transaktionskosten** und die Höhe der **Agencykosten.**

Anders als beim Pareto-Kriterium vorausgesetzt wird, geht es in der IÖ in der Regel um eine Bewertung aus der Sicht einer bestimmten Vertragspartei. Die Ökonomik nimmt sozusagen das Ziel einer Interaktions-Partei zum Ausgangspunkt, um das beste Mittel, die optimale institutionelle Regelung zu empfehlen, um das Ziel zu erreichen. Der eine Homo Oeconomicus will den anderen Homo Oeconomicus in seinem Sinne steuern.

Beispiele:
Der Staat will die Diebstahlsrate senken. Ist es dazu besser, die Strafen zu verschärfen oder sollen mehr Mittel in die Beschäftigung arbeitsloser Jugendlicher investiert werden? Der Arbeitgeber will fleißige und sorgfältige Arbeitnehmer. Erreicht er das eher durch verschärfte Kontrolle oder durch Prämienzahlungen? Der Unternehmer braucht eine bestimmte Leistung zur Erstellung seiner Produkte. Soll er diese Leistung im eigenen Unternehmen erbringen lassen, per Anweisung an die Mitarbeiter oder von außen zukaufen, von Lieferanten, die der

Marktkontrolle unterliegen? Der Aktionär will, dass die Manager das Geld in die gewinnbringendsten Projekte investieren. Kann er das durch eine Beteiligung der Manager am Aktienkapital erreichen?

Um Antworten auf solche Fragen zu geben, braucht die Ökonomik einen Maßstab für die Vorteilhaftigkeit der unterschiedlichen Lösungen. Im Transaktionskosten-Ansatz gilt jene Lösung als die beste, welche die Transaktionskosten minimiert. Für den Principal-Agent-Ansatz ist die Lösung mit den minimalen Agency Costs die beste. Was im Einzelnen zu diesen Kosten gehört, wird im folgenden Teil II bei der Darstellung der Ansätze noch ausführlich erläutert.

Zusammenfassung:

▸ Die Ökonomik interessiert sich insbesondere für die institutionellen Funktionen der Motivation, der Koordination und der Herrschaftssicherung. Institutionen werden in erster Linie als Beherrschungs- und Überwachungssysteme verstanden.

▸ Die Ökonomik favorisiert die Entstehung von Institutionen durch Vertrag. Ein Erlass von Regel ist allenfalls sinnvoll, wenn ein Vertragsschluss zu schwierig ist.

▸ Die Durchsetzung von Institutionen beruht nach Sicht der Ökonomik auf einem Kosten-Nutzen-Kalkül der Individuen.

▸ Das Individuum kann durch Institutionen gezielt zu einem bestimmten Verhalten angereizt werden. Das nutzt der Homo Oeconomicus bei der Gestaltung von Institutionen aus, um den anderen Homo Oeconomicus zu bändigen.

▸ Eine Institution ist aus Sicht der Ökonomik optimal, wenn sich keiner der Beteiligten besserstellen kann, ohne einem anderen Beteiligten zu schaden. Solche pareto-optimalen Regeln entstehen nach Ansicht der Ökonomik durch Verträge.

3.5 Alte und Neue Institutionenökonomik

Der Titel dieses Buches heißt „Neue Institutionenökonomik". Wenn von „Neuer Institutionenökonomik" (NIÖ) die Rede ist, dann liegt der Schluss nahe, dass sich die Ökonomik bereits früher einmal mit den Institutionen beschäftigt hat. Für die sog. „Klassiker" der Ökonomie, wie *Adam Smith, David Hume* und *John Stuart Mill,* war es noch völlig selbstverständlich, die Bedeutung der Institutionen in ihre Überlegungen einzubeziehen. Gesetze und moralische Regeln ermöglichten für sie erst die Funktionsfähigkeit des Marktes. Erst der Siegeszug der auf formalen Modellen aufbauenden Neoklassik hat diese Einbeziehung scheinbar überflüssig gemacht. Die durch entsprechende Prämissen extrem vereinfachte Wirtschaftswelt konnte mathematisch exakt und logisch beschrieben und optimiert werden, was eine große Faszination auf die Wissenschaftler ausübte. Allerdings wurde an der Realitätsferne der Prämissen auch immer wieder Kritik geübt. Vertreter der „Historischen Schule" in Deutschland (u. a. *Rascher, von Schmoller),* der „Österreichischen Schule" (u. a. *Böhm-Bauwerk, von Hayek),* der „Freiburger Schule" (u. a. *Eucken)* und des amerikanischen Institutionalismus (u. a. *Veblen, Commons)* haben sich im 19. und 20. Jahrhundert mit Problemen jenseits der neoklassischen Modellwelt beschäftigt (vgl. *Erlei/Leschke/Sauerland* [Neue] 28 ff.). Sie gelten als Vertreter der **alten Institutionenökonomik.**

Unter dem Sammelbegriff **Neue Institutionenökonomik** fasst man wiederum verschiedene Teilansätze zusammen, als deren gemeinsames Kennzeichen gelten kann, dass sie eine größere Affinität zur Neoklassik aufweisen als die alten Ansätze. Sie vertreten strikt das Modell des Homo Oeconomicus, führen Institutionen auf das optimierende Entscheidungsverhalten von Individuen zurück und arbeiten oft mit stark vereinfachenden Prämissen. Die Abstraktion geht auch in den neuen institutionenökonomischen Ansätzen teilweise so weit, dass das Verhalten der Akteure in mathematischen Modellen abgebildet werden kann. Das erklärt vermutlich ihren gegenüber den alten Ansätzen deutlich größeren Erfolg. Als „Geburtsstunde" der NIÖ wird häufig das Erscheinen des Aufsatzes „The Nature of the Firm" (1937) von *Coase* genannt. Die NIÖ ist also nicht rein chronologisch als Nachfolgerin der alten IÖ anzusehen. Vielmehr bestehen alte und neue IÖ bis in die heutige Zeit hinein parallel.

Obwohl es noch keine völlige Übereinstimmung zwischen den Forschern gibt, was genau zum inhaltlichen Bereich der NIÖ zu zählen ist und was nicht, besteht doch sehr weitgehende Einigkeit über den „harten

Kern", der durch drei verschiedene, sich ergänzende Ansätze repräsentiert wird: Die Theorie der Verfügungsrechte (Property-Rights-Ansatz), die Principal-Agent-Theorie (auch Agencytheorie oder Vertretungstheorie) und die Transaktionskostentheorie. Im folgenden Teil II sollen diese drei zentralen Ansätze vorgestellt werden, mit denen die ökonomische Analyse der Institutionen methodisch gestützt wird. Im dritten Teil wird eine zusammenfassende Bewertung der NIÖ versucht.

Teil II: Ansätze der Neuen Institutionenökonomik

Kapitel 1

Interaktives Wirtschaften

1.1 Vorteile des interaktiven Wirtschaftens

„Die Arbeitsteilung dürfte die produktiven Kräfte der Arbeit mehr als alles andere fördern und verbessern." (Smith [Wohlstand] 9).

Die Neue Institutionenökonomik (NIÖ) beschäftigt sich nicht nur mit den ökonomischen Institutionen, sondern mit dem ökonomischen Verhalten in und dem ökonomischen Gestalten von beliebigen Institutionen.

Beispiele:
So könnte man etwa ökonomisch erklären, warum Frauen heute weniger Kinder bekommen als früher und warum sich immer mehr Eheleute scheiden lassen. Auf einer solchen „Familienökonomik" aufbauend ließen sich auch Vorschläge für eine Familienpolitik entwickeln.

Im Folgenden soll allerdings nur noch jener Kernbereich der NIÖ dargestellt werden, der sich mit dem ökonomischen Verhalten in der Wirtschaft und der Gestaltung von wirtschaftlichen Institutionen beschäftigt. Es wird also eine zusätzliche Abgrenzung des Untersuchungsgegenstande über den Gegenstandsbereich „Wirtschaft" vorgenommen. Unter Wirtschaft versteht man i. A. den Funktionsbereich der Gesellschaft, der sich mit der Produktion und dem marktmäßigen Austausch von Waren und Dienstleistungen beschäftigt. Es sind die Austauschbeziehungen zwischen Anbietern und Nachfragern am Markt und die Austauschbeziehungen innerhalb von Betrieben, insbesondere privatwirtschaftlichen Unternehmen, die im Vordergrund der institutionenökonomischen Analyse stehen.

Institutionen zur Regelung der wirtschaftlichen Zusammenarbeit wären gar nicht nötig, wenn die Individuen völlig autark wären. Wenn jeder alles, was er benötigt, in seinem Eigentum hätte, und jeder alles selbst machen könnte, was er braucht, könnte man sich alle Probleme des Zusammenarbeitens und Tauschens mit anderen ersparen. Zwar kann auch ein „Robinson Crusoe" (als Sinnbild des ganz auf sich allein gestellten Menschen) wirtschaften und mehr oder weniger rationale Entscheidungen treffen (vgl. *Neus* [Einführung] 25 ff.). Aber er braucht sich keine Gedanken über Institutionen zur Regelung von menschlicher Interaktion zu machen. Dafür muss er allerdings auch auf enorme Vorteile verzichten. Es hat sich nämlich im Laufe der Geschichte als äußerst wohlstandssteigernd erwiesen, sowohl das Eigentum als auch die Arbeit mit anderen zu teilen und einzelne oder gebündelte Rechte (Güter) zu tauschen.

Im Anschluss an *Coase* (vgl. [Problem]) sind Güter als Bündel von Verfügungsrechten zu verstehen. Durch diesen differenzierten Gutsbegriff kann erfasst werden, dass nicht nur Waren getauscht werden, sondern auch einzelne Rechte. Warum können die **Teilung und der Tausch von Verfügungsrechten** den Wirtschaftsakteuren Vorteile bringen? Der Vorteil liegt hauptsächlich in der Möglichkeit einer intensiveren Ressourcennutzung.

Beispiele:
Wenn jemand soviel Land besitzt, dass er es selbst gar nicht bewirtschaften könnte, dann kann er das Recht zur Bearbeitung des Landes gegen ein Entgelt an jemand anders abtreten. Ein Pächter erwirbt das Recht, den Boden zu bearbeiten und die Früchte zu ernten und zahlt dafür dem Eigentümer den Pachtzins. Der Landbesitzer könnte stattdessen natürlich auch Landarbeiter beschäftigen. Diese müssten dann einen Teil des Verfügungsrechts über sich selbst, über ihr Humankapital, dem Landbesitzer zur Verfügung stellen und erhielten im Gegenzug einen Lohn. In ähnlicher Weise kann es sinnvoll sein, ein Großgebäude teilweise zu vermieten oder nicht benötigtes Geld als Darlehen weiterzugeben. In allen diesen Fällen wird ein Teil der Verfügungsrechte von ihrem ursprünglichen Inhaber auf andere übertragen und gegen eine Forderung (Pacht, Lohn, Miete, Zinsen) getauscht. Auch das komplette Bündel von Verfügungsrechten, das volle Eigentum, kann an andere Wirtschaftsakteure übertragen werden. Es wird gegen die Forderung des Kaufpreises getauscht. Dies kann wohlstandssteigernd sein, weil der neue Eigentümer die Ressourcen möglicherweise effizienter zu nutzen weiß als der alte. Nur dann wird sich der Tausch für beide Parteien lohnen und es wird zu einem Kaufvertrag kommen.

In allen geschilderten Fällen haben die Eigentümer ursprünglich **absolute Verfügungsrechte**, d.h. sie können beliebig über die Ressourcen verfügen und ihre Rechte gegen jedermann geltend machen. Sie geben dann aber die absoluten Verfügungsrechte zum Teil oder ganz an andere Wirtschaftsakteure ab und tauschen im Gegenzug Forderungen, auch **relative Verfügungsrechte** genannt (vgl. *Richter/Furubotn* [Neue] 88). Der Eigentümer eines Hauses gibt etwa dem Mieter das Recht zur Nutzung der Wohnung und erhält dafür das Recht, die Miete zu fordern. Dieses Forderungsrecht kann nur gegenüber dem Mieter geltend gemacht werden. Der Mieter hat nun unter anderem das absolute Recht, die Wohnung beliebig einzurichten und kann gegnüber jedermann die Unverletztlichkeit der Wohnung verlangen.

Eine Teilung von Verfügungsrechten kann man sich auch noch in einem ganz anderen Sinne vorstellen. Das volle Eigentum an einer Sache, das Bündel absoluter Verfügungsrechte, kann nämlich mehreren Wirtschaftsakteuren gemeinsam gehören. Auch auf diese Weise lassen sich Ressourcen besser ausnutzen.

Beispiel:
Mehrere Bauern kaufen gemeinsam eine Erntemaschine, die keiner alleine auslasten könnte. Oder sie nutzen gemeinsam ein Stück Land für Weidewirtschaft, weil es billiger ist, ein großes Stück mit einem Zaun zu umgeben als viele kleine Parzellen abzuzäunen.

In solchen Fällen gemeinsamer Verfügungsrechte spricht man von **Gemeineigentum** im Gegensatz zum **Privateigentum,** bei dem jeweils ein Individuum die Verfügungsrechte innehat.

Neben der Teilung von Verfügungsrechten kann auch die **Arbeitsteilung** als wohlstandssteigernd gelobt werden, denn auch sie führt zu einer besseren Ausnutzung von Ressourcen. Es ist eine plausible Annahme, dass die Menschen für unterschiedliche Arbeiten unterschiedlich gut geeignet sind. Wenn jeder sich auf die Arbeit konzentrieren kann, für die er besonders begabt ist, kann die Gesamtleistung deutlich gesteigert werden. Außerdem führt die Konzentration auf bestimmte Tätigkeiten auch noch zu raschen Übungsgewinnen. Der Einzelne kann durch Arbeitsteilung sein Humankapital besser ausnutzen und weiter ausbilden. Er erfindet vermutlich auch Techniken und Geräte, die ihm seine Arbeit erleichtern und die Produktivkraft weiter steigern. Die mit der Spezialisierung einhergehenden größeren Outputmengen machen schließlich den Einsatz von Maschinen oft erst lohnend. Die enormen Produktivitätssteigerungen durch Arbeitsteilung hat bereits *Adam Smith* bewundert (vgl. [Wohlstand] 9 f.).

Die Arbeitsteilung zieht zwangsläufig den Tausch von Verfügungsrechten nach sich. Ein Spezialist muss vom anderen Spezialisten die Produkte kaufen und die Leistungen erbringen lassen, die er selbst nicht herstellen bzw. erbringen kann.

Beispiele:
Der Bäcker braucht Schuhe, der Schuster braucht Brot und beide brauchen manchmal einen Arzt.

In Kaufverträgen wird das Eigentum an Gütern übertragen, in Werkverträgen werden Dienstleistungen vereinbart. Wenn eine Leistung nur erbracht werden kann, indem mehrere Spezialisten zusammenwirken (wie beim Bau eines Autos), dann kann ein Unternehmer das Verfügungsrecht über das Humankapital der verschiedenen Spezialisten gegen Lohn eintauschen (Arbeitsverträge) und sich dafür das Recht an ihren Produkten vorbehalten. Der Unternehmer ist auf das Kombinieren der Produktionsfaktoren spezialisiert. Meistens hat er außerdem das Eigentum an den Maschinen und den Gebäuden, die zur Produktion benötigt werden und die er den Arbeitnehmern zur Benutzung zur Verfügung stellt.

Die **Arbeitsteilung** sowie die **Teilung** und der **Tausch von Verfügungrechten** führen zu einer besseren Ausnutzung von Ressourcen und wirken daher wohlstandssteigernd.

Wenn nicht jeder alles selbst besitzt und selbst macht, was er braucht, muss er in Interaktion mit anderen treten. Manchen Akteuren gehört etwas Bestimmtes und andere können und wissen etwas Bestimmtes und alle ziehen Vorteile daraus, dieses Haben, Können und Wissen miteinander zu teilen und zu tauschen. Allerdings erwachsen aus dem interaktiven Wirtschaften auch einige Probleme.

1.2 Probleme des interaktiven Wirtschaftens

„Zweihundert Jahre lang bildeten die Tauschvorteile, die zunehmende Spezialisierung und Arbeitsteilung ermöglichten, das Herzstück der Wirtschaftstheorie... Aber die lange Reihe von Ökonomen, die aus diesem Ansatz ein elegantes theoretisches Gebäude errichteten, tat das, ohne auf die Kosten dieses Tauschvorganges einzugehen." (North [Institutionen] 32).

1.2.1 Basis-Institutionen: Privateigentum und Vertrag

Die erhöhte Interaktion der Menschen in der arbeitsteiligen Wirtschaft macht es erforderlich, sich über Regelsysteme, also Institutionen, zu verständigen, welche diese Interaktion ordnen. Es ist bspw. fundamental zu klären, wem was gehören soll, also wie die Verfügungsrechte verteilt sein sollen. In der NIÖ, insbesondere im Property-Rights-Ansatz, wird überlegt, welche Folgen welche Verfügungsrechtsstruktur vermutlich haben wird. Aus diesen Überlegungen wird die Vorteilhaftigkeit des Privateigentums abgeleitet. **Privateigentum** gilt in der Folge als die normale und typische Verfügungsrechtsstruktur, die von anderen Ansätzen der NIÖ als selbstverständliche Prämisse vorausgesetzt wird. Gemeineigentum wird eher als Anomalie betrachtet, die vor allem auftritt, wenn es sehr schwer ist Verfügungsrechte genau zu spezifizieren (wie etwa das Recht auf frische Luft).

Eine weitere fundamentale Entscheidung betrifft die Art und Weise, in der Verfügungsrechte getauscht werden sollen. Von allen Teilansätzen der NIÖ wird die Frage in der Weise beantwortet, dass die friedliche und einvernehmliche Einigung in einem **Vertrag** das zweckmäßige Mittel zur Regelung von Tauschvorgängen ist. Warum der Vertrag besser ist als ein unfreiwilliger Tausch durch Gewalt, wird nicht eigens untersucht.

Das Funktionieren der meist fraglos vorausgesetzten Basis-Institutionen (Privateigentum, Vertrag) ist keineswegs naturwüchsig gesichert. Es bedarf zahlreicher weiterer Institutionen, um die Basis-Institutionen durchzusetzen und abzusichern.

> **Beispiele:**
> Der Staat erlässt ein Vertragsrecht, in welchem festgelegt ist, wer Verträge schließen darf, welche Vertragstypen es gibt, wie die Rechte und Pflichten der Vertragsparteien aussehen, welche Verträge nicht zulässig (sittenwidrig) sind usw. Zuvor muss geklärt sein, wer das

Recht hahen soll, solche Gesetze zu erlassen. Außerdem gibt es Ämter, die bestimmte Rechtsgeschäfte dokumentieren (Grundbuchamt, Handelsregister), Notare, die Verträge in eine gültige Form bringen und beglaubigen, Gerichte, vor denen man Vertragsbrüchige verklagen kann und vieles mehr. Das Privateigentum ist ebenfalls durch Gesetze geschützt, durch eine Polizei, die Diebe verfolgt, Gerichte, die Diebe verurteilen und Gefängnisse, in denen sie ihre Strafe absitzen müssen. Auch die allgemeine Moral kann als eine Institution zum Schutze des Privateigentums angesehen werden, weil sie Diebstahl als verwerflich ansieht. Die Einübung dieser Moral findet wiederum in Institutionen wie der Familie, der Kirche oder der Schule statt.

In der NIÖ wird der gesamte institutionelle Rahmen, der wirtschaftliche Transaktionen zwischen den Inhabern privater Verfügungsrechte per Vertrag erst ermöglicht, als bestehend und funktionsfähig vorausgesetzt. Es wird oft vergessen, dass hinter den Einzelverträgen eine Gesellschaft steht, die bereits vor den Verträgen da war und die Verträge kritisieren und begrenzen kann (vgl. *Williamson* [Institutionen] 345). Innerhalb dieses Rahmens schließen die Wirtschaftssubjekte einzelne Verträge. Dabei ergeben sich dann allerdings weitere Probleme, und zwar

- ▸ ein Koordinationsproblem
- ▸ und ein Motivationsproblem.

„... when people are specialized producers who need to trade, their decisions and actions need to be coordinated to achieve these gains of cooperation, and the people must be motivated to carry out their parts of the cooperative activity" *(Milgrom/Roberts* [Economics] 25).

1.2.2 Das Koordinationsproblem

Wenn ich nicht mehr alles selbst mache, was ich brauche, wie kann es dann gelingen, dass ich trotzdem fast alles, was ich möchte, auch bekomme? Woher können andere Wirtschaftssubjekte wissen, dass ich heute ein Paar schwarze Stiefel und ein Pfund Orangen kaufen will und dass ich jemanden suche, der meine Wohnung tapeziert? Wie können Nachfrage und Angebot aufeinander abgestimmt, also koordiniert werden?

Dieses Koordinationsproblem kann wiederum in zwei Teilprobleme zerlegt werden:

▸ das Bereitstellungsproblem
▸ und das Suchproblem.

Bereitstellungsproblem: Wenn die Abstimmung zwischen einem Nachfrager und einem Anbieter gelingen soll, muss es jemanden geben, der genau das Produkt oder die Leistung, das/die der Nachfrager möchte auch bereitstellt. Außerdem müssen sich Anbieter und Nachfrager finden.

Wie kann zunächst die Bereitstellung von Gütern und Leistungen gesichert werden, nach denen ein Nachfrager ein Bedürfnis verspürt? Ohne Arbeitsteilung müsste jeder seine Bedürfnisse selbst erfüllen. Das kann daran scheitern, dass er nicht fähig ist, bestimmte Produkte selbst herzustellen oder bestimmte Leistungen selbst zu erbringen. Darin liegt ja ein Vorteil der Arbeitsteilung, dass man nicht alles selbst können muss, sondern auf Spezialisten zurückgreifen kann.

Bei Arbeitsteilung gibt es **drei Möglichkeiten**, mit dem Problem der Bereitstellung umzugehen: den Dienstvertrag, den Werkvertrag und den Kaufvertrag. Im Einzelnen bedeutet das:

▸ Ich stelle per **Dienstvertrag** einen Spezialisten für die Herstellung der Dinge ein, die ich gerne hätte und die ich nicht selbst machen kann, bspw. einen Schuhmacher. Der fertigt dann immer, wenn ich möchte, Schuhe nach meinen Anweisungen. Ich kann ziemlich sicher sein, genau die Schuhe zu bekommen, die ich mir vorgestellt habe und die mir passen.

▸ Als zweite Möglichkeit könnte man einen selbstständigen Schuhmacher per **Werkvertrag** damit beauftragen, Schuhe nach Maß anzufertigen. Weil dieser nun nicht mehr ausschließlich für mich, sondern auch für andere arbeitet, kann ich nicht mehr ganz so sicher sein, dass er genau die Leistung erbringt, die ich mir wünsche. Dafür kann er allerdings Größenvorteile realisieren und die Kosten für Maschinen auf mehrere Kunden verteilen. Die Schuhe werden also vermutlich billiger.

▸ Normalerweise stellt man heutzutage weder einen eigenen Schuhmacher an noch beauftragt man jemanden mit der Maßanfertigung von Schuhen. Vielmehr geht man in ein Schuhgeschäft und erfüllt sein Bedürfnis per **Kaufvertrag.** Irgend jemand muss also ohne einen ausdrücklichen Auftrag oder eine persönliche Anweisung „ahnen", dass ein Kunde zu einem bestimmten Zeitpunkt an einem bestimmten Ort ein Paar Schuhe in einer bestimmten Farbe, Größe und Form suchen wird, und er muss diese Schuhe sozusagen „ins Blaue hinein" produzieren und anbieten. Bei dieser Form der Koordination ist am wenigsten sicher, dass Angebot und Nachfrage übereinstimmen. Allerdings sind auch die Größenvorteile besonders hoch, wenn Schuhe in großer Stückzahl für den anonymen Markt produziert werden. Dass die Koordination überhaupt gelingt, ist dem Preismechanismus zu verdanken. Der Preis wirkt wie ein „Auftrag" auf potenzielle Anbieter. Ist er hoch, werden große Mengen des Gutes produziert. Übertrifft die angebotene Menge die Nachfrage (Überangebot), dann sinkt der Preis und sendet das Signal aus, weniger zu produzieren. Gleichzeitig stimuliert der sinkende Preis die Nachfrage. Umgekehrt verläuft der Prozess bei einem Nachfrageüberhang. Angebot und Nachfrage stimmen nach dem Modell des idealen Marktes schließlich überein. Die Koordination zwischen Angebot und Nachfrage gelingt in der Realität auch deshalb, weil die Anbieter die Nachfrage beeinflussen und sich sozusagen die passende Nachfrage schaffen. Während nach ökonomischer Sicht die Anbieter nur auf die Nachfrage reagieren und sich an die Kundenwünsche anpassen, werden in der Realität die meisten neuen Produkte von den Anbietern aktiv in den Markt gebracht und dann bspw. mit Hilfe der Werbung die Nachfrager zum Kauf animiert. Die „Farben des Jahres" werden bspw. von der Textilindustrie bestimmt und nicht von den Kunden.

Suchproblem: Das Suchproblem stellt sich bei allen Bereitstellungsmöglichkeiten unterschiedlich dar. Es entfällt, wenn der Nachfrager die Leistung selbst erbringt. Bei einem Dienstvertrag sucht der Nachfrager (einmalig) einen Schuhmacher mit bestimmten Eigenschaften. Die Suche nach passenden Schuhen kann man sich anschließend sparen. Der Werkvertrag macht eine Suche nach Schuhmacherleistungen nötig. Möglicherweise muss der Nachfrager mehrfach danach suchen, etwa weil ein Schuhmacher, den er schon kennt, im Moment keine Zeit für seinen Auftrag hat. Am aufwändigsten ist die Suche bei einer Koordination durch Kaufverträge, denn dann beginnt die Suche bei jedem Paar Schuhe von neuem.

Tendenziell ist die Erfüllung spezifischer Bedürfnisse bei einem Dienstvertrag am besten gewährleistet. Außerdem sind die Suchkosten eher niedrig. Allerdings muss man sich die Mühe machen, genaue Anweisungen zu erteilen und die Größenvorteile sind eher gering. Beim Kaufvertag kann man sich die Anweisungen sparen und von den Kostenvorteilen für größere Produktionsmengen profitieren. Allerdings muss man öfter suchen und ist nie ganz sicher, ob man auch genau bekommt, was man möchte.

Die bisher geschilderten Abstimmungsprobleme sind eine Folge der Arbeitsteilung. Aber auch ohne Arbeitsteilung gibt es Koordinationserfordernisse sobald Verfügungsrechte geteilt werden sollen. Jemand möchte ein Wohnrecht gegen Miete, die Erträge von einem Stück Land gegen Pacht oder die Verfügung über eine Geldsumme gegen Zinsen tauschen. Die Bereitstellung dieser Rechte wird vor allem über den Preismechanismus geregelt. Die Höhe der Suchkosten lässt sich kaum allgemein abschätzen und hängt vor allem auch davon ab, wie häufig die Rechte ihren Besitzer wechseln und wie effizient der entsprechende Markt (Wohnungsmarkt, Geldmarkt,...) funktioniert.

1.2.3 Das Motivationsproblem

Zu den sachlichen Problemen der Abstimmung von angebotenen und nachgefragten Leistungen tritt komplizierend ein Verhaltensproblem hinzu. Wenn die Tauschpartner eigennützig sind (Verhaltensmodell des Homo Oeconomicus) und jeweils unterschiedliche Interessen haben (Zieldivergenz), wie kann dann abgesichert werden, dass die geschlossenen Verträge fair sind, also Leistung und Gegenleistung zum Ausgleich bringen?

Auch das Motivationsproblem kann in zwei Teilprobleme zerlegt werden:

- das Messproblem
- und das Spezifitätsproblem.

Messproblem: Die Beteiligten können nicht sicher sein, einen fairen Tausch abzuschließen, wenn sie die getauschten Leistungen nicht genau messen können. Das Messproblem entsteht zunächst bei der Suche nach passenden Vertragspartnern, weil ihre Eigenschaften (etwa die Kunstfertigkeit eines Schuhmachers oder die Zuverlässigkeit eines Kreditnehmers) nicht ohne weiteres zu beurteilen sind und weil sie Motive haben können, ihre Eigenschaften falsch darzustellen. Probleme gibt es aber auch nach Abschluss des Vertrages. Wenn man nicht genau beobachten kann, was der Vertragspartner macht, und wenn er Gründe haben kann, nicht nach meinen Wünschen zu handeln, dann muss ich damit rechnen, dass er mich über sein Verhalten täuscht. Die Probleme nach Vertragsschluss betreffen vor allem Dienst- und Werkverträge, aber auch Miet-, Pacht- und

Darlehensverträge, bei denen das „Nachher" ausgeprägter ist als bei den reinen Kaufverträgen.

Spezifitätsproblem: Neben dem Messproblem kann auch noch das Spezifitätsproblem Ursache eines unfairen Tausches sein. Wer eine sehr spezifische Leistung braucht, findet oft nur wenige oder sogar nur einen Vertragspartner, der diese Leistung bereitstellt (z. B. eine Spezialmaschine). Weil man dann nicht leicht auf andere Partner ausweichen kann, erlangt der Tauschpartner Macht, die er ausnutzen kann, um die Vertragsbedingungen zu seinen Gunsten zu verzerren.

1.2.4 Die „Lösung" der Probleme durch die neoklassische Mikroökonomik

In der **neoklassischen Mikroökonomik** werden solche Probleme durch den idealen Markt gelöst, d. h. im Grunde werden die Probleme durch das Setzen von Prämissen wegdefiniert.

- ▸ Das **Bereitstellungsproblem wird über den Preismechanismus bewältigt.** Das Bedürfnis der Nachfrager schlägt sich nieder in einem Preis, zu dem sie eine bestimmte Menge eines bestimmten Gutes/einer Leistung/eines Rechtes kaufen würden. Diese Preisinformation wirkt wie ein Auftrag auf die Anbieter. Sie stellen bei einem bestimmten Preis eine bestimmte Menge des Gutes/der Leistung/des Rechtes für den anonymen Markt bereit. Preise und Mengen ändern sich so lange, bis das Angebot die Nachfrage genau ausgleicht und alle nachgefragten Dinge in der genau richtigen Menge bereitgestellt werden.
- ▸ Da alle Marktpartner über sämtliche Austauschbedingungen stets vollkommen und kostenlos informiert sind, fallen **keine Suchkosten** an.
- ▸ Die vollkommen Markttransparenz lässt auch das **Messproblem entfallen.** Jede Art von Täuschung ist ausgeschlossen. Die abgeschlossenen **Verträge sind vollständig.** Man kann nicht nur alle Eigenschaften des Partners vor Vertrag erfassen, sondern auch für die gesamte Vertragslaufzeit alle Eventualitäten vorhersehen, für jede Möglichkeit entsprechende Zahlungen festlegen und post factum problemlos feststellen, welche Situation eingetreten ist. Es ist kostenlos, solche Verträge zu schließen, ihre Einhaltung zu

beobachten und bei Bedarf zu erzwingen, wenn eine Partei einen Vertragsbruch versuchen sollte. Da im Moment des Vertragsabschlusses bereits alle zukünftigen Möglichkeiten vorhergesehen und in die Vertragsbedingungen aufgenommen wurden, kann es nie zu Nachverhandlungen kommen. (Zu den vollständigen Verträgen vgl. *Milgrom/Roberts* [Economics] 127 f.).

▸ Die Güter auf einem Markt sind völlig homogen und es herrscht **polypolistische Konkurrenz.** Jeder Partner kann jederzeit vollkommen kostenlos und problemlos auf ein Konkurrenzangebot eingehen, so dass auch eine **Machtstellung eines Tauschpartners (Spezifitätsproblem) ausgeschlossen** ist. Die Homogenitätsprämisse unterstellt, dass es auch für sehr spezifische Bedürfnisse (also z. B. rote Schuhe aus Wildleder mit einem schwarzen 5 cm Blockabsatz und zwar heute und innerhalb von einem bestimmten Entfernungsradius) immer einen vollkommenen Markt gibt mit sehr vielen, in den Augen des Nachfragers völlig gleichwertigen (homogenen) Angeboten (vgl. *Milgrom/Roberts* [Economics] 68). Eine andere Möglichkeit, die Homogenitätsbedingung zu interpretieren wäre, zu leugnen, dass es überhaupt Präferenzen der Konsumenten hinsichtlich Form, Farbe, Zeit und Ort von Gütern (z. B. Schuhen) gibt. Die Nachfrager befinden sich dann nicht auf dem Markt für „Rote Wildlederschuhe mit schwarzem 5 cm Blockabsatz hier und heute", sondern einfach auf dem „Schuhmarkt" und alle Schuhe sind für sie homogen, so dass nur der Preis entscheidet.

Da in dieser Modellwelt alle Probleme der wirtschaftlichen Interaktion entfallen, sind auch die Institutionen irrelevant. Ob jemand die Produktionsfaktoren nur gemietet hat oder ob sie ihm gehören, ob er mit eigenem Geld oder Kredit arbeitet, spielt keine Rolle, denn immer wird die Gewinnfunktion unter der Restriktion einer rein technisch bestimmten Produktionsfunktion maximiert. Letztlich ist es sogar egal, ob sich die Produktionsmittel überhaupt in Privatbesitz befinden und die Koordination über Marktpreise erfolgt, oder ob die Produktionsmittel dem Staat gehören, der den richtigen Preis durch systematisches Probieren findet (vgl. *Richter/Furubotn* [Neue] 10 f.).

Paradoxerweise kann aufgrund der Prämissen aber auch nicht mehr erklärt werden, warum die Menschen überhaupt verschiedene Verfügungsrechtsstrukturen entwickeln und arbeitsteilig wirtschaften. Obwohl hinter

der neoklassischen Modellwelt wohl immer die Vorstellung einer arbeitsteiligen und auf Privateigentum gegründeten Marktwirtschaft steckt, können die Vorteile einer solchen Wirtschaftsform modellimmanent gar nicht
erklärt werden. Die Vorteile der Spezialisierung beruhen gerade darauf,
dass der Spezialist mehr kann und weiß als viele andere. Ohne diesen
Informationsvorsprung (Informationsasymmetrie) könnte jeder auch sein
eigener Arzt, Rechtsanwalt, Schuster usw. sein. Die (Mess-)Probleme aber
auch die Vorteile der Arbeitsteilung sind verschwunden, wenn alle das
gleiche wissen und können. Der Hauptanreiz für die Anbieter am Markt
ist der Gewinn. Der Gewinn ist um so höher, je weniger homogen die
Produkte sind und je weniger Konkurrenten es gibt. In einer vollkommen
polypolistischen Konkurrenz zwischen völlig homogenen Gütern gibt es
zwar keine (Spezifitäts-)Probleme aus der Machtstellung eines Anbieters,
aber es gibt auch keinen Gewinn mehr. Wo alle Bedürfnisse sofort und
vollständig bekannt sind und befriedigt werden, kann kein Unternehmen
von Marktforschung profitieren, Marktlücken entdecken, den Kunden ganz
besondere, „maßgeschneiderte" Lösungen anbieten oder Überrenditen aus
Innovationen und einer zeitweisen Monopolstellung erwirtschaften. Wieder
sind mit den Problemen auch die Vorteile der Marktwirtschaft verschwunden, die aus der Anreizfunktion des Gewinnes resultieren. Wenn es schließlich für das Verhalten keine Rolle spielt, wem was gehört, dann kann
man zwar Probleme wie die einer mangelnden Motivation der Mitarbeiter
ausschließen. Warum Privateigentum zu größerer Produktivität führt als
Staatseigentum, kann aber auch nicht mehr erklärt werden. In einer solchen
Modellwelt könnte eine zentrale Planwirtschaft genauso effizient sein wie
eine Marktwirtschaft.

Die Vorteile des interaktiven Wirtschaftens kann man nur um den Preis
der möglichen Koordinations- und Motivationsprobleme haben. Besser als
sie weg zu definieren ist es, über Problemlösungen nachzudenken. Dies
genau ist die Aufgabe der Institutionenökonomik.

Zusammenfassung

▸ Die Arbeitsteilung sowie die Teilung und der Tausch von Verfügungsrechten wirken enorm wohlstandssteigernd.

▸ Dadurch entstehen aber zugleich Probleme. Es ist nicht sicher, ob man einen Vertragspartner findet, der genau die gewünschte Leistung bereitstellt. Die Suche nach dem Vertragspartner erzeugt Suchkosten. Leistung und Gegenleistung sind nicht immer genau messbar. Und die Vertragspartner können unterschiedlich viel Macht haben.

▸ Im idealen Markt entfallen diese Probleme. Die Bedingungen wie vollständige Markttransparenz und Homogenität der Güter sind aber sehr unrealistisch. In der Realität muss man sich um Problemlösungen bemühen.

Kapitel 2

Überblick über die Ansätze der Neuen Institutionenökonomik

„Zur Neuen Institutionenökonomik kann die gesamte moderne Institutionenökonomik gerechnet werden. Aber gewöhnlich versteht man darunter nur einen Teil, und zwar in erster Linie die Transaktionskostenökonomik ..., aber auch die Property-Rights-Analyse und Teile der Prinzipal-Agent-Theorie." (Rudolf Richter [Neue] 323 f.).

2.1 Die zentralen institutionenökonomischen Ansätze

Drei Teilansätze der NIÖ werden im folgenden näher untersucht: Der **Verfügungsrechtsansatz** (Property-Rights-Ansatz), der **Principal-Agent-Ansatz** (Agency-Theorie) und der **Transaktionskostenansatz**. Diese drei Ansätze bilden nach allgemeiner Meinung den Kern der NIÖ.

Wie sich die drei Ansätze zueinander verhalten, wo sie sich ähneln und unterscheiden, welcher Ansatz übergeordnet oder untergeordnet ist, das ist sehr umstritten, zumal es auch noch jeweils unterschiedlich nuancierte Interpretationen der Teilansätze gibt. Bei *Richter/Furubotn* (vgl. [Neue]) ist der Verfügungsrechtsansatz (VR-Ansatz) übergeordnet. Principal-Agent-Ansatz (PA-Ansatz) und Transaktionskostenansatz (TAK-Ansatz) sind spezielle Verfügungsrechtstheorien. Bei *Erlei/Leschke/Sauerland* (vgl. [Neue]) scheinen dagegen alle Teilansätze spezielle Transaktionskostentheorien zu sein. Solche Unterschiede in der Zuordnung sind möglich, weil die vom jeweiligen Ansatz besonders betonten Probleme in der Realität immer gemeinsam mit anderen Problemen auftreten. Bei jeder realen wirtschaftlichen Interaktion

- werden Verfügungsrechtspositionen berührt (VR-Ansatz),
- sind mindestens zwei Vertragspartner involviert, die jeweils eigene Interessen verfolgen (PA-Ansatz)
- und treten Transaktionskosten auf (TAK-Ansatz).

Da jeder Teilansatz eine Facette eines gemeinsamen Problemkomplexes erhellt, gibt es Überschneidungen in den Aussagen. Die Ähnlichkeiten zwischen den Ansätzen werden um so größer, je stärker die Teilansätze auch die Facetten des Problems in den Blick nehmen, die sie ursprünglich um der Modellbildung willen beiseite gelassen haben.

Die folgenden Kurzdarstellungen sind als typologische Vereinfachungen zu verstehen. Die Unterschiede zwischen den Teilansätzen werden betont.

2.2 Kurze Charakterisierung des Verfügungsrechtsansatzes

Der **VR-Ansatz** untersucht die Auswirkungen verschiedener Verfügungsrechtspositionen auf das Verhalten der Individuen. Dabei geht es um die **Verteilung der Verfügungsrechte**. Die Leitfrage ist: Wie wirkt es sich vermutlich auf das Verhalten rationaler und selbstinteressierter Individuen aus, wenn sie bestimmte Verfügungsrechte haben bzw. nicht haben?

Beispiel:
Eine Hauseigentümerin wird vermutlich mehr in den Erhalt des Hauses investieren als eine Mieterin, weil sie das Recht hat, das Haus zu verkaufen und weil sie daher am Erhalt des Verkaufswertes interessiert ist.

Die **Leitidee des Verfügungsrechtsansatzes** ist: Individuelles Verhalten wird durch die Art der Verteilung der Verfügungsrechte kanalisiert, da durch sie ein Gefüge von Gratifikationen und Sanktionen festgelegt wird (vgl. *Furubotn/Pejovich* [Economics] 1).

Die Aussagen der Verfügungsrechtstheorie können als Basis auch für die anderen Teilansätze angesehen werden, insofern das grundlegende **Motivationsproblem** angesprochen wird, das entsteht, wenn die Verfügungsrechte an einer Sache oder Person auf verschiedene, interagierende Individuen mit je eigenen Interessen verteilt sind. Wenn die individuellen Interessen aufgrund der unterschiedlichen Verfügungsrechtspositionen (partiell) kollidieren, ist jeder Vertragspartner versucht, seine Interessen auf Kosten des Partners durchzusetzen. Die grundsätzliche Problematik vertraglicher Vereinbarungen ergibt sich aus diesen unterschiedlichen Interessenlagen der Beteiligten, die auf der Basis ihrer Verfügungsrechtspositionen erklärbar werden. Lösungen für die Motivationsproblematik sieht der VR-Ansatz naturgemäß in einer Veränderung der Verfügungsrechtspositionen (z. B. Überführung von Gemeineigentum in Privateigentum). Mit der **Koordinationsproblematik** setzt sich der VR-Ansatz nur z. T. auseinander. Es wird überlegt, wie eine Änderung bestimmter Verfügungsrechte die Anreize zur Bereitstellung von Leistungen ändern kann.

> **Beispiel:**
> Wenn Ideen durch Patente vor dem Zugriff anderer geschützt werden können (geistiges Eigentum), wird es zu einer größeren Bereitschaft kommen, neue Ideen zu entwickeln (vgl.*Picot/Schneider* [Innovationsverhalten] 98).

Das Problem der Suche nach Vertragspartnern wird vom VR-Ansatz nicht thematisiert.

2.3 Kurze Charakterisierung des Principal-Agent-Ansatzes

Auch der **PA-Ansatz** beschäftigt sich insbesondere mit dem **Motivationsproblem** bei vertraglichen Schuldverhältnissen. Wie bewerkstelligen die rationalen und selbstinteressierten Individuen einen fairen Tausch von absoluten Verfügungsrechten gegen Forderungsrechte, wenn sie nicht die gleichen Ziele verfolgen, nicht allwissend und/oder nicht gleich mächtig sind?

Für den **PA-Ansatz** ist das zentrale Problem die **Informationsasymmetrie** zwischen den Vertragspartnern, also das **Messproblem.** Es gibt keine vollkommene und kostenlose Markttransparenz. Die Messung von Leistung und Gegenleistung ist schwierig und daher ist die Gefahr einer Täuschung des Vertragspartners relativ groß. Dieses Problem tritt überall auf, wo jemand (der Prinzipal) einem anderen Rechte und Aufgaben überträgt (dem Agenten) und dafür eine faire Gegenleistung erwartet/bereitstellen soll. Ob Käufer und Verkäufer, Vermieter und Mieter, Aktionär und Manager, Chef und Arbeitnehmer, alle diese Beziehungen können als problematisch im Sinne der Agencytheorie angesehen werden. Eine aus Spezifität resultierende Machtasymmetrie wird im PA-Ansatz auch behandelt (Hold up-Problem), findet aber weit weniger Beachtung als das Messproblem.

Die **Leitidee des Principal-Agent-Ansatzes** ist die Bewältigung von Vertragsproblemen zwischen einem Auftraggeber (Prinzipal) und einem Auftragnehmer (Agent), die vor allem auf Messprobleme zurückzuführen sind. „The challenge in the agency relationsship arises whenever – which is almost always – the principal cannot perfectly and costlessly monitor the agent's action and information. The problems of inducement and enforcement then come to the fore." *(Pratt/Zeckhauser* [Principals] 2 f.).

Als Teil der **Koordinationsproblematik** interessiert den PA-Ansatz vor allem das **Suchproblem.** Die Bereitstellung der Leistung wird nicht nicht weiter problematisiert. Sie erfolgt grundsätzlich über den Preismechanismus. Die Suche nach den passenden Vertragspartnern (erwünschte Merkmale etwa Können und Fleiß) bzw. nach den passenden Leistungen und Produkten (erwünschte Merkmale etwa Zuverlässigkeit und Qualität) ist anders als im neoklassischen Marktmodell nicht problemlos und durch die Täuschungsmöglichkeiten der Partner erschwert.

Die Lösung der Probleme liegt für den PA-Ansatz vor allem in der **geschickten Gestaltung der Verträge**, seien es nun Kauf-, Darlehens-, Miet-, Dienst- oder Werkverträge. Sogar das Suchproblem wird teilweise für lösbar gehalten, indem man den potenziellen Partnern verschiedene Verträge zur Auswahl vorlegt, so dass sie durch ihre Wahl bestimmte Eigenschaften offenbaren (Self-Selection). Die Verträge sind tendenziell vollständig, d. h. sie nehmen alle potenziellen Probleme der Beziehung vorweg und berücksichtigen sie durch entsprechende vertragliche Vereinbarungen über die Auszahlungsstruktur. Die (kostenlose) Gestaltung des Vertrages ist der entscheidende Schritt, die Vertragsdurchsetzung macht keine Probleme. „Fire or sue" *(Alchian/Demsetz* [Production] 777), also „feuern oder verklagen" kann man den Vertragspartner, wenn er sich nicht an die Vereinbarungen hält. Vor allem der mathematisch orientierte sog. normative Zweig der Agencytheorie setzt auf die Möglichkeit, bei Vertragsschluss eine optimale Anreizstruktur mit dem Agenten vereinbaren zu können, so dass Verhaltensprobleme praktisch ausgeschaltet werden (vgl. z. B. *Laux* [Anreiz]).

2.4 Kurze Charakterisierung des Transaktionskostenansatzes

Dem TAK-Ansatz bzw. seinem Begründer *Ronald Coase* wird die „Entdeckung" zugeschrieben, dass der Markt nicht so problemlos und kostenlos funktioniert, wie es die Neoklassik vorsieht. Die Benutzung des Marktes verursacht Kosten (Suchkosten, Verhandlungskosten, Sicherungskosten ...), eben die TAK. Zunächst waren mit TAK nur die „marketing costs" gemeint, also die Kosten der Marktbenutzung (vgl. *Coase* [Nature] 392). Später wurde der Begriff erweitert und für die Kosten verschiedener Beherrschungs- und Überwachungssysteme zur Bewältigung von Vertragsproblemen verwendet (vgl. *Williamson* [Institutionen] 21 ff.). Die Existenz von TAK ist eine wesentliche Voraussetzung aller institutionenökonomischen Ansätze, auch wenn nur ein Ansatz seinen Namen daraus ableitet. „Ein Wesensmerkmal der Neuen Institutionenökonomik ist ihre Betonung der Kostspieligkeit von Transaktionen" *(Richter/Furubotn* [Neue] 45).

Der TAK-Ansatz lässt sich auf alle Probleme des Leistungsaustauschs ein, das Koordinationsproblem (Bereitstellungs- und Suchproblem) und das Motivationsproblem (Mess- und Spezifitätsproblem). Seine Betonung liegt allerdings mehr auf dem Bereitstellungsproblem und dem Spezifitätsproblem.

Dass die Koordination von Angebot und Nachfrage nicht nur über Kaufverträge und den Preismechanismus erfolgt, sondern auch über Dienstverträge und die Anweisungen von Vorgesetzten im Rahmen einer hierarchisch strukturierten Unternehmung, begründet für den TAK-Ansatz die grundsätzliche Unterscheidung von zwei institutionellen Arrangements, eben Markt und Hierarchie. Arbeitsverträge begründen nach Ansicht des TAK-Ansatzes eine völlig andere Beziehung zwischen den Transaktionspartnern als Kaufverträge und nicht der Vertragsabschluss ist bei Arbeitsverträgen das Entscheidende, sondern die nachfolgende Zusammenarbeit. Über die Hierarchie können auch innovative und spezifische Leistungen bereitgestellt werden, für die es (noch) keinen Markt gibt.

Gegenüber dem PA-Ansatz berücksichtigt der TAK-Ansatz das Ausmaß der Interaktionsprobleme umfassender. Er nimmt wahr, dass auch das Aushandeln von Verträgen Kosten verursacht und dass i. A. keine perfekten Verträge geschlossen werden können, die alle kommenden Agencyprobleme ex ante ausschließen. Vor allem Arbeitsverträge sind sehr unpräzise was die erwarteten Leistungen im Einzelnen betrifft und lassen so Raum für die ergänzenden „Herrschaftsmittel" bzw. Motivationsinstrumente der Hierarchie (Weisungs- und Kontrollbefugnisse sowie Sanktions- und Belohnungsmöglichkeiten des Vorgesetzten, Entstehung von persönlicher Bindung und Vertrauen). Von *Ouchi* (vgl. [Markets]) wird die Palette institutioneller Arrangements noch um den „Clan-Mechanismus" erweitert. In einem Clan wird das Motivationsproblem über das starke Zusammengehörigkeitsgefühl der Mitglieder gelöst.

Der TAK-Ansatz schätzt aber nicht nur die Möglichkeiten zur Ausarbeitung (nahezu) perfekter Verträge vorsichtiger ein als der PA-Ansatz. Auch die Vertragsdurchsetzung wird als viel schwieriger angesehen. Die Durchsetzung von Verträgen durch Gerichtsverfahren ist eine sehr kostspielige und ungewisse Sache. Was passiert, wenn die angeklagte Vertragspartei einfach lügt und das Gericht kann nicht entscheiden, wer Recht hat (vgl. *Williamson* [Markets] 32)? Auch das „Feuern" des Vertragspartners ist oft nicht unproblematisch. Schwierig wird es in allen Fällen, in denen kein adäquater Ersatz zur Verfügung steht, weil der Vertragspartner eine spezifische Leistung erbringt, die auf dem Markt nicht einfach von jemand anderem gekauft werden kann (Spezifitätsproblem). *Williamson* spricht von „small-numbers exchange" ([Markets] 28 f.). Die Spezifität ist zunächst einmal vorteilhaft. Eine „maßgeschneiderte" Leistung ist oft besser, als die überall angebotene homogene Durchschnittsleistung. Der Anbieter der spezifischen Leistung erreicht dadurch aber auch eine gewisse Macht, die er zu seinem Vorteil ausnutzen kann, etwa indem er höhere Preise verlangt. Zum Schutz gegen Spezifitätsprobleme eignet sich das institutionelle Arrangement Hierarchie besser, weil es über andere Sanktionsmöglichkeiten verfügt, als zu feuern oder zu verklagen.

Die **Leitidee des Transaktionskostenansatzes** ist es, bestimmten Transaktionstypen (wichtigstes Merkmal: Ausmaß an Spezifität) die passenden Beherrschungs- und Überwachungsstrukturen (Markt, Hierarchie oder Mischformen) zuzuordnen. Die Strukturalternativen werden eher qualitativ miteinander verglichen, wo bei das Ziel der Zuordnung ist, „Verschwendung zu vermeiden" (*Williamson* [Vergleichende] 17).

2.5 Beziehung zwischen den Ansätzen

Weil aus Sicht des TAK-Ansatzes die Beziehungen·zwischen Menschen in Unternehmen, also in einer Hierarchie, etwas ganz anderes darstellen als die Beziehungen zwischen anonymen Tauschpartnern am Markt, die Leistungen und Sachen kaufen, muss entschieden werden, wann welche Form des Leistungsaustausches (Markt, Hierarchie, Hybridformen, evtl. auch ergänzend noch Clanmechanismus) angemessen ist. Im Mittelpunkt steht die Unterschiedlichkeit der Problemlösung (Wahl zwischen diskreten Strukturalternativen). Der PA-Ansatz betont dagegen, dass in allen Beziehungen ähnliche Probleme zu erwarten sind. Im Mittelpunkt steht die grundsätzliche Ähnlichkeit der Probleme, bspw. zwichen Käufer und Verkäufer und Vorgesetztem und Untergebenem, denn in beiden Fällen kann man von einer Agencybeziehung sprechen.

Beide Ansätze sind im Prinzip für die Argumente des jeweils anderen Ansatzes aufnahmefähig. Ausgehend vom PA-Ansatz könnte man sagen, dass es neben der Vertragsgestaltung auch noch andere Möglichkeiten gibt, den Agenten im Sinne des Prinzipals zu disziplinieren, die vor allem dann angebracht sind wenn es sehr schwierig ist, einen präzisen Vertrag zu schließen und durchzusetzen.

Nimmt man den TAK-Ansatz zum Ausgangspunkt, könnte man argumentieren, dass mit der Wahl des institutionellen Arrangements (Markt, Hierarchie oder Clan) nicht unbedingt alle Motivationsprobleme gelöst sind und dass die Gestaltung der Arbeitsverträge, etwa die vertragliche Vereinbarung von Erfolgsprämien, auch in hierarchischen Beziehungen zur Lösung der bleibenden Probleme beitragen kann.

Der sog. positive (deskriptive) Zweig der PA-Theorie steht dabei der TAK-Theorie näher als der sehr mathematisch-formal orientierte sog. normative Zweig. TAK-Ansatz und positive PA-Theorie könnte man sogar unter dem Begriff der „Theorie relationaler Verträge" zusammenfassen (vgl. *Richter/Furubotn* [Neue] 172).

In beiden Teilansätzen ergibt sich die Problematik aus der Teilung und dem Tausch von Verfügungsrechten (mit und ohne Arbeitsteilung), wodurch Angebot und Nachfrage abgestimmt werden müssen (Koordinationsproblem) und sich unterschiedliche Parteien mit je unterschiedlichen Interessen gegenüberstehen (Motivationsproblem). Manchmal werden daher auch alle drei Teilansätze zur Theorie der Verfügungsrechte gezählt. Weder die Bereitstellung aller nachgefragten Leistungen ist selbstverständlich noch das

Finden passender Vertragspartner. Sind Leistung und Gegenleistung nicht ohne weiteres zu messen (Messproblem, betont von der Agencytheorie) und/oder können die Vertragspartner nicht leicht auf homogene Leistungen anderer ausweichen (Spezifitätsproblem, betont vom TAK-Ansatz), dann ist ein fairer Tausch nicht gewährleistet. Er muss institutionell abgesichert werden. Wie das unter welchen Bedingungen am besten gelingen könnte, wollen die institutionenökonomischen Ansätze herausfinden.

Die von der NIÖ untersuchten Merkmale wirtschaftlicher Interaktion fasst Abbildung 5 zusammen.

Bei jeder wirtschaftlichen Interaktion..		
..werden Verfügungsrechtspositionen berührt, welche Einfluss nehmen auf das Verhalten der Akteure.	..begegnen sich mindestens zwei Marktpartner (Prinzipal und Agent), mit jeweils unterschiedlichen Zielen und Informationen.	..treten Kosten der Transaktion auf, welche durch die Wahl passender Institutionen gesenkt werden können.

Abb. 5: Merkmale wirtschaftlicher Interaktion

Die drei ausgewählten Teilansätze sollen nun detailliert vorgestellt werden.

Kapitel 3

Der Verfügungsrechtsansatz

„... praktisch gesehen kommt dem Verfügungsrechtsansatz die entscheidende Aufgabe zu, nachzuweisen, dass der Inhalt der Verfügungsrechte sich auf Allokation und Nutzung wirtschaftlicher Ressourcen in ganz bestimmter und statistisch prognostizierbarer Weise auswirkt" (Richter/Furubotn [Neue] 83).

3.1 Was sind Verfügungsrechte?

Die elementarste Form von Verfügungsrecht ist das **Eigentum an Sachen,** wie es bspw. im Bürgerlichen Gesetzbuch im § 903 geregelt ist: „Der Eigentümer einer Sache kann, insoweit nicht das Gesetz oder Rechte Dritter entgegenstehen, mit der Sache nach Belieben verfahren und andere von jeder Einwirkung ausschließen". Das Eigentumsrecht wird als **absolutes Recht** bezeichnet, weil es sich prinzipiell gegen jedermann durchsetzen lässt (vgl. *Richter/Furubotn* [Neue] 88).

Man kann das Eigentum als ein **Bündel von Einzelrechten** ansehen, durch welche präzisiert wird, was es heißt, „ mit einer Sache nach Belieben zu verfahren". Einzelrechte sind (vgl. *Ebers/Gotsch* [Theorien] 201):

▸ das Recht auf Gebrauch der Sache (usus)
▸ das Recht auf die Erträge, welche die Sache abwirft (usus fructus)
▸ das Recht auf Veränderung der Sache (abusus)
▸ das Recht auf Übertragung aller oder einzelner Rechte auf andere
▸ das Recht, andere von der Nutzung auszuschließen.

Beispiel:
Der Besitzer eines Wohnhauses kann es selbst bewohnen, es beleihen, vermieten, umbauen, verkaufen und unerwünschte Besucher hinauswerfen. Bei einem Verkauf gehen alle diese Rechte auf den neuen Eigentümer über. Die Rechte, bestimmte Handlungen durchzuführen, stellen das eigentliche Vermögen dar.

Ein **absolutes Eigentum** kann man auch an **immateriellen Gütern** haben, so an allen eigenen geistigen Produkten wie Texten, Musikstücken, Ideen und Erfindungen. Die Verfügungsrechte sind gesetzlich geregelt u. a. im Urheberrecht oder im Patentrecht. Als immaterielles Gut, welches man verwerten und verkaufen kann, kann auch der „gute Ruf" angesehen werden, die Reputation, die sich eine Person oder ein Unternehmen im Laufe der Zeit durch zuverlässiges Verhalten aufbauen kann. Seinen materiellen Ausdruck erhält dieser gute Ruf etwa im „Firmenwert", der ein Unternehmen am Markt weitaus wertvoller machen kann, als es der Summe der Sachwerte entspricht. Schließlich hat jeder Mensch Rechte an sich selbst, sozusagen das Eigentum an seiner eigenen Person (vgl. *Richter/Furubotn* [Neue] 91). Jeder darf sein Humankapital nach eigener Planung ausbilden und verwerten. Im weitesten Sinn als immaterielles „Eigentum" kann man eigentlich alle Rechte ansehen, die jemand hat, also auch z. B. Grundrechte wie das Recht auf körperliche Unversehrtheit, auf freie Entfaltung der Persönlichkeit, das Recht sich friedlich zu versammeln, zu wählen, seine Meinung zu äußern usw.

Zum Vermögen einer Person gehören auch die Rechte, die nicht gegenüber jedermann, sondern nur gegenüber bestimmten Personen geltend gemacht werden können, die sog. **relativen Verfügungsrechte** oder Forderungen. Relative Verfügungsrechte ergeben sich insbesondere aus der Übertragung von absoluten Rechten in Verträgen.

Beispiel:
Wenn ein Hauseigentümer das Wohnrecht vermietet, erhält er im Gegenzug das Recht auf Miete, welches er allerdings nur gegenüber dem Mieter geltend machen kann.

Eine Forderung gegenüber einer bestimmten Person kann sich außer durch Vertrag auch aus einem Delikt ergeben, so in Form von Schadenersatzansprüchen. Typische relative Verfügungsrechte sind Miet-, Pacht-, Zins- und Lohnforderungen. Besondere Probleme entstehen durch Arbeitsverträge, denn es ist nicht leicht zu sagen, welche Verfügungsrechte über seine eigene Person ein Arbeitnehmer dem Arbeitgeber abtritt, um im Gegenzug das Recht auf Lohn oder Gehalt zu bekommen. Man könnte vielleicht sagen, dass der Arbeitnehmer dem Arbeitgeber Verfügungsrechte über sein Humankapital (seine Fähigkeiten und Kenntnisse) abtritt und auch einen Teil seines Selbstbestimmungsrechtes. Er räumt dem Arbeitgeber ein gewisses Herrschaftsrecht über seine Person ein. Da er das Recht behält, den Arbeitsplatz zu wechseln und auch nicht zu bestimmten Arbeiten gezwungen werden darf (Artikel 12, Grundgesetz), ist das Arbeitsverhältnis trotz des Herrschaftsrechtes des Arbeitgebers nicht identisch mit der Herrschaft über Sachen.

Der größte Teil der absoluten und relativen Verfügungsrechte sind gesetzlich geschützt und werden formell begründet und verändert. Im weitesten Sinne kann man aber auch noch zum Vermögen einer Person rechnen, was sie sich im Laufe der Zeit an persönlichen Beziehungen aufgebaut hat (vgl. *Richter/Furubotn* [Neue] 95). Von Verfügungsrechten kann man bei solchen Beziehungen reden, weil man sich damit quasi das „Recht" auf Hilfsbereitschaft, auf Loyalität, auf Treue und Redlichkeit erwirbt. Man spricht in diesem Zusammenhang auch vom **Sozialkapital.** Es handelt sich dabei eher um relative Rechte, die nur gegenüber solchen Personen geltend gemacht werden können, mit denen man längere Zeit interagiert. Ein „Vermögen" stellen solche Rechte nicht nur deshalb dar, weil sie direkt zum Wohlbefinden beitragen, sondern auch weil sie wirtschaftliche Transaktionen erleichtern und effizienter machen. Sie ersparen Kontrollkosten. Außerdem ermöglichen sie bei Bedarf den Zugriff auf die Ressourcen derjenigen, die einem verpflichtet sind. Sozialkapital kann die eigenen Ressourcen potenzieren (vgl. *Ripperger* [Ökonomik] 166).

Als **Verfügungsrecht** im Sinne der Verfügungsrechtstheorie gilt jede Art von Berechtigung, über Ressourcen (materielle oder immaterielle) zu verfügen, sei es von Gesetzes wegen, aus Vertrag oder aufgrund sozialer Verpflichtungen.

3.2 Die eingeschränkte Nutzung von Verfügungsrechten

Die Verfügungsrechte dürfen laut BGB nur ausgeübt werden, soweit nicht das Gesetz oder Rechte Dritter entgegenstehen. Tatsächlich ist bei uns das Belieben im Umgang mit den Verfügungsrechten durch Gesetze ganz erheblich eingeschränkt oder „ausgedünnt", wie es oft heißt.

Beispiel:
Eine Hauseigentümerin darf möglicherweise ihr Haus nicht umbauen, weil es unter Denkmalschutz steht. Wenn sie es umbaut, muss sie das Baurecht beachten. Ist das Haus vermietet, müssen alle Regelungen des Mieterschutzes beachtet werden. Die Eigentümerin darf weder die Miete beliebig erhöhen, noch dem Mieter ohne weiteres kündigen. Selbst die Übertragung der Rechte ist nicht ins Belieben der Eigentümerin gestellt. Sie muss beim Verkauf einen Notar hinzuziehen.

Der Grund für gesetzliche Einschränkungen der Verfügungsrechte liegt häufig in den **konfligierenden Rechten verschiedener Parteien.** Man kann mit seinem Eigentum nicht nach Belieben verfahren, weil andere Menschen davon betroffen sein können. Wo solche Konflikte in der Regel zu erwarten sind, typischerweise bei einer Teilung der Verfügungsrechte wie im Verhältnis von Vermieter und Mieter, greifen gesetzliche Regelungen. Potenziell gibt es aber eine unendliche Menge von Konflikten zwischen den Verfügungsrechten verschiedener Personen, die nicht alle ex ante durch Gesetze gelöst werden können.

Beispiele:
Wer sein Grundstück mit einer hohen Mauer umgibt, erzeugt möglicherweise Schatten auf dem Nachbargrundstück. Wer eine Schweinezucht betreibt, belästigt die Nachbarschaft mit dem Gestank. Der Lärm eines Tennisplatzes bringt Anwohner um ihre Ruhe.

Es ist nicht grundsätzlich gesetzlich verboten, Mauern zu errichten oder Schweine zu züchten oder Tennis zu spielen, aber die Rechte Dritter dürfen nicht einfach ignoriert werden. Man darf bei Ausübung der Verfügungsrechte nicht nach Belieben sog. „**externe Effekte**" erzeugen, also Einwirkungen auf die Situation Dritter, die in die eigene Kosten-Nutzen-Rechnung nicht mit eingehen (und insofern „extern" sind). Eskalieren die Konflikte, müssen sie schließlich von Gerichten entschieden werden.

Verfügungsrechte können also eingeschränkt sein in dem Sinne, dass der Inhaber der Rechte juristisch nicht nach Belieben damit verfahren darf. Praktisch kann die Ausübung der Rechte aber auch dadurch eingeschränkt sein, dass sie sich nicht durchsetzen lassen, auch wenn sie einem juristisch durchaus zustehen.

Beispiele:
Der Eigentümer eines Waldes kann rein rechtlich jeden anderen von der Nutzung ausschließen oder für die Nutzung Gebühren verlangen. Will er das Recht durchsetzen, müsste er allerdings den ganzen Wald einzäunen und/oder Kontrolleure beschäftigen, was enorme Kosten der Durchsetzung verursacht. Oder ein weiteres Beispiel: Der Schutz der Urheberrechte an Texten ist sehr viel schwieriger geworden, seit es vielerlei technische Möglichkeiten gibt, jeden Text beliebig oft zu vervielfältigen und den Nutzern auf verschiedenen Wegen zur Verfügung zu stellen.

Ein Recht, das sich nicht oder nur mit erheblichen Kosten durchsetzen lässt, hat einen ähnlichen Effekt wie ein fehlendes Recht. Vor allem schränkt es auch die Möglichkeit einer wirtschaftlichen Nutzung des Eigentums ein. Es gibt einige Dinge, von deren Nutzung praktisch überhaupt niemand ausgeschlossen werden kann (open access, allgemeine Zugänglichkeit). Es sind die sog. **öffentlichen Güter** wie Luft, Weltraum, Atmosphäre, Wasser der Flüsse und Meere aber auch immaterielle Dinge wie innere und äußere Sicherheit. Selbst wenn jemand das Eigentum an solchen frei zugänglichen Ressourcen hätte, wären die Kosten der Durchsetzung der Rechte immens hoch.

Bei den öffentlichen Gütern sind aber nicht nur die Kosten der Durchsetzung, sondern auch schon die **Kosten der Spezifikation,** also der genauen Bemessung und Zuweisung von diesen Gütern an bestimmte Eigentümer hoch. Wem soll welcher Teil der Luft oder des Meeres exakt gehören? Wem gehören die Fische, die im Meer dauernd ihren Standort wechseln? Wem gehören die Regenwolken, die vom Wind durch die Luft getrieben werden? Auch eine Reihe von „privaten" Rechten, wie das Recht auf Ruhe, auf saubere Luft, auf Sonne im Garten oder ähnliches lassen sich nur schwer genau spezifizieren, also exakt bestimmen, und sind daher auch nur mit großen Problemen vertraglich übertragbar.

Der **Nutzen** einer **Ressource** hängt zum einen davon ab, was man mit dieser Ressource legitimerweise machen darf, also von den **Nutzungsrechten.** Diese sind in der Regel eingeschränkt. Zum anderen wird er davon bestimmt, welche Kosten der Bestimmung, Durchsetzung und Übertragung der Rechte entstehen, also von den **Nutzungskosten.** Diese können erheblich sein.

Ideal aus ökonomischer Sicht wäre es, wenn alle nur denkbaren Güter im (unverdünnten) Privateigentum von irgendwelchen Personen wären, wenn diese Eigentümer alle anderen von der Nutzung kostenlos ausschließen könnten und jeder sein Eigentum frei und kostenlos auf andere übertragen könnte. Unter diesen Bedingungen der Universalität, der Ausschließlichkeit und der Übertragbarkeit von Verfügungsrechten in einer Welt ohne TAK, würde jedes Recht in seine bestmögliche Verwendung wandern, d.h. in die Verwendung, die am meisten einbringt (vgl. *Posner* [Analysis] 29 f.).

In der realen Welt sind allerdings manche Verfügungsrechte kaum zu spezifizieren, andere lassen sich nur mit großen Kosten durchsetzen, die Rechte sind in vielfältiger Weise verdünnt, werden mit anderen geteilt und jeder Tausch von Rechten erzeugt TAK. In der realen Welt muss man sich Gedanken machen, welche Probleme sich daraus ergeben und wie man diese am besten löst.

3.3 Hypothesen zur Wirkung bestimmter Verfügungsrechtskonstellationen

3.3.1 Zentrale Verhaltenshypothesen

Die Institutionenökonomik geht vom **Verhaltensmodell des Homo Oeconomicus** aus. Nach diesem Modell wird jeder Mensch bei gegebenen Verfügungsrechten anstreben, seinen Nutzen aus diesen Rechten zu maximieren. Außerdem wird er versuchen, für ihn günstige Verteilungen von Verfügungsrechten zu etablieren. Es geht also um ökonomische Entscheidungen in einem bestimmten institutionellen Umfeld und um die ökonomische Gestaltung dieses Umfeldes.

Im Folgenden sollen einige der Verhaltenshypothesen beschrieben werden.

Als **Basishypothese** gilt: Die Verteilung der Verfügungsrechte beeinflusst das Verhalten in systematischer und daher vorhersehbarer Weise. Die Struktur der Verfügungsrechte hat Einfluss auf die Nutzung, da nach dem Modell des Homo Oeconomicus der Inhaber der Rechte versuchen wird, den Nutzen aus seinen Rechten zu maximieren.

Jede **Verdünnung** der Verfügungsrechte an einer Ressource senkt aus der Sicht des Inhabers der Rechte den Wert der Ressource. Umgekehrt: Je umfassender das Bündel von Rechten, das jemand an einer Ressource hält, desto mehr alternative Nutzungen kommen in Frage und desto größer ist der möglicherweise erzielþare Nutzen. Jeder Mensch wird also ceteris paribus ein umfassenderes Bündel von Rechten einem ausgedünnten vorziehen. Und er wird auf die Ausdünnung der Rechte mit Anpassungsentscheidungen reagieren.

Aus dieser Verhaltenshypothese lassen sich bestimmte Verhaltensprognosen treffen, die vor allem immer dann beachtet werden sollten, wenn Rechte gesetzlich ausgedünnt werden.

Beispiele:
Eine Stärkung des Kündigungsschutzes für Mieter wird möglicherweise dazu führen, dass viele Wohnungseigentümer ihre Wohnung lieber leer stehen lassen, als sie zu vermieten, weil sie nur dann die Option behalten, dort selbst bei Bedarf wohnen zu dürfen oder weil die Wohnung leer einen höheren Verkaufspreis erzielt. Wird die Höhe der Miete gesetzlich auf einem niedrigen Niveau gehalten, werden die Eigentümer weniger Geld in die Wohnhäuser stecken, um so ihr Kosten-Nutzen-Kalkül zu verbessern. Wird geistiges Eigentum nicht mehr durch Patente geschützt, wird weniger in die Forschung und Entwicklung investiert werden, da den Kosten kein adäquater Nutzen mehr gegenüber steht.

Die Verteilung der Verfügungsrechte beeinflusst die Entscheidung der Wirtschaftssubjekte, bestimmte Leistungen bereitzustellen oder auch nicht und verschärft u. U. das Koordinationsproblem.

Hohe Kosten der Bestimmung, Durchsetzung und Übertragung von Ressourcen schmälern den Nutzen ebenfalls. Umgekehrt: Je leichter sich Rechte spezifizieren, durchsetzen und übertragen lassen, desto mehr sind sie wert.

Lässt sich ein Recht nur **schwer spezifizieren,** wie etwa das Recht auf saubere Luft oder das Recht auf Tiere, die ihren Standort wechseln, dann lässt sich auch nur schwer der genaue Wert des Rechtes ermitteln, was einen Verkauf sehr schwierig macht. Der Anreiz zu investieren, um den Verkaufspreis zu erhöhen, entfällt dann.

Kann man Verfügungsrechte nur **schwer durchsetzen,** dann sind sie ebenfalls weniger wert. Denn entweder muss man auf die Nutzung verzichten, oder man muss zusätzliche Kosten aufbringen, um seine Rechte nutzen zu können.

Beispiel:
Wer etwa sein Grundstück als gebührenpflichtigen Parkplatz nutzen will, muss es umzäunen und eine Schrankenanlage errichten oder einen Parkwächter anstellen, der die Gebühren kassiert. Ohne diese Maßnahmen läßt sich eine kostenlose Nutzung durch Wildparker kaum ausschließen.

Derjenige, der das Recht hat, eine Ressource zu verkaufen, wird an der Substanzerhaltung mehr Interesse haben als jemand, der nur das Recht zur Nutzung hat. Ist also die **Übertragung** einer Ressource **schwierig** oder sogar ausgeschlossen, dann wird der Homo Oeconomicus die Ressource bis zum Ende der Nutzungszeit ausbeuten.

Grundsätzlich wird jeder Homo Oeconomicus nur jene Kosten und Nutzen ins Kalkül ziehen, die bei ihm selbst anfallen. Externe Kosten und Nutzen interessieren ihn nicht, solange sie nicht „internalisiert" werden, d. h. sich in irgend einer Weise bei ihm als Kosten oder Nutzen niederschlagen. Dieses Verhalten ist ein wesentlicher Auslöser für das Motivationsproblem.

Einen Überblick über die wichtigsten Verfügungsrechtskonstellationen gibt Abb. 6.

Das Bündel von Verfügungsrechten gehört..	..einer bestimmten Person (Privateigentum)	..einer definierten Gruppe von Personen (Gemeineigentum)	..allen Menschen (öffentliche Güter)
Einzelne Verfügungsrechte werden geteilt durch..	Miet- und Pachtvertrag, Darlehensvertrag, Werkvertrag, Dienstvertrag, Gesellschaftsvertrag...		
Eigentum kann auf andere übertragen werden durch..	..einen Kaufvertrag.		
Externe Effekte entstehen..	..weil nicht alle Verfügungsrechte im wohldefinierten Privateigentum von bestimmten Personen sind und deshalb ein unentgeltlicher Zwangstausch von Verfügungsrechten stattfindet.		

Abb. 6: Verfügungsrechtskonstellationen

Wie die Verhaltenshypothesen in diesen unterschiedlichen Verfügungsrechtskonstellationen zur Geltung kommen, soll nun an einigen Beispielen gezeigt werden.

3.3.2 Privateigentum und Gemeineigentum - die Mengenteilung der Verfügungsrechte

3.3.2.1 Privateigentum

Der Idealtyp des Eigentums ist das **Privateigentum natürlicher Personen**. Ein bestimmtes Individuum hat alle Verfügungsrechte an einer genau spezifizierten Sache. Es ist nicht unumstritten, ob das Privateigentum an Sachen ein Naturrecht ist oder ob „von Natur aus" zunächst einmal alles allen gemeinsam gehört. Nach römischem Recht stehen manche Dinge nach Naturrecht allen gemeinsam zu, manche einer Gesamtheit, manche einzelnen Menschen. Ein natürliches Privateigentum besteht danach an Sachen, die zuvor niemand gehört haben und die man sich aneignet (etwa indem man wilde Tiere jagt oder ödes Land urbar macht) oder die man findet (vgl. *Behrends u. a.* [Corpus] 47, 49, 51). Wenn man Privateigentum als Naturrecht deklariert, ist man einer Begründung für die Geltung enthoben, denn es gilt ja „von Natur aus". Versteht man dagegen das Privateigentum als positives, gesetztes Recht, muss man die Vorteilhaftigkeit dieser Verfügungsrechtsstruktur begründen. Die **Vorteile des Privateigentums** ergeben sich aus folgenden **Verhaltenshypothesen:**

- Die Menschen gehen mit Ressourcen, die in ihrem Privateigentum sind, besonders sparsam und sorgfältig um. Da sie das Recht haben, die Ressourcen zu übertragen (zu verkaufen oder auch zu vererben), sind sie insbesondere auch an der Substanzerhaltung interessiert.

- Die Möglichkeit, Eigentum unter rechtlicher Sicherheit anzuhäufen und damit seine persönliche Situation nachhaltig zu verbessern, stärkt den Fleiß und setzt Energien frei, die letztlich zur Verbesserung der Wohlfahrt aller beitragen.

- Da jeder Mensch versuchen wird, seine Ressourcen so gut wie möglich zu verwerten und dazu die Umwelt beobachtet und rationale Entscheidungen trifft, fließen ständig das Wissen und die Rationalität vieler Einzelner in den Wirtschaftsprozess ein. Auch diese Dezentralisierung der Entscheidungen verbessert die allgemeine Wohlfahrt.

- Schließlich ist jeder Eigentümer sozusagen sein eigener Kontrolleur, da er ja im eigenen Interesse so wirtschaftlich wie möglich mit seinem Eigentum umgeht. Privateigentum erspart also unproduktive Kontrollkosten.

Über diese Vorteile besteht ein breiter Konsens, der von *Aristoteles* über *Thomas von Aquin* und *Adam Smith* bis zu den Vertretern der modernen Institutionenökonomik reicht. Beim Idealtypus des Privateigentums sind alle Verfügungsrechte ungeteilt bei einer Person. Die ganze eigene Sorgfalt, jede Investition, der persönliche Fleiß und die individuelle Rationalität, alles das fließt an den Eigentümer zurück. Sämtliche Kosten und Nutzen seiner Dispositionen fallen idealerweise bei ihm selbst an und werden in einem umfassenden Nutzen-Kosten-Kalkül abgewogen. Durch die persönliche Anstrengung erwirbt der Eigentümer ein legitimes, auch moralisch nicht zu kritisierendes Recht an den Früchten seiner Arbeit (vgl. *Beutter* [Eigentumsbegründung] 123 ff.). Es ist gerecht, wenn die Folgen des Handelns (ausschließlich) den Handelnden selbst treffen und ein Eigentümer trägt sowohl die positiven Folgen einer Werterhöhung seines Eigentums als auch die negativen Folgen eines Wertverlustes (vgl. *Furubotn/Pejovich* [Economics] 4). Zugleich ist er hoch motiviert, sein Eigentum optimal zu verwenden und zu vermehren.

Sämtliche Abweichungen von diesem Idealtyp stören die geschilderte Wirkung und eröffnen Motivations-, Kontroll- und Rechtfertigungsprobleme. Das gilt z. B. für die Verteilung von verschiedenen Einzelrechten an einer Sache auf unterschiedliche Personen, wie es regelmäßig bei Miet -, Pacht- und Arbeitsverhältnissen der Fall ist. Von den Problemen einer solchen „Artenteilung" der Verfügungsrechte wird später noch die Rede sein (vgl. 3.3.3). Es gilt weiterhin für die Fälle, in denen externe Effekte auf Dritte auftreten. Hier soll aber zunächst eine andere Abweichung vom Idealtyp des Privateigentums behandelt werden, nämlich das sog. **Gemeineigentum.** Das gesamte Bündel an Rechten steht hier mehreren Personen gemeinsam zu. Man könnte von einer **„Mengenteilung"** der Verfügungsrechte sprechen.

3.3.2.2 Gemeineigentum

Zu den gemeinsam genutzten Ressourcen (GGR) gehören zunächst einmal alle sog. **öffentlichen Güter.** Diese sind frei zugänglich und niemand hat ein sanktioniertes Verfügungsrecht über die Güter (Luft, Atmosphäre, Weltraum, Meer, innere Sicherheit). Als Gemeineigentum im engeren Sinne bezeichnet man allerdings eine Verfügungsrechtskonstellation, bei welcher die GGR im Eigentum **einer genau definierten Gruppe** von Individuen sind.

Ein solches Gemeineigentum kann wirtschaftliche Vorteile haben, weil sich die Ressourcen gemeinsam besser ausnutzen lassen.

Beispiele:
Drei Familien teilen sich einen Rasenmäher oder eine Dorfgemeinschaft lässt ihre Kühe auf einer gemeinsamen Weide grasen. In beiden Fällen lässt sich das Eigentum insgesamt genau spezifizieren (der Rasenmäher, die Weide), andere Menschen außerhalb der Eigentümergruppe lassen sich von der Nutzung ausschließen (nur die drei Familien, nur die Dorfbewohner dürfen das Eigentum nutzen) und das Eigentum kann auch übertragen werden (man kann den Rasenmäher und die Weide verkaufen). Innerhalb der Gruppe ist aber das Eigentum nicht mehr genau spezifiziert und die Rechte zur Nutzung und zur Übertragung sind nicht exklusiv.

In einer solchen Situation entstehen zwangsläufig externe Effekte, d.h. die Handlungen eines Miteigentümers haben Folgen für die wirtschaftliche Situation der anderen Miteigentümer. Daraus entwickeln sich die Probleme, die als das **„Trauerspiel der Allmende"** (Allmende = Gemeineigentum) in die ökonomische Literatur Eingang gefunden haben. *Hardin* hat in einem Aufsatz von 1968 mit dem Titel „The Tragedy of the Commons" folgende Situation beschrieben:

Die Bewohner eines Dorfes lassen ihre Kühe auf einer gemeinsamen Weide grasen. Die Milchleistung der Kühe hängt davon ab, wie viele weitere Kühe noch auf der Weide grasen. Wenn also jemand eine zusätzliche Kuh auf die Weide treibt, hat dies **externe Effekte.** Ab einer gewissen Anzahl von Kühen wird nämlich die Milchleistung aller Kühe auf dieser Weide wegen der Futterkonkurrenz abnehmen. Ein Privateigentümer würde unter diesen Umständen die Gesamtleistung aller Kühe optimieren und den Gewinn maximieren. Für jeden einzelnen Miteigentümer rechnet es sich aber, solange eine zusätzliche Kuh auf die Weide zu stellen, wie die Milchleistung dieser Kuh noch über den Anschaffungskosten liegt. Er würde sich bei seinem Kalkül für die sinkende Milchleistung der Kühe der anderen Miteigentümer nicht interessieren. Durch die Vernachlässigung der „sozialen Kosten" käme es zu einer Überweidung, bis schließlich kein Eigentümer mehr Gewinn machen kann. Für den „sozialen Nutzen" gilt ähnliches. Ein Privatbesitzer würde versuchen, die Weide optimal in Stand zu halten und würde sie düngen oder entwässern. Ein Miteigentümer würde sich überlegen, dass seine Investitionen auch den anderen zugute kommen und er selbst nur einen Bruchteil des Nutzens für sich selbst hätte. Die anderen könnten als **„Trittbrettfahrer"** ohne eigenes Zutun von seinen Investitionen profitieren.

> Typische **Verhaltenserwartungen bei Gemeineigentum** sind die Übernutzung von und eine Unterinvestition in Gemeineigentum.

Privateigentum scheint nach diesem Beispiel weitaus besser geeignet, zu einer effizienten Faktorallokation beizutragen.

Allerdings ist das Beispiel in gewisser Weise so konstruiert, dass die genannten Probleme auch tatsächlich auftreten. Man kann sich durchaus Fälle von Gemeineigentum vorstellen, die gut und effizient funktionieren.

Beispiel:
Nehmen wir das Beispiel des von drei Familien gemeinsam benutzten Rasenmähers. In diesem Fall gibt es für die Miteigentümer keinen Anreiz zur „Übernutzung", weil sie keinen Nutzen daraus ziehen, den Rasen öfter als nötig zu schneiden. Die Gefahr der Übernutzung von GGR ist nur dann akut, wenn es für den Einzelnen vorteilhaft ist, die Nutzung auszudehnen. Das Problem der Unterinvestition bleibt allerdings, denn niemand wird bereit sein, die vollen Wartungs- und Reparaturkosten zu tragen, wenn alle anderen kostenlos davon profitieren. Es spricht aber überhaupt nichts dagegen, dass man sich in solchen Fällen untereinander verständigt und über die Teilung der Kosten einigt. Gerade in kleinen Gruppen, deren Mitglieder sich persönlich gut kennen und die immer wieder miteinander zu tun haben, ist die Chance groß, Probleme durch **Absprachen** zu beseitigen. Weil jeder die Vorteilhaftigkeit des Gemeineigentums einsieht und schätzt und jeder das Verhalten des anderen sehr leicht beobachten kann, dürften Ausbeutungsversuche kaum vorkommen.

In größeren Gruppen und bei Anreizen zur Übernutzung – wie im obigen Beispiel der Gemeindeweide – werden die Probleme schon virulenter. Wie langlebige und gut funktionierende Gemeineigentumsinstitutionen zeigen (etwa die Almwirtschaft in der Schweiz), lassen sich auch solche Schwierigkeiten durch Absprachen und Selbstverwaltung lösen (vgl. *Ostrom*

[Commons]). Eine Eigentümergruppe kann im Prinzip die Entscheidungen über die Nutzung der Verfügungsrechte genauso optimieren wie ein Privateigentümer. Den zusätzlichen Kosten der Einigung und Kontrolle stehen ja auch Vorteile gegenüber, weil das Wissen verschiedener Personen in die Entscheidung einfließt und Kosten und Risiken geteilt werden können. Die Erkenntnis der gemeinsamen Vorteile, die Selbstverpflichtung der Mitglieder in Absprachen und die Möglichkeit der sozialen Kontrolle mildern die Probleme aus Gemeineigentum.

3.3.2.3 Öffentliche Güter

Richtig schwierig wird es mit der gemeinsamen Nutzung bei allen Ressourcen, die überhaupt niemand als Eigentum zugesprochen werden konnen, also bei den frei zugänglichen gemeinsam genutzten Ressourcen, den **öffentlichen Gütern oder Kollektivgütern.** Ihre Gefährdung ist sehr groß, weil die Kosten der Übernutzung jeden Benutzer selbst nur marginal treffen.

Beispiele:
Wenn jemand durch seine wirtschaftliche Tätigkeit zum Klimawandel beiträgt oder Antibiotika in der Schweinemast einsetzt und damit wirkungslos werden lässt, dann fallen die Kosten dafür bei allen Menschen an. Der Nutzen kann dagegen privat vereinnahmt werden und stellt einen beträchtlichen Anreiz dar. Der umgekehrte Fall ist auch denkbar. Jemand der sich ehrlich verhielte, um in das öffentliche Gut „Moral" zu investieren, hätte möglicherweise nur einen sehr geringen privaten Nutzen aber hohe Kosten, weil er z. B. als nicht korrupter Unternehmer einen Auftrag verlöre. Die Folge wäre eine „Unterinvestition" in das öffentliche Gut. Absprachen zwischen sämtlichen Betroffenen sind im Fall der öffentlichen Güter nicht zu erwarten. Die Kosten dafür sind prohibitiv.

Typische **Verhaltenserwartungen bei öffentlichen Gütern** sind: Güter, die frei zugänglich sind und niemandem gehören, sind besonders von Übernutzung und Unterinvestition bedroht.

Es besteht aber ein öffentliches Interesse an einem ökonomischen Umgang mit den Ressourcen. Für alle, für die Allgemeinheit, wäre es besser, wenn die Entscheidungen über die öffentlichen Güter unter Abwägung der sozialen

Kosten getroffen würden. Wenn jeder Einzelne seine individuellen Entscheidungen optimiert, kommt dagegen ein insgesamt nicht wünschenswertes Ergebnis heraus. In solchen Fällen muss es daher einen **Treuhänder des öffentlichen Interesses** geben, der die öffentlichen Güter vor Ausbeutung schützt. Der Staat, in Person von Politikern, kann etwa die Inanspruchnahme der freien Ressource Luft gesetzlich begrenzen und bestimmte Produktionsweisen verbieten oder technische Auflagen zur Luftreinhaltung machen oder Gebühren für die Luftverschmutzung verlangen. Versucht wird auch, so etwas ähnliches wie ein Privateigentum an Luft zu etablieren, indem die Verursacher der Luftverschmutzung „Verschmutzungsrechte" kaufen können. Anders als bei einer Gebührenlösung, die ja auch einem Kauf von Verschmutzungsrechten nahe kommt, können diese eigentumsähnlichen, verbrieften Verschmutzungsrechte auch verkauft werden. Damit gäbe es zwei Anreize zur Senkung der Emissionen. Man müsste zum einen weniger Verschmutzungsrechte kaufen und könnte zum anderen die frei werdenden Verschmutzungsrechte verkaufen. Außerdem würde die Gesamtemissionsmenge durch die Anzahl der ausgegebenen Verschmutzungszertifikate limitiert. Staatliches Handeln wäre auch bei dieser Lösung nötig, denn der Staat muss die Höhe der zulässigen Gesamtemission festlegen und die Zertifikate verteilen oder versteigern. Anschließend kommt dann der Marktmechanismus zum Zuge. Allerdings wirft die Spezifizierung solcher Rechte große Probleme auf, ebenso wie die Kontrolle rechtmäßigen Verhaltens.

3.3.2.4 Gemischte Eigentumsverhältnisse

Gemeineigentum – so scheint es – wirft grundsätzlich mehr Probleme auf als Privateigentum. Verursacht werden die Probleme von den externen Effekten, die bei Gemeineigentum und erst recht bei öffentlichem Eigentum grundsätzlich auftreten. Die Produktions- und Konsumtätigkeit eines Miteigentümers berührt immer auch die wirtschaftliche Situation der anderen Miteigentümer. Sie können Vorteile genießen bzw. müssen Kosten tragen, die ein anderer verursacht hat. Es wäre aber völlig falsch daraus zu schließen, Privateigentum verhindere grundsätzlich externe Effekte.

In der realen Welt sind Privat- und Gemeineigentum sowie öffentliches Eigentum nämlich keine sich ausschließenden Alternativen. Vielmehr besteht **nebeneinander an manchen Ressourcen Privateigentum, an manchen Gemeineigentum oder öffentliches Eigentum.**

Und gerade diese Mischung verursacht die Probleme, die als „Trauerspiel der Allmende" beschrieben wurden.

Hardin, der die Problematik des Gemeineigentums am Beispiel der Gemeindeweiden erklärt, spricht von einem System, in dem jeder Einzelne gefangen ist, das ihn quasi zwingt, seine Stückzahl unbegrenzt zu erhöhen – in einer begrenzten Welt (vgl. [Tragedy] 244). Zu diesem System gehört aber gerade auch der Privatbesitz an den Kühen und ihrer Milchleistung. Nach ökonomischer Logik muss der Einzelne als Homo Oeconomicus seinen individuellen Nutzen aus seinem Privatbesitz mehren und zusätzliche Kühe auf die Weide treiben, ohne sich um die Kosten zu kümmern, die er anderen damit zumutet. Es handelt sich eigentlich eher um das „Trauerspiel der externen Effekte" oder sogar noch grundsätzlicher um das **„Trauerspiel des Homo Oeconomicus"**, weil dieser nicht in der Lage ist, die sozialen Kosten seines Handelns ins Kalkül zu ziehen und eifrig dem Ruin zustrebt, während er glaubt, bestmöglich seine eigenen Interessen zu verfolgen (vgl. *Hardin* [Tragedy] 244). Wenn man sich den Treuhänder des öffentlichen Interesses, den Politiker, auch noch als Homo Oeconomicus vorstellt, gibt es überhaupt kein Entrinnen mehr aus dieser Falle.

Hinter der Bevorzugung des Privateigentums steht die Vorstellung, jeder bekäme dadurch genau die Kosten und Nutzen selbst zugerechnet, die ihm aus der Nutzung seiner Verfügungsrechte entstehen. Wer seinen eigenen Garten fleißig umgräbt und düngt, erntet zu Recht mehr Früchte als jemand, der seinen Garten brach liegen lässt. In der Realität ist es aber unmöglich, alle Güter als Privateigentum Einzelner zu spezifizieren oder es ist zumindest immens aufwändig. In einer solchen Situation kann Gemeineigentum sogar zu einer besseren Ressourcennutzung führen als Privateigentum.

> **Beispiel:**
> Nehmen wir an, jemand hätte einen Wald in seinem Privatbesitz, der sich an einem Berghang über einem Dorf befindet. Eine individuelle Kosten-Nutzen-Rechnung führt ihn zu dem Ergebnis, es lohne sich, den Wald abzuholzen und das Holz zu verkaufen. Durch den Kahlschlag kommt es im Winter zu einem Lawinenabgang, der mehrere Häuser am Berghang zerstört. Wenn der Waldbesitzer nicht selbst am Berghang wohnt, sind die von der Lawine verursachten Kosten für ihn vollkommen extern. Der Nutzen aus dem Holzeinschlag ist dagegen völlig privat. Wenn die Kosten aus der Zerstörung der Häuser den Nutzen aus dem Holzeinschlag übersteigen, was sehr wahrscheinlich ist, dann

hat volkswirtschaftlich gesehen keine effiziente Ressourcenallokation stattgefunden. Es wurden Werte vernichtet. Hätte jeder Dorfbewohner ein genau spezifiziertes „Lawinenschutzrecht", welches der Waldbesitzer vor dem Abholzen hätte kaufen müssen, dann wäre die ineffiziente Aktion vermutlich unterblieben. Das wäre die Lösung, wenn sich alles privatisieren ließe. Da es aber außerordentlich schwierig sein dürfte, das Recht auf Lawinenfreiheit zum individuellen Privateigentum mit genau bestimmtem Wert zu machen, könnte Gemeineigentum an dem Wald durch die Besitzer der gefährdeten Häuser eine effizientere Lösung sein, als die im Beispiel beschriebene Kombination von Privateigentum (an dem Wald) und öffentlichem Eigentum (an der Sicherheit). Würde der Wald nämlich den Dorfbewohnern gehören, dann sähe deren „Gruppenkalkül" ganz anders aus als die private Kosten-Nutzen-Rechnung des Waldbesitzers. Der Nutzen des Holzeinschlages würde sich auf die Eigentümer verteilen und wäre für jeden geringer. Die Kosten in Form größerer Lawinengefährdung wären zugleich internalisiert. Sie würden die Waldeigentümer selbst treffen. Unter diesen Voraussetzungen würde der Wald vermutlich nicht abgeholzt, was gesamtwirtschaftlich effizienter wäre. Aus Sicht der Gruppe ist durch das Gemeineigentum genau die Situation gegeben, die man dem Privateigentum zuschreibt. Kosten und Nutzen aus den Verfügungsrechten würden nämlich nur die Gruppenmitglieder selbst treffen. Alle Effekte wären gruppenintern.

Wenn es den Gruppenmitgliedern gelingt, die Vorteilhaftigkeit des Gruppenhandelns auch für sie selbst zu erkennen, kann es gerade **durch das Gemeineigentum zu wirtschaftlichen Vorteilen** kommen. Nicht zu vergessen sind ja auch noch die durch Gemeineigentum zu erreichenden Größenvorteile (economies of scale).

Beispiel:
Bei einer gemeinsam genutzten Weide müssten weniger Zäune errichtet werden, man könnte gemeinsam einen Zufahrtsweg bauen und instandhalten, ein gemeinsames Entwässerungssystem nutzen, einen gemeinsamen Stall errichten usw. Daraus zu erzielende Kosteneinsparungen sind sicher ein wichtiges Motiv, warum rationale Individuen u. U. Gemeineigentum als die bessere Verfügungsrechtsstruktur wählen.

Warum aber sollten die rationalen Individuen, wenn sie die Vorteile einer solchen Zusammenarbeit sehen, nicht in der Lage sein, die letztliche Irrationalität einer grenzenlosen Ausbeutung ihrer Ressourcen zu erkennen? Zumindest in überschaubaren Verhältnissen, in denen jeder Miteigentümer in absehbarer Zeit spürbare Auswirkungen seines persönlichen Verhaltens erlebt, sind wirtschaftliche Effizienzgewinne aus Gemeineigentum möglich.

Sind die Folgen allerdings nur sehr langfristig spürbar und verteilen sie sich auf eine große, anonyme Menge von Menschen, wie es bei den öffentlichen Gütern typisch ist, dann wird sich der einzelne Homo Oeconomicus davon in seinem Handeln kaum beeinflussen lassen.

Die Mischung aus den privaten Nutzenmaximierungszielen mit der scheinbar grenzenlosen und freien Verfügbarkeit öffentlicher Güter, das ist die **brisanteste Konstellation von Verfügungsrechten.**

3.3.3 Gebündeltes und segmentiertes Eigentum – die Artenteilung von Verfügungsrechten

3.3.3.1 Die Grundproblematik

Gedanken über eine geordnete Kooperation, also über institutionelle Regelungen, muss man sich immer dann machen, wenn mehrere Menschen mit Bezug zueinander handeln. Dies ist nicht nur der Fall, wenn das Bündel der Verfügungsrechte mehreren Personen gemeinsam gehört, sondern auch, wenn einzelne Rechte aus dem Bündel auf unterschiedliche Personen verteilt sind. Eine solche Artenteilung der Rechte kann wirtschaftlich sehr sinnvoll sein, weil sich die Ressourcen dadurch intensiver nutzen lassen. Sobald jemand von einer Sache mehr in seinem Eigentum hat, als er persönlich nutzen kann, ist es sinnvoll, anderen die teilweise Nutzung gegen Entgelt zu ermöglichen. Wohnungen werden vermietet, Land wird verpachtet, Geld wird verliehen. Auch die humanen Ressourcen des Einzelnen können mit anderen geteilt werden. In Werkverträgen stellen Ärzte, Anwälte, Unternehmensberater oder Handwerker ihr Know how den Kunden zur Verfügung und erhalten dafür ein Honorar. In Arbeitsverträgen verpflichten sich Arbeitnehmer, Leistungen entsprechend den Anweisungen des Arbeitgebers zu erbringen und erhalten im Gegenzug Lohn oder Gehalt. Außerdem haben die Arbeitnehmer das Recht, Eigentum des Arbeitgebers wie etwa Maschinen oder Gebäude zu benutzen. Durch die Kombination der Humanressourcen mit dem Sacheigentum ist eine größere Leistung möglich, als jede Seite alleine erbringen könnte.

Die Artenteilung der Verfügungsrechte ist in unserer Wirtschaft allgegenwärtig.

Beispiele:
Ein Arbeitnehmer stellt seine Arbeitskraft gegen Lohn zur Verfügung, wohnt zur Miete, hat ein Darlehen aufgenommen, um sein Auto zu finanzieren, konsultiert einen Anwalt bei Rechtsstreitigkeiten und hat einen Schrebergarten gepachtet.

Die Vorteilhaftigkeit dieser Segmentierung der Rechte liegt auf der Hand. Von der NIÖ werden jedoch die Probleme betont, die damit verbunden sein können, dass sich mehrere Menschen Rechte teilen. Die Probleme ergeben sich aus der Basishypothese des Verhaltens: Jeder Mensch wird als Homo Oeconomicus versuchen, seinen Nutzen aus den gegebenen Verfügungsrechten zu maximieren. Bei einer Teilung der Rechte stoßen möglicherweise gegensätzliche Interessen aufeinander (Motivationsproblem). Der eine Homo Oeconomicus muss befürchten, vom anderen Homo Oeconomicus übervorteilt zu werden und wird Vorkehrungen dagegen treffen wollen. Die Gefahr einer „Ausbeutung" des einen durch den anderen ist besonders groß, wenn sich das Verhalten des Vertragspartners nur schwer messen lässt (Messproblem) und/oder wenn man schlecht auf einen anderen Partner ausweichen kann (Spezifitätsproblem). Derjenige, der besser informiert ist, wird seinen Informationsvorsprung ausnutzen und derjenige, der leichter auf einen anderen Vertragspartner ausweichen kann, wird seine Machtposition ausnutzen. Welche Verfügungsrechtsverteilungen vermutlich welche Probleme hervorrufen werden, soll nun für einige typische Verteilungen dargestellt werden:

- ▸ Mietvertrag und Pachtvertrag,
- ▸ Darlehensvertrag,
- ▸ Werkvertrag,
- ▸ Dienstvertrag,
- ▸ Gesellschaftsvertrag.

3.3.3.2 Der Mietvertrag und der Pachtvertrag

Durch einen Mietvertrag wird nur das Recht zum Gebrauch einer Sache auf einen anderen übertragen. Alle anderen Rechte bleiben beim Vermieter. Vermietet werden kann praktisch jede bewegliche und unbewegliche Sache, vom Haus über Computer und Autos bis hin zu Büroeinrichtungen und kompletten Industrieanlagen. Die Mietzeit kann von einer Nacht (für ein Hotelzimmer) bis zu einer lebenslangen Nutzung gehen.

Rechte aus Miet- und Pachtverträgen: Der reine **Mietvertrag** überlässt dem Mieter nur die Nutzungsrechte, also den „usus" an einer Sache. Das Recht, Erträge aus dem Gebrauch des Gegenstandes einzubehalten (usus fructus) wird im idealtypischen Mietvertrag nicht auf den Mieter übertragen. Ein Wohnungsmieter darf etwa normalerweise nicht untervermieten. Wird das Recht zur Einbehaltung der Erträge mit übertragen, hat man es im Regelfall mit einem **Pachtvertrag** zu tun. „Durch den Pachtvertrag wird der Verpächter verpflichtet, dem Pächter den Gebrauch des verpachteten Gegenstandes und den Genuss der Früchte, soweit sie nach den Regeln einer ordnungsgemäßen Wirtschaft als Ertrag anzusehen sind, während der Pachtzeit zu gewähren." (§ 581 BGB).

Die Abgrenzung zwischen Miete und Pacht nach dem Kriterium, ob auch ein usus fructus übertragen wird, ist im Einzelfall schwierig. Der Mieter eines Hauses mit Garten darf die Früchte aus dem Garten selbst behalten. Wer sich ein Auto, Maschinen oder Büroräume mietet, kann diese Dinge wirtschaftlich nutzen und insofern Erträge aus ihnen ziehen. Tendenziell werden aber mit Pachtverträgen mehr Rechte und Pflichten übertragen als mit Mietverträgen. Pacht tritt vor allem in der Form der Landpacht auf. Der Pächter hat das Recht, das Land landwirtschaftlich zu nutzen und die Erträge aus der Nutzung einzubehalten. Er darf die Art der Nutzung auch in Grenzen eigenmächtig ändern, solange das keine Folgen hat, die über die vereinbarte Nutzungszeit hinausgehen. Ein Landwirt darf also sicherlich entscheiden, ob er Rüben oder Weizen auf dem gepachteten Land anbaut. Er darf aber nicht die Felder asphaltieren und Parkplätze daraus machen. Der Pächter ist verpflichtet, den Pachtzins zu zahlen, die Pachtsache ordnungsgemäß zu bewirtschaften, gewöhnliche Ausbesserungen an den Gebäuden, Wegen, Einfriedungen usw. auf eigene Kosten durchzuführen und überlassenes Inventar zu erhalten oder bei Bedarf zu ersetzen.

Probleme aus Miet- und Pachtverträgen: Der Mieter einer Wohnung möchte einen hohen Wohnwert bei niedriger Miete und geringem Kündigungsrisiko. In die Erhaltung und Verbesserung der Wohnsubstanz wird er nichts investieren wollen, weil ihn der Marktwert der Wohnung nicht interessiert. Der Vermieter möchte eine möglichst hohe Miete bei geringen Investitionen in die Verbesserung des Wohnwertes. Der Kündigungsschutz des Mieters bedeutet für ihn eine Einschränkung seiner Verwertungsmöglichkeiten und steht seinen Interessen entgegen. Er ist darauf bedacht, den Marktwert des Hauses zu erhalten und zu verbessern. Beide Seiten müssen wegen ihrer teils gegensätzlichen Interessen befürchten, von der jeweils anderen Seite ausgebeutet zu werden. Ohne Kündigungsschutz könnte der Vermieter vom Mieter unter Androhung jederzeitiger Kündigung eine höhere Miete verlangen, was für den Mieter vor allem dann bedrohlich ist, wenn er wegen Spezifität der Leistung nicht ohne weiteres umziehen kann. Weil jeder Umzug mit hohen materiellen und sozialen Kosten verbunden ist, kann eine Spezifität häufig unterstellt werden. Der Vermieter muss seinerseits befürchten, dass der Mieter nicht so sorgfältig und werterhaltend mit der Wohnung umgeht, wie es im Interesse des Eigentümers wäre. Dem Mieter kann es egal sein, wenn die Fensterrahmen mangels Anstrich verrotten, er muss den Wertverlust ja nicht tragen. Der Mieter hat, was den Zustand der Wohnung und sein eigenes Verhalten betrifft, einen Informationsvorteil.

Wegen der voraussehbaren Probleme ist das Mietverhältnis in Deutschland sehr stark gesetzlich reglementiert. Der Vermieter darf weder beliebig kündigen, noch die Miete nach Gutdünken erhöhen. Der Mieter hat gegenüber der Mietsache eine Obhutsptlicht und muss den Vermieter auf drohende Mängel und Gefahren aufmerksam machen. Beide Parteien werden sich zudem den Vertragspartner sorgfältig aussuchen und durch die individuelle Vertragsgestaltung Risiken minimieren.

In einem Pachtverhältnis sind vergleichbare Probleme zu erwarten. Da der Pächter, z. B. eines landwirtschaftlichen Betriebes, selbst den Nutzen aus der Bewirtschaftung zieht, hat er zwar durchaus ein gewisses Eigeninteresse an der Erhaltung der Substanz. Er wird Zäune und Ställe reparieren und die Felder düngen, solange sich diese Investitionen für ihn selbst auszahlen. Schwierig wird es allerdings, wenn sich das Ende der Pachtzeit nähert. Als Nutzenmaximierer wird der Pächter versuchen, Boden und Gebäude auf das Ende der Pachtzeit hin auszubeuten. Dem Eigentümer drohen Marktwertverluste und es entstehen ihm Überwachungskosten. Gesetzlich verankert ist wegen dieses Konfliktpotenzials die Verpflichtung des Pächters zur ordnungsgemäßen Bewirtschaftung und Erhaltung des

Pachtgutes. Damit der Pächter seinerseits einen Anreiz hat, in das Land und die Gebäude zu investieren und die Rentabilität zu verbessern, muss er vor Ausbeutungsversuchen des Verpächters geschützt werden. So gibt es einen besonderen Kündigungsschutz für gepachtete Betriebe, welche die wirtschaftliche Lebensgrundlage des Pächters bilden. Der Verpächter soll die daraus entstehende Abhängigkeit des Pächters nicht ausnutzen dürfen. Erhöhen Investitionen des Pächters den Wert des Pachtgutes über die Pachtzeit hinaus, sind sie dem Pächter vom Verpächter zu ersetzen. Sonst könnte der Verpächter den vom Pächter erzeugten Mehrwert einfach mitnehmen.

Die in Miet- und Pachtverhältnissen entstehenden Probleme werden in erster Linie darauf zurückgeführt, dass den Mieter/Pächtern das Recht zur Übertragung der Ressource fehlt. Anders als der Inhaber dieses Rechts haben sie nicht das Interesse, den Wert der Sache nachhaltig zu erhalten und zu erhöhen. Sie haben weniger Anlass zu einem sorgfältigen und schonenden Umgang mit der Ressource, weniger Anlass zu werterhöhenden Investitionen und weniger Anlass, die Nutzung bestmöglich den Marktverhältnissen anzupassen. Allerdings könnte man angesichts der begrenzten Lebenszeit jedes Menschen bei konsequenter Anwendung des Modells individueller Nutzenmaximierung eine Ausbeutung von Ressourcen durchaus auch bei ungeteiltem Privateigentum erwarten. Warum sollte überhaupt irgendein Mensch Investitionen tätigen, deren Erträge er selbst nicht mehr genießen kann? Implizit wird für denjenigen, der das Übertragungsrecht besitzt, grundsätzlich ein langfristiger Planungshorizont unterstellt. Privateigentümer mit gebündelten Rechten können aber genauso versuchen, die kurzfristigen Erträge auf Kosten der langfristigen Substanzerhaltung zu maximieren, wenn ihr persönlicher Planungshorizont kurz ist.

Beispiele:
Der Privatbesitzer eines tropischen Regenwaldes hätte keinerlei Grund, durch Holzeinschlag entstandene Kahlschläge wieder aufzuforsten, wenn dies erst in weiter Zukunft erneut zu wirtschaftlichen Erträgen führt und er sein Gegenwartseinkommen durch Ersparnis der Aufforstungskosten verbessern kann. Ein Aktionär kann durchaus daran interessiert sein, kurzfristige Kurssteigerungen mitzunehmen, ohne Interesse daran, ob der Auslöser der Kurssteigerung (etwa eine Fusion) langfristig ökonomisch sinnvoll ist.

Ob das Übertragungsrecht zu einem besonders pfleglichen und langfristig orientierten Umgang mit Ressourcen führt, hängt auch davon ab, wie gut ein Käufer den Wert der Sache bestimmen kann. Nur wenn sich die Investitionen des Verkäufers im Kaufpreis niederschlagen, bietet das Übertragungsrecht den entsprechenden Anreiz.

3.3.3.3 Der Darlehensvertrag

Wer ein Darlehen in Geld oder einer anderen vertretbaren Sache erhält, ist verpflichtet, das Empfangene dem Darleiher in Sachen von gleicher Art, Güte und Menge zurückzuerstatten (§ 607 BGB). Die Rückerstattung erfolgt zu einem vertraglich vereinbarten Zeitpunkt oder nach Kündigung des Darlehens durch Schuldner oder Gläubiger.

Rechte von Darlehensgeber und Darlehensnehmer: Der Empfänger eines Gelddarlehens erhält alle Rechte eines Eigentümers. Er darf mit dem geliehenen Geld prinzipiell machen was ihm beliebt, es ausgeben, anlegen, verschenken, was auch immer, solange nicht im Darlehensvertrag ausdrücklich eine bestimmte Nutzung vorgeschrieben ist. Der Gläubiger behält nur das Recht auf Rückübertragung der gleichen Summe und das Recht, Zinsen zu verlangen. Die große Plastizität des Darlehens macht es wirtschaftlich besonders interessant. Der Darlehensnehmer kann selbst über die aus seiner Sicht optimale Verwendung des Geldes bestimmen. Investiert er es gewinnbringend, dann trägt das Geld sozusagen doppelte Früchte. Der Darlehensgeber erhält Zinsen, der Darlehensnehmer erwirtschaftet Gewinne. Das Risiko ist für den Gläubiger allerdings auch besonders groß, weil der Schuldner das Geld beliebig verwenden kann. Im schlimmsten Fall ist die Summe vollständig verloren.

Probleme aus dem Darlehensvertrag: An sich besteht aus Sicht des Schuldners ein Anreiz, mit geliehenem Kapital wirtschaftlich sinnvoll um-zugehen, denn die Erträge aus einer Investition darf er ja selbst behalten und die Schuld muss er wieder begleichen. Aber zum einen kann sich der Darlehensnehmer in seinen wirtschaftlichen Aussichten selbst täuschen und zu riskante Investitionen tätigen. Zum anderen kann er das Geld ausschließlich für Konsumzwecke, so für Urlaubsreisen, ausgeben. Das geliehene Geld wirft dann nicht nur keine Erträge ab, sondern ist sogar „verschwunden", ohne entsprechende Sachwerte zu hinterlassen. Das macht eine Rückzahlung samt Zinsen schwieriger. Schließlich ist auch eine direkte Betrugsabsicht des Schuldners denkbar. Er könnte sich mit dem geliehenen

Betrag ins Ausland absetzen. Der Gläubiger muss also vor Vertragsschluss das Können, die Vorlieben und die Integrität des Schuldners abzuschätzen versuchen, was mit erheblichen Messproblemen behaftet ist. Der Gläubiger wird also versuchen, sich im Vorfeld so viele Informationen wie möglich über den Darlehensnehmer zu verschaffen. Außerdem kann er die Benutzung des Darlehens vertraglich einschränken und sich Verfügungsrechte über das mit dem Kredit erworbene Sacheigentum vorbehalten oder sich durch Bürgen absichern.

Der Schuldner kann allerdings auch vom Kreditgeber ausgebeutet werden. Der Darlehensgeber könnte z. B. eine Notlage des Schuldners ausnutzen und sehr hohe Zinsen verlangen. Oder er könnte das Darlehen zu einem für den Schuldner sehr ungünstigen Zeitpunkt kündigen, um sich so Verfügungsrechte über das als Sicherheit dienende Sacheigentum zu verschaffen. Die Gefahr einer Ausbeutung des Schuldners ist immer dann besonders groß, wenn dieser auf den Vertragspartner angewiesen ist und nur schwer auf andere Kreditgeber ausweichen kann. Das gesetzliche Wucherverbot und gesetzliche Kündigungsfristen sollen diesen Gefahren vorbeugen.

3.3.3.4 Der Werkvertrag

Durch den Werkvertrag kann sowohl die Herstellung oder Veränderung einer Sache als auch ein bestimmter herbeizuführender Erfolg versprochen werden (§ 631 BGB). Ein Maler verspricht eine Fassade zu streichen, ein Arzt verspricht eine Heilbehandlung, ein Rechtsanwalt die Vertretung in einem Rechtsstreit.

Rechte aus dem Werkvertrag: Es findet quasi eine Übertragung von Verfügungsrechten an den eigenen Humanressourcen zur Erbringung einer zuvor vereinbarten Leistung statt. Der Dienstleister stellt nach seiner Entscheidung seine Zeit, sein Wissen und Können in den Dienst des Kunden und kann dafür im Gegenzug eine Vergütung fordern. Die Erträge aus seinen Anstrengungen fallen ihm selbst zu. Der Kunde hat das Recht, die Herstellung des Werkes so zu verlangen, dass es die zugesicherten Eigenschaften hat und nicht mit Fehlern behaftet ist, die den Wert oder die Tauglichkeit zum vorausgesetzten Gebrauch aufheben oder mindern. Der Dienstleister kann die vereinbarte oder eine übliche Vergütung verlangen.

Probleme aus dem Werkvertrag: Der Grundkonflikt in den Zielen der Vertragspartner ergibt sich aus folgenden Überlegungen. Der Dienstleister möchte seine Verfügungsrechte optimal ausnutzen, d. h. er will eine geringe Leistung bei hoher Vergütung erbringen. Der Kunde möchte im Gegensatz dazu eine hohe Leistung bei geringer Vergütung. Im Moment des Vertragsschlusses kann das Werk/der Erfolg noch nicht bewertet werden. Die Leistung muss ja erst noch erbracht werden. Der Kunde muss insofern dem Dienstleister vertrauen.

Ausbeutungsversuche von Seiten des Dienstleisters sind besonders dann zu befürchten, wenn die zu erbringende Leistung nur schwer exakt spezifiziert werden kann und nicht alleine von den Anstrengungen des Dienstleisters, sondern auch von externen Bedingungen abhängt.

Beispiele:
Typisch für eine solche Situation ist das Verhältnis von Arzt und Patient oder Anwalt und Klient. Der Kunde kann nur schwer messen, welche Leistung tatsächlich erbracht wird, weil dazu viel Spezialwissen nötig ist. Sowohl der Arzt als auch der Anwalt können ausbleibende Erfolge (keine Heilung, kein Sieg im Rechtsstreit) ohne weiteres auf ungünstige Bedingungen abschieben, die nichts mit ihren Anstrengungen zu tun haben.

Weil die Vergütung häufig mit zunehmender Dauer des „Werkes" steigt, kann einem Dienstleister sogar ausgesprochen daran gelegen sein, den Erfolg nicht so schnell herbeizuführen bzw. das Werk nicht so schnell zu beenden, wie es möglich wäre. Ein Arzt hat, ökonomisch betrachtet, eigentlich keinen Anreiz, seinen Patienten gesund zu machen, denn er verdient an den Kranken. Solange der Patient nicht ohne weiteres feststellen kann, dass sich der Arzt nicht nach Kräften um seine Heilung bemüht, hat er keine Sanktionen zu befürchten.

Zentral ist bei den Werkverträgen das Messproblem, welches sich aus der schwierigen Leistungsbestimmung ergibt. Wenn ein Kunde ganz genau vereinbaren kann, was er erwartet (bspw. das Tapezieren eines Zimmers mit einer ausgewählten Tapete), dann ist die Leistungskontrolle und -bewertung für ihn sehr viel leichter als bei sehr vagen Leistungsvereinbarungen (etwa Heilung chronischer Kopfschmerzen unbekannter Ursache). Auch der Erbringer der Leistung kann im Streitfall ein Interesse daran haben, seine Leistung zweifelsfrei nachweisen zu können.

Spezifität verschlechtert die Lage zusätzlich. Ist das Vertragsverhältnis einmal etabliert, dann erhöhen sich für den Kunden häufig die Kosten eines Wechsels. Der Arzt kennt die Krankengeschichte, der Anwalt die Vorgeschichte des Rechtsstreites usw. Mit einem anderen Vertragspartner fängt man dagegen wieder bei Null an. Da man das Preis-Leistungs-Verhältnis der potenziellen Alternativen aufgrund der Messproblematik sowieso nicht gut bewerten kann, erscheint ein Wechsel des Vertragspartners oft nicht attraktiv. Der Kunde ist unter diesen Umständen besonders gefährdet, vom Dienstleister ausgebeutet zu werden.

Eine Ausbeutung des Dienstleisters durch den Kunden ist allerdings auch denkbar. Wenn der Dienstleister wirtschaftlich abhängig ist von Werkverträgen mit einem bestimmten Kunden, dann kann der Kunde mit einer Beendigung der Geschäftsbeziehung drohen und so Druck ausüben, um das Preis-Leistungs-Verhältnis zu seinen Gunsten zu verändern. Je spezifischer die Leistung auf den Kunden zugeschnitten ist und je schlechter sich andere Kunden finden lassen, desto gefährdeter ist der Dienstleister. Das neue Verbot von Werkverträgen in den Schlachtbetrieben soll genau diese Ausbeutung verhindern.

3.3.3.5 Der Dienstvertrag

Der Dienst- oder Arbeitsvertrag ähnelt dem Werkvertrag. Ein Vertragspartner (der Arbeitnehmer) verspricht Dienste zu leisten, der andere (der Arbeitgeber) verpflichtet sich zur Zahlung der vereinbarten Vergütung (§ 611 BGB).

Rechte aus dem Arbeitsvertrag: Es gibt eine Reihe von Unterschieden zwischen dem typischen Werkvertrag und dem typischen Dienstvertrag. Zunächst mal ist die vereinbarte Leistung im Dienstvertrag in der Regel nicht exakt spezifiziert. Der Arbeitnehmer verpflichtet sich ganz allgemein, Dienste einer bestimmten Kategorie zu leisten. Die Gegenleistung (Lohn und Sozialleistungen) ist oft genauer festgelegt, aber auch nicht ganz vollständig. So kann der Arbeitnehmer auf eine Karriere im Unternehmen hoffen, er hat aber kein verbrieftes Recht darauf. Es geht im Normalfall nicht um die Herstellung eines einzigen Werkes oder die Erzielung eines einzigen Erfolges, sondern um die Herstellung und Veräußerung von Sachen und die Erzielung von Erfolgen ganz allgemein. Der Arbeitgeber bietet dem Arbeitnehmer die Chance, seine Ressourcen mit anderen zu kombinieren (Maschinen, Gebäude, Kollegen ...) und durch die Poolungseffekte eine höhere Leistung zu erbringen (und vergütet zu bekommen), als er sie alleine erbringen könnte. Das Dienstverhältnis ist normalerweise langfristig angelegt und lässt die genaue Anzahl und Art der zu leistenden Dienste offen.

Diese werden in der täglichen Arbeit durch Anweisungen der Vorgesetzten bestimmt.

Der Arbeitnehmer muss dazu sein Selbstbestimmungsrecht teilweise aufgeben und dem Vorgesetzten ein Weisungsrecht einräumen. Die Leistungen können auf diese Weise wechselnden Bedingungen permanent angepasst werden.

Die vereinbarten Dienste muss der Arbeitnehmer in eigener Person leisten. Er kann nicht einfach einen anderen mit seinen Aufgaben betrauen, wie das im Werkvertrag durchaus möglich ist. Wenn der Kunde bspw. Malerarbeiten in Auftrag gibt, kann der Malermeister den bei ihm angestellten Gesellen Meier oder Müller mit der Ausführung beauftragen. Der Geselle Müller kann aber nicht seinerseits einfach seinen Freund schicken, um ihn zu vertreten. Das Dienstverhältnis begründet insofern stärker als der Werkvertrag ein Verhältnis zwischen bestimten nicht austauschbaren Personen. Unvollständigkeit, Langfristigkeit und Personengebundenheit machen den Dienstvertrag zum **typischen relationalen Vertrag** (vgl. *Richter/Furubotn* [Neue] 158).

Probleme aus dem Dienstvertrag: Für das Dienstverhältnis ist normal, was es beim Werkvertrag nur ausnahmsweise gibt. Der Dienstleister (Arbeitnehmer) hat nur einen Kunden (Arbeitgeber), von dem er wirtschaftlich abhängig ist. Typischerweise wird vom Arbeitnehmer auch erwartet, dass er spezifisches Humankapital ausbildet, d. h. er soll seine Humanressourcen den Bedürfnissen des Arbeitgebers anpassen und die Fähigkeiten entwickeln und die Kenntnisse erwerben, die für den Arbeitgeber besonders wertvoll sind. Die Spezifität seines Humankapitals bringt den Arbeitnehmer allerdings in eine große Abhängigkeit vom Arbeitgeber. Die Kräfteverteilung erscheint so im Dienstvertrag eher umgekehrt wie im Werkvertrag. Der Kunde (Arbeitgeber) kann den Dienstleister (Arbeitnehmer) leichter ausbeuten als umgekehrt. Als Ausgleich für dieses Risiko kann die feste Vergütung des Arbeitnehmers angesehen werden, die ihn zumindest teilweise vom Risiko schwankender Einkünfte befreit. Außerdem hat der Arbeitgeber gewisse Fürsorgepflichten, wie die Lohnfortzahlung im Krankheitsfalle. Die Kündigung des Dienstverhältnisses ist durch den Kündigungsschutz erschwert.

Wenn auch der Arbeitnehmer im Dienstverhältnis insgesamt wohl in der abhängigeren und schwächeren Position ist, so darf doch nicht übersehen werden, dass auch er Ausbeutungsmöglichkeiten hat. Die Institutionenökonomik (insbesondere der Princiap-Agent-Ansatz) stellt diese Problematik sogar in den Vordergrund ihrer Überlegungen. Der Arbeitnehmer möchte als Homo Oeconomicus eine geringe Leistung bei hoher Vergütung erbringen, um seine Humanressourcen optimal auszunutzen. Dahinter steht die Prämisse: Arbeit erzeugt „Leid", soll also minimiert werden. Da der Lohn des Arbeitnehmers nicht mehr unmittelbar mit den eigenen Anstrengungen verknüpft ist (wie es beim Werkvertrag unterstellt wird), besteht für den Arbeitnehmer der Anreiz, seine Anstrengungen gering zu halten. Dies ungestraft zu tun, ist möglich, wenn die Anstrengungen nur schwer zu messen sind und ein nicht zufriedenstellendes Ergebnis auf äußere Gegebenheiten abgewälzt werden kann. Der Arbeitnehmer könnte auch in Versuchung geraten, die Ressourcen des Arbeitgebers über das erlaubte Maß hinaus in Anspruch zu nehmen und für private Zwecke zu missbrauchen.

Die Spezifität der Humanressourcen bindet außerdem nicht nur den Arbeitnehmer, sondern möglicherweise auch den Arbeitgeber an das bestehende Arbeitsverhältnis. Die Vertragspartei, die leichter auf andere Partner ausweichen kann, sitzt am längeren Hebel und kann diese Macht ausnutzen, um das Kosten-Nutzen-Verhältnis zu ihren Gunsten zu ändern. Bei starkem gesetzlichem Kündigungsschutz, großen Vorteilen aus spezifischen Humanressourcen und schwer zu messender Leistung gerät der Arbeitgeber in die ausbeutbare Position. Er kann dann nämlich weder ohne weiteres kündigen noch hat eine Klage Aussicht auf Erfolg, weil dem Arbeitnehmer ein Fehlverhalten nur schwer nachzuweisen ist. Der Arbeitnehmer könnte versuchen, diese Situation auszunutzen, um höhere Löhne und weitere Vergünstigungen durchzusetzen.

3.3.3.6 Der Gesellschaftsvertrag

Gemeineigentum, also eine Mengenteilung der Verfügungsrechte statt einer Artenteilung, könnte die Probleme aus Dienstverträgen teilweise lösen. Wenn sich die Dienstleister zusammentun würden und gemeinsames Eigentum an den Ressourcen hätten, könnten sie Poolungsvorteile verwirklichen (z. B. gemeinsam teure Maschinen nutzen) und gleichzeitig die externen Effekte der Drückebergerei und des Ressourcenmissbrauchs teilweise internalisieren. Weil jeder Miteigentümer den usus fructus an seinen Humanressourcen und den Sachmitteln selbst behielte, würden Drückebergerei und Verschwendung auf ihn selbst zurückfallen. Anwaltssozietäten arbeiten nach diesem Modell. Die zugrunde liegende Vertragsform ist dann der Gesellschaftsvertrag. Durch einen Gesellschaftsvertrag verpflichten sich die Gesellschafter gegenseitig, die Erreichung eines gemeinsamen Zweckes (etwa den Betrieb eines Handelsgewerbes) in der durch den Vertrag bestimmten Weise zu fördern, insbesondere die vereinbarten Beiträge zu leisten (§ 705 BGB).

Rechte aus dem Gesellschaftsvertrag: Anders als beim Dienstvertrag stehen die Gesellschafter nicht in einem Herrschaftsverhältnis zueinander. Sie sind gleichberechtigte Partner, die sich das Eigentum am Geschäftsvermögen teilen, die gemeinsam die Geschäfte führen, die alle ein Kontrollrecht haben und die sich Gewinn und Verlust gleichmäßig teilen.

In der Grundform des Gesellschaftsvertrages sind also Eigentum, Geschäftsführung und Kontrolle in der Hand der Gesellschafter, wodurch das Motivationsproblem erheblich entschärft werden kann. Da den Gesellschaftern die Erträge ihrer Anstrengungen selbst zufallen, haben sie keinen Grund, ihre Anstrengungen zu minimieren.

Probleme aus dem Gesellschaftsvertrag: Probleme erwachsen höchstens aus dem Gemeineigentum. Weil das Verhalten der Miteigentümer das Gesamtergebnis ebenfalls beeinflusst, ist der Zusammenhang zwischen der Anstrengung und der Ehrlichkeit des Einzelnen und dem Nutzen, den er davon hat, nicht völlig unverzerrt. Der einzelne Gesellschafter könnte versucht sein, sich als „free rider" zu verhalten, in der Hoffnung, von den Anstrengungen der anderen zu profitieren. Da er aber selbst durch seine Leistungszurückhaltung auf jeden Fall neben einem Nutzengewinn (aus der Vermeidung von Arbeitsleid) auch einen Nutzenverlust (aus dem geringeren Erfolg) erleidet, und da die Beobachtung und Messung seiner Leistung vermutlich für die anderen Gesellschafter nicht allzu schwierig ist, kann diese Gefahr gering geschätzt werden.

Die Basisform des Gesellschaftsvertrages kann allerdings erheblich variiert werden und dann treten möglicherweise wieder Motivationsprobleme auf. Das Gesellschaftsrecht lässt verschiedene Konstruktionen von Gesellschaften zu: Offene Handelsgesellschaft und Kommanditgesellschaft (geregelt im HGB), die Gesellschaft mit beschränkter Haftung (geregelt im GmbHG) und die Aktiengesellschaft (geregelt im AktG), um die gängigsten Formen zu nennen. Die Gesetze lassen außerdem mehr oder weniger Spielraum für abweichende und ergänzende vertragliche Vereinbarungen.

Motivationsprobleme ergeben sich vor allem dann, wenn durch den Gesellschaftsvertrag die Einheit von Eigentum, Geschäftsführung und Kontrolle aufgelöst wird. Eine solche Trennung ist etwa bei der AG regelmäßig vorgesehen. Die Geschäftsführung obliegt dem Vorstand. Die Vorstandsmitglieder sind in der Regel per Dienstvertrag angestellte Manager, so dass alle Probleme aus Dienstverträgen virulent sind. Sie stellen sich sogar in besonderem Maße, weil die Topmanager einer AG sehr weitreichende Entscheidungen treffen dürfen und schlechte Ergebnisse leicht auf ungünstige externe Bedingungen schieben können. Es gibt also ein erhebliches Messproblem. Die Eigentümer haben aus diesem Grund ein lebhaftes Interesse an einer Kontrolle der Manager, aber sie haben selbst weder die Zeit noch die Kenntnisse, um diese Kontrolle wirksam durchzuführen. Die Kontrolle obliegt nach dem Aktiengesetz daher auch nicht den Aktionären, sondern dem Aufsichtsrat, einem eigens eingerichteten Kontrollorgan. Auch im Hinblick auf den Aufsichtsrat besteht aus Sicht der Aktionäre ein Motivationsproblem, denn die Aufsichtsratsmitglieder könnten durchaus die Anstrengung sorgfältiger Kontrolle vermeiden. Die Aktionäre haben im Rahmen der Hauptversammlung zwar das Recht, die Aufsichtsratsmitglieder zu bestellen und ihre Arbeit zu bewerten (Entlastung). Wenn sie aber weder die Zeit noch die Kenntnisse haben, um die Vorstandsarbeit selbst zu kontrollieren, dann dürfte es ihnen auch nicht möglich sein, sich ein angemessenes Bild von der Qualität der Kontrolle der Vorstandsarbeit durch den Aufsichtsrat zu machen. Der PA-Ansatz hat sich eingehend mit diesem speziellen Motivationsproblem beschäftigt.

Warum gibt es überhaupt eine im Hinblick auf das Motivationsproblem so „ungünstige" Gesellschaftsform? Die positiven Effekte dieser Art von Gesellschaftsvertrag können in der Lösung eines Koordinationsproblems gesehen werden. Die Aktionäre wollen – ähnlich wie ein Darlehensgeber – überschüssiges Kapital gewinnbringend anlegen. Sie treten das Verfügungsrecht über ihr Kapital zeitweise ab und erhalten dafür im Gegenzug das Recht, an den Erfolgen der Unternehmung zu partizipieren. Der Unternehmer sucht – ähnlich wie ein Darlehensnehmer – nach Verfügungsmöglichkeiten über Kapital, um gewinnbringende Geschäfte tätigen zu können. Dabei benötigt er auf jeden Fall neben dem Fremdkapital auch haftendes Eigenkapital, welches von Gesellschaftern bereitgestellt wird. Durch die Konstruktion der AG werden den Unternehmern Eigenkapitalbeschaffungsmöglichkeiten und den Aktionären Kapitalanlagemöglichkeiten bereitgestellt. Das Suchproblem wird über die Wertpapierbörsen gelöst.

Der Gesellschaftsvertrag kann also zur Lösung des Koordinations- und des Motivationsproblems beitragen. Je nach Konstruktion wirft er aber auch selbst wieder große Motivationsprobleme auf.

3.3.4 Der Kaufvertrag - die sequentielle Teilung der Verfügungsrechte

3.3.4.1 Der Kauf von Sachen

In den bisher behandelten Verfügungsrechtskonstellationen wurden Rechte über längere Zeit von mehreren Personen geteilt. Sie besitzen z. B. gemeinsam ein Haus (Mengenteilung der Rechte), ein Hauseigentümer räumt einem anderen ein Wohnrecht ein und erhält dafür das Recht auf Miete oder ein Arbeitnehmer stellt gegen Lohn seine Humanressourcen zur Verfügung (Artenteilung der Rechte). Auch beim Kaufvertrag bestehen die Rechte mehrerer Personen an ein und derselben Sache zeitweise parallel, so dass eine Artenteilung der Rechte vorliegt.

Rechte aus Kaufverträgen: Der Käufer hat das Recht auf die Übertragung aller an der Sache bestehenden Verfügungsrechte, der Verkäufer hat das Recht auf den Kaufpreis (§ 433 BGB). Juristisch zählt der Kaufvertrag wie alle zuvor behandelten Vertragsarten zu den Schuldverhältnissen. Als idealtypischer Kaufvertrag wird jedoch der Kauf „Zug um Zug" angesehen, bei welchem Vertrag, Übergabe, Kontrolle und Zahlung zeitgleich erfolgen, wie etwa beim alltäglichen Einkauf von Lebensmitteln. Die Verfügungsrechte werden nur insofern „geteilt" als sie in gebündelter Form nacheinander verschiedenen Personen gehören, die sich jeweils kurz und anonym begegnen, um den Kauf/Verkauf abzuwickeln. Der Verkäufer muss vor allem gewährleisten, dass die verkaufte Sache nicht mit Mängeln und Fehlern behaftet ist bzw. bestimmte zugesicherte Eigenschaften hat. Der Käufer ist vor allem zur Zahlung des vereinbarten Kaufpreises verpflichtet und zur Zahlung eventuell anfallender Verzugszinsen.

Kaufverträge sind wirtschaftlich außerordentlich wichtig. Sie sind – wie auch Werk- und Dienstverträge – die logische Ergänzung zur Arbeitsteilung mit all ihren Vorteilen, denn jeder der sich auf eine Tätigkeit spezialisiert, ist auf den Austausch seiner Leistungen mit anderen angewiesen. Außerdem ermöglicht der Kaufvertrag, dass das Eigentum in die jeweils effizienteste Verwendung wandern kann, d. h. zu demjenigen Akteur, der den höchsten Nutzen (ausgedrückt im Preis) daraus zieht.

Probleme aus Kaufverträgen: Doch auch der Kaufvertrag bringt Probleme mit sich. Die unterschiedlichen Interessen der Vertragspartner liegen auf der Hand. Der Verkäufer möchte als Homo Oeconomicus seine Verfügungsrechte bestmöglich nutzen, also eine bestimmte Sache so teuer wie möglich verkaufen. Beim Käufer ist die Interessenlage naturgemäß gerade umgekehrt. Der Käufer ist in der schwächeren Position, wenn er die zum Verkauf stehende Sache nicht genau beurteilen kann, wenn es also Messprobleme gibt. Solche Messprobleme sind an der Tagesordnung, weil fast jede Sache neben sog. Inspektionseigenschaften auch Erfahrungs- und Vertrauenseigenschaften aufweist (vgl. *Kaas/Busch* [Vertrauenseigenschaften]). Von Inspektionseigenschaften spricht man, wenn sich die Merkmale leicht durch äußeren Augenschein feststellen lassen. Erfahrungseigenschaften ergeben sich erst aus dem Gebrauch/Verbrauch der Sache. Schließlich gibt es auch Eigenschaften, die der Käufer gar nicht oder nur unter großen Mühen feststellen kann.

Beispiel:
Ob ein Apfel faul ist, sieht man ihm an, das ist also eine Inspektionseigenschaft. Der Geschmack des Apfels ist eine Erfahrungseigenschaft. Die Herkunft des Apfels aus biologischem Anbau lässt sich für den Kunden kaum verifizieren. Dabei handelt es sich also um eine Vertrauenseigenschaft.

Der Informationsvorsprung des Verkäufers bei den Erfahrungs- und vor allem bei den Vertrauenseigenschaften ermöglicht ihm, den Käufer auszubeuten und mehr für die Sache zu verlangen, als der Käufer bei Kenntnis der wahren Eigenschaften dafür zahlen würde. Spezität kann die Stellung des Verkäufers weiter stärken, dann nämlich, wenn der Käufer nur schwer auf Alternativen ausweichen kann.

Dem Verkäufer drohen allerdings auch Gefahren. Ist er wirtschaftlich von einem oder wenigen Kunden abhängig, dann können diese die Spezität ausnutzen und die Preise drücken. Sobald der Kauf nicht Zug um Zug erfolgt und der Kaufpreis dem Kunden gestundet wird, hat der Verkäufer ähnliche Probleme wie ein Darlehensgeber. Er muss die Vertrauenswürdigkeit des Kunden beurteilen, was ihm Messprobleme bereitet.

Die Mehrzahl der Käufe erfolgt allerdings Zug um Zug und in einer Situation, in der es viele Kunden mit nur geringem individuellem Einfluss gibt. Meistens wird also die Gefahr einer Ausbeutung der Käufer größer sein als die einer Ausbeutung der Verkäufer. Unabhängige Institute, wie die Stiftung Warentest, versuchen die Stellung des Käufers durch Informationen zu stärken. Öffentlich kontrollierte Gütesiegel für Produkte mit bestimmten

Vertrauenseigensschaften sind ebenfalls Mittel zur Verbesserung der Kundeninformation. Gesetzlich verankerte Gewährleistungspflichten schließen den Verkauf fehlerhafter Ware bis zu einem gewissen Grad aus.

Problemmindernde Effekte: Die Problematik der Kaufverträge ist in der Realität häufig gar nicht so groß, wie es das Modell der einmaligen kurzen Begegnung anonymer Vertragspartner mit konfligierenden Interessen nahelegt. Die Gegensätze in den Interessen der Vertragsparteien sind auf dreifache Weise gemildert.

- ▸ **Differenzierungswunsch guter Anbieter:** Zum Ersten können die Anbieter selbst ein Interesse daran haben, die Messprobleme der Kunden zu beseitigen. Der Kunde, der eine gute nicht von einer schlechten Ware unterscheiden kann, wird nämlich nicht bereit sein, für gute Qualität einen höheren Preis zu zahlen. Die Anbieter qualitativ hochwertiger Produkte haben deshalb selbst ein Interesse daran, den Kunden die besonderen Merkmale ihrer Ware zu „beweisen".

- ▸ **Interesse an der Fortführung/Wiederholung des Vertrages:** Zum Zweiten wird die Problematik des Kaufes dadurch gemildert, dass es sich in vielen Fällen um Wiederholungskäufe handelt. Messprobleme werden dadurch abgebaut, Käufer und Verkäufer machen Erfahrungen bei jedem Kaufakt, welche sich auf den nächsten Kaufakt auswirken. Der Kunde, der einmal über die Eigenschaften einer Ware getäuscht wurde, der Verkäufer, der einmal um den Kaufpreis geprellt wurde, sie werden diese Informationen berücksichtigen und den Vertragspartner künftig meiden. Es ist also durchaus im Eigeninteresse des Verkäufers, den Kunden zufrieden zu stellen, wenn er die Geschäftsverbindung aufrecht erhalten will. Einen guten Namen zu haben, sich eine Reputation aufzubauen, sei es für gute Leistungen beim Verkäufer oder für Kreditwürdigkeit beim Kunden, ist insofern ein wirtschaftlicher Vorteil. Die Zieldivergenzen zwischen den Parteien werden gemildert, wenn sie ein Interesse an der Fortführung der Beziehung haben. Der daraus entstehende Anreiz, sich den Interessen des Kunden nicht zu verschließen, wird um so größer, je bedeutender die Geschäftsbeziehung für die wirtschaftliche Lage des Verkäufers ist, je leichter der Kunde auf einen anderen Partner ausweichen könnte und je häufiger mit einer Wiederholung der Transaktion zu rechnen ist.

▸ **Weitergabe von Erfahrungen:** Der problemmildernde Reputations-
effekt beschränkt sich zum Dritten nicht auf Wiederholungskäufe,
denn Käufer und Verkäufer können auch von den Erfahrungen anderer profitieren. Wer bei einem Kauf hereingelegt wurde, kann
diese Information an andere potenzielle Vertragspartner weitergeben,
die dann von einem Kauf Abstand nehmen. Nach einer Faustregel
des Einzelhandels gibt ein unzufriedener Kunde seine Erfahrungen
an durchschnittlich elf Personen weiter. Teilweise werden solche
Informationen sogar professionell gesammelt und verteilt. Die Schufa
(Schutzgemeinschaft für allgemeine Kreditsicherung e. V.) stellt dem
Kreditgewerbe und dem Handel Informationen zu Bonität der Kunden
zur Verfügung. Im Internet spielen Kundenbewertungen eine große
Rolle. Deshalb kann es sich auch als irrational erweisen, den Partner
auszubeuten, wenn eine Wiederholung des Kaufvertrages nicht zu
erwarten ist. Gerade bei Käufen, die viel Vertrauen erfordern und
mit denen der Kunde wenig eigene Erfahrungen hat (etwa beim
Gebrauchtwagenkauf), wird er versuchen, andere nach ihren Erfahrungen zu befragen.

3.3.4.2 Der Kauf von externen Effekten

Im BGB werden der Kauf von Sachen und der Kauf von Rechten unterschieden (§ 433). Der Kauf eines Rechtes wäre z. B. der Kauf von Forderungen
(Factoring gennant). Nach unserem bisherigen Sprachgebrauch werden
allerdings immer Rechte übertragen, auch beim Kauf/Verkauf von Sachen.
Coase hat darauf aufmerksam gemacht, dass es letztlich die Rechte an
der Sache sind, die den ökonomischen Wert der Sache ausmachen (vgl.
[Problem] 182). Ein physisch unverändertes Grundstück wird sofort viel
mehr wert, wenn man darauf bauen darf. Alle Produktionsfaktoren, die
ein Unternehmer einsetzt, sind eigentlich Rechte, bestimmte Handlungen
durchführen zu dürfen (bzw. durchführen lassen zu dürfen).

Diese Sichtweise öffnet den Blick dafür, dass für ein Unternehmen auch
Rechte wie Lärm zu machen, die Luft oder das Wasser zu verschmutzen, eine
schöne Landschaft zu verunstalten und ähnliches „Produktionsfaktoren"
darstellen. Das Problematische daran ist, dass solche Produktionsfaktoren
niemandem exklusiv gehören. Die Gefahr einer Übernutzung der Ressourcen ist bei dieser Mischung aus Privateigentum (an der Unternehmung und
ihren Erträgen) und öffentlichem Eigentum (an der Luft, dem Wasser, der
Ruhe, der intakten Landschaft usw.) sehr hoch.

Im Grunde findet in solchen Situationen eine Art unentgelticher „Zwangstausch" von Rechten statt. Die vom Lärm oder der Verschmutzung Betroffenen müssen ihre Rechte auf Ruhe und saubere Luft dem Unternehmer entschädigungslos zur Verfügung stellen. Gerade weil kein materieller Gegenstand getauscht wird, sondern nur Rechte, bleibt dieser Zwangstausch leicht verborgen. Es ist dies der klassische Fall schädigender externer Effekte.

Beispiel:
Den Anwohnern einer Fabrik werden externe Kosten aufgebürdet (Abluft, Lärm, Verbauung der Aussicht u. ä.), während der Nutzen privat beim Unternehmer anfällt.

Es gibt auch positive externe Effekte, bspw. wenn jemand einen schönen Blumengarten vor seinem Haus hat, an dem sich auch die Nachbarn und Passanten erfreuen können. Sie gelten aber als unproblematisch. Problemlösungen muss man in erster Linie für die schädigenden externen Effekte finden.

Aus ökonomischer Sicht ideal wäre es, wenn man diesen Zwangstausch in einen regulären **Kaufvertrag** umwandeln könnte.

Beispiel:
Den Anwohnern der Fabrik wird ein Eigentum an frischer Luft und Ruhe zugesprochen, welches der Unternehmer kaufen muss, wenn er produzieren will. Oder der Fabrikbesitzer erhält ein Lärm- und Verschmutzungsrecht, welches die Anwohner kaufen müssen, wenn sie die Produktion verhindern wollen.

Das **Coase-Theorem** in seiner allgemeinen Form besagt, dass die Rechtssubjekte ihre Rechte tauschen werden, bis sie eine pareto-optimale Verteilung erreicht haben, d. h. bis niemand mehr eine Nutzensteigerung erreichen kann, ohne an anderer Stelle einen Nutzenverlust zu verursachen (vgl. *Richter/Furubotn* [Neue] 102). Die Ausgangslage, also wer die Rechte hält, hat natürlich Einfluss auf das Einkommen. Im ersten Fall haben die Anwohner nach dem Verkauf mehr Geld als zuvor, im zweiten Fall der Fabrikbesitzer. Auf die aus den Tauschvorgängen resultierende Lärm- und Verschmutzungsmenge insgesamt hat dies nach dem Coase-Theorem in seiner starken Form (vgl. *Richter/Furubotn* [Neue] 104) aber keinen Einfluss.

Vorausgesetzt wird dabei, dass es gleichviel kostet, für eine bestimmte Verschmutzung zu zahlen (wenn die Anwohner die Frischluftrechte besitzen und der Fabrikbesitzer die Frischluftrechte der Anwohner kaufen muss) oder auf eine Zahlung zu verzichten (wenn der Fabrikbesitzer die Frischluftrechte besitzt und seine Verschmutzungsrechte nicht verkauft) (vgl. *Coase* [Problem] 138). Solange sich die Produktion trotz der Zahlung für den Kauf der Rechte bzw. trotz des Verzichts auf Zahlungen aus dem Verkauf der Rechte lohnt, solange wird auch produziert werden.

Dieser Lösung stehen in der Realität allerdings ganz erhebliche Probleme entgegen. Sehr schwierig ist zunächst die genaue Spezifizierung der Rechte.

Beispiele:
Was genau ist das Recht auf Ruhe? Umfasst es sämtliche Stunden des Tages und der Nacht? Hat man das Recht auf absolute Ruhe oder darf nur kein übermäßiger Lärm gemacht werden? Wie ist die chemische Zusammensetzung von „frischer Luft"? Was passiert, wenn der Wind die Luft verteilt? Jemand, der tagsüber zu Hause konzentriert arbeiten will, wird möglicherweise etwas ganz anderes als „Ruhe" definieren, als jemand, der den ganzen Tag außer Haus ist. Für einen Asthma-Kranken ist frische Luft etwas anderes als für einen Gesunden. Für die Betroffenen besteht zudem immer ein Anreiz, ihren Nutzen aus den Rechten übertrieben darzustellen, um den Preis hochzutreiben. Es ist für einen Außenstehenden praktisch unmöglich, den „wahren Wert" von solchen Rechten wie „Ruhe" für ein Individuum festzustellen.

Und wie sollen andere von der Nutzung der Ressourcen ausgeschlossen werden? Also wie kann man seine Rechte durchsetzen?

Beispiele:
Wenn mehrere Anwohner Frischluftrechte verkaufen und damit die Produktion ermöglichen, müssen auch diejenigen weiterhin mit der Luftverschmutzung leben, die ihre Rechte nicht verkauft haben. Umgekehrt könnten Trittbrettfahrer davon profitieren, dass andere dem Unternehmer Lärm- oder Verschmutzungsrechte abkaufen und damit auch für sie die Situation verbessern.

Oft stehen nicht einmal die Betroffenen, also die potenziellen Vertragspartner, fest.

Beispiel:
Luftverschmutzung kann sich an weit entfernten Orten und in weiter Zukunft schädlich auswirken. Haben die heutigen Menschen das Recht, die Rechte kommender Generationen zu verkaufen?

Einkommenseffekte dürften für die Bewertung in der Realität eine nicht unerhebliche Rolle spielen. Wer arm ist und sein Recht auf frische Luft veräußern kann, wird dies sicher zu einem erheblich niedrigeren Preis tun als jemand, der auf diese Einkommensquelle überhaupt nicht angewiesen ist. Nicht von ungefähr akzeptieren vor allem ärmere Länder, dass der Plastikmüll der reichen Länder bei ihnen entsorgt wird. Müsste ein Bedürftiger Verschmutzungsrechte kaufen, käme es mangels Geld vielleicht überhaupt nicht zu einem Tausch, obwohl ein Kauf bei dem Betroffenen Nutzen stiften würde.

Unter realen Bedingungen dürften die **Verhandlungskosten** zwischen den Vertragsparteien exorbitant werden. Nur wenn man von allen diesen Schwierigkeiten absieht, also bei erschöpfend definierten und durchsetzbaren Verfügungsrechten, einem feststehenden Kreis von Betroffenen, kostenlosen Verhandlungen und dem Ausbleiben von Einkommenseffekten, kann der Kauf von externen Effekten als die perfekte Lösung erscheinen.

Coase, der die Möglichkeit zum Kauf externer Effekte bekannt gemacht hat, ist selbst keineswegs der Ansicht, dass Kaufverträge immer eine machbare Lösung zur Bewältigung schädigender Handlungen wären. Er zeigt, dass bei realistischen Annahmen externe Effekte sehr häufig nicht über Kaufverträge internalisiert werden können. Administrative Weisungen durch den Staat müssen dann die Kaufverträge ersetzen (vgl. [Problem] 149 ff.). Es ist ihm ein Anliegen zu zeigen, dass es neben dem Markt noch andere „soziale Arrangements" (152) gibt, die u. U. besser geeignet sind, die Kooperation von Menschen zu regeln. Er gilt ja auch als der Begründer des TAK-Ansatzes, in welchem die Unterscheidung verschiedener institutioneller Arrangements (Markt, Hierarchie, Clan) eine wichtige Rolle spielt. Weiterhin ist ihm wichtig darauf hinzuweisen, dass die sozialen Arrangements eine Fülle von Auswirkungen haben, die in ihrer Gesamtheit zu würdigen sind (183). Wenn umweltverschmutzende Produktion erlaubt ist, entstehen externe Kosten bei den Anwohnern. Wird sie verboten, entstehen externe Kosten bei dem Unternehmer. Man sollte immer beides im Auge haben und prüfen, ob die Kosten-Nutzen-Bilanz insgesamt bei einer Produktion oder einem Produktionsverbot besser ist. Die enormen Bewertungsprobleme, die einen Kaufvertrag häufig unmöglich machen, schlagen allerdings auch auf die administrativen Weisungen durch. Auch einem Politiker dürfte es schwer fallen zu beurteilen, ob eine Produktion von Gütern mehr Nutzen erzeugt als sie Schaden anrichtet.

3.4 Die verfügungsrechtliche Lösung von Interaktionsproblemen

3.4.1 Entstehung und Wandel von Verfügungsrechten aus ökonomischer Sicht

Aus der Sicht des VR-Ansatzes könnten die Probleme wirtschaftlicher Interaktion im Prinzip durch die beiden Basis-Institutionen „Privateigentum" und „Vertrag" gelöst werden. Ideal wäre eine Ausgangssituation, bei der alle Rechte im Privatbesitz von irgendjemandem wären. Die Kosten für externe Effekte wären dann vollständig internalisiert, weil man Rechte, wie das zur Verschmutzung der Luft oder zur Erzeugung von Lärm, von den Besitzern dieser Rechte kaufen müsste. Zu einer Verschiebung der Rechte zwischen den Individuen käme es nur durch Kaufverträge und diese wären grundsätzlich pareto-effizient, d. h. sie würden sowohl den Käufer als auch den Verkäufer besser stellen. Die Verfügungsrechtsstruktur würde so im Laufe der Zeit immer effizienter.

Die **Effizienz einer bestehenden Verfügungsrechtsstruktur** hängt also von zwei Parametern ab:

- ▸ Der Ausgangssituation bei der Verteilung der Rechte
- ▸ und der Art des Wandels.

Darüber, wie sich aus einem rechtlosen Urzustand eine Verfügungsrechtsstruktur (z. B. mit Privateigentum) ausgebildet hat, kann nur spekuliert werden. Institutionenökonomen bevorzugen die **optimistische Vorstellung, dass jede bestehende Verfügungsrechtsstruktur bewusst durch Vertrag geschaffen wurde.** Man könnte etwa folgendes Szenario aufbauen: Die Menschen schließen aus einem kriegerischen Naturzustand heraus eines Tages einen Vertrag miteinander, in welchem sie einen Souverän ermächtigen, sie zukünftig zu regieren und verbindliche Gesetze zu erlassen sowie das Eigentum zwischen ihnen aufzuteilen (vgl. *Hobbes* [Leviathan] 144 ff.). „Aller privater Grundbesitz entsteht ursprünglich aus der willkürlichen Verteilung durch den Souverän" *(Hobbes* [Leviathan] 210). Außerdem erlässt der Souverän die Gesetze, die alle Arten von Verträgen zwischen Privatpersonen regeln und sichert deren Einhaltung (212 f.). Obwohl die Eigentumsverteilung und die Gesetzgebung also nicht unmittelbar durch Verträge ins Leben gerufen werden, sondern durch autoritäre Weisung, wird unterstellt, dass beides dem Willen aller Bürger so entspricht, als ob sie sich selbst darauf geeinigt hätten. „Das Gesetz (und die Anfangsausstattung mit Eigentum; E.G.) wird von der souveränen Macht erlassen, und alle Handlungen dieser Macht werden von jedem einzelnen im Volk bestätigt und als seine eigenen anerkannt; und was jedermann so haben will, kann niemand als ungerecht bezeichnen." *(Hobbes* [Leviathan] 294). Sowohl mit der anfänglichen Verteilung der Ressourcen wie auch mit den Gesetzen sind alle zufrieden. Die weitere Umverteilung der Ressourcen erfolgt nur noch durch freiwillige Verträge. Diese Verträge stellen grundsätzlich alle Beteiligten besser als zuvor, weil sonst der Vertrag nicht zustande käme, so dass die Verteilung immer effizienter wird.

Gegen diese – pointiert dargestellte – optimistische Sicht sind viele **Einwände** möglich, die sich gerade auch aus der Logik ökonomischen Denkens ergeben. So fragt man sich, warum die Menschen, die nach *Hobbes* von Natur aus machtgierig, habgierig, gewaltbereit, parteilich und betrügerisch sind, eines Tages alle ihre bisher erkämpften Rechte und Privilegien und Besitztümer aufgeben und sich per Vertrag der Herrschaft eines Souveräns und dessen Willkür unterwerfen sollten. Der Urvertrag zwischen gleichberechtigten Bürgern erscheint nicht als logische Fortsetzung des Kampfes ungezügelter Egoisten. Viel besser passt zu *Hobbes* Menschenbild die Vorstellung, dass diejenigen, die als Sieger aus dem bisherigen Kampf hervorgegangen sind, versuchen, ihre Herrschaft und ihre Besitztümer und Privilegien zu sichern und zu verteidigen, etwa indem sie gezielt Zweckbündnisse mit starken Partnern schließen. **„Aneignung" zahlreicher Verfügungsrechte durch die Starken** ist gerade vor dem Hintergrund des pessimistischen Menschenbildes von *Hobbes* das wahrscheinlichere Modell.

Einen weiteren Bruch in der Argumentation kann man in der Rolle des Souveräns als Hüter des Allgemeinwohls sehen. Zwar ist er – nach *Hobbes* – durch Naturgesetze und durch Gottes Wille verpflichtet, für das Wohl des Volkes zu sorgen, alles Unrecht zu vermeiden, Gerechtigkeit und Barmherzigkeit walten zu lassen und gute Gesetze zu schaffen ([Leviathan] 283 ff.). Mit dem Menschenbild des Homo Oeconomicus ist aber besser vereinbar, dass er seine unumschränkte Herrschaft für seine Zwecke nutzt und Eigentum an seine Günstlinge verteilt und ihnen und sich selbst Privilegien verschafft.

Und auch die Gesetze, die er zum Wohle der Allgemeinheit schafft, müssen keineswegs dem Willen jedes Einzelnen entsprechen und pareto-optimal sein. Die Gesetze werden vielmehr in der Regel gegen die Interessen einiger Individuen verstoßen, um die Interessen anderer Individuen zu schützen. Nach *Hobbes* ist es z. B. notwendig, den Handel mit dem Ausland zu beschränken, damit die Händler nicht aus Gewinnsucht den Feind mit Waffen versorgen ([Leviathan] 212). Das ist im Interesse der Allgemeinheit, aber nicht im Interesse der Händler, die damit ihr Geld verdienen wollten. Sie werden gegenüber einem ungeregelten Zustand schlechter gestellt.

Was schließlich die weitere Umverteilung der Verfügungsrechte im Rahmen der Gesetze betrifft, so kann sie außer durch Verträge auf vielerlei Art und Weise geschehen. Eigentum kann verschenkt, vererbt, ersessen oder durch Heirat erlangt werden. Nach römischem Recht war es sogar legitim, Feinden Eigentum einfach wegzunehmen und es dann selbst mit allen entsprechenden Rechten zu behalten (vgl. *Behrends u. a.* [Corpus] 51). Bei keiner dieser Übertragungsformen ist sicher, dass die Umverteilung zu einer besseren, effizienteren Verfügungsrechtsstruktur führt.

Zumindest aber durch Verträge – so das Credo vieler Ökonomen – wird die Verteilung der Rechte immer verbessert, denn sonst würde es nicht zu einem Vertrag kommen. An zwei Beispielen soll diese Behauptung überprüft werden.

3.4.2 Beispiele für eine Effizienzsteigerung durch eine vertragliche Umverteilung von Rechten

Als **Paradebeispiel** einer Effizienzsteigerung durch Umverteilung von Rechten gilt die **Privatisierung von Gemeineigentum** (zum Folgenden vgl. *Richter/Furubotn* [Neue] 120 ff.). Einzelpersonen beobachten, dass gemeinsam genutzte Ressourcen (etwa ein Jagdgebiet, ein Stück Ackerland, ein Mineralvorkommen) durch Übernutzung und Unterinvestition gefährdet sind. Es ist dies das bereits beschriebene „Trauerspiel der Allmende" (vgl. 3.3.2.2). Sie versuchen daher, durch Verträge die vollen Verfügungsrechte über die Ressource zu erlangen und sie zu ihrem Privateigentum zu machen, um sie ökonomischer zu bewirtschaften und die daraus entstehenden Gewinne einzubehalten. Der mögliche Effizienzgewinn liegt in der Internalisierung externer Effekte. Externe Effekte ergeben sich daraus, dass bei Gemeineigentum die Kosten eigener Handlungen teilweise auf die anderen überwälzt werden können und der Nutzen geteilt werden muss. Der Privateigentümer trägt Kosten und Nutzen seiner Handlungen dagegen alleine und wird sich daher stärker als ein Miteigentümer um die beste Verwendung der Ressource und ihre langfristige Erhaltung kümmern.

Beispiel:
Der Privateigentümer eines Waldes wird für die Erhaltung des Bestandes an Wild in seinem Revier sorgen und den Wald immer wieder aufforsten.

Diese sehr optimistische Sicht auf die Effizienzgewinne durch Privatisierung ist nicht immer gerechtfertigt. Auch ein Privateigentümer kann an der langfristigen Erhaltung einer Ressource völlig desinteressiert sein, wenn die kurzfristige Ausbeutung genügend Gewinn verspricht. Ein Stück Tropenwald im Privateigentum eines Tropenholzhändlers wird vermutlich schlechter vor Kahlschlag geschützt sein als wenn es im staatlichen Eigentum wäre.

Außerdem werden zwar einige externe Effekte durch Privatisierung internalisiert, aber nicht alle.

Beispiel:
Der private Besitzer eines landwirtschaftlichen Betriebes wird sicher mehr als eine landwirtschaftliche Produktionsgenossenschaft darauf bedacht sein, das Land so ertragbringend wie möglich zu nutzen. Ob er dabei durch Pestizide das Grundwasser vergiftet, kann ihm aber ebenso egal sein, wie einem Mitglied der Genossenschaft.

Solange sich nicht alle externen Kosten internalisieren lassen, kann das Privateigentum den Druck auf die öffentlich zugänglichen Ressourcen sogar erhöhen, weil der Nutzen ungeteilt dem Privateigentümer zufließt.

Schließlich wird leicht übersehen, dass bei einer Privatisierung von Gemeineigentum die Mengenteilung der Verfügungsrechte häufig von einer Artenteilung der Verfügungsrechte abgelöst wird. Einerseits können durch Privatisierung Kontrollkosten eingespart werden, weil die Handlungen der Miteigentümer nicht mehr überwacht und reguliert werden müssen. Wenn der Privatbesitzer aber die Ressource nicht alleine bewirtschaften kann, entstehen neue Kontrollkosten etwa gegenüber den angestellten

Mitarbeitern. Beziehen die Mitarbeiter ein festes Gehalt, dann fallen die von ihnen erzeugten Kosten und Nutzen im Umgang mit der Ressource noch weniger auf sie selbst zurück, als es bei einem Miteigentümer der Fall wäre. Sie müssen daher eher stärker überwacht werden als die Miteigentümer, denen immerhin noch ein gewisses natürliches Eigeninteresse an einer guten Bewirtschaftung ihrer Ressourcen unterstellt werden kann. Um die Probleme mit der Motivation angestellter Mitarbeiter zu lösen wird daher auch empfohlen, sie zu Gesellschaftern zu machen, was wiederum auf Miteigentum hinausläuft.

So wie die Überführung von Gemeineigentum in Privateigentum durch Verträge wird von Ökonomen auch der **Tausch von Privateigentum durch Kaufvertrag** grundsätzlich als effizienzsteigernd angesehen. „Soweit Ressourcen entsprechend einem freiwilligen Austausch übertragen werden, können wir davon ausgehen, dass die Übertragung eine Nettosteigerung der Effizienz bewirkt. Die Übertragung wäre nicht zustande gekommen, wenn nicht beide Parteien erwartet hätten, dadurch besser gestellt zu werden" *(Posner* [Ökonomie] 87). Die Ressourcen wandern durch Kaufverträge immer zu demjenigen Individuum, für welches sie wertvoller sind. Der höhere Wert drückt sich allerdings einzig und allein in der Bereitschaft des Käufers aus, den verlangten Preis zu zahlen. Zahlungsbereitschaft und Zahlungsfähigkeit entscheiden letztlich darüber, was als eine effiziente Ressourcennutzung zu gelten hat. Ob die in diesem Sinne effiziente Ressourcenallokation „gut, gerecht oder sonstwie sozial oder ethisch wünschenswert ist", darüber gibt der ökonomische Effizienzbegriff keinerlei Auskunft *(Posner* [Ökonomie] 86).

> **Beispiel:**
> Der gewinnbringende Verkauf von Trinkwasser an den Betreiber einer Golfanlage in einem Dürregebiet ist ökonomisch effizienter als die Versorgung eines Slums mit dem Trinkwasser.

Nicht einmal die gesamtwirtschaftliche Effizienz der Ressourcenverwendung ist sicher, denn der Käufer kann möglicherweise nur deshalb die Ressource mit mehr Gewinn einsetzen als der Verkäufer, weil er zugleich mehr externe Kosten auf andere überwälzt. Nimmt man zudem die TAK zur Kenntnis, kann es sogar passieren, dass der Käufer sich durch den Kauf gar nicht besser steht, sondern dass er betrogen oder durch Spezifität zu einem ungünstigen Vertrag gezwungen wurde.

3.4.3 Löst eine Änderung der Verfügungsrechte alle Interaktionsprobleme?

Aufgrund ihrer sehr optimistischen Sicht des Wandels von Verfügungsrechten durch Verträge neigen Ökonomen leicht dazu, die im Rahmen einer freien Marktwirtschaft entstandene Verfügungsrechtsstruktur zugleich als die güteroptimale und wohlfahrtsmaximale Struktur anzusehen. Überspitzt formuliert lautet das Credo: Jede Verfügungsrechtsstrukur ist das Ergebnis von Verträgen. Verträge führen grundsätzlich zu pareto-optimalen Verteilungen, d. h. ausnahmslos alle stehen sich dadurch besser und keiner schlechter. Also leben wir in der besten aller Welten, wenn wir nur dem Markt freien Lauf lassen (kritisch dazu auch *Kirchgässner* [Homo] 165). Unterschlagen wird, dass

- ▸ die **„Anfangsausstattung"** der Individuen mit Ressourcen eher das Ergebnis von Zufällen und Kämpfen gewesen sein dürfte, als das Ergebnis eines allseitigen freiwilligen Vertrages.
- ▸ eine **Umverteilung** der Ressourcen nicht nur durch Vertrag möglich ist, sondern auch durch gewaltsame Wegnahme, durch willkürliche Begünstigung, durch Betrug, durch Erbschaft, durch Heirat usw. Es ist also nicht sicher, dass ein Wandel in der Verfügungsrechtsstruktur effizienzsteigernd ist.
- ▸ Verträge zwischen Beteiligten geschlossen werden, die nicht mit den Betroffenen identisch sein müssen. Das heißt es gibt zahlreiche **externe Kosten,** die nicht bei Vertragsschluss internalisiert werden.
- ▸ Verträge auch für die Beteiligten nicht immer optimal sein müssen, sobald es **Informations- und Machtungleichgewichte** zwischen ihnen gibt

Es ist sicher eine Überlegung wert, ob sich manche der Koordinations- und der Motivationsprobleme nicht an der Wurzel lösen lassen, indem man die Verfügungsrechtsstruktur ändert.

Beispiel:
Die radikalste Methode, einen Mitarbeiter zu motivieren, wäre es, das Unternehmen an ihn zu verkaufen.

Der Übergang von einer Vertragsart zu einer anderen ändert die entstehenden Koordinations- und Motivationsprobleme. Es macht einen Unterschied, ob jemand ein Stück Land als Arbeiter oder als Pächter bearbeitet und ob man eine Leistung von einem angestellten Mitarbeiter per Anweisung erbringen lässt oder ob man die Leistung am anonymen Markt kauft. Dass Kaufverträge/Werkverträge und Dienstverträge grundverschieden sind, sowohl was die entstehenden Probleme als auch deren Lösungsmöglichkeiten betrifft, thematisiert der TAK-Ansatz. Andererseits bleiben bei allen Vertragsarten auch Probleme bestehen. Diese Überlegung ist der Ausgangspunkt des Principal-Agent-Ansatzes. Er soll als nächstes vorgestellt werden.

Zusammenfassung

- Verfügungsrechte legen fest,
  wer eine Sache gebrauchen darf (usus),
  wer das Recht auf Erträge aus der Sache hat (usus fructus),
  wer eine Sache verändern darf (abusus),
  wer die Rechte an einer Sache auf andere übertragen darf,
  wer andere von der Nutzung der Sache ausschließen darf.
- Die Verteilung der Verfügungsrechte beeinflusst das Verhalten in systematischer und damit vorhersehbarer Weise. Aus bestimmten Verfügungsrechtskonstellationen sind bestimmte Probleme zu erwarten.
- Die Verfügungsrechte an einer Sache können im Privateigentum einer Person oder im Gemeineigentum mehrerer Personen sein. Gemeineigentum führt oft zu einer Übernutzung von und einer Unterinvestition in die gemeinsam genutzten Ressourcen. Besonders bedroht sind die sog. öffentlichen Güter, weil ihre Nutzung private Gewinne erzeugt und die Kosten der Nutzung sozialisiert werden können.
- Es ist wohlstandssteigernd, Verfügungsrechte zu teilen und zu tauschen. Das geschieht bspw. durch Miet- und Pachtverträge, Darlehensverträge, Werkverträge, Dienstverträge und Gesellschaftsverträge sowie Kaufverträge. Bei all diesen Vertragsarten sind bestimmte Probleme zu erwarten, die institutionell gelöst werden müssen.
- Bei der Nutzung von Verfügungsrechten kommt es regelmäßig zu externen Effekten, also zu (schädlichen oder nützlichen) Auswirkungen auf Menschen, die keine Vertragspartner sind.

Kapitel 4

Der Principal-Agent-Ansatz

4.1 Prinzipale und Agenten

„*Whenever one individual depends on the action of another, an agency relationship arises. The individual taking the action is called the agent. The affected party is the principal.*" *(Pratt/Zeckhauser [Principals] 2).*

Nach dieser sehr weiten Definition ist das gesamte Leben ein Geflecht zahlloser Agency-Beziehungen. Ein Baby ist abhängig von den Aktionen der Mutter und kann insofern als Prinzipal, die Mutter als Agent bezeichnet werden. Als Agent gilt die Mutter auch im Verhältnis zu ihrem Vermieter, zu ihrem Kreditgeber und ihrem Arbeitgeber. Die Mutter ihrerseits ist Prinzipalin der Kinderfrau, die sie mit der zeitweisen Beaufsichtigung ihres Kindes beauftragt, sie ist Prinzipalin gegenüber dem Kinderarzt, der die Vorsorgeuntersuchungen macht und gegenüber den Unternehmen, welche Kindernahrung produzieren, um nur Beispiele zu nennen.

Da die Abhängigkeit zwischen Individuen in den weitaus meisten Fällen reziprok ist, also jede Partei von Aktionen der jeweils anderen Partei betroffen sein kann, ist keineswegs eindeutig zu entscheiden, wer als Prinzipal und wer als Agent zu bezeichnen ist. Die Mutter ist ebenso betroffen vom Verhalten ihres Babys, ihres Vermieters, ihres Kreditgebers und ihres Arbeitgebers, wie diese von ihrem Verhalten betroffen sind. Sie könnte in all diesen Beziehungen auch als Prinzipalin angesehen werden.

Zunächst einmal wird also mit dem Begriff der Agency-Beziehung nichts anderes zum Ausdruck gebracht, als dass Menschen sich mit ihren Handlungen gegenseitig beeinflussen. Selbst die Schädigung eines anderen Verkehrsteilnehmers durch einen Fahrfehler begründet eine Agency-Beziehung, in welcher der Unfallverursacher als „Agent" angesehen werden kann (vgl. *Arrow* [Agency] 39). Die Menschen müssen wegen dieser Einflüsse des Handelns anderer auf ihr Leben an deren Handlungen interessiert sein. Die wechselseitige Betroffenheit von den Aktionen des jeweils anderen ist, wie bereits dargelegt wurde, in einer arbeitsteiligen Wirtschaft mit der Teilung und dem Tausch von Verfügungsrechten besonders virulent. Sämtliche Vertragsprobleme, die im Rahmen des Verfügungsrechtsansatzes angesprochen wurden, können auch als Agency-Probleme angesehen werden, weil in allen beschriebenen Vertragsverhältnissen Individuen von den Handlungen anderer Individuen betroffen sind.

Obwohl grundsätzlich bei allen Arten der Teilung von Verfügungsrechten Probleme entstehen, interessiert sich der Principal-Agent-Ansatz (PA-Ansatz) besonders für die Artenteilung der Verfügungsrechte und die Probleme aus vertraglichen Schuldverhältnissen. Aus der Menge der vertraglichen Schuldverhältnisse stehen wiederum zwei Arten von Verträgen im Vordergrund: der Werkvertrag und der Dienstvertrag. Die übliche Übersetzung des Begriffes „principal" mit „Auftraggeber" und des Begriffes „agent" mit „Auftragnehmer" (vgl. *Richter/Furubotn* [Neue] 163) passt am besten zu diesen beiden Vertragsarten. Ein Prinzipal ist nach dieser engeren Abgrenzung (enger gegenüber der obigen Definition) also jemand, der einen anderen damit beauftragt, bestimmte Dienstleistungen zu erbringen, eine Sache herzustellen oder zu verändern oder einen bestimmten Erfolg herbeizuführen.

Die **Agency-Beziehung** ist zu definieren „... as a contract under which one or more persons (the principal(s)) engage another person (the agent) to perform some service on their behalf which involves delegating some decision making authority to the agent." (*Jensen/Meckling* [Theory] 308).

Beispiele:
Prinzipale sind die Aktionäre gegenüber dem Management, die Manager gegenüber ihren Untergebenen oder auch gegenüber externen Unternehmensberatern, die Kunden gegenüber einem Handwerker, der Handwerksmeister gegenüber seinem Gesellen usw. Als Agent wird jemand bezeichnet, der im Auftrag von jemand anders, sozusagen stellvertretend für ihn, eine bestimmte Aufgabe erfüllen soll. Der Manager ist Agent für den Eigentümer der Unternehmung, der Rechtsanwalt ist Agent für den Klienten, der Handwerker ist Agent für den Kunden usw.

Der PA-Ansatz beschäftigt sich neben den Dienst- und Werkverträgen, welche den Kern bilden, auch mit Darlehensverträgen, Versicherungsverträgen und Kaufverträgen. Bei diesen Verträgen sind der Gläubiger, die Versicherungsgesellschaft und der Kunde jeweils die Prinzipale, der Schuldner, der Versicherte und der Verkäufer die Agenten. Dienst- und Werkverträge sind aber für die Institutionenökonomik besonders interessant, weil Leistung und Gegenleistung bei ihnen typischerweise zeitlich auseinanderfallen und weil die Leistungen häufig besonders schwer messbar sind.

Dass wir andere beauftragen müssen, etwas für uns zu tun, ist die natürliche Folge der Arbeitsteilung und Spezialisierung. Während die Spezialisierung i. A. von Ökonomen positiv bewertet wird, weil sie zu großen Effizienzgewinnen führt, wird vom PA-Ansatz die Problematik der Arbeitsteilung betont. „Wenn man eine Aufgabe gewissenhaft erfüllt haben will, dann sollte man sie selbst erledigen" ist das Credo der Agencytheorie *(Sappington* [Incentives] 45). Betont werden die Probleme der Agency-Beziehung.

Prinzipal	Agent	Problem
Aktionär	Manager	Geschäftsleitung im Sinne der Aktionäre
Käufer	Verkäufer	Faire Gegenleistung für den Kaufpreis
Arbeitgeber	Arbeitnehmer	Faire Gegenleistung für den Lohn
Vermieter	Mieter	Sorgfältiger Umgang mit der Mietsache, Mietzahlung
Versicherer	Versicherter	Offenlegung von Versicherungsrisiken

Abb. 7: Beispiele für Principal-Agent-Beziehungen

4.2 Problematik von Agency-Beziehungen

4.2.1 Ursachen der Probleme

Für die Agency-Beziehung sind die folgenden **Prämissen** charakteristisch:

- ▸ Der Agent kann mit seinen Handlungen und Entscheidungen auf das Wohlergehen des Prinzipals spürbar positiv oder negativ einwirken **(externe Effekte)**.
- ▸ Prinzipal und Agent verhalten sich als rationale **Nutzenmaximierer**, entsprechen also dem Menschenbild des Homo Oeconomicus.
- ▸ Prinzipal und Agent haben jeweils **unterschiedliche Nutzenvorstellungen**, die aus ihren unterschiedlichen Verfügungsrechtspositionen erklärbar sind.
- ▸ Zwischen Prinzipal und Agent herrscht **Informationsasymmetrie**. Der Agent hat einen Informationsvorsprung vor dem Prinzipal. Er

kann seine Fähigkeiten, seine Anstrengung, seine Kenntnisse, seine Absichten und Motive besser beurteilen als der Prinzipal. Der Prinzipal kann die Aktionen und Informationen des Agenten weder perfekt noch kostenlos beobachten und beurteilen. Das verschafft dem Agenten Handlungs- und Entscheidungsspielräume.

Unter diesen Voraussetzungen ist für den Prinzipal die Gefahr groß, dass der Agent seinen persönlichen Nutzen maximiert und damit zugleich nicht mehr im besten Interesse des Prinzipals handelt.

Beispiel:
Der typische Arbeitnehmer kann über die von ihm hergestellten Produkte nicht selbst verfügen und hat daher von seinem Fleiß einen geringeren Nutzen als der Arbeitgeber, der die Produkte gewinnbringend verkaufen darf. Das Ziel des Arbeitnehmers ist daher die Minimierung seiner Anstrengung bei gegebenem Lohn (Arbeitsleid-Hypothese). Ziel des Arbeitgebers ist dagegen die Maximierung der Anstrengung seines Mitarbeiters. Ob der Arbeitnehmer das Bestmögliche leistet, kann der Arbeitgeber meistens nicht zweifelsfrei feststellen. Dem Mitarbeiter bleiben Spielräume, dem Arbeitgeber zu schaden.

Die durch solche Konstellationen entstehenden Probleme werden oft in vier Typen unterteilt:

- hidden characteristics
- hidden action
- hidden information
- hidden intention.

Die Problemtypen sollen nun im Einzelnen erläutert werden.

Problemtyp	Entstehungszeitpunkt	Problem
Hidden characteristics	Vor Vertragsschluss	Adverse Selection
Hidden action	Nach Vertragsschluss	Shirking, consumption on the job
Hidden information	Nach Vertragsschluss	Eigennützige Entscheidungen
Hidden intention	Vor/nach Vertragsschluss	Adverse Selection/Hold Up

Abb. 8: Überblick über typische Agencyprobleme

4.2.2 Hidden characteristics

Bevor man einen Vertrag mit einem Agenten abschließt, möchte man die Eigenschaften des Agenten und/oder der von ihm angebotenen Leistung kennen, kann dies aber ex ante sehr häufig nicht genau in Erfahrung bringen. Die Eigenschaften (characteristics) bleiben mehr oder weniger verborgen (hidden) und es entsteht die Gefahr der Auswahl schlechter Vertragspartner (**adverse selection**). Neben der Informationsasymmetrie spielen Zieldivergenzen insofern eine Rolle, als jeder Agent sich möglichst gut verkaufen will und deshalb versuchen wird, seine Eigenschaften in einem vorteilhaften Licht erscheinen zu lassen und Fehler und Schwächen zu verheimlichen.

Beispiele:
Bei der Einstellung eines neuen Mitarbeiters verschweigt dieser, dass er wegen schlechter Leistung aus seiner letzten Stelle entlassen wurde. Jemand, der ein Darlehen will, stellt seine finanzielle Situation besser dar, als es den Tatsachen entspricht. Ein Händler kauft gute Bewertungen im Internet.

Die Auswahl des Vertragspartners, die Selektion, kann sowohl vom Prinzipal als auch vom Agenten ausgehen. Der Prinzipal „Arbeitgeber" wählt z. B. einen neuen Mitarbeiter aus. Bei einem Versicherungsvertrag wählt dagegen typischerweise der Agent (der Versicherte) den Vertragspartner aus. Dabei kann es geschehen, dass aus der Sicht der Versicherung eine schlechte Auswahl (adverse selection) stattfindet, weil sich gerade die Agenten für eine Versicherung interessieren, die ihr eigenes Risiko in Bezug auf den Versicherungsfall besonders hoch einschätzen. Ein typisches Agency-Problem ergibt sich daraus allerdings nur, wenn der Agent die Versicherung über sein Risiko täuschen kann. Er verheimlicht z. B. beim Abschluss einer Lebensversicherung eine schwere Krankheit oder beim Abschluss einer Autokaskoversicherung seine besonders riskante Fahrweise. Dass sich ansonsten nur solche Kunden für eine Versicherung interessieren, die auch ein gewisses Risiko im Hinblick auf den Versicherungsfall aufweisen, ist völlig normal und legitim.

Beispiele:
Ein Mann wird sich nicht gegen die Kosten und Risiken einer Geburt versichern und einem Deichbewohner wird man schwerlich eine Versicherung gegen Lawinen und Steinschlag aufschwatzen können.

Informationsasymmetrie spielt in diesen Fällen nicht die entscheidende Rolle. Man kann z. B. einer Frau zwar nicht unmittelbar ansehen, ob sie sofort nach Abschluss einer Schwangerschafts- und Geburtsversicherung schwanger werden will. Dass nur Frauen im gebärfähigen Alter und mit Kinderwunsch eine solche Versicherung abschließen werden, ist aber vollkommen klar. Das Problem entsteht im Grunde nicht aus hidden characteristics, sondern aus einem falschen Produkt. Für dieses Produkt interessieren sich nur Kunden, die auch ein relativ hohes „Risiko" haben, dass der Versicherungsfall eintritt. In den USA, wo es eine Versicherung gegen die Kosten von Schwangerschaft und Geburt eine Zeit lang gab, wurde der Vertrieb aufgrund der Probleme mit der „falschen Auswahl" eingestellt (vgl. *Milgrom/Roberts* [Economics] 149).

4.2.3 Hidden action

Das hidden action-Problem tritt nach Vertragsabschluss im Verlaufe der PA-Beziehung auf. Der Prinzipal kann die Aktivitäten des Agenten nicht lückenlos beobachten, zumindest wäre das in den meisten Fällen mit prohibitivem Aufwand verbunden. Wenn der Prinzipal auch nicht ohne weiteres vom Ergebnis auf das Anstrengungsniveau des Agenten schließen kann, etwa weil das Ergebnis schwer messbar ist oder weil es auch von exogenen Faktoren beeinflusst wird (Umweltentwicklungen oder Leistungen anderer Agenten bei Teamproduktion), dann kann der Agent die entstehende Informationsasymmetrie ausnutzen.

Beispiel:
Unter der Voraussetzung der Arbeitsleid-Hypothese ist zu erwarten, dass sich der Agent als Arbeitnehmer vor der Arbeit drückt, zusätzliche Pausen einlegt, bewusst langsam arbeitet, die wahren Leistungsmöglichkeiten verschleiert usw. Diese „Drückebergerei", in der Agencytheorie als **„shirking"** bezeichnet, galt schon Anfang des 20. Jahrhunderts *F. W. Taylor* als zentrales Problem der Arbeitsbeziehung (vgl. *Taylor* [Grundsätze] 12, 18).

Unter das hidden action-Problem fällt auch die Benutzung der Ressourcen des Auftraggebers für private Zwecke des Agenten. Ein solches als **„consumption on the job"** bezeichnetes Verhalten kann in der privaten Nutzung des Internets bestehen, in privaten Fahrten mit dem Dienstwagen, Abzweigen von Material für den Bau des Eigenheims und Ähnlichem.

4.2.4 Hidden information

Der Begriff „hidden information-Problem" erscheint etwas irreführend, weil letztlich alle Agencyprobleme daraus erwachsen, dass der Prinzipal nicht alle Informationen (kostenlos und komplett) bekommen kann. Die Agencytheorie benennt so aber nur eine spezifische Problematik. Hidden information-Probleme treten ebenfalls nach Vertragsschluss auf, wenn der Prinzipal die Aktivitäten des Agenten zwar beobachten, aber nicht beurteilen kann.

> **Beispiele:**
> Ein Kunde in einer Autowerkstatt kann beobachten, wie die Kupplung an seinem Auto ausgetauscht wird, aber er kann u. U. nicht wissen, ob dies überhaupt nötig war. Eine Patientin kann sehen, dass ihr eine Spritze gesetzt wird. Sie kann aber in der Regel nicht beurteilen, ob diese Behandlung sinnvoll ist.

In allen Fällen, in welchen die Informationsasymmetrie aufgrund der Spezialkenntnisse des Agenten besonders groß ist, dürfte dieses Problem regelmäßig auftauchen. Der Agent kann dann die Handlung wählen, die ihm selbst den größten Nutzen bringt. So können die Aktionäre oft nicht beurteilen, ob sich die Manager für die im Sinne der Eigenkapitalgeber beste Investitionsalternative entscheiden, oder ob eigennützige Aspekte (Machtzuwachs, Statusgewinn oder andere **„fringe benefits"**) ausschlaggebend waren. Den Aktionären fehlen die Informationen, die der Agent besitzt. In Planwirtschaften tritt regelmäßig das Problem auf, dass die Agenten die wahren Möglichkeiten der Produktivität gegenüber den Planungsbehörden verschleiern. Die Beobachtung der Planerfüllung sagt dann im Grunde wenig über die Anstrengungen des Agenten aus.

4.2.5 Hidden intention

Die drei vorgenannten Problemtypen sind die wichtigsten in der Agency-theorie. Manchmal wird als weiteres Agencyproblem noch die Situation der „hidden intention" genannt (vgl. *Breid* [Aussagefähigkeit] 824 f.). Es geht zum einen darum, dass dem Prinzipal ex ante, also vor Vertragsabschluss, die Absichten des Agenten verborgen bleiben, etwa wie kulant, fair und ehrlich sich dieser verhalten würde, wenn es zu Interessenkonflikten käme. Man könnte diese Verhaltensmerkmale (Fairness, Ehrlichkeit, Kulanz...) aber durchaus zu den Eigenschaften des Agenten zählen und das Problem der hidden intention unter das Problem der hidden characteristics subsumieren. Ex post, also nach Vertragsschluss, kann allerdings ein neues Problem entstehen, welches als **„Hold up"** (Raubüberfall) bezeichnet wird. Beim Hold up nutzt der Agent die Abhängigkeit des Prinzipals aus, die sich aus einer Faktorspezifität ergeben kann. Auch ohne Informationsasymmetrie kann der Agent den Prinzipal ausbeuten, und zwar immer dann, wenn der Prinzipal nicht auf andere Vertragspartner ausweichen kann und dem Agenten sozusagen auf Gedeih und Verderb ausgeliefert ist.

Beispiel:
Es gibt nur einen Lieferanten, der ein bestimmtes wichtiges Antibioti-kum herstellt. Der Lieferant nutzt diese Position, um höhere Preise durchzusetzen.

Dieses Spezifitätsproblem spielt im TAK-Ansatz eine große Rolle, hat aber im PA-Ansatz keine große Beachtung gefunden. Ein typisches Agencyproblem ist nur darin zu sehen, dass man vor Vertragsschluss natürlich gerne wissen möchte, ob man einen solchen Raubüberfall von dem Vertragspartner ex post befürchten müsste, wie also seine Absichten (intentions) in dieser Hinsicht sind.

Traditionell werden die Probleme aus hidden action und hidden informa-tion-Situationen als **„moral hazard"** (moralisches Risiko) bezeichnet (vgl. *Arrow* [Agency] 38). Im Grunde könnte man diesen Begriff aber auf alle Agencyprobleme ausdehnen, denn ob nun ein Bewerber um einen Arbeits-vertrag seine Eigenschaften bewusst falsch darstellt, ein Arbeitnehmer sich vor der Arbeit drückt oder Unternehmensressourcen unerlaubt privat nutzt, Manager die Möglichkeiten zur Produktivitätssteigerung verschleiern oder Agenten die Abhängigkeit ihres Prinzipals zum Raubüberfall ausnutzen, in allen diesen Fällen spielt die Moral der Handelnden eine wichtige Rolle. Lediglich für bestimmte Probleme der adverse selection ist die Moral der Agenten gleichgültig, nämlich in den Fällen in denen sie sich ohne Täuschung des Prinzipals einfach für die Art von Versicherung interessieren, die ihnen nutzt. Wenn die Agenten ihren Informationsvorsprung bzw. ihre aus der Spezifität erwachsende Macht nicht opportunistisch ausnutzen würden, würden auch die typischen Agencyprobleme nicht entstehen. Eigentlich liegt es von daher nahe, zur Lösung von Agencyproblemen „die Moral zu heben". Als Ansatzpunkt für eine Lösung der Agencyproblematik spielt diese Überlegung überraschenderweise bisher nur eine geringe Rolle.

4.3 Problemsicht des Prinzipals

Die Agencytheorie nimmt die Position des Prinzipals ein und fragt, wie dieser den Homo oeconomicus „Agent" so auswählen und disziplinieren und motivieren kann, dass dieser die Interessen des Prinzipals bestmöglich verfolgt. „Der Prinzipal hat die alleinige Vertragsgewalt, der Agent antwortet lediglich" *(Spremann* [Reduktion] 343). Während die Beeinflussungsmöglichkeiten und Risiken in vielen Agency-Beziehungen reziprok sind, ergreift man damit Partei für die Interessen eines Vertragspartners. Das ist natürlich legitim, sollte aber als Entscheidung im Bewusstsein bleiben.

Beispiel:
Im Verhältnis von Arbeitgeber und Arbeitnehmer werden regelmäßig die Arbeitgeber als Prinzipale angesehen, die die Arbeitnehmer von schädlichem Verhalten abhalten müssen. Genausogut könnte aber der Arbeitnehmer als Eigner und Investor von spezifischem Humankapital angesehen werden, der ein Recht hat, die Eigner des Sachkapitals zu überwachen, damit diese nicht gegen seine Interessen verstoßen (vgl. *Richter/Furubotn* [Neue] 429 ff.). Mit der Gefahr des Opportunismus des Arbeitgebers könnte bspw. eine Mitbestimmung der Arbeitnehmer im Aufsichtsrat begründet werden. Wer als Prinzipal und wer als Agent anzusehen ist, ist häufig eine Entscheidung, die auch anders ausfallen könnte.

Weiterhin unterstellt man, dass der Prinzipal die Institutionen schaffen (insbesondere die Verträge schließen) kann, die ihm vorteilhaft erscheinen.

In der Realität kann es auch der Agent sein, der die Austauschbedingungen diktiert (so bei vielen Anwalt-Klienten-Verhältnissen) oder zumindest mitbestimmt (so bei vielen Arbeitsverträgen) (vgl. *Pratt/Zeckhauser* [Principals] 17). Der Prinzipal hat außerdem zahlreiche, im Vorfeld bereits festliegende institutionelle Regelungen zu beachten (vor allem die Gesetze) und ist daher in seinem Alternativenraum stark eingeschränkt.

Schließlich geht man meist von der Annahme aus, dass eine Effizienzsteigerung der Austauschbeziehung ausschließlich im Interesse des Prinzipals sei. Das ist aber keineswegs immer der Fall. Auch Agenten können ein Interesse daran haben, die Informationsasymmetrie aufzuheben (vgl. *Pratt/ Zeckhauser* [Principals] 17 f.).

Beispiele:
Besonders gesunde und gesund lebende Kunden einer Lebensversicherung können daran interessiert sein, bessere Versicherungsbedingungen eingeräumt zu bekommen. Hersteller guter Produkte möchten, dass die Kunden die Qualitätsunterschiede erkennen, damit sie bereit sind, für die bessere Qualität auch mehr zu bezahlen. Gut ausgebildete und fleißige Arbeitnehmer möchten von ihren unfähigen und faulen Kollegen unterschieden und entsprechend besser bezahlt werden. Kreditwürdige Kunden könnten auf bessere Konditionen hoffen.

Es kann also durchaus sein, dass eine bestimmte Gruppe von Agenten sich eher in einem Interessengegensatz zu einer anderen Gruppe von Agenten befindet als zum Prinzipal und dass auch ihnen mit einer höheren Transparenz der Austauschbeziehung gedient wäre.

4.4 Einfache und komplexe Agencyprobleme

4.4.1 Einfache Probleme

Insbesondere der sog. „normative", mathematische Zweig der Agencytheorie geht von Modellbedingungen aus, die das Agencyproblem extrem vereinfachen, um es so „handhabbar" zu machen. Betrachtet wird eine einstufige, bilaterale Beziehung zwischen einem Prinzipal und einem Agenten. Der Agent soll eine bestimmte Leistung erbringen. Es wird zwischen Prinzipal und Agent ein einzelner isolierter Vertrag abgeschlossen und nur die zum Zeitpunkt des Vertragsschlusses vorliegenden Informationen spielen eine Rolle. Sowohl Agent als auch Prinzipal verfügen über eine starke Kapazität für rationale Entscheidungen und einen sehr guten Informationsstand (vgl. *Müller* [Agency-Theorie]). Der Agent ist ausschließlich an finanziellen Belohnungen interessiert. (Diese Basisannahmen des Agencyansatzes beschreibt bspw. *Laux* [Anreiz] 7 ff.). Der Prinzipal sieht zum Zeitpunkt des Vertragsabschlusses alle kommenden Probleme voraus. Er kennt die Arbeitsleidfunktion des Arbeitnehmers (also welche Anstrengung welchen Nutzenverlust bedeutet), er kennt auch weitere Nutzenfunktionen des Agenten (etwa den Nutzen aus Status, Macht), er kennt die Einstellung des Agenten zum Risiko und den Mindestnutzen, der ihn zur Kooperation bewegt, er weiß ebenfalls, wie sich die Anstrengung des Agenten auf das gewünschte Ergebnis auswirkt, das Ergebnis selbst kann beobachtet werden (nur nicht das Aktivitätsniveau des Agenten), Prinzipal und Agent kennen a priori den eintretenden Umweltzustand oder können zumindest eine Wahrscheinlichkeitsverteilung dafür angeben (vgl. *Laux* [Anreiz] 42 f.).

Prinzipal und Agent maximieren jeweils unter den Vertragsbedingungen den Erwartungswert ihres Nutzens. Der Prinzipal gestaltet den Vertrag so, dass der Agent genau dann den höchsten Nutzen erzielt, wenn er im Interesse des Prinzipals handelt. Alle Beteiligten gehen souverän mit Entscheidungsmatrizen, Wahrscheinlichkeiten, Risikoäquivalenten, Indifferenzkurven usw. um und schließen optimale und komplette Verträge. Auch Kontrollen des Agenten können vorab vertraglich vereinbart und mit Berechnungen über die Kontrollkosten, den Einfluss der Kontrolle auf das Aktivitätsniveau, Wahrscheinlichkeit der Kontrolle und weiterer Größen optimiert werden (vgl. *Laux* [Anreiz] 97 ff.). Im Zeitpunkt des Vertragsabschlusses werden alle zukünftigen Probleme der Kooperation gelöst.

4.4.2 Komplexe Probleme

In der Realität sind die Agency-Beziehungen nicht so einfach. Vielmehr wird die Problematik durch unterschiedliche Merkmale deutlich komplexer.

Merkmal	Beispiel	Problematik/Vorteile
Mehrere Agenten	Ein Arbeitgeber, hat mehrere Arbeitnehmer.	Trittbrettfahren bei Teamproduktion; Absprachen zur Leistungszurückhaltung; Vergleich von Agentenleistungen
Mehrstufige Beziehungen	Ein mittlerer Manager ist Prinzipal und Agent gleichzeitig.	Koalitionen und Seitenverträge
Mehrere Prinzipale	Ein Mitarbeiter hat mehrere Chefs verschiedener Hierarchiestufen.	Loyalitätskonflikte
Mehrere Aufgaben	Ein Manager soll mehrere Ziele gleichzeitig verfolgen.	Vernachlässigung einzelner Ziele bei Zielkonflikten
Mehrperiodige Beziehungen	Längere Zusammenarbeit mit einem bestimmten Lieferanten.	Informationsasymmetrie sinkt; Aufbau von Reputation ist möglich
Beschränkte Rationalität	Ein Arbeitsvertrag kann nicht exakt festlegen, was über die ganze Vertragsdauer vom Mitarbeiter im Detail gemacht werden soll.	Unvollständige Verträge; Durchsetzung von Verträgen ist schwierig

Abb. 9: Komplexe Agencybeziehungen

4.4.2.1 Mehrere Agenten

Sehr häufig steht ein Prinzipal nicht einem, sondern mehreren Agenten gleichzeitig gegenüber. Für den Prinzipal „Arbeitgeber" ist das der Normalfall. Das Agencyproblem kann dadurch auf der einen Seite entschärft werden. Wenn mehrere Agenten homogene Aufgaben zu erledigen haben, dann kann der Vergleich der Agentenleistungen die Informationsasymmetrie senken. Einflüsse auf die Leistung aus zufälligen Umweltgrößen können neutralisiert werden, weil alle Agenten diesen Einflüssen in gleicher Weise ausgesetzt waren. Leistungsunterschiede signalisieren also ausschließlich Unterschiede im Anstrengungsniveau.

Beispiel:
Die Note 3,0 eines Schülers signalisiert eher eine besondere Anstrengung, wenn der Notendurchschnitt bei 4,0 liegt, als wenn er bei 2,0 liegt. Umwelteinflüsse, wie der Schwierigkeitsgrad der Arbeit, treffen ja alle Schüler gleichermaßen.

In der Unternehmenspraxis schlägt sich diese Überlegung in einer Entlohnung nach dem „Rang" der erbrachten Leistung im Vergleich mit anderen nieder (**Rank Order Tournament;** vgl. *Lazear/Rosen* [Rank]).

Auf der anderen Seite kann die Multi-Agenten-Situation aber auch neue Probleme schaffen. Wenn die Agenten gemeinsam eine Leistung erbringen, die nicht mehr ohne weiteres in die Einzelleistungen zerlegt werden kann (sog. **Teamproduktion;** vgl. *Alchian/Demsetz* [Production] 779), dann entstehen Anreize für den einzelnen Agenten, seine Leistung zurückzuhalten, da er die externen Effekte seiner Faulheit auch auf die anderen Agenten abwälzen kann. Die Schwierigkeit, die Leistung des Einzelnen aus der Gruppenleistung zu isolieren, erhöht aus Sicht des Prinzipals das Informationsproblem in ganz ähnlicher Weise wie die Existenz von zufälligen Umwelteinflüssen.

Ein weiteres Problem ergibt sich aus der Möglichkeit von **Absprachen** unter den Agenten. Indem sie sich auf eine gemeinsame Leistungszurückhaltung einigen, können sie für den Prinzipal die Informationen aus dem Leistungsvergleich wertlos machen. Wenn das Leistungsniveau insgesamt sinkt, ohne dass sich an der Rangfolge der Agenten etwas ändert, würden bei einem Rank-Order-Tournament alle Agenten genauso viel wie zuvor verdienen und sie hätten einen zusätzlichen Nutzen aus dem geringeren Anstrengungsniveau.

> **Beispiel:**
> Arbeiter in einer Fabrik verständigen sich darauf, Möglichkeiten der Leistungssteigerung zu verschweigen, um eine Erhöhung des Akkords zu vermeiden.

4.4.2.2 Mehrstufige Beziehungen

Vor allem in größeren Unternehmen existiert normalerweise eine mehrstufige Hierarchie, was bedeutet, dass auch die Principal-Agent-Beziehungen mehrstufig sind. Der mittlere Manager ist Agent gegenüber den Topmanagern und Prinzipal gegenüber den unteren Managern. Die Topmanager ihrerseits sind Agenten der Eigentümer, z. B. der Aktionäre. Ein Prinzipal, wie etwa der Eigentümer einer Unternehmung, hat es sozusagen mit Agenten verschiedener Ordnung zu tun. Teilweise kann er nur indirekt, über andere Agenten, auf Agenten Einfluss nehmen.

Diese mehrstufigen Beziehungen komplizieren die Situation vor allem deshalb, weil es zu **Koalitionen** zwischen den Vertretern verschiedener Stufen kommen kann.

Beispiele:
Ein unterer Manager könnte seine Mitarbeiter schützen, indem er ihre mangelhafte Leistung (fälschlich) mit ungünstigen Umweltzuständen entschuldigt. Wenn er selbst für die Leistung seiner Untergebenen vom mittleren Manager verantwortlich gemacht wird, ist der Anreiz so zu handeln groß. Es ist aber auch denkbar, dass sich Manager verschiedener Stufen gemeinsam gegen die Mitarbeiter verbünden, und eine Fehlentscheidung bemänteln, indem sie mangelnde Erfolge auf die Verweigerungshaltung der Mitarbeiter abschieben.

In einer mehrstufigen Hierarchie gibt es viele Möglichkeiten, informale **„Seitenverträge"** zu schließen und sich gegenseitig monetäre und vor allem nicht-monetäre Transfers zu verschaffen (vgl. *Tirole* [Hierarchies]).

Mit Begriffen wie „Cliquenwirtschaft" oder „Seilschaften" werden solche informalen Beziehungen in der Organisation als negativ gebrandmarkt. Es sollte aber nicht übersehen werden, dass sich implizite Verträge durchaus auch positiv auf die Principal-Agent-Beziehung auswirken können. Ein Vertrauensverhältnis zwischen Mitarbeitern und Vorgesetzten ist auch eine Form des impliziten Vertrages, durch welchen die Agencykosten gesenkt werden können. Nicht-monetäre Transfers sind in einem solchen Verhältnis etwa die Anerkennung des Prinzipals (als „Lohn" für den Agenten) und die Loyalität des Agenten (als „Lohn" für den Prinzipal). Ein gutes Verhältnis der Manager zu ihren Mitarbeitern kann auch das Wohl des Prinzipals entscheidend fördern.

4.4.2.3 Mehrere Prinzipale

In einer mehrstufigen Hierarchie hat nicht nur der Prinzipal mehrere Agenten verschiedener Ordnung, aus der Sicht der Agenten haben diese auch mehrere Prinzipale. Der Mitarbeiter in einem Unternehmen hat oft nicht nur einen Chef, sondern auch noch einen Chef-Chef bei seinen Entscheidungen zu berücksichtigen. Eine Analyse der heimlichen Spielregeln in Unternehmen hat gezeigt, dass es für die Mitarbeiter in einem Unternehmen oft besonders lohnend erscheint, den Chef des Chefs zufrieden zu stellen (vgl. *Scott-Morgan* [Spielregeln] 249, 252). Daraus können Konflikte erwachsen, wenn der direkte Vorgesetzte befürchten muss, dass der Agent ihn übergeht und möglicherweise zusammen mit seinem Chef an seinem Stuhl sägt. Zu **Loyalitätskonflikten** kann es auch immer dann kommen, wenn vom Agenten erwartet wird, dass er mehreren Herren dient und den unterschiedlichen Anforderungen verschiedener Bereichsleiter gleichzeitig gerecht werden soll. In einer Matrixorganisation sind solche Konflikte strukturell vorgegeben. Aber nicht nur bei Dienstverträgen können mehrere Prinzipale die Agencyproblematik verkomplizieren. Jeder Handwerker, der mehrere Aufträge gleichzeitig bearbeitet, steht vor dem Problem, den divergierenden Interessen der verschiedenen Auftraggeber gerecht werden zu müssen, etwa wenn er die Reihenfolge der Auftragsbearbeitung festlegt.

4.4.2.4 Mehrere Aufgaben

Agenten müssen ihre Zeit und Kompetenz nicht nur zwischen verschiedenen Prinzipalen, sondern noch häufiger zwischen unterschiedlichen Aufgaben aufteilen. Dieses Multitask-Problem (vgl. *Holmstrom/Milgrom* [Multitask]) tritt unabhängig von der Zahl der Prinzipale auf.

> **Beispiel:**
> Eine Managerin soll Kosten einsparen, den Umsatz erhöhen, die Kunden zufrieden stellen, das langfristige Erfolgspotenzial des Unternehmens sichern, zu den Mitarbeitern ein vertrauensvolles Verhältnis aufbauen. Die Ziele sind teilweise konfliktär. Kosteneinsparungen beim Material führen zu mehr Unzufriedenheit beim Kunden. Entlassungen sparen Lohnkosten, untergraben aber das Vertrauensverhältnis zu den Mitarbeitern.

Für den Prinzipal ergibt sich daraus die Schwierigkeit, den Agenten zur „richtigen" Verteilung seiner Anstrengungen zu animieren. Dabei erweist es sich oft als fatal, wenn monetäre Anreize für den Agenten sich nur auf die Erreichung eines einzigen Zieles als Bemessungsgrundlage stützen. Dieses Ziel wird dann besonders intensiv verfolgt, unter **Vernachlässigung der anderen Ziele.** Das ist besonders ungünstig, wenn die Ziele konfliktär sind. In dem Bestreben, die Agencyproblematik durch Anreizsysteme zu lösen, kann der Prinzipal in solchen Fällen erst recht Probleme hervorrufen.

4.4.2.5 Mehrperiodige Beziehungen

Durch die explizite Einbeziehung des Zeitfaktors in die Principal-Agent-Beziehung wird die Agencyproblematik entschärft. Einbeziehung des Zeitfaktors kann Verschiedenes bedeuten. Zunächst kann damit eine (unendliche) Wiederholung von Verträgen gemeint sein. Der Agent, der an einem erneuten Vertragsabschluss mit dem Prinzipal interessiert ist, wird sich im eigenen Interesse nicht opportunistisch verhalten, wenn dies die weiteren Vertragsabschlüsse gefährdet. Er gewinnt durch die Erfüllung der Interessen des Prinzipals eine **Reputation**, die ihm nicht nur bei erneuten Abschlüssen mit dem gleichen Prinzipal nutzt, sondern auch bei Vertragsabschlüssen mit neuen Prinzipalen, die sich über die Reputation informieren können.

Der Vorteil der Reputation zeigt sich im übrigen nicht nur bei der Wiederholung von Vertragsabschlüssen. Auch innerhalb der Laufzeit eines einzelnen, langfristigen Vertrages kann sich der Agent Vorteile durch nicht opportunistisches Verhalten verschaffen. Immer dann, wenn er befürchten muss, eine gute Geschäftsbeziehung/Arbeitsstelle durch die Aufdeckung seines Opportunismus zu verlieren, wird er Kosten und Nutzen eines opportunistischen Verhaltens abschätzen. Kann er als Arbeitnehmer potenziell noch lange Jahre bei seinem Arbeitgeber gut verdienen und sogar noch aufsteigen, wird er das Risiko des Arbeitsplatzverlustes kaum eingehen (vgl. *Milgrom/Roberts* [Economics] 251). Die Langfristigkeit eines Vertrages bzw. die Häufigkeit der Wiederholung gehen in das Kalkül des Agenten ein und führen zu einer stärkeren Harmonisierung der Ziele von Prinzipal und Agent.

Ein weiterer Effekt ist die Abnahme der Informationsasymmetrie. Der Prinzipal kann die bisherigen Erfahrungen mit dem Agenten (aus den unterschiedlichen Verträgen oder aus den vergangenen Perioden des einen Vertrages) dazu benutzen, sich ein besseres Bild von Leistungsfähigkeit und Leistungswillen des Agenten zu machen. Ähnlich wie beim Vergleich des Agenten mit anderen Agenten kann auch der Leistungsvergleich über die Zeit die Zufallsvariable der Umweltentwicklung teilweise neutralisieren. Ein Agent kann sich vielleicht ein- oder zweimal mit schlechten externen Bedingungen herausreden, aber nicht andauernd.

4.4.2.6 Beschränkte Rationalität

Eine weitere Komplikation ergibt sich schließlich aus der Beschränkung der Rationalität der Vertragspartner. Während in der normativen Agency-theorie den Akteuren eine Erkenntnisfähigkeit unterstellt wird, die sie in die Lage versetzt, Verträge von beliebiger Komplexität zu verfassen und so alle Vertragsprobleme ex ante zu lösen, muss man in der Realität mit den begrenzten Möglichkeiten der Menschen zur Informationsaufnahme und -verarbeitung rechnen. Selbst wenn sie sich nach besten Kräften bemühen, optimale Entscheidungen zu treffen (intendierte Rationalität), werden sie dabei an die Grenzen ihrer Kapazität zur Informationsaufnahme und

-verarbeitung stoßen. Tatsächlich wird der Prinzipal nur sehr wenige der Informationen besitzen, die es ihm ermöglichen würden, einen optimalen Vertrag zu schließen (vgl. *Müller* [Agency-Theorie]). Abgesehen wird auch von Kosten der Vertragsvereinbarung, die bei komplexen Verträgen und ausgeklügelten Vereinbarungen erheblich sein dürften. Die Durchsetzung der Verträge ist ebenfalls als Problem ausgeklammert. Da der Vertrag so geschickt angelegt wurde, ist er annahmegemäß selbst-durchsetzend. Der Agent wird vertraglich auf das richtige Verhalten „programmiert". Notfalls kann die Vertragslage auf jeden Fall durch ein Gericht geklärt werden.

In der Realität sind aufgrund der begrenzten Rationalität der Menschen die Verträge, insbesondere Dienstverträge, deutlich weniger komplett, als es die normative Agencytheorie vorsieht. Der Prinzipal erwirbt vertraglich nicht das Recht an genau spezifizierten Strömen von Dienstleistungen, sondern das Recht am Arbeitsvermögen des Agenten. Was dieser im Einzelnen zu tun hat und wie sich sein Verhalten nach Vertrag steuern lässt, steht zum Zeitpunkt des Vertragsabschlusses noch nicht fest. Entscheidend für das Arbeitsverhältnis ist der Zeitraum nach Vertragsschluss, in welchem beide Seiten ihre begrenzten Informationen durch Erfahrungen nach und nach verbessern können.

Gegenüber dem allereinfachsten Fall eines einmaligen Vertrages über eine Aufgabe zwischen einem Prinzipal und einem Agenten bei nahezu perfekter Information des Prinzipals, zeichnen sich reale Agencyprobleme aus durch

- Zusätzliche Probleme (Trittbrettfahren, Absprachen und Koalitionen der Agenten, Loyalitätskonflikte, Vernachlässigung von Teilaufgaben, beschränkte Rationalität) aber auch
- zusätzliche Möglichkeiten der Problemmilderung (Vergleich von Agenten, Aufbau von Reputation bei längerfristigen und wiederholten Verträgen).

4.5 Lösungsmöglichkeiten für Agencyprobleme

Da sich das Agencyproblem aus der **Informationsasymmetrie** im Verein mit **Zielkonflikten** und dem **Homo Oeconomicus-Modell** ergibt, kann eine Problemlösung an jeder der drei Prämissen anknüpfen. Möglich sind:

- ▶ Reduktion der Informationsasymmetrie,
- ▶ Auflösung von Zielkonflikten und
- ▶ Milderung des eigennützigen Verhaltens des Homo Oeconomicus (Vertrauensbildung).

Eine Überblick über die im Folgenden dargestellten Lösungsmöglichkeiten vermittelt die Abbildung 10.

	Informationsasymmetrie senken		Ziele harmonisieren		Vertrauen bilden	
	Prinzipal	Agent	Prinzipal	Agent	Prinzipal	Agent
Probleme vor Vertrag	Screening	Signalling	Verträge zur Auswahl vorlegen	Self-Selection Reputation	Vertrauens- würdigkeit prüfen	Reputation signalisieren
Probleme nach Vertrag	Monitoring	Reporting	Anreizverträge gestalten	Commitment Bonding	Vertrauen platzieren	Sozialkapital aufbauen

Abb. 10: Überblick über die Lösungsmöglichkeiten für Agencyprobleme

Die Lösungsmöglichkeiten sollen nun im Einzelnen erläutert werden.

4.5.1 Reduktion der Informationsasymmetrie

4.5.1.1 Vor Vertragsschluss

Wesentlicher Auslöser für das Agencyproblem ist das Informationsgefälle zwischen Prinzipal und Agent. In einem vollkommenen Markt mit völliger Markttransparenz können Agencyprobleme gar nicht auftreten, weshalb sie auch von der neoklassischen Mikroökonomik ignoriert wurden. Alle Maßnahmen, die geeignet sind, die Markttransparenz zu verbessern, können zu einer Senkung der Agencyproblematik beitragen.

> **Vor Vertragsabschluss** kann der **Prinzipal** durch „Screening" versuchen, die geeigneten Agenten zu finden und die Gefahr der falschen Auswahl zu senken.

„Screening" umfasst alle Informationsaktivitäten des Prinzipals, um sich ein besseres Bild von den Agenten machen zu können, wie etwa Einstellungstests der Bewerber vor Abschluss eines Arbeitsvertrages oder Einholung verschiedener Angebote vor Abschluss eines Werkvertrages oder auch nur das Erkundigen im Bekanntenkreis über Erfahrungen mit bestimmten Agenten. Das Konzept des „Screening" geht auf *Joseph E. Stiglitz* zurück (vgl. [Screening]).

> Hat der **Agent** selbst ein Interesse an der Senkung des Informationsgefälles, wird er versuchen, seine Eigenschaften dem Prinzipal glaubhaft zu signalisieren **(Signalling)**.

Ein Bewerber um eine Arbeitsstelle kann mit seinem Ausbildungsniveau, belegt durch ein entsprechendes Zeugnis, dem Arbeitgeber signalisieren, dass er ein Kandidat mit bestimmten Fähigkeiten ist. Im Hinblick auf einen Kaufvertrag könnte eine Produktgarantie eine ähnliche Signalfunktion erfüllen. Der Prinzipal „Käufer" erhält mit der Garantie ein Signal für die Vertrauenswürdigkeit des Agenten „Verkäufer". Solche Signale (Zeugnis, Garantie) sind allerdings nur dann wirklich glaubwürdig, wenn es zu teuer ist, falsche Signale auszusenden. Für jemanden, der für eine bestimmte Tätigkeit unbegabt ist, muss es z. B. so viel Aufwand mit sich bringen, einen Leistungsnachweis in dieser Tätigkeit zu erbringen, dass der Nutzen aus dem Signal hinter den Kosten zurückbleibt. Er wird dann selber davon absehen, ein solches „falsches Signal" überhaupt anzustreben. Für den Verkäufer, der die Qualität seiner Produkte garantiert, muss es kostspieliger sein, minderwertige Produkte zurückzunehmen oder zu reparieren, als die garantierte Qualität tatsächlich zu gewährleisten. Für die durch glaubwürdige Signale erhöhte Sicherheit muss der Prinzipal i. A. einen Tribut zollen und z. B. einem Arbeitnehmer mit guten Zeugnissen mehr Lohn anbieten oder als Käufer für ein Produkt mit Garantie einen höheren Preis akzeptieren. Das Konzept des Signalling wird *A. Michael Spence* zugeschrieben (vgl. [Signalling]).

Wie stark der vorvertragliche Informationsvorsprung des Agenten vor dem Prinzipal ist, hängt von zahlreichen **Rahmenbedingungen** ab.

- ▸ Viele Arten von Normierungen, seien es nun genormte Bildungsabschlüsse oder genormte Längen, Gewichte, Zusammensetzungen oder Ähnliches, tragen zu einer besseren Vergleichbarkeit der Agenten bei.
- ▸ Außerdem kann der Agent gesetzlich verpflichtet werden, bestimmte für den Prinzipal wesentliche Informationen preiszugeben (z. B. Deklaration der Inhaltsstoffe auf allen verpackten Lebensmitteln).

- ▸ Unabhängige Prüfinstitute können dem Prinzipal bei der Bewertung von Agentenleistungen Unterstützung bieten, so etwa die Stiftung Warentest. Auch die Agenten können solche Institute benutzen, um glaubwürdige Signale zu senden (Prüfplaketten vom TÜV für technische Geräte, Qualitätssiegel für Lebensmittel aus ökologischem Anbau, ...).
- ▸ Technologische Entwicklungen können das Kräfteverhältnis ebenfalls beeinflussen. Die digitalen Medien, vor allem das Internet, haben die Möglichkeiten des Prinzipals, Informationen einzuholen, vervielfacht. Für viele Produkte und Dienstleistungen gibt es Informationsbörsen, in denen Kunden ihre Erfahrungen mit verschiedenen Anbietern austauschen. Die Möglichkeiten von Versicherungskunden, die Versicherung über gesundheitliche Risiken zu täuschen, dürften dramatisch sinken, wenn Genanalysen von den Versicherten verlangt werden dürfen.
- ▸ Last not least trägt die Stärke des Wettbewerbs zum Ausmaß der Informationsasymmetrie bei. Gibt es zahlreiche Agenten, die substitutive Leistungen anbieten, kann das Screening durch Vergleiche effektiver werden. Außerdem haben die Agenten in einer solchen Situation mehr Anreize, um die Gunst des Prinzipals zu „buhlen", was das Signalling verstärken dürfte.

4.5.1.2 Nach Vertragsschluss

Nach Vertragsabschluss kommt es zu jenen Problemen aus der Informationsasymmetrie, die als hidden action und hidden information bezeichnet werden. Der Auftraggeber will die Leistung des Beauftragten beurteilen, weil er einen gerechten Austausch von Leistung und Gegenleistung will (bzw. weil er zumindest nicht selbst den kürzeren ziehen will). Wenn die gewünschte Leistung vom Prinzipal genau spezifiziert werden kann und der Agent das Ergebnis alleine zu verantworten hat, reicht es eigentlich, das Handlungsergebnis zu beobachten, um beurteilen zu können, ob der Agent seine Aufgabe gut erfüllt hat. In vielen Fällen kann aber das gewünschte Handlungsergebnis nicht exakt angegeben werden (Problem der Spezifikation), und häufig hängt das Ergebnis nicht alleine von den Anstrengungen des Agenten ab, sondern von vielerlei exogenen Faktoren (Problem der Unsicherheit). Das gibt dem Agenten den Freiraum, ein nicht zufriedenstellendes Ergebnis auf Unklarheiten des Auftrages oder auch auf „widrige Umstände" (schlechtes Wetter, schlechtes Material, Lieferverzögerungen seitens Dritter ...) zurückzuführen.

Das naheliegendste Mittel zur Bekämpfung dieser Problematik ist die **Beobachtung des Agenten** durch den Prinzipal **(Monitoring).**

Beispiele:
Bei einem Hausbau könnte der Bauherr den ganzen Tag die Tätigkeit der Handwerker überwachen. In vielen Unternehmen überwachen Stechuhren, wann die Arbeitnehmer kommen und gehen. Stichproben-artige Taschenkontrollen sollen in Warenhäusern Diebstahl durch das Personal verhindern.

Zu den Monitoring-Aktivitäten kann man im weiteren Sinne auch die formalen Planungs- und Kontrollsysteme, Kostenrechnungs – und Buch-führungssysteme und Berichtssysteme zählen, die in vielen Unternehmen installiert sind (vgl. *Picot/Dietl/Franck* [Organisation] 93). Eigens eingerich-tete Stellen und Gremien wie Revisor, Aufsichtsrat, Sicherheitsbeauftragter usw. sollen die Handlungen von Agenten kontrollieren. Ein Vergleich der Agentenleistung mit den Leistungen anderer Agenten mit homogenen Aufgaben und/oder ein Vergleich der Leistungen über die Zeit, kann die Zufallskomponente des Handlungsergebnisses bis zu einem gewissen Grad ausschalten.

Eine Problemlösung durch Monitoring erzeugt allerdings neue schwer-wiegende Probleme. In der Regel ist es für den Prinzipal viel zu zeit- und kostenaufwendig, die Handlungen des Agenten direkt zu beobachten. Delegiert er die Kontrollaufgaben an andere, stellt sich sofort die Frage, wer die Kontrolleure kontrolliert, die ja selbst auch wieder Agenten sind. Hilfreich für den Prinzipal ist es, wenn auch andere Personen, außerhalb der Agencybeziehung, an der Beobachtung und Bewertung des Agenten ein Interesse haben. Konkurrenten des Agenten könnten solche Personen sein, weil sie ein Interesse daran haben, etwaige Fehler und Schwächen der anderen Agenten aufzudecken, um selbst in den Genuss der Agentenrolle zu kommen.

Ein zentrales Problem ist schließlich, dass fast immer auch „verborgene Informationen" (hidden information) im Spiel sind, so dass die Beobachtung des Agenten alleine gar nichts bringt.

Beispiel:
Ob ein Topmanager optimale Entscheidungen trifft im Interesse der Unternehmenseigner, kann man nicht beurteilen, indem man den Manager beim Entscheiden beobachtet. Selbst wenn der Manager seine Entscheidung begründen und dokumentieren muss, kann der Adressat nur dann die Qualität der Entscheidung beurteilen, wenn er selbst genauso fachkundig ist und die gleichen Informationen hat wie der Manager.

Der Prinzipal hat aber in aller Regel die Aufgabe delegiert, weil er von dem überlegenen Wissen und Können des Agenten profitieren und sich selbst entlasten will. Die Spezialisierungs- und Entlastungsvorteile kann er aber nur um den Preis einer Informationsasymmetrie haben.

U. U. ist auch der **Agent** selbst daran interessiert, sein Handeln gegenüber dem Prinzipal transparent zu machen. Wenn der Prinzipal nicht unterscheiden kann, ob ein schlechtes Ergebnis dem Agenten selbst oder exogenen Faktoren anzulasten ist, dann hat auch der Agent keine Chance zu beweisen, dass er sehr wohl sein Bestes getan hat und dass er tatsächlich nur Pech hatte. Er kann von Agenten, die die exogenen Faktoren nur als Ausrede benutzen, nicht unterschieden werden.

Der Agent will daher eventuell von sich aus dokumentieren, was er macht, Berichte erstellen, den Prinzipal auf dem Laufenden halten und ihn in Entscheidungen einbeziehen, sich freiwillig Kontrollen unterwerfen usw. Man könnte dieses Verhalten als **„Reporting"** bezeichnen.

4.5.2 Auflösung der Zielkonflikte

4.5.2.1 Gestaltung von Anreizverträgen durch den Prinzipal

Der Informationsvorsprung des Agenten wäre unproblematisch, wenn er nicht Ziele verfolgen würde, die zu den Zielen des Prinzipals konträr sind. Eine andere Lösung des Agencyproblems (neben der Senkung des Informationsgefälles) könnte also auch darin bestehen, die Zielerreichung des Agenten von der Zielerreichung des Prinzipals abhängig zu machen. Es ist ein zentrales Anliegen vor allem der normativen Agencytheorie zu zeigen, wie man vermittels einer geschickten Gestaltung von Verträgen die Ziele von Prinzipal und Agent harmonisieren kann.

In der idealtypischen Principal-Agent-Situation kann der Prinzipal durch Vertragsgestaltung solche **Auszahlungsregeln** festlegen, die alle ex post, nach Vertragsschluss, zu erwartenden Probleme schon zum Zeitpunkt des Vertragsschlusses vorwegnehmen und kompensieren.

Der Prinzipal weiß, dass er ex post die Informationsasymmetrie nicht wird beseitigen können (er wird z. B. das Anstrengungsniveau seiner Mitarbeiter nicht direkt beobachten können), aber er hat vorgesorgt und die **materiellen Anreize** für den Agenten so optimiert, dass der Agent sozusagen aus Eigeninteresse im besten Interesse des Prinzipals handelt.

Beispiel:
Der Eigentümer eines landwirtschaftlich genutzten Anwesens kann alleine das Anwesen nicht bewirtschaften. Er stellt daher Landarbeiter ein. Zahlt er ihnen einen fixen Lohn, werden sie – der Arbeitsleid-Hypothese zufolge – jede Gelegenheit zur Drückebergerei nutzen und der Ertrag wird geringer ausfallen, als es möglich wäre. Der Eigentümer könnte nun versuchen, die Informationsasymmetrie zu senken, entweder indem er selbst die Arbeiter beobachtet oder indem er einen Aufseher einstellt oder indem er jeden Tag einen verbindlichen Arbeitsplan aufstellt und die Ergebnisse kontrolliert. Alle diese Maßnahmen weisen Probleme auf, die bereits dargestellt wurden. Er könnte alternativ auch den Agenten Anreize geben, sich mehr anzustrengen, etwa indem er sie vertraglich an den Ernteerträgen beteiligt. Diese in den Südstaaten der USA gebräuchliche Entlohnungsform nennt man share cropping (vgl. *Richter/Furubotn* [Neue] 164). Die Arbeiter erhalten einen vereinbarten Bruchteil der Gesamternte und können so durch eigene Anstrengung ihren Lohn erhöhen. Zugleich verbessern sie auch die Lage des Prinzipals. Eine Veränderung der Verfügungsrechtsstruktur kann darin gesehen werden, dass die Arbeiter die von ihnen erzeugten Früchte (sozusagen den „usus fructus" aus ihrem Humankapital) teilweise selbst behalten. Würde der Landbesitzer statt der Arbeitsverträge Pachtverträge schließen, könnte er den Anreizeffekt noch steigern, weil dann die gesamte Ernte dem Pächter zufällt. Allerdings hätte dann der

Verpächter selbst nichts mehr von den verstärkten Anstrengungen des Pächters, weil er ja nur den festen Pachtzins erhielte, unabhängig von der Höhe der Ernte. Er müsste sogar eine Übernutzung des Bodens befürchten. Bei einer Ergebnisbeteiligung der Agenten ist die Interessenharmonie am größten und das Agencyproblem wird gemildert.

Das Thema der Anreizverträge wird heute besonders stark im Zusammenhang mit der Problematik diskutiert, wie die Eigentümer einer Unternehmung die angestellten Manager dazu motivieren können, im besten Interesse der Unternehmenseigner zu handeln. Damit sich die Manager einer Aktiengesellschaft am „Shareholder Value" als Ziel orientieren, werden sie bspw. mit Aktien oder Aktienoptionen (**stock options**) entlohnt.

Statt erwünschtes Verhalten zu belohnen, könnte der Prinzipal auch unerwünschtes Verhalten bestrafen und Vertragsstrafen vereinbaren oder Entschädigungssummen festlegen. Mit vertraglich festgelegten, gerichtlich einklagbaren Entschädigungszahlungen für vorhersehbare Fälle des Fehlverhaltens von Agenten, versucht der Prinzipal, das Verhaltensrisiko zu begrenzen. Der Anreiz zu Fehlverhalten wird für den Agenten geringer, wenn er eine Strafe dafür zu erwarten hat.

Jener Agent, der viel zu verlieren und wenig zu gewinnen hat durch eine Verletzung der Auftraggeberinteressen, ist aus Sicht des Prinzipals ein zuverlässiger Agent. Man kann also grundsätzlich sagen, dass jede aus Sicht des Agenten „attraktive" Austauschbeziehung seine Zuverlässigkeit steigert, weil er dann an deren Fortsetzung bzw. Wiederholung besonders interessiert und entsprechend bemüht ist, den Prinzipal zufrieden zu stellen. Der Käufer (Prinzipal), der hohe Produktpreise zahlt und dem Verkäufer (Agent) hohe Gewinne ermöglicht, erkauft sich damit eine gewisse Sicherheit, dass der Agent ihn nicht enttäuschen wird, weil dieser sich damit nur selbst schaden würde (vgl. *Klein/Leffler* [Role] 615). In diesem Sinne könnte ein Arbeitgeber seine Mitarbeiter auch durch besonders gute Arbeitsbedingungen zu loyalen Agenten machen, weil der Verlust der Arbeitsstelle dann besonders schmerzlich wäre (vgl. *Milgrom/Roberts* [Economics] 251).

Die Harmonisierung der Ziele über eine geschickte Ausarbeitung der Anreizstruktur ist an sich ein Mittel zur Gestaltung des Verhältnisses von Prinzipal und Agent nach dem Vertragsschluss, insbesondere zur Vorbeugung gegen hidden action- und hidden information-Probleme. Die Problemlösung ist aber auch vor Vertragsschluss zur Abwehr der „adverse selection" einsetzbar, und zwar in der Form der sog. Selbstauswahl (**Self-Selection**).

Der Prinzipal bietet bestimmten Bewerbern (etwa um einen Arbeitsplatz oder um eine Franchiselizenz) alternative Verträge an. Die Verträge belohnen jeweils unterschiedliche Verhaltensweisen. Man hofft nun, dass sich die Agenten durch die Wahl eines Vertragstyps „outen" und preisgeben, zu welcher Verhaltensweise sie tendieren.

Beispiel:
Ein Arbeitgeber (Prinzipal) könnte z. B. einem Arbeitnehmer (Agent) alternativ eine fixe oder eine leistungsabhängige Entlohnung anbieten. Der Arbeitnehmer, der die leistungsabhängige Entlohnung wählt, gilt als leistungsorientierter. So könnten schon bei der Auswahl der Agenten diejenigen selektiert werden, die vorhaben, bei entsprechenden materiellen Anreizen im Interesse des Prinzipals zu handeln.

4.5.2.2 Probleme bei der Gestaltung von Anreizen

Mit der Gestaltung einer im Sinne des Prinzipals optimalen Anreizstruktur sind allerdings auch wieder verschiedene Probleme verbunden. Zunächst findet mit jeder Ergebnisbeteiligung gleichzeitig eine **Risikobeteiligung des Agenten** statt.

Beispiel:
Wenn die Ernte wegen ungünstigen Wetters gering ausfällt oder wenn sie aufgrund eines Preisverfalls weniger wert ist als erwartet, dann erhalten auch die Landarbeiter beim share cropping ein geringeres Einkommen als geplant. Sind die Agenten risikoavers, dann werden sie der share cropping-Lösung nur zustimmen, wenn sie eine Risikoprämie erhalten.

Man steckt so bei risikoaversen Agenten in einem gewissen Dilemma. Unter dem Anreizaspekt wäre es optimal, wenn die Agenten ausschließlich ergebnisabhängig bezahlt würden. Den Agenten wäre aber eine ergebnisunabhängige, fixe Entlohnung lieber. Muss der Leistungsanreiz mit einer sehr hohen Risikoprämie erkauft werden, lohnt sich eine ergebnisabhängige Entlohnung nicht (vgl. *Erlei/Leschke/Sauerland* [Neue] 120).

Ein nicht zu vernachlässigendes Problem stellt auch die valide Festlegung der **Leistungsbemessungsgrundlage** nach Art und Höhe dar. Im Beispiel des landwirtschaftlichen Betriebes ist die erwartete Leistung gut messbar, nämlich in Tonnen Getreide. In vielen Fällen ist nicht so eindeutig festzulegen, was eigentlich als Leistung erwartet wird.

Beispiel:
Wie ist die Leistung eines Hochschullehrers messbar? An der Studiendauer und den Noten der Studenten, an den eingeworbenen Drittmitteln, an der Anzahl der Veröffentlichungen, an der Beteiligung an der Selbstverwaltung?

Da der Prinzipal mit der Art der Leistungsmessung und -entlohnung annahmegemäß auf das Verhalten des Agenten einwirkt, ist die Gefahr virulent, durch falsche Leistungsmaßstäbe ein unerwünschtes Verhalten anzureizen. Der nutzenmaximierende Hochschullehrer, dessen Leistung an den Leistungen seiner Studenten gemessen wird, könnte z. B. die Noten seiner Studenten sehr leicht verbessern, wenn er nur das Anspruchsniveau senkt oder die Prüfungsthemen vorab bekannt gibt. Die mit dem Leistungsanreiz eigentlich verfolgte Zielsetzung einer Verbesserung der Lehre würde so völlig verfehlt.

Zu der Gefahr einer nicht validen Leistungsmessung tritt außerdem die Gefahr der Einseitigkeit der Leistungsanreize hinzu. Die Agenten sollen ja häufig nicht nur eine eng umrissene Aufgabe erfüllen, sondern viele verschiedene Aufgaben neben- und nacheinander. Wenn jetzt aus dem Spektrum der Leistungserwartungen einzelne Leistungen besonders honoriert werden, etwa weil sie sich gut messen lassen, wird der Agent seine Anstrengungen vermutlich ausschließlich auf diese Leistungen konzentrieren, was nicht im Sinne des Prinzipals ist.

Beispiel:
Manager, die nicht nur den aktuellen Gewinn vermehren, sondern auch das Gewinnpotenzial für die Zukunft ausbauen sollen, haben wenig Interesse an Investitionen in zukünftige Gewinnpotenziale, wenn das den aktuellen Gewinn schmälert und sich ihr Gehalt nach diesem richtet.

Die Gefahr, falsche Anreize zu setzen, könnte eine Ursache dafür sein, dass in der Realität sehr viel häufiger fixe Entlohnungen zu finden sind, als es die Agencytheorie nahelegt.

Ein weiteres Problem bei der Festlegung der Bemessungsgrundlage ist es, die **Höhe einer guten Leistung zu bestimmen,** etwa wenn ein Bonus für die Übererfüllung einer bestimmten Zielgröße vereinbart wird. Da der Agent sicher ein Interesse daran hat, ein niedriges Zielniveau zu vereinbaren, ist es für den Prinzipal nicht leicht, die tatsächliche Leistungsfähigkeit herauszubekommen. Er hat drei Möglichkeiten, Standards festzulegen: Er beoachtet den Agenten genau in Zeit- und Bewegungsstudien, er beobachtet die Leistung anderer Agenten mit vergleichbaren Aufgaben oder er beobachtet die Leistungen des Agenten in der Vergangenheit. Letzteres Vorgehen kann allerdings zu dem unerwünschten Sperrklinken-Effekt **(ratchet effect)** führen. Der Agent, der registriert, dass gute Leistungen aus der Vergangenheit zu einer Anhebung der Standards für die Zukunft führen, wird sich vor guten Leistungen hüten, die auf die Dauer nur seinen Nutzen senken.

4.5.2.3 Konfliktmindernde Maßnahmen des Agenten

Eine der Prämissen für die Probleme zwischen Prinzipal und Agent ist die Unterstellung grundsätzlich konfligierender Ziele der beiden Parteien. Wie oben dargestellt, kann der Prinzipal durch die Ausgestaltung der Auszahlungsmodalitäten das richtige Verhalten des Agenten belohnen bzw. falsches Verhalten bestrafen und so seine Ziele mit denen des selbstinteressierten Agenten in Einklang bringen. Vernachlässigt wird bei diesen Überlegungen oft, dass auch der Agent aktiv an der Zufriedenstellung des Prinzipals interessiert sein kann. Auch ohne ausdrücklich vereinbarte Prämien für gute Arbeit „rechnet" es sich für viele Agenten, die erwarteten Leistungen zu erbringen, weil sie sich damit eine **Reputation,** einen „guten Ruf", aufbauen können. Die Reputation ist ein schwer zu fälschendes und starkes Signal, welches vom Agenten im Rahmen des Signalling eingesetzt werden kann, um leichter neue Verträge abschließen zu können. Bereits vor Vertrag kann der Agent durch seinen guten Ruf signalisieren, dass er jemand ist, der die Interessen des Prinzipals wahrnimmt. Weil zukünftige Prinzipale davon ausgehen können, Vertrauen in diesen Agenten zu setzen, ist der Agent für sie attraktiv, denn sie haben somit noch eine dritte, besonders kostengünstige Option zum Umgang mit der Agencyproblematik, nämlich das Vertrauen (vgl. nächsten Abschnitt).

Ist der Vertrag bereits abgeschlossen, kann der Agent weiterhin ein Interesse am Erhalt seiner Reputation haben, um die Geschäftsbeziehung aufrecht zu erhalten bzw. – innerhalb einer Arbeitsbeziehung – die Karriere zu fördern. Reputation ist immer dann von besonderem Interesse, wenn der Agent gleichwertige Konkurrenten hat und der Prinzipal sich durch eine wiederholte oder längere Vertragsbeziehung ein besseres Bild vom Agenten machen kann. Der Wettbewerbsmechanismus bzw. der Markt kontrolliert dann letztlich den Agenten.

Der Agent kann aber auch aktiv an der Behebung von moral hazard-Problemen mitwirken und seinerseits eine Situation herbeiführen, in der er viel zu verlieren hat durch die Verletzung der Auftraggeberinteressen. Er bindet sich an den Prinzipal und verzichtet freiwillig auf Ausweichmöglichkeiten. Er bricht sozusagen die Brücken hinter sich ab. Ein solches Vorgehen bezeichnet man als **Commitment** (vgl. *Milgrom/Roberts* [Economics] 133).

Beispiel:
Das Commitment kann in irreversiblen Investitionen bestehen, die nur in der Beziehung zu diesem speziellen Prinzipal ihren Wert behalten, wie etwa Spezialmaschinen zur Herstellung von Zulieferteilen für einen ganz bestimmten Abnehmer. In einer solchen Situation ist die bestehende Austauschbeziehung für den Agenten sehr wichtig. Er wird deshalb den Abbruch der Beziehung nicht riskieren

Die Drohung mit dem Abbruch der Beziehung durch den Prinzipal ist allerdings nur dann zuverlässig wirksam, wenn dieser tatsächlich auf alternative Agenten ausweichen kann, d.h. wenn die Spezifität der Agentenleistung nicht zu hoch ist. Die Bindung zwischen Prinzipal und Agent durch die Spezifität ist ein Faktor, der in der Agencytheorie weit weniger Beachtung gefunden hat als in der Transaktionskostentheorie.

Auch das **Bonding** (vgl. *Milgrom/Roberts* [Economics] 189) stellt eine Maßnahme des Agenten dar, um sich an ein zugesagtes Verhalten zu binden. Der Agent hinterlegt eine Geldsumme als Pfand, welche er unter bestimmten vertraglich festgelegten Bedingungen verliert.

Beispiel:
Der typische Fall ist die Hinterlegung einer Kaution durch einen Mieter.

Der Prinzipal hat durch ein solches Bonding nicht nur eine größere Sicherheit, dass der Agent sich wohlverhalten wird. Er verfügt auch über eine finanzielle Entschädigung für den Fall eines Vertragsbruches und hat sich so quasi gegen das Fehlverhalten des Agenten „immunisiert". Das Bonding ist eine Maßnahme des Agenten, wird aber oft vom Prinzipal verlangt und ist insofern nicht freiwillig. Erklärt sich ein Agent freiwillig bereit, ein Pfand zu hinterlegen, kann das Bonding auch vor Vertrag schon eine Signalwirkung haben.

4.5.3 Vertrauensbildung

4.5.3.1 Was ist Vertrauen?

Drei Annahmen kennzeichnen das Problem-Szenario der Principal-Agent-Theorie:

- Informationsasymmetrie zwischen Prinzipal und Agent,
- konfligierende Ziele von Prinzipal und Agent und
- das Verhaltensmodell des Homo Oeconomicus, der nur seinen individuellen Nutzen maximiert und dabei auch opportunistisch handelt (bspw. lügt und betrügt).

An den ersten beiden Annahmen setzten die bereits geschilderten Problemlösungen an. Man kann versuchen, das Informationsgefälle durch Kontrolle zu senken und die Ziele können durch die geschickte Gestaltung von materiellen Anreizsystemen harmonisiert werden. Dass es daneben noch eine dritte Möglichkeit gibt, mit dem Agencyproblem umzugehen, wurde von der Ökonomik lange nicht wahrgenommen. Man kann nämlich auch ein Vertrauensverhältnis mit dem Agenten aufbauen und damit in Frage stellen, ob er wirklich jede Gelegenheit zur Vorteilserziehung auf Kosten des Prinzipals ausnutzen wird.

Der diffuse Begriff „Vertrauen " kann folgendermaßen präzisiert werden:

> „**Vertrauen** ist die freiwillige Erbringung einer riskanten Vorleistung unter Verzicht auf explizite vertragliche Sicherungs- und Kontrollmaßnahmen gegen opportunistisches Verhalten in der Erwartung, dass sich der andere, trotz Fehlens solcher Schutzmaßnahmen, nicht opportunistisch verhalten wird." *(Ripperger* [Ökonomik] 45)

Übertragen in die Begriffe der Agencytheorie bedeutet das: Der Prinzipal ist sich eines gewissen Verhaltensrisikos des Agenten bewusst, der Agent könnte ihm durch Opportunismus (Drückebergerei, falsche Angaben, fehlende Sorgfalt ...) Schaden zufügen. Dem Prinzipal stehen grundsätzlich Möglichkeiten offen, dieses Risiko zu senken oder ganz zu vermeiden, etwa durch eine Kontrolle des Agenten, durch die Vereinbarung ausgetüftelter materieller Anreize oder durch den Verzicht auf die Kooperation. Er entscheidet sich in dieser Situation aber für die Kooperation und zwar unter teilweisem oder gänzlichem Verzicht auf mögliche Sicherungsmaßnahmen. Er plaziert Vertrauen, das heißt er geht von der Erwartung aus, der Agent werde die Situation nicht ausnutzen, um ihm zu schaden. Der Agent, der sich auf die Kooperation unter diesen Bedingungen einlässt, nimmt das Vertrauensangebot an und schließt so mit dem Prinzipal einen **impliziten Vertrag**. Er signalisiert dem Prinzipal, dass er dessen Erwartung erfüllen und sich vertrauenswürdig erweisen will.

Vertrauen spielt im Wirtschaftsalltag eine sehr wichtige, gar nicht weg zu denkende Rolle. „Zu jeder Transaktion gehört ein Element des Vertrauens" *(Arrow* [Information] 24). Produkte mit sog. „Vertrauenseigenschaften", also Eigenschaften, die ein Kunde weder durch Inspektion noch durch Erfahrung verifizieren kann, könnten ohne Vertrauen überhaupt nicht verkauft werden.

Beispiel:
Niemand würde für Eier aus Freilandhaltung, Rindfleisch aus Deutschland oder Äpfel aus biologischem Anbau mehr bezahlen, wenn er nicht auf die Herkunftsbezeichnungen vertrauen würde.

In vielen Fällen verzichten Prinzipale auch auf Kontrollen, die eigentlich leicht durchführbar wären. So können in zahlreichen Unternehmen die Mitarbeiter heute selbst über ihre Anwesenheitszeiten und die Zahl ihrer Arbeitsstunden Buch führen, obwohl eine Kontrolle mit Stechuhren möglich wäre und die Arbeitnehmer durchaus einen Anreiz haben, den Arbeitgeber über die Zahl der Arbeitsstunden zu täuschen. Der Arbeitgeber zeigt Vertrauen in seine Mitarbeiter. Moderne Organisationskonzepte zeichnen sich durch eine Erweiterung der Handlungsspielräume für die Mitarbeiter bei gleichzeitigem Abbau von Hierarchie und Kontrolle aus (vgl. *Bea/Göbel* [Organisation]). Ohne Vertrauen wäre eine solche Selbstorganisation undenkbar.

4.5.3.2 Vertrauen als Ergänzung von Sicherungsmaßnahmen
Vertrauen verhält sich zu den anderen Möglichkeiten, die Agencyproblematik zu bewältigen, komplementär. Explizite Sicherungsmaßnahmen und Vertrauen werden oft gemeinsam auftreten, denn es gibt weder 100

%ige Kontrollen oder vollkommene Anreizsysteme, noch wird Vertrauen blindlings gewährt, ohne sich auf ein gewisses Maß an Kontrolle oder eine gewisse Interessenkongruenz stützen zu können. Das soll nun näher ausgeführt werden, wobei zunächst gezeigt wird, wie das Vertrauen die Sicherungsmaßnahmen ergänzt.

Die Kontrolle des Agenten kann in den seltensten Fällen so lückenlos sein, dass ihm überhaupt kein Handlungsspielraum mehr bleibt, den er ausnutzen könnte. Sobald auch verborgene Informationen im Spiel sind, kann auch die genaueste Beobachtung keine absolute Sicherheit bringen, dass der Agent im Sinne des Prinzipals handelt.

Beispiel:

Ein Fernsehsender bietet ein Quiz an, bei dem die Kandidaten Fragen beantworten müssen und je nach Anzahl der richtigen Antworten Geldpreise gewinnen können. Da die Preise sehr hoch sein können (max. 1 Mio. €) hat sich der Sender gegen den Fall versichert, hohe Preisgelder auszahlen zu müssen. Niedrige Preisgelder zahlt der Sender aus eigenen Mitteln. Zwischen der Versicherung und dem Fernsehsender gibt es einen Zielkonflikt. Der Sender möchte, dass die Kandidaten oft hohe Preise gewinnen, weil das die Attraktivität der Sendung steigert. Die Versicherung möchte dagegen sowenig wie möglich auszahlen. Die Chance auf hohe Gewinne hängt vor allem vom Schwierigkeitsgrad der Fragen ab, und die Versicherung hat sich vorbehalten, die Fragen vor jeder Sendung zu überprüfen und eventuell zu ändern. Weiterhin kann die Versicherung befürchten, der Quizmaster könne den Kandidaten irgendwelche Hinweise geben und ihnen bei der Beantwortung der Fragen helfen. Die Versicherung hat daher nicht nur in jeder Sendung einen Beobachter sitzen, sondern lässt sich regelmäßig die gesamten Aufzeichnungen aller Kameras geben und prüft sie nach der Sendung. Selbst diese aufwändige und ausgefeilte Kontrolle lässt aber Lücken. Zum einen kann man den Schwierigkeitsgrad einer Frage nur schwer objektivieren. Zum anderen kann auch der genaueste Beobachter nicht mit Sicherheit sagen, ob die Mimik und Gestik des Quizmasters, ein Räuspern oder ein Stirnrunzeln, als versteckte Hinweise an die Kandidaten interpretiert werden können. Diese Lücken muss das Vertrauen schließen oder die Versicherung muss auf die Kooperation ganz verzichten.

Auch die Gestaltung von materiellen Anreizsystemen bedarf des Vertrauens zur Ergänzung.

Beispiel:
Wenn ein Arbeitnehmer etwa besonders fleißig ist, weil ihm eine Gewinnbeteiligung winkt, dann muss er darauf vertrauen, dass der Prinzipal den Gewinn richtig ausweist. Wenn der Prinzipal Möglichkeiten hat, den Gewinn nach unten zu manipulieren und damit auch den Anteil des Agenten zu senken, dann wird kein Arbeitnehmer mit seinem Fleiß in „Vorleistung" gehen, der nicht auf die Ehrlichkeit des Prinzipals vertraut. Umgekehrt muss auch der Prinzipal dem Agenten vertrauen, wenn dieser die Zielerreichung, auf die sich seine Prämie stützt, falsch darstellen kann.

Vertrauen in den Agenten ist besonders nötig, wenn der Prinzipal sein eigentliches Ziel nicht leicht in validen und messbaren Größen darstellen kann und vom Agenten auch noch eine gewisse Interpretationsleistung gefordert ist, was das „wahre" Ziel des Prinzipals ist.

Beispiel:
Diese Problematik hat sich eindrucksvoll in der Planwirtschaft sowjetischer Prägung gezeigt. Die Agenten waren außerordentlich bestrebt, die messbaren Plangrößen zu erfüllen, auf die sich die Auszahlung von Leistungsprämien bezogen. Allerdings wurden dabei die „wahren" Ziele der Planungsbehörde jedes Mal eklatant verfehlt. Wenn es etwa gefordert war, in einer Fernsehfabrik ein bestimmtes Produktionssoll zu erfüllen, dann wurden die Geräte notdürftig „zusammengehauen", falsche Teile eingebaut und fehlende Teile aus schon fertigen Fernsehern wieder ausgebaut. Am Ende des Monats war das „Soll" erfüllt und die Prämie gesichert, aber dafür explodierten alleine in Moskau jedes Jahr 2000 Fernseher. In einem Fall soll eine Fabrik für Nägel ihr Jahressoll von 10.000 kg Nägeln sogar in der Weise erfüllt haben, dass sie einen einzigen Nagel von 10.000 kg Gewicht produziert hat (Beispiel aus *Milgrom/Roberts* [Economics] 14).

Auch wenn letztere Geschichte vermutlich erfunden ist, so verdeutlicht sie doch, wie schwierig es ist, eine Anreizstruktur zu entwickeln, die nicht von Agenten bewusst fehlinterpretiert werden könnte. Den sowjetischen

Planungsbehörden ist dies auch in Jahrzehnten nicht gelungen. Auch Anreizsysteme lassen also Lücken, die durch das Vertrauen überbrückt werden müssen, dass die Agenten die Vereinbarungen nicht böswillig fehlinterpretieren.

4.5.3.3 Vertrauen auf der Basis von Informationen und Interessenkongruenz

So wie Kontroll- und Anreizsysteme fast immer ergänzend auf Vertrauen angewiesen sind, so stützt sich Vertrauen auch auf die Möglichkeit von Kontrollen und die Idee harmonischer Interessen. Da Vertrauen immer riskant ist, wird es nicht blindlings plaziert.

Der **Prinzipal** wird versuchen, die Vertrauenswürdigkeit des Agenten einzuschätzen, das heißt **Maßnahmen zur Senkung der Informationsasymmetrie** stützen das Vertrauen.

Vor Vertragsschluss hält der Prinzipal Ausschau nach vertrauenerweckenden Signalen.

Beispiele:
Die Praxis mancher Unternehmen, in leitende Positionen nur Familienangehörige zu übernehmen, könnte als Versuch angesehen werden, ohne lange Suche vertrauenswürdige Agenten zu bekommen. Als Information reicht die Zugehörigkeit zu einer Familie. Viele Menschen verlassen sich bei der Suche nach einem Arzt oder Anwalt, also nach Personen, denen man vertrauen muss, besonders auf Empfehlungen von Freunden.

Die persönliche Kenntnis des Agenten oder die Erfahrungen von anderen, denen man wiederum vertraut, das sind besonders starke Argumente für die Vermutung der Vertrauenswürdigkeit des Agenten. Oder man vertraut auf Zeugnisse und Garantien von Institutionen, denen man vertraut. Als Käufer achtet man bspw. auf Qualitätssiegel vom TÜV oder ähnlichen Kontrollinstitutionen.

Nach Vertragsschluss können zunächst durchaus Kontrollmaßnahmen eingesetzt werden, die dann aber bei guten Erfahrungen durch Vertrauen abgelöst werden. Die Kontrolle wird ersetzt durch die Extrapolation der guten Erfahrungen in die Zukunft.

Beispiel:
Die Vereinbarung einer Probezeit bei Arbeitnehmern könnte als eine solche Kontrollphase angesehen werden, die dann abgelöst wird von einer langfristigen Festanstellung.

Oder man verzichtet von Anfang an auf Kontrollen und gibt dem Agenten einen Vertrauensvorschuss, der nur bei negativen Erfahrungen wieder eingezogen wird. Die Möglichkeit der negativen Erfahrung muss allerdings gegeben sein. Das heißt man verzichtet zwar auf direkte Verhaltenskontrollen, muss aber über die Ergebnisse des Agenten irgendwelche Rückschlüsse auf sein Verhalten ziehen können, um überhaupt beurteilen zu können, ob die Erfahrung nun gut oder schlecht ist. Durch längere Interaktion und die Beobachtung vieler Ergebnisse und/oder durch Vergleich seiner Ergebnisse mit denen anderer Agenten lassen sich im Laufe der Zeit vermutlich solche Rückschlüsse auf das Verhalten des Agenten (etwa sein Anstrengungsniveau) ziehen, auch wenn er im Einzelfall schlechte Ergebnisse auf widrige Umweltzustände abwälzen kann.

Der **Agent** wird seinerseits versuchen, vor Vertrag **Vertrauenswürdigkeit zu signalisieren**. Er kann dabei auf die guten Erfahrungen anderer Prinzipale, also auf seine Reputation, verweisen. Ein Indiz für die Vertrauenswürdigkeit ist auch das langjährige Bestehen eines Unternehmens, weil der langanhaltende Erfolg indirekt auf die Zufriedenheit bisheriger Kunden hinweist. Wenn Unternehmen mit ihrer langen Tradition werben, ist das ein Signal für Vertrauenswürdigkeit. Ebenso signalisiert der Begriff des „Familienunternehmens" Vertrauenswürdigkeit, weil damit die Vorstellung einer persönlichen Haftung und Bindung der Firmenleitung verbunden wird. Ein weit verbreitetes Signal für Vertrauenswürdigkeit ist schließlich der Hinweis darauf, dass sich der Agent freiwillig Kontrollen unterwirft, wobei besonders die Kontrollen von unabhängigen Dritten glaubwürdig wirken. Waren mit sog. Vertrauenseigenschaften können eigentlich nur mit solchen Qualitätssiegeln verkauft werden.

Nach Vertragsschluss hat der Agent viele Chancen, seine Vertrauenswürdigkeit unter Beweis zu stellen. Er kann sich ehrlich, fleißig, fair, zuverlässig, hilfsbereit, kooperativ und wohlwollend verhalten. Eine stabile Präferenz für vertrauenswürdiges Verhalten kann er besonders dann unter Beweis stellen, wenn er auf eigene Vorteile (z. B. Vermeiden von Arbeitsleid) verzichtet, um das Nutzenniveau des Prinzipals zu heben und somit einen – zunächst jedenfalls – kostenlosen Nutzentransfer leistet. Der Prinzipal kann daraus ablesen, dass der Agent auch intrinsisch (aufgrund innerer Werte) motiviert ist, sich vertrauenswürdig zu erweisen, was die positive Verhaltenserwartung des Prinzipals stabilisiert (vgl. *Ripperger* [Ökonomik] 147).

Ein vertrauensvoller Prinzipal wurde definiert als jemand, der bewusst ein Verhaltensrisiko eingeht und dabei ganz oder teilweise auf mögliche Sicherungsmaßnahmen verzichtet. Der vertrauensvolle Prinzipal wird den Agenten nicht nur weniger kontrollieren, er wird sich auch weniger darum bemühen, die Motivation des Agenten durch ausgeklügelte materielle Anreizsysteme zu beeinflussen. Er erwartet auch von einem Mitarbeiter, der ein festes Gehalt bezieht, dass dieser nicht jeden unbeobachteten Moment zur Drückebergerei nutzt. Ein solches Vertrauen wird gestützt durch die Überlegung, dass es auch ohne eine direkte materielle Entschädigung für den Agenten vielerlei Anreize geben kann, im Interesse des Prinzipals zu handeln. Der Agent, der auf Opportunismus verzichtet und sich als vertrauenswürdig erweist, gewinnt häufig mehr als er verliert. Zunächst kann er sich auf diese Weise den guten Ruf, die **Reputation,** erwerben, die ihm sowohl bei der Fortsetzung bestehender Kooperationen als auch beim Abschluss neuer Geschäfte so hilfreich ist, weil Prinzipale vertrauenswürdige Agenten schätzen. Ist das Vertrauen einmal gefestigt, kann der Agent sich Kosten und Mühen für das Signalling nach außen und das Reporting nach innen sparen. Außerdem erwirbt er sich das Recht auf Handlungsfreiräume, was für viele Agenten in sich schon einen Wert darstellt (man „genießt" Vertrauen). Weiterhin baut der Agent **soziales Kapital** auf. Aufgrund der in allen Kulturen fest verankerten Reziprozitätsnorm kann er sich berechtigte Hoffnungen machen, dass sein vertrauenswürdiges Verhalten vom Prinzipal gewürdigt und mit ebenso vertrauenswürdigem Verhalten beantwortet wird. Sein Verzicht auf Opportunismus ist eine unentgeltliche Vorleistung, die den Begünstigten allerdings sozial verpflichtet, die „Schulden" bei Gelegenheit zurückzuzahlen. So erwirbt sich der Besitzer von sozialem Kapital häufig ein gewisses Anrecht, auf das Human-, Sach- und Informationskapital des Begünstigten bei Gelegenheit zurückzugreifen und so seine eigenen Ressourcen zu potenzieren.

Beispiel:
Der Landwirt, der seinem Nachbarn mit Gerätschaften und Arbeitszeit ausgeholfen bat, kann darauf zählen, dass auch dieser ihm in Notfällen beispringen wird (vgl. *Ripperger* [Ökonomik] 166).

Schließlich kann der Agent auch noch einen **psychischen Nutzen** aus seinem vertrauenswürdigen Verhalten ziehen. Ein gutes Gewissen, Zuneigung, Anerkennung und Freude des Prinzipals oder Dritter, auch das sind Belohnungen für vertrauenswürdiges Verhalten.

Aufgrund dieser Anreize ist der Interessengegensatz von Prinzipal und Agent häufig nicht so groß, wie es die Ökonomik postuliert. Für beide Seiten kann es interessant sein, sich vor Vertrag darüber klar zu werden, inwieweit **harmonische Interessen** jenseits direkter finanzieller Auszahlungen bestehen. Auf die Wirksamkeit psychischer Kosten kann z. B. ein Prinzipal hoffen, der eine gefühlsmäßige Bindung zum Agenten aufgebaut hat. Ein Vertrauensbruch gegenüber einer Person, die einem nahesteht und die man sympathisch findet, „kostet" besonders viel. Außerdem ist vertrauenswürdiges Verhalten eher zu erwarten, wenn die Kooperation über längere Zeit fortgesetzt oder mehrfach wiederholt werden soll und wenn der Prinzipal ebenfalls Möglichkeiten hat, sich dem Agenten gegenüber als vertrauenswürdig zu erweisen und ihm zu nutzen. Der Agent kann vor Vertrag auf harmonische Interessen hindeuten, indem er sich an einer langfristigen Zusammenarbeit interessiert zeigt oder indem er auf seine gute Reputation verweist, die er nicht leichtfertig aufs Spiel setzen wird.

Nach Vertrag kann das Vertrauen gestärkt werden, indem sich Prinzipal und Agent reziprok altruistisch verhalten und immer wieder vertrauensvoll in Vorleistung gehen. Der Mitarbeiter, der das Vertrauen seines Vorgesetzten genießt, kann dieses Vertrauen erwidern, indem er spezifisches Humankapital aufbaut und damit ein **Commitment** eingeht. Er nutzt damit dem Prinzipal, macht sich aber selbst verletzlicher gegen Ausbeutung, d. h. er zeigt Vertrauen. Der Vorgesetzte, der auf die Möglichkeit der Ausbeutung verzichtet, bestärkt das Vertrauen. Mit jedem Akt, in welchem sich Vertrauen als gerechtfertigt erweist, wird das Vertrauen stärker und es wird transaktionsspezifisches Sozialkapital angehäuft. Die Angst vor dem Verlust dieses Kapitals schützt die Transaktion. Zudem setzt der Agent durch Opportunismus vielleicht nicht nur das transaktionsspezifische Sozialkapital aufs Spiel. Er läuft auch Gefahr seine Reputation zu verlieren, wenn der Prinzipal andere potenzielle Vertragspartner über den Vertrauensbruch informieren kann (vgl. *Ripperger* [Ökonomik] 192 ff.). Auch jenseits vertraglich fixierter, materieller Anreizsysteme gibt es also eine Vielzahl von Gründen, die Ziele von Prinzipal und Agent für teilweise harmonisch zu halten.

	Prinzipal	Agent
Vor Vertragsschluss	Suche nach vertrauenserweckenden Signalen (Beispiele: Zugehörigkeit zu einer bestimmten Familie oder Gruppe, persönliche Empfehlungen von anderen, Zeugnisse von vertrauenswürdigen Institutionen...)	Vertrauenswürdigkeit signalisieren (Beispiele: Verweis auf Reputation, auf langjähriges Bestehen – Traditionsunternehmen – oder auf persönliche Haftung – Familienunternehmen - , Zeugnisse vorlegen...)
Nach Vertragsschluss	Kontrollen nur anfänglich und Extrapolation guter Erfahrungen; Verzicht auf Kontrollen und Vertrauensvorschuss; Aufbau persönlicher Bindung (Beispiele: Vertrauensarbeitszeit und Selbst-organisation zulassen, langfristige Zusammenarbeit, wertschätzender Umgang, Verzicht auf Drohungen...)	Möglichkeiten zu Opportunismus nicht ausnutzen; Reputation und Sozialkapital aufbauen (Beispiele: fair verhalten, ehrlich sein, Bindungen eingehen, hilfsbereit sein, Notsituationen nicht für Nachverhandlungen nutzen...)

Abb. 11: Vertrauen als Lösungsmöglichkeit von Agencyproblemen

4.5.3.4 Inwiefern verändert Vertrauen das Menschenbild des Homo Oeconomicus?

Obwohl Vertrauen durch Kontrollen und Interessenkongruenz flankiert wird, setzt diese Lösungsmöglichkeit für Agencyprobleme im Grunde bei der dritten Prämisse von Agencyproblemen an, nämlich am Verhaltensmodell des Homo Oeconomicus. Gegenüber dem in der Institutionenökonomik vor-ausgesetzten Menschenbild ergeben sich bei Einbeziehung des Vertrauens zwei Änderungen:

▸ eine Erweiterung des Nutzenbegriffs
▸ und die Möglichkeit des regelgeleiteten Handelns.

Bereits bei der allgemeinen Darstellung des Homo Oeconomicus-Modells im ersten Teil dieses Buches wurde auf das Problem hingewiesen, das entsteht, wenn man dem Homo Oeconomicus lediglich ganz allgemein das Ziel der Nutzenmaximierung unterstellt, ohne den Nutzen inhaltlich zu präzisieren. Die Reaktion auf bestimmte Anreize lässt sich unter diesen Bedingungen nicht mehr präzise vorhersagen. Die Ökonomik muss sich daher auf be-stimmte Formen des Nutzens festlegen, wenn sie Verhaltensprognosen machen und daraus Gestaltungsempfehlungen z. B. für die Gestaltung von Anreizsystemen ableiten will.

Der Principal-Agent-Ansatz ignoriert viele Formen des Nutzens, die zu ei-ner Annäherung der Ziele von Prinzipal und Agent führen und die Vertrauen rechtfertigen. Der Nutzen, den der Agent aus der Freude und Zufriedenheit des Prinzipals ziehen kann, der Nutzen aus einem guten Gewissen, der unmittelbare Nutzen aus Handlungsfreiräumen, der Nutzen aus Stolz über eine gelungene Arbeit, der Nutzen aus Reputation und Sozialkapital, all das wird beiseite gelassen. Um der Möglichkeit mathematischer Modelle willen kennt der Agent der NIÖ meistens nur zwei Arten von Nutzen: Arbeitsleid vermeiden und Geld einnehmen. Außerdem wird oft nur eine einzelne isolierte Transaktion betrachtet, wodurch die Wirkung der Reputation beiseite gelassen werden kann. Auch der vertrauenswürdige Agent kann durchaus Vorteile aus seinem Verhalten ziehen wollen, darin unterscheidet er sich nicht vom Homo Oeconomicus. Aber er kennt **mehr Arten von Nutzen.** Und er kann auch vorhersehen, dass sich ein momentaner Nutzenverzicht in der Zukunft wahrscheinlich einmal auszahlt.

Eine stärkere Abweichung vom Modell des Homo Oeconomicus ist darin zu sehen, dass man beim vertrauenswürdigen Agenten auch **regelgeleitetes Handeln** unterstellt. Der Prinzipal kontrolliert möglicherweise zu Beginn einer Beziehung den Agenten. Wenn er Vertrauen gefasst hat, verlässt er sich darauf, dass der Agent in Zukunft auch ohne Kontrollen weiterhin in seinem Sinne handelt. Er muss also davon ausgehen, dass es nicht die Kontrolle ist, die den Agenten zu dem vertrauenswürdigen Verhalten veranlasst, dass vielmehr der Agent von sich aus so handelt. Er informiert sich durch die Kontrolle nur über diese intrinsische Motivation, die er in der Folge voraussetzt. Der Agent reagiert auf den Wegfall der Kontrollen nicht mit Anpassungsentscheidungen. Er bleibt bei seinem vertrauenswürdigen Verhalten. Genausowenig reagiert der vertrauenswürdige Agent mit Verhaltensänderungen auf jede Änderung seiner „Auszahlungen" in Form von Nutzen. Der vertrauende Prinzipal mag sich durchaus Gedanken darüber machen, ob der Agent auch Nutzen aus einem vertrauenswürdigen Verhalten ziehen kann und sein Vertrauen darauf stützen. Er kann aber nicht den kompletten Nutzenkalkül des Agenten nachvollziehen. Und vor allem erwartet er ein stabil vertrauenswürdiges Verhalten auch dann, wenn es sich einmal nicht für den Agenten auszahlt.

Wenn Vertrauen die Transaktionen erleichtern soll, darf es weder von Seiten des Prinzipals noch von Seiten des Agenten aufwändige Kalküle erfordern. Vielmehr sollte der Agent eine Präferenz für vertrauenswürdiges Verhalten haben. Er handelt etwa nach der inneren Regel „ehrlich währt am längsten" und verhält sich immer ehrlich gegenüber dem Prinzipal, ohne in jedem Fall zu berechnen, ob er damit seinen Nutzen maximiert.

Ein solches regelgeleitetes Verhalten passt nicht ohne weiteres zum Menschenbild der Ökonomik, denn sie erwartet vom Menschen immer kalkulierte Anpassungsentscheidungen an die situativen Umstände (vgl. *Kirchgässner* [Homo] 18; einschränkend allerdings 33). Die fundamentale Entscheidung eines Agenten für vertrauenswürdiges Verhalten kann aber selbst wiederum als rational angesehen werden, auch wenn er damit möglicherweise auf Nutzengewinne durch nicht sanktionierten Opportunismus verzichtet. Er kann sich nämlich durch seine Verhaltensstandardisierung die Kosten und Risiken situativer Entscheidungen sparen. In einer Welt, in der Informationen nicht kostenlos zu beschaffen sind und die Rationalität der Akteure begrenzt ist, ist dies ein gewichtiges Argument zugunsten regelgeleiteten Verhaltens (vgl. *Ripperger* [Ökonomik] 216). Der gegen situative Opportunismus-Chancen durch innere Regeln weitgehend immunisierte Agent ist zugleich ein sehr attraktiver Vertragspartner aus Sicht des Prinzipals, weil dieser sich dadurch ebenfalls Kosten und Risiken ersparen kann. Vertrauen und Vertrauenswürdigkeit lösen das Agencyproblem besonders kostengünstig.

Idealtypischer Homo Oeconomicus	Realer Mensch
Der idealtypische HO kennt nur materiellen Nutzen. Er will sein Einkommen maximieren. Als Arbeitnehmer will er Arbeit vermeiden, weil sie ihm „Leid" verursacht.	Der reale Mensch erlebt Nutzen aus Freude und Zufriedenheit seiner Mitmenschen, aus einem guten Gewissen, aus einem guten Ruf, aus sozialen Beziehungen... Als Arbeitnehmer kennt er Stolz auf eine gute Arbeit, intrinsische Motivation und Arbeitsfreude, Kollegialität, Freude an Selbstbestimmung...
Der idealtypische HO reagiert sofort auf Änderungen in den Restriktionen. Er passt sich an veränderte Kosten und Auszahlungen permanent an. Er verhält sich opportunistisch, wenn es ihm nutzt.	Der reale Mensch lässt sich von inneren Regeln leiten und will nicht permanent entscheiden. Zur Regeleinhaltung kann ihn auch eine persönliche Bindung motivieren und/oder die Überzeugung von der normativen Legitimität der Regeln. Der reale Mensch hat moralische Regeln verinnerlicht, die ihn vom Opportunismus abhalten.

Abb. 12: Abweichungen vom Modell des Homo Oeconomicus

4.6 Die Agency Costs als Bewertungskriterium für die Lösungsalternativen

Die Vielzahl der Lösungsmöglichkeiten für die Agencyproblematik führt zu einem Entscheidungsproblem. Welche Maßnahme ist die beste? Als Maß für die Vorteilhaftigkeit einer Alternative werden die Agency Costs genannt. Die Alternative mit den geringsten Agency Costs ist zu wählen. Die **Agency**

Costs werden von *Jensen/Meckling* (vgl. [Theory] 308) definiert als die Summe aus

- ▸ den Ausgaben des Prinzipals, um das Verhalten des Agenten in seinem Sinne zu beeinflussen (also Kosten der Beobachtung, Kosten für Prämienlöhne, Kosten für die explizite Vorgabe von Regeln usw.), **monitoring costs** genannt,
- ▸ den Ausgaben des Agenten, um seinerseits die Informationsasymmetrie zu senken oder Zielharmonie herbeizuführen (also Kosten für Signalling, Reporting, Commitment usw.), die sog. **bonding costs**
- ▸ und dem **residual loss,** das ist die Differenz zwischen den aus Sicht des Prinzipals besten Entscheidungen und Handlungen des Agenten und dessen tatsächlichen Entscheidungen und Handlungen (also z. B. die Differenz zwischen einem optimalen und dem tatsächlichen Anstrengungsniveau).

Da das Kalkül der Agency-Kosten aus der Sicht des Prinzipals stattfindet, kann man sich fragen, warum er die Kosten des Agenten in seine Bewertung einbeziehen sollte. Das ist nur sinnvoll, wenn der Prinzipal letztlich auch die Kosten des Agenten trägt (vgl. *Jensen/Meckling* [Theory] 328). Tatsächlich ist diese Annahme häufig gerechtfertigt. Als Kunde (Prinzipal) zahlt man einen höheren Preis für ein Produkt, dessen Qualität der Verkäufer (Agent) garantiert. Als Arbeitgeber (Prinzipal) zahlt man höhere Löhne an einen Mitarbeiter (Agent), der mit guten Zeugnissen seine Leistungsfähigkeit signalisiert. Und wenn die Manager (Agenten) ihre Entscheidungen durch Berichterstattung rechtfertigen, dann geschieht dies in der vom Eigentümer (Prinzipal) bezahlten Arbeitszeit.

Zwischen den Kosten des Prinzipals für seine persönlichen Sicherungsmaßnahmen, den Kosten, die er indirekt trägt für die Sicherungsmaßnahmen des Agenten und dem residual loss wird eine trade-off-Beziehung vermutet. Der Prinzipal kann den residual loss zwar senken, muss aber dafür höhere Kosten etwa für die Beobachtung des Agenten, für Prämienzahlungen oder Garantien in Kauf nehmen. Vice versa: Wenn er nicht bereit ist, für Sicherungsmaßnahmen zu zahlen, wird der residual loss steigen. Minimierung der Agency-Kosten kann also nur heißen, dass man die Höhe eines erwünschten residual loss fixiert und dann nach den Maßnahmen sucht, die das Ziel mit minimalem Aufwand erreichen.

So einleuchtend das Effizienzkriterium auf den ersten Blick erscheint, so schwierig ist eine exakte Anwendung. Folgende **Probleme** treten auf:

▸ **Bestimmung des residual loss.** Die Qualität der Aktivitäten des Agenten werden gemessen an einem fiktiven Ideal, nämlich der Entscheidung oder Handlung, die der Prinzipal selbst gewählt hätte bei vollständiger Information. Die Differenz zu einer objektiv besten Aktivität lässt sich aber in vielen Fällen vom Prinzipal nicht feststellen, weil er diese objektiv beste Aktivität gar nicht kennt. Er hat die Aktivität an den Agenten delegiert, weil dieser über mehr Wissen und Können verfügt als er selbst. Wenn der Prinzipal ganz genau wüsste, wie der Agent hätte agieren sollen, dann hätte er ihm diese Handlungsweisen auch exakt vorschreiben können. Die Informationsasymmetrie und damit das ganze Agencyproblem wären gering.

▸ **Abschätzung der Wirkung der Sicherungsmaßnahmen.** Der Prinzipal muss die funktionalen Zusammenhänge zwischen bestimmten Sicherungsmaßnahmen und der Qualität der Agenten-Aktivität herausfinden. Er muss die exakten Reaktionsfunktionen des Agenten auf Kontrollen, auf materielle Belohnungen und Bestrafungen kennen. Er kann z. B. ausrechnen, wann die Grenzkosten seiner Kontrolle dem Grenznutzen aus reduziertem consumption on the job gleich werden (vgl. *Jensen/Meckling* [Theory] 330). Auch dies ist eine sehr unwahrscheinliche Informationsprämisse (vgl. *Müller* [Agency-Theorie] 67).

▸ **Beurteilung der Kosten der Sicherungsmaßnahmen.** Um die verschiedenen Maßnahmen miteinander vergleichen zu können, müssen sie auf den gemeinsamen Nenner „Kosten" gebracht werden. Aber wie berechnet man z. B. die Kosten der Beobachtung des Agenten? Zählen die Opportunitätskosten, also der Nutzenentgang, weil man seine Zeit nicht mit anderen Tätigkeiten verbringen kann? Schwanken die Kosten dann ständig, je nachdem was der Prinzipal in diesem Moment gerne anderes gemacht hätte? Gehören auch die psychischen Kosten dazu, die entstehen, weil es vielen Menschen Unbehagen bereitet, andere zu kontrollieren?

Eine „Berechnung" der besten Maßnahme nach dem Kriterium der Agency Costs scheint angesichts dieser Probleme unrealisierbar. Zumal wenn man sich vor Augen hält, dass die meisten Agencyprobleme in der Realität gleich in mehrfacher Hinsicht komplex sein werden. Der Alltag im Unternehmen ist bestimmt von mehrstufigen Beziehungen zwischen mehreren Prinzipalen und mehreren Agenten, die jeweils mehrere Aufgaben erledigen müssen und die bei weitem nicht über die Informationsverarbeitungskapazität verfügen, die ihnen von der Agencytheorie unterstellt wird.

Kritisch zu hinterfragen ist auch die grundsätzliche Annahme des trade-off zwischen den Kosten für Sicherungsmaßnahmen und dem residual loss. Ein Verzicht auf Sicherungsmaßnahmen wird nach dieser Logik immer mit einer Zunahme des residual loss bestraft. Mit dem Konzept des Vertrauens wurde aber eine reale und häufig praktizierte Möglichkeit angesprochen, gerade durch einen Verzicht auf Sicherungsmaßnahmen die Agenten zu motivieren. Wird die trade-off Annahme aufgegeben, erscheint gerade Vertrauen als eine sehr kostengünstige Möglichkeit zur Bewältigung der Agencyprobleme.

Schließlich erscheint am Konzept der Agency Costs noch eines bedenklich, nämlich die ausschließlich negative Beurteilung der Agencybeziehung. Es gibt überhaupt keinen **Agency-Nutzen,** sondern bestenfalls einen relativ kleinen Verlust des Prinzipals. Im Grunde werden alle Vorteile der Arbeitsteilung negiert, denn der Agent kann immer höchstens so gut sein, wie der Prinzipal selbst. Warum, so fragt man sich, werden so viele Aufgaben auf Agenten übertragen, wenn der Prinzipal sich durch aufwändige und kostspielige Sicherungsmaßnahmen im besten Fall einen relativ kleinen Verlust erkaufen kann?

Die Agencytheorie hat das – zweifellos berechtigte – Interesse, auf die Probleme der Interaktion zwischen den Wirtschaftssubjekten in einer arbeitsteiligen Wirtschaft hinzuweisen. Darin ist sie realistischer als die neoklassische Mikroökonomik, die diese Probleme wegdefiniert. Über den Problemen scheint sie aber die Vorteile der Arbeitsteilung völlig zu vergessen. Niemand kann sein eigener Anwalt, Chirurg, Automechaniker, Schuhmacher, Bäcker, Anlageberater, Grafikdesigner usw. gleichzeitig sein. Dafür gibt es Experten, die diese Aufgaben weitaus besser lösen. Das ist die positive Seite der Informationsasymmetrie, dass andere etwas besser wissen und können als man selbst und dass man aus diesem Wissen und Können Nutzen ziehen kann. Statt von Informationsasymmetrie könnte man auch positiv vom **Wissensvorsprung** des Agenten sprechen, der nicht bedrohlich, sondern vor allem nützlich ist. Nach der Misstrauenslogik der bisherigen Agencytheorie wäre es immer besser, wenn die Informationsasymmetrie gesenkt würde. Man dürfte dann hoffen, mit Hilfe des Agenten annähernd so gute Ergebnisse zu erzielen, wie man sie durch Selbermachen erzielen könnte. Eine ganz andere Sichtweise sieht so aus: Der Wissensvorsprung des Agenten ist für den Prinzipal nützlich. Er sollte darauf achten, dass der Agent den Wissensvorsprung entfalten und ausbauen kann, weil sich dadurch für den Prinzipal ein Nutzen ergibt, den er alleine niemals erzielen könnte.

Der Wechsel der Sichtweise – vom residual loss zum Agency-Nutzen – ist keineswegs eine marginale Begriffsspielerei. Vielmehr ergeben sich daraus ganz unterschiedliche Gestaltungsempfehlungen u. a. für die Organisationsstruktur.

F. W. Taylor hielt z. B. das Problem der „Drückebergerei" in den Fabriken für besonders bedrohlich. Auch war er der Meinung, dass sich die einzig richtige Art eine Aufgabe zu verrichten und ein optimales Pensum durch die Ingenieure wissenschaftlich ermitteln lasse. Sein Denken entsprach genau der Idee der Agency Costs. Die Agenten konnten bestenfalls – durch ganz genaue Beobachtung und Kontrolle sowie Leistungsprämien – dazu gebracht werden, ein feststehendes optimales Ziel annähernd zu erfüllen. Die Struktur musste in erster Linie „kontrollfreundlich" sein, was sich in einer exzessiven Arbeitsteilung und einer ausgeprägten Hierarchie niederschlug. Informationsasymmetrie war ausschließlich bedrohlich und das Wissen musste aus den Köpfen der Agenten geholt werden. Das tayloristische Strukturmodell (vgl. dazu *Bea/Göbel* [Organisation] 82 ff.) gilt heute als überholt. Moderne Organisationsstrukturen verstehen sich in vielem als Gegenmodell zum Taylorismus. Den Agenten werden größere zusammenhängende Prozesse übertragen, die Hierarchie wird verflacht, der Entscheidungsspielraum vergrößert, Kontrollen zurückgefahren, Selbstverantwortung gefordert. Das verstärkte Multi-Tasking erschwert die Anwendung gezielter monetärer Anreize. Aus Sicht der Agencytheorie muß ein solches Vorgehen außerordentlich riskant sein. Dass es dennoch praktiziert wird und entsprechend organisierte Unternehmen erfolgreicher sind als tayloristisch strukturierte, kann nur mit dem Agency-Nutzen zusammen hängen, der sich in solchen Strukturen anscheinend besser entfaltet. Die Agenten bekommen die Gelegenheit, ihr Wissen und Können frei zu entfalten, anstatt durch Vorschriften und Kontrollen und ausgeklügelte Verträge vom Prinzipal gegängelt zu werden.

Zusammenfassung

▸ Principal-Agent-Beziehungen treten überall dort auf, wo eigennutzmaximierende Menschen sich durch ihr Handeln gegenseitig schaden können und nur über unvollständige und asymmetrisch verteilte Informationen verfügen.

▸ Am häufigsten werden von der Agencytheorie Dienst- und Werkverträge untersucht, also das Verhältnis von einem Auftraggeber (Prinzipal) und einem Auftragnehmer (Agent). Es wird meistens die Problemsicht des Prinzipals eingenommen.

▸ Typische Agencyprobleme sind bspw. eine falsche Auswahl des Agenten, Drückebergerei des Agenten, Veruntreuung von Gütern des Prinzipals, Nötigung des Prinzipals.

▸ Principal-Agent-Beziehungen sind in der Realität häufig viel komplexer als in den Modellen der Agencytheorie. Mehrere Agenten interagieren mit mehreren Prinzipalen in mehrstufigen Beziehungen über längere Zeit und sollen gleichzeitig mehrere Aufgaben erfüllen. Außerdem verfügen sie nur über begrenzte Rationalität und können keine beliebig komplexen Verträge schließen.

▸ Lösungen der PA-Problematik können daran ansetzen, die Informationslage des Prinzipals zu verbessern und die Informationsasymmetrie auszugleichen. Informationsbemühungen können vom Prinzipal ausgehen (screening, monitoring) oder vom Agenten (signalling). Oder es wird versucht, die Zielkonflikte zwischen Prinzipal und Agent über geschickte Anreizgestaltung zu mildern. Schließlich kann die Problemlösung auch am Menschenbild des Homo Oeconomicus ansetzen. Der Prinzipal vertraut darauf, dass der Agent nicht jede Möglichkeit zum eigennützigen Opportunismus nutzen wird.

▸ Als beste Lösung gilt die, welche die Agency-Costs minimiert. Diese Kosten setzen sich zusammen aus Kosten des Prinzipals und Kosten des Agenten, die sich aus deren Bemühungen um Problemlösung ergeben. Die Agency-Costs sind in der Realtität kaum zu quantifizieren.

▸ Es wird ein trade-off vermutet zwischen der Höhe der Agency-Costs und einem „residual loss". Dieser residual loss ist die Differenz zwischen zwischen einer aus Sicht des Prinzipals besten Leistung und der tatsächlichen Leistung des Agenten. Den residual loss kann der Prinzipal in der Regel nicht quantifizieren, weil er die bestmögliche Leistung nicht genau bestimmen kann. Er hat ja die Leistung an einen Agenten delegiert, weil dieser über mehr Wissen und Können in Bezug auf die übertragene Aufgabe verfügt. Die positive Seite eines solchen Wissensvorsprungs wird vom PA-Ansatz nicht gesehen.

Im drittem Teil des vorliegenden Buches wird diese Kritik noch einmal aufgegriffen und vertieft. Zunächst aber soll noch der dritte zentrale Anatz der NIÖ vorgestellt werden: der Transaktionskostenansatz.

Kapitel 5

Der Transaktionskostenansatz

„Das ökonomische Gegenstück zur Reibung sind Transaktionskosten" (Williamson [Institutionen] 1).

5.1 Transaktionen und Transaktionskosten

Die Analyseeinheit der Transaktionskostentheorie ist die Transaktion. Was eine Transaktion ist, wird allerdings – wenn es überhaupt ausdrücklich thematisiert wird – recht unterschiedlich abgegrenzt, woraus sich auch Unterschiede in der Abgrenzung der Transaktionskosten ergeben. Die Abbildung 13 vermittelt einen Überblick über verschiedene Definitionen von Transaktionen und Transaktionskosten, die anschließend erläutert werden.

Transaktionen	Transaktionskosten
• Abschluss eines Kaufvertrages • Übertragung von Verfügungsrechten durch Vertrag (Kaufvertrag, Mietvertrag, Dienstvertrag...) • Benutzung des Marktes • Übertragung von Gütern und Leistungen und den zugehörigen Rechten über eine technisch trennbare Schnittstelle hinweg (auf Märkten und in Unternehmen) • Definition, Durchsetzung und Übertragung von Verfügungsrechten • Gründung, Erhaltung, Nutzung und Veränderung von Institutionen	• Kosten des Kaufvertrages • Kosten aus der vertraglichen Übertragung von Verfügungsrechten • Kosten der Marktbenutzung • Kosten der Arbeitsteilung (Marktbenutzungskosten und Hierarchie- und Bürokratiekosten) • Kosten der Definition, Durchsetzung und Übertragung von Verfügungsrechten • Kosten der Organisation des Zusammenlebens von Menschen

Abb. 13: Transaktionen und Transaktionskosten

Nach *Commons* ist eine Transaktion „die zwischen Einzelpersonen stattfindende Entäußerung und Erwerbung der *Rechte* zukünftigen Eigentums an physischen Sachen" ([Institutional] 58). Nach enger Auslegung ist eine **Transaktion der Abschluss eines Kaufvertrages** und Transaktionskosten (im folgenden mit **TAK** abgekürzt) sind demnach die **Kosten, die**

entstehen, wenn man einen Kaufvertrag abschließen will. Im Einzelnen sind dies Kosten für die Suche nach passenden Vertragspartnern und für die Informationen, die man über sie einholt, Kosten für die Vertragsverhandlungen und die Entscheidungsfindung (ex ante-Vertragskosten), Kosten für die Überwachung der Vertragseinhaltung, die Anpassung des Vertrages an veränderte Bedingungen und die Kosten für die Durchsetzung des Vertrages bei Streitigkeiten (ex post-Vertragskosten). Wer schon einmal eine Immobilie erworben hat weiß, dass die Kosten des Kaufvertrages erheblich sein können.

Nach weiterer Auslegung des Transaktionsbegriffes von *Commons* ist **jede Übertragung von Verfügungsrechten durch Vertrag eine Transaktion** (vgl. *Commons* [Institutional] 64). Demnach wären **TAK alle Kosten, die sich aus einer vertraglichen Übertragung von Verfügungsrechten an andere ergeben.** Nicht nur Kaufverträge, sondern auch Darlehensverträge, Mietverträge, Arbeitsverträge, Pachtverträge usw. erzeugen TAK. Bei allen diesen Verträgen treten in ähnlicher Weise die oben beschriebenen Kosten wieder auf. Auch nach Mietern/Vermietern, Kreditgebern/Darlehensnehmern, Arbeitgebern/Arbeitnehmern usw. muss man suchen, man muss Informationen über sie einholen, Verträge mit ihnen aushandeln, diese evtl. anpassen, die Einhaltung überwachen und vielleicht seine Rechte einklagen oder auf andere Weise durchsetzen.

TAK werden auch umschrieben als **Kosten der Marktbenutzung** (vgl. *Coase* [Problem] 148) bzw. Kosten der Benutzung des Preismechanismus (vgl. *Coase* [Nature] 390). Daraus lässt sich schließen, dass eine **Transaktion immer vorliegt, wenn jemand den Markt benutzt.**

Bei allen oben genannten Vetragstypen wird zu einem bestimmten Zeitpunkt der Markt benutzt: der Mietwohnungsmarkt, der Konsumgütermarkt, der Geldmarkt oder der Arbeitsmarkt. Bei langfristigen Verträgen, insbesondere bei **Arbeitsverträgen**, ergibt sich allerdings die Besonderheit, dass einer vergleichsweise kurzen Phase bis zum Vertragsabschluss eine vergleichsweise lange Phase der vertraglichen Zusammenarbeit folgt. Arbeitgeber und Arbeitnehmer treffen sich bis zum Abschluss des Vertrages auf dem Arbeitsmarkt. Sie nehmen Vorvertragskosten (ex ante-TAK) auf sich, wie Kosten für Stellenanzeigen in der Zeitung, Kosten für Assessment Center, Kosten für Reisen zu Vorstellungsgesprächen und Vertragsverhandlungen usw. Die Begegnung auf dem Arbeitsmarkt ist aber nur eine Episode in einem möglicherweise Jahrzehnte währenden Arbeitsverhältnis. Die Nachvertragsphase der Überwachung, Anpassung und Durchsetzung der gewünschten Leistungen (mit den anfallenden ex post-TAK) ist weitaus bedeutsamer als die Vorvertragsphase, und sie kann nicht mehr gut als „Phase der Marktbenutzung" bezeichnet werden. Nicht alle TAK, die aus der Übertragung von Verfügungsrechten entstehen, sind also als Kosten der Marktbenutzung zu definieren. Vielmehr gehören zu den TAK auch Kosten, die von *Coase* als Administrationskosten (vgl. [Problem] 149) und von *Williamson* als Bürokratiekosten bezeichnet werden (vgl. [Institutionen] 169). Das sind die Kosten unternehmensinterner Organisation.

Neben der großen Bedeutung der Nachvertragsphase weist der Arbeitsvertrag noch eine weitere Besonderheit auf. Ein einzelner, sehr unvollständiger Vertrag (der Arbeitsvertrag) ersetzt quasi eine große Menge vollständiger Kontrakte über genau spezifizierte Einzelleistungen (vgl. *Williamson* [Markets] 4). Mit dem Arbeitsvertrag „kauft" der Arbeitgeber nicht einen Strom von im voraus genau bestimmten Einzelleistungen, sondern nur das Recht am Arbeitsvermögen des Arbeitnehmers. Der Arbeitgeber hat das Recht, die Leistung versprochener Dienste zu verlangen, wobei typischerweise die genauen Einzelheiten dieser Dienste (was soll wann, wo, womit, in welcher Menge usw. gemacht werden) per Anweisung bestimmt werden und nicht im Vertrag fixiert sind. Durch diese Anweisungen werden in der Folge sehr häufig ebenfalls Verfügungsrechtsübertragungen bewirkt, nur dass diese Umverteilung von Rechtspositionen nicht mehr über Verträge abgewickelt wird. z. B. weist der Vorgesetzte die Produktionsabteilung an, eine bestimmte Stückzahl von Fertigprodukten bis zu einem bestimmten Zeitpunkt an die Vertriebsabteilung zu liefern. Offensichtlich finden auf diese Art innerhalb der vertraglichen Arbeitsbeziehungen ständig weitere Transaktionen statt, die nicht mehr auf einzelne Verträge zurückzuführen sind.

Will man auch solche Transaktionen erfassen, muss der Begriff der Transaktion weiter als bisher abgegrenzt und vom Vertragsbegriff gelöst werden. „Eine Transaktion findet statt, wenn ein Gut oder eine Leistung über eine technisch trennbare Schnittstelle hinweg übertragen wird" heißt es bei *Williamson* ([Institutionen] 1). Die (physische) Übertragung von Gütern und Leistungen über eine Schnittstelle hinweg sowie die damit einhergehende Übertragung von Verfügungsrechten erzeugen TAK und zwar sowohl bei Übertragungen im Markt (mit Vertrag) als auch bei Übertragungen im Unternehmen (ohne Vertrag für die einzelne Transaktion). Während es im Transaktionsbegriff von *Commons* mehr auf die Übertragung von Verfügungrechten ankommt (die Transaktion also eher als juristischer Begriff aufgefasst wird), ist der Transaktionsbegriff von *Williamson* eher auf die physische Überrragung von Gütern und Leistungen bezogen. Rechte werden bei der Übergabe auch übertragen und wenn es oft auch nur das Recht des Gebrauchs (usus) ist und Eigentümer und Besitzer sich juristisch gesehen nicht ändern (nach § 855 BGB ist ein Arbeitnehmer der ein Halbfertigprodukt bearbeitet nicht der Besitzer dieses Produktes, selbst wenn er es in seiner tatsächlichen Gewalt hat). Der Aspekt der Rechtsübertragung spielt aber nicht die wesentliche Rolle bei *Williamsons* Transaktionsbegriff. TAK sind nach seiner Definition nicht mehr allein die Kosten aus dem Abschluss von Verträgen sondern ganz allgemein die **Kosten der Arbeitsteilung** (vgl. *Richter/Furubotn* [Neue] 55), weil die Arbeitsteilung den Zwang zur Übertragung von Produkten und Leistungen auf andere nach sich zieht und zwar sowohl im Unternehmen wie auch im Markt. Das heißt, es entstehen **sowohl Marktbenutzungskosten als auch Hierarchie- oder Bürokratiekosten.**

Der Begriff der TAK wird teilweise noch weiter gefasst. Nicht nur die Übertragung von Dingen und Leistungen über Schnittstellen hinweg erzeugt Kosten, sondern bereits die Definition und Durchsetzung einer Verfügungsrechtsverteilung, die ja schon vor einer Übertragung feststehen muss. Bevor etwa jemand ein Produkt oder ein Grundstück verkaufen kann, muss irgendwann einmal definiert worden sein, dass es ihm gehört. Außerdem hat er vielleicht ein Patent auf das Produkt angemeldet oder einen Zaun um das Grundstück gezogen, um eine widerrechtliche Benutzung zu verhindern, also um seine Rechte als Eigentümer durchzusetzen. Auch solche **Kosten der ursprünglichen Definition und Durchsetzung von Verfügungsrechten** werden teilweise zu den TAK gezählt (vgl. *Richter/Furubotn* [Neue] 46).

Schließlich ist noch eine Erweiterung des Transaktionsbegriffes und des TAK-Begriffes denkbar. Transaktionen können alle sozialen Handlungen genannt werden, die erforderlich sind für die **Gründung, Erhaltung, Benützung und Veränderung von Institutionen** (vgl. *Richter/Furubotn* [Neue] 48 f.). Die Schaffung einer Gesellschaftsordnung, der Erlass eines Gesetzes, die Einflussnahme von Lobbyisten auf die Politiker, die Gründung eines Vereins oder eines Unternehmens, die Eheschließung, die Festnahme eines Diebes, die Respektierung von ungeschriebenen Gesetzen der Nachbarschaftshilfe, der Ethikunterricht in den Schulen, all das und viel mehr kann zu den Transaktionen gezählt werden. TAK können demnach ebenfalls sehr weit als **Kosten der Organisation des Zusammenlebens**

von Menschen definiert werden. Eine solche enorme Ausdehnung des Transaktionsbegriffes scheint für unsere Zwecke nicht sinnvoll.

Die gebräuchlichste und im folgenden benutzte Definition ist die von *Williamson:*

> „Eine **Transaktion** findet statt, wenn ein Gut oder eine Leistung über eine technisch trennbare Schnittstelle hinweg übertragen wird", was sowohl alle über den Markt vermittelten Transaktionen umfasst als auch die im Unternehmen stattfindenden. Die **Transaktionskosten** umfassen demgemäß die Marktbenutzungskosten und die Hierarchiekosten.

Die Marktbenutzungskosten wurden bereits beschrieben. Zu den Hierarchie- oder Bürokratiekosten zählen die Kosten für die Leistungsmessung, die Steuerung und Kontrolle der Mitarbeiter und die Anreizsysteme im Unternehmen. Weiterhin wird den Mitgliedern der Bürokratie (der Unternehmung) eine Neigung zu mikropolitischen Strategien, Manipulationen und wechselseitigen Gefälligkeiten nachgesagt, die u.U. effiziente Entscheidungen verhindern (vgl. *Williamson* [Institutionen] 169 ff.). Das Unternehmen wird nicht als Produktionsfunktion verstanden, sondern als „Beherrschungs- und Überwachungssystem" (ebenda, 14).

Coase (vgl. [Nature]) wird aufgrund seiner „Entdeckung" der TAK häufig als Begründer der Neuen Institutionenökonomik angesehen. Tatsächlich liegt der Hauptunterschied zwischen der neoklassischen Mikroökonomik und der NIÖ in der Erkenntnis, dass es in einem arbeitsteiligen Wirtschaftssystem „Reibungskosten" gibt (*Williamson* [Institutionen] 1) bzw. dass es „Betriebskosten des Wirtschaftssystems" gibt *(Arrow* [Organization] 48). Nur die Akzeptanz dieser Kosten, eben der TAK, macht eine nähere Beschäftigung mit den Institutionen sinnvoll, denn der perfekte Markt der Neoklassik braucht keine Institutionen außer vollkommenen Kaufverträgen. Aufgrund dieser Überlegung könnten eigentlich alle hier behandelten Teilansätze der NIÖ als Transaktionskostentheorien bezeichnet werden (bei *Erlei/Leschke/Sauerland* [Neue] wird der Principal-Agent-Ansatz als Teil der Transaktionskostentheorie angesehen).

Mit der Einführung der TAK hat die mikroökonomische Modellwelt ihre grundlegendste Veränderung erfahren. Im folgenden soll der Transaktionskostenansatz (TAK-Ansatz) dennoch als ein dritter Ansatz neben den beiden anderen (VR-Ansatz, PA-Ansatz) behandelt werden. Denn neben der grundlegenden Gemeinsamkeit aller drei Ansätze, die in der Annahme der Existenz von TAK besteht, gibt es in den Einzelheiten der Annahmen und Folgerungen durchaus Unterschiede. Es handelt sich um ergänzende, nicht um deckungsgleiche Betrachtungsweisen der Probleme einer interaktiven Wirtschaft.

5.2 Probleme bei Transaktionen

5.2.1 Vergleich von Transaktionskostentheorie und Agencytheorie

Zu Problemen bei Transaktionen (i. S. von *Williamson)* kommt es unter folgenden Voraussetzungen:

▸ Die an der Transaktion Beteiligten können auf den Nutzen des jeweils anderen Einfluss ausüben, und sie haben (manchmal) konfliktäre Interessen. (**Interessenkonflikte, externe Effekte**)
▸ Die Beteiligten sind nur begrenzt rational (im Grunde besser: nur begrenzt informiert). Sie bemühen sich um rationale Entscheidungen (suchen z. B. nach Einsparmöglichkeiten), stoßen dabei aber auf die Grenzen ihrer Fähigkeiten zur Informationsaufnahme, -speicherung und -verarbeitung sowie ihrer sprachlichen Ausdrucksfähigkeit (vgl. *Williamson* [Markets] 21 f.). (**begrenzte Rationalität**)
▸ Die Umwelt, in der die Transaktionen stattfinden, ist so komplex und/ oder unsicher, dass die Grenzen der Rationalität für die Beteiligten erreicht werden. Sie können nicht mehr alle möglichen Entwicklungen überblicken und keine vollständigen Verträge schließen (vgl. *Williamson* [Markets] 22 ff.). (**Umweltunsicherheit**)
▸ Es gilt das Verhaltensmodell des Homo Oeconomicus. Die Beteiligten verfolgen ihr Eigeninteresse auch unter Zuhilfenahme von List, Täuschung, Lug, Betrug usw. *Williamson* bezeichnet dieses Verhalten als Opportunismus und unterscheidet es von der „schlichten" Verfolgung des Eigeninteresses, bei welchem ehrlich informiert wird und einmal abgegebene Versprechen auch gehalten werden (vgl. [Institutionen] 54 ff.). (**Gefahr des Opportunismus**)

Es ergibt sich Gelegenheit zum Opportunismus,

- weil eine Partei einen Informationsvorsprung hat (**Informations-asymmetrie**) oder
- weil beide Parteien zwar gleiche, aber **unvollständige Informationen** haben und/oder
- weil die **Spezifität** der übertragenen Leistung/des übertragenen Gutes so groß ist, dass die Beteiligten nicht mehr nach Belieben den Vertragspartner wechseln können.

Vergleicht man das Problem-Szenario des TAK-Ansatzes mit dem der Agencytheorie, fällt Folgendes auf:

- Beide Ansätze gehen vom Menschenbild des Homo Oeconomicus aus, unter Einschluss opportunistischen Verhaltens.
- Die Verhaltensannahme der begrenzten Rationalität unterscheidet den TAK-Ansatz vom Agencyansatz. Zumindest der normative Zweig des PA-Ansatzes hält die Beteiligten für vollkommen rational. Sie können problemlos beliebig komplizierte, vollständige Verträge aufsetzen, in denen ex ante ein für alle mal sämtliche Probleme der zukünftigen Zusammenarbeit gelöst werden. Die Informationen über die Umwelt sind zwar möglicherweise unvollkommen, aber doch vollständig in dem Sinne, dass es Wissen über das mögliche Eintreten von vertragsrelevanten Umweltzuständen gibt (vgl. *Aufderheide/Backhaus* [Fundierung] 54). Aus der Prämisse der begrenzten Rationalität folgt dagegen, dass Verträge typischerweise unvollständig sind. Besonders bei langfristigen Arbeitsverträgen geben die Vertragsbestimmungen kaum Hinweise auf die konkrete Arbeitsausführung und die Art der Kooperation. Während der Zusammenarbeit muss laufend konkretisiert werden, was, wann, wo, womit usw. zu tun ist und auch die Kontroll- und Anreizsysteme können laufend angepasst werden.
- Die Informationsasymmetrie ist für den TAK-Ansatz nur eine Quelle von Transaktionsproblemen neben anderen. Insbesondere gilt ihm die Spezifität als das gravierendere Problem. Spezifität verschärft zum einen Probleme aus Informationsasymmetrie, weil die Marktkontrolle versagt. Spezifität und identische aber unvollständige Informationen können aber auch ohne Informationsasymmetrie zu Transaktionsproblemen führen.
- Aufgrund der begrenzten Rationalität sind Vertragsverhandlungen für den TAK-Ansatz nicht kostenlos und die unvollständigen Verträge sind anfällig für Nachverhandlungen und Durchsetzungsprobleme.

Diese Kosten werden von der Agencytheorie (teilweise) ignoriert. Zu den Agency Costs gehören typischerweise nur die Kosten, die sich aus vertraglichen Vereinbarungen ergeben (etwa für Prämien bei bestimmten Leistungen), nicht aber die Kosten aus den Vertragsverhandlungen selbst und auch nicht die Kosten für Nachverhandlungen und Vertragsdurchsetzung. Die TAK sind daher typischerweise umfangreicher als die Agency Costs.

Der TAK-Ansatz erfasst die Probleme der arbeitsteiligen Wirtschaft umfassender als der PA-Ansatz. Er beschäftigt sich mit beiden Teilproblemen des Motivationsproblems, nämlich mit dem Messproblem und dem Spezifitätsproblem. Und er spricht auch beide Teilaspekte des Koordinationsproblems an, nämlich das Bereitstellungs- und das Suchproblem. Als Bereitstellungsproblem wurde angesehen, wie ein Nachfrager sicher sein kann, dass genau die von ihm gewünschte Leistung/das Produkt auch angeboten (bereitgestellt) wird. Der PA-Ansatz nimmt stillschweigend an, dass der Markt die entsprechenden Angebote macht und dass höchstens die Suche nach dem passenden Angebot Probleme bereitet. Im TAK-Ansatz wird dagegen überlegt, dass es besonders für hochspezifische Leistungen möglicherweise gar keinen externen Anbieter gibt, weil dieser praktisch auf einen einzigen Kunden angewiesen wäre und damit stark durch Opportunismus gefährdet. Die Bereitstellung muss dann auf andere Art und Weise gesichert werden, nämlich durch Weisung innerhalb des Unternehmens selbst, welches die Leistung benötigt.

Durch die vollständigere Erfassung der Transaktionsprobleme kann der TAK-Ansatz auch die Unterschiede zwischen den Vertragsarten Kaufvertrag, Werkvertrag und Arbeitsvertrag genauer wahrnehmen, wogegen der PA-Ansatz zu einer Nivellierung dieser Vertragsarten neigt. Drastisch wird die Ansicht der Unterschiedslosigkeit der Vertragsarten in einem frühen Aufsatz von *Alchian/Demsetz* ([Production] 777) vertreten: „Telling an employee to type this letter rather than to file that document is like my telling a grocer to sell me this brand of tuma rather than that brand of bread." Kaufverträge und Arbeitsverträge unterscheiden sich ihrer Meinung nach nicht im geringsten, weil sie nur die Messprobleme beim Abschluss von Verträgen vor Augen haben und sich um die Spezifität und die Probleme der Nachvertragsphase nicht kümmern. *(Alchian* ist inzwischen deutlich von dieser Sichtweise abgegangen; vgl. [Specificity] 38 f.). Der TAK-Ansatz betont dagegen die Unterschiede in den institutionellen Arrangements Kaufvertrag/Werkvertrag (Marktbenutzung) und Arbeitsvertrag (Benutzung der Hierarchie). Die Empfehlung der richtigen, zur jeweiligen Transaktion passenden Vertragsart ist die wichtigste Aufgabe des TAK-Ansatzes, denn die richtige Zuordnung von Transaktionen zu Beherrschungs- und Überwachungssystemen stellt bereits eine Art der Lösung von Transaktionsproblemen dar. „Die Transaktionskostentheorie behauptet, dass es rationale ökonomische Gründe dafür gebe, manche Transaktionen auf die eine und andere auf eine andere Weise zu organisieren" *(Williamson* [Institutionen] 59).

5.2.2 Die problematischen Situationen im Einzelnen

Informationsasymmetrie und Spezifität. Alle im Rahmen der Agency-theorie angesprochenen Probleme aus Informationsasymmetrie und Opportunismus können im Prinzip auch als Transaktionsprobleme behandelt werden. Nach Ansicht von *Williamson* führen diese Probleme aber nicht zu ernsthaften Schwierigkeiten, solange unbegrenzte Rationalität unterstellt wird und die Beteiligten erschöpfende vertragliche Regelungen festlegen können, die ex ante die kommenden Probleme vorwegnehmen und lösen (durch optimale Anreize). Nur bei begrenzter Rationalität ist die „Informationsverkeilung" von Prinzipal und Agent ein ernst zu nehmendes Vertragsproblem (vgl. *Williamson* [Institutionen] 57 f., 76).

Aber auch bei begrenzter Rationalität, Opportunismus und Informationsasymmetrie ist die Situation nach seiner Meinung noch nicht sehr dramatisch, solange die ausgetauschten Güter und Leistungen nicht spezifisch sind. Denn dann kann der Markt seine Kontrollfunktion ausüben. Er unterstellt dabei eine Multi-Agenten-Situation und geht von einer Serie von Verträgen aus. Die Agenten stehen im Wettbewerb miteinander und wissen, dass sie bei erneuten Vertragsverhandlungen aus dem Rennen sind, wenn sie sich (erkennbar) opportunistisch verhalten haben. Die Rivalität gleicht die (anfängliche) Informationsasymmetrie aus, denn erstens stehen viele homogene Agenten zum Vergleich an, was das Informationsgefälle von vorneherein mindert und zweitens können die Prinzipale Erfahrungen machen und wissen damit zumindest ex post über den Agenten Bescheid.

> **Beispiel:**
> Für den Kauf von Brötchen stehen verschiedene Bäckereien zur Auswahl. Ist man mit einem Bäcker unzufrieden, weil die Brötchen immer kleiner werden oder altbacken schmecken, wechselt man zur Konkurrenz.

Reputation wird für den Agenten in dieser Situation interessant, was die Zielkonflikte mindert. „Parties who attempt to secure gains by strategic posturing will find, at the contract renewal interval, that such behavior is nonviable." *(Williamson* [Markets] 27). Wirklich schwierige Situationen ergeben sich also erst bei einer Kombination von Informationsasymmetrie und Spezifität unter den Verhaltensprämissen der begrenzten Rationaliät und des Opportunismus.

Identische aber unvollständige Informationen. Probleme ergeben sich aber auch, wenn die Informationen der Beteiligten zwar identisch aber unvollständig sind. Angenommen die Vertragspartner haben die Art der Leistung vertraglich von bestimmten äußeren Bedingungen abhängig gemacht, konnten aber aufgrund der begrenzten Rationalität nicht erschöpfend alle denkbaren zukünftigen Bedingungskonstellationen und die daraus folgenden Konsequenzen festlegen. Dann kann es nach Vertragsschluss zu Streitereien darüber kommen, wie die eingetretene Bedingungskonstellation denn nun zu bewerten ist (vgl. *Williamson* [Markets] 33 f.).

Beispiel:
Ein Arbeiter habe mit einem Auftraggeber ausgemacht, dass er bei schlechtem Wetter die Arbeit unterbrechen darf. Ob ein kurzer Regenschauer oder ein bisschen Nieselregen den Tatbestand des „schlechten Wetters " bereits erfüllen, ist aber nicht vertraglich geregelt und kann zu Disputen führen. Der Auftraggeber wird vermutlich auf Weiterarbeit drängen, der Arbeiter dagegen wird darauf bestehen, dass das Wetter zu schlecht sei. Die Informationen sind identisch, aber die Interpretation ist verschieden und auch das erzeugt TAK ex post.

Informationsasymmetrie gegenüber Dritten. Probleme kann es schließlich sogar geben, wenn beide Parteien identische Informationen haben und im Vertrag genau festgelegt wurde, was bei welcher Bedingungskonstellation zu geschehen hat. Ein opportunistischer Vertragspartner kann nämlich einfach lügen und die eingetretenen Bedingungen falsch darstellen.

Beispiel:
So könnte ein Agent, der für den Prinzipal erkennbar vorsätzlich etwas kaputt gemacht hat und deswegen laut Vertrag entlassen werden dürfte, den Vorsatz leugnen und ein bedauerliches Versehen behaupten.

Sobald eine dritte Partei, etwa ein Richter, Schwierigkeiten mit der Überprüfung der Behauptung hat, führt auch diese Konstellation zu Streitereien und ex post-TAK.

Zwischen den Vertragsparteien besteht keine Informationsasymmetrie, wohl aber zwischen den Vertragsparteien auf der einen Seite und der dritten Partei, die den Streit schlichten soll, auf der anderen Seite. Solche Probleme übersieht der PA-Ansatz gerne. Implizit wird von der Agencytheorie unterstellt, dass die vertraglichen Abmachungen auch eingehalten werden, weil sie zur Not auf jeden Fall gerichtlich durchgesetzt werden können und zwar kostenlos und problemlos. Diese Position des „Rechtszentralismus" (vgl. *Williamson* [Institutionen] 23) ist für die Ökonomik typisch, wird aber vom TAK-Ansatz als wirklichkeitsfremd verworfen. Der TAK-Ansatz leitet aus den Problemen, welche die Rechtsprechung sowohl mit der richtigen Interpretation von Bedingungskonstellationen als auch mit dem Durchschauen von Lügen hat, die große Bedeutung der außergerichtlichen Beilegung von Konflikten ab. In der Unternehmenspraxis werden Streitigkeiten und Unklarheiten zwischen Vertragspartnern selten vor Gericht gebracht und der Wortlaut von Verträgen ist häufig gar nicht so wichtig für die Beziehung. Daher spielen auch andere (informelle) Instrumente zur Durchsetzung von Verträgen und Konfliktminderung eine viel größere Rolle, als die klassische Ökonomik annimmt (vgl. *Williamson* [Institutionen] 187 ff.).

5.2.3 Hold up-Gefahr bei Faktorspezifität als zentrales Problem

Von zentraler Wichtigkeit für die Entstehung von Transaktionsproblemen ist die Faktorspezifität. „Die Bedeutung der Faktorspezifität für die Transaktionskostentheorie kann kaum hoch genug veranschlagt werden" (*Williamson* [Institutionen] 64).

Spezifität bedeutet Einmaligkeit und Nicht-Austauschbarkeit eines Gutes oder einer Leistung.

Solange keine Spezifität gegeben ist, haben die Vertragspartner die Wahl zwischen homogenen Angeboten und kein Interesse daran, dass ihre Agenten immer gleich bleiben. Dies erleichtert die Transaktion ganz erheblich. Die Bereitstellung ist gesichert, die Suche nicht allzu aufwändig.

Das Messproblem hält sich in Grenzen, weil man die verschiedenen Angebote miteinander vergleichen kann (Multi-Agenten-Situation). Das Motivationsproblem wird durch den Wettbewerb gelöst, denn es stehen genügend „Ersatzpartner" bereit, wenn ein Agent sich opportunistisch verhält.

Sobald Spezifität vorliegt und die paarweise Identität der Vertragspartner Bedeutung gewinnt, werden die Transaktionsprobleme bedeutend größer. Ein hochspezifisches Transaktionsobjekt wird möglicherweise nur von einem einzigen Marktpartner bereitgestellt, ja es ist denkbar, dass niemand genau diese Leistung anbietet und die Suche vergeblich ist. Dann ist die Bereitstellung der Leistung im eigenen Unternehmen durch Anweisung die einzige Möglichkeit. Sobald nur ein einziger Agent – ob nun extern oder intern – die gewünschte Transaktion vollziehen kann, wird das Motivations-problem besonders gravierend. Zum einen kann die Leistung des Agenten nicht mehr ohne weiteres mit jener anderer Agenten verglichen werden, weil die Leistung ja in mancher Hinsicht etwas Einmaliges, Nicht-Vergleich-bares darstellt. Bestehende Informationsasymmetrien sind dann schwerer zu beheben. Zum anderen kann der Wettbewerb nicht wirksam werden, weil eine Drohung mit dem Verlust der Vertragsbeziehung wenig glaubwürdig ist, solange kein gleichwertiger Ersatz vorhanden ist. Einer oder beide sind in der Vertragsbeziehung gefangen (**lock-in Situation;** *Williamson* [Institutionen] 61) und dies wiederum gibt die Möglichkeit zum **„Hold up",** also zum „Raubüberfall". Damit ist gemeint, dass die durch Spezifi-tät verbundenen Vertragsparteien oft während der Vertragslaufzeit oder auch wenn die Frage einer Vertragswiederholung ansteht, miteinander zu feilschen beginnen über die Nutzenverteilung zwischen ihnen. Dieses nachträgliche Feilschen um die Anpassung von Vertragsbedingungen und die Auslegung von Vertragsklauseln ist die Hauptquelle von ex post-TAK bei laufenden Verträgen (Kosten der Anpassung und Durchsetzung). Feil-schen ist aber auch bei der Aushandlung von Vertragsverlängerungen und Vertragswiederholungen zu erwarten, wenn die Vertragspartner durch Spezifität enger miteinander verbunden sind, als es Kontrahenten in einem Wettbewerbsmarkt wären.

Die Gefahr des „Hold up", die beim PA-Ansatz nur eine Nebenrolle spielt, ist für den TAK-Ansatz zentral. Was bedeutet es, wenn ein Vertragspartner den anderen „ausrauben" kann?

> **Beispiel:**
> Angenommen ein Lieferant hat sich durch die Produktion spezifischer Güter von einem Kunden besonders abhängig gemacht. Er produziert bspw. Motorenteile, die nur für einen bestimmten Autohersteller passen. Dann kann dieser Kunde versuchen, in Nachverhandlungen und Neuverhandlungen den Preis für das Gut zu drücken.

Damit sich für laufende Vertäge die Chance solcher Nachverhandlungen ergibt, müssen Änderungen in der Umweltsituation angenommen werden, etwa Preisänderungen bei Rohstoffen oder Änderungen in der Nachfragemenge, die eine Anpassung des Vertrages nahelegen. Der Lieferant kann aufgrund seiner Abhängigkeit nicht riskieren, den Vertrag zu verlieren. Wenn der Kunde seinerseits nicht ebenso abhängig ist, wenn er also auf alternative Lieferanten ausweichen kann, ist seine Verhandlungsposition deutlich stärker, als die des Lieferanten. In dieser Situation ist die Gefahr groß, dass sich der stärkere Partner (hier der Kunde) die Quasi-Rente des schwächeren Partners (hier des Lieferanten) aneignet.

> Als **Quasi-Rente** bezeichnet man die Differenz zwischen einem Preis p_1, den der Lieferant in der Transaktion erzielen kann und einem Preis p_2, den er in der nächst besten Verwendung erzielen würde.

Wenn der Lieferant seine Leistungen überhaupt nicht anderweitig verkaufen könnte, entspräche der Preis p_2 seinen durchschnittlichen variablen Kosten. Sinkt der Preis noch unter die durchschnittlichen variablen Kosten, wird also überhaupt kein positiver Deckungsbeitrag mehr erzielt, dann ist es für den Lieferanten besser, den Markt ganz zu verlassen. Wenn der Lieferant nicht auf andere Kunden ausweichen kann, kann der Kunde den Preis maximal bis zur Höhe der durchschnittlichen variablen Kosten drücken und sich so die gesamte Quasi-Rente des Lieferanten aneignen (vgl. *Milgrom/Roberts* [Economics] 269 f.). Die Bereitschaft des Lieferanten, den Preis unter den ursprünglich vereinbarten Preis drücken zu lassen, hängt vom Ausmaß seiner spezifischen Investitionen ab. Sind die Investitionen einmal getätigt und auch nicht umschichtbar, also für andere Verwendungen einsetzbar, dann muss er alles daran setzen diese Kosten zu decken und ist dem Kunden quasi ausgeliefert.

Beispiel:
Bauern, die hohe Investitionen in Schweinezuchtbetriebe getätigt haben, sind den großen Nachfragern im Lebensmitteleinzelhandel ausgeliefert. Bei Nachverhandlungen, die durch die geringere Nachfrage aufgrund der Coronakrise ausgelöst wurden, wurden die Preise für Schweinefleisch teilweise noch unter das Limit der variablen Kosten bei der Erzeugung gedrückt, so dass viele Erzeuger um ihre Existenz bangen.

Die begrenzte Rationalität der Menschen erlaubt nicht, solche Probleme durch vollständige Verträge ex ante gänzlich auszuschließen. Preisanpassungsklauseln für genau definierte Situationen können eine gewisse Abhilfe schaffen, aber niemals kann ein Vertrag im voraus alle Eventualitäten berücksichtigen und die genauen Reaktionen darauf festschreiben. Die Unvollständigkeit der Verträge macht es auch für Richter schwer, Streitigkeiten gerecht zu schlichten, zumal wenn die Parteien möglicherweise Informationen verschweigen oder lügen. Die Kündigung des Vertrages ist zumindest aus Sicht des abhängigen Partners auch keine Lösung, weil er dadurch vor allem sich selbst schadet. Zwei wesentliche Mechanismen zur Durchsetzung von Verträgen werden in dieser Situation unwirksam, nämlich das „Feuern" des Vertragspartners und das „Verklagen" („fire or sue"; *Alchian/Demsetz* [Production] 777). Wenn begrenzte Rationalität, Opportunismus und Spezifität aufeinandertreffen, ergeben sich besonders schwierige Transaktionsprobleme. „Dies ist die Welt, mit der sich die Transaktionskostentheorie befasst" (*Williamson* [Institutionen] 36).

5.3 Lösungsmöglichkeiten für Transaktionsprobleme

5.3.1 Der ordinale Institutionenvergleich

Der TAK-Ansatz möchte Hinweise darauf geben, welche Form der Organisation (welches Beherrschungs- und Überwachungssystem) bei welcher Art von Transaktion (beschrieben durch die Ausprägung von Transaktionsmerkmalen) besonders angemessen ist.

> Der organisatorische Imperativ der Transaktionskostentheorie lautet: „Organisiere Transaktionen so, dass die begrenzte Rationalität sparsam eingesetzt wird, die Transaktionen aber gleichzeitig vor den Risiken des Opportunismus geschützt werden" *(Williamson* [Institutionen] 36). ⚠

Es wird also behauptet, dass bestimmte institutionelle Arrangements zumindest typologisch bestimmten Transaktionen zugeordnet werden können. Welche Organisationsform zu welcher Transaktion passt, kann gemessen werden durch die jeweils resultierende Summe aus Produktions- und TAK (vgl. *Williamson* [Institutionen] 25).

Dementsprechend müssen folgende Schritte vollzogen werden:

▸ Die charakteristischen Eigenschaften von Transaktionen sind zu ermitteln.

▸ Die charakteristischen Eigenschaften alternativer Beherrschungs- und Überwachungssysteme (Organisationsformen, Vertragstypen) sind zu beschreiben.

▸ Es ist ein ordinaler Institutionenvergleich durchzuführen der Art, welches institutionelle Arrangement bei welcher Art von Transaktion zur geringsten Summe aus Produktions- und TAK führt. Für den Vergleich braucht man keine exakten Zahlen über die Kosten, sondern nur eine grobe Vorstellung über die Größenordnung der Kosten im Vergleich.

Alle drei Schritte sollen nun näher erläutert werden.

5.3.2 Merkmale von Transaktionen

Unterschiede zwischen Transaktionen ergeben sich hauptsächlich im Hinblick auf drei Merkmale: Spezifität, Unsicherheit und Häufigkeit.

5.3.2.1 Spezifität

Spezifität eines Faktors bedeutet, dass dieser Faktor nicht ohne weiteres austauschbar ist, dass er bestimmte besondere Eigenschaften aufweist, die ihn für einen bestimmten Zweck besonders geeignet erscheinen lassen (Einzwecktechnologie). Von *Williamson* wurden zunächst vier, später sechs Arten von Spezifität unterschieden (vgl. [Institutionen] 108 f. und [Comparative] 281):

- ▸ **Standortspezifität:** Ein Faktor unterscheidet sich von anderen durch seinen besonderen Standort. Eine Maschine in der Fabrikhalle ist nicht homogen zu einer Maschine, die 10 km entfernt von der Halle steht. Ein Zulieferbetrieb in unmittelbarer Nachbarschaft zum Kunden ist nicht homogen zu einem Zulieferbetrieb in weiter Entfernung. Der Bäcker um die Ecke ist nicht homogen zum Bäcker in der nächsten Stadt.
- ▸ **Sachkapitalspezifität:** Ein Faktor unterscheidet sich von anderen durch seine Eignung zur Produktion bestimmter Güter oder zur Verarbeitung bestimmter Rohstoffe. Eine Maschine, die in der Lage ist, mit hoher Präzision ein ganz bestimmtes Teil zu pressen, ist nicht homogen zu einer Maschine, die das Teil gar nicht oder weniger präzise oder weniger schnell herstellen kann.
- ▸ **Humankapitalspezifität:** Ein Mitarbeiter, der sich im Laufe der Zeit Wissen und Können angeeignet hat, welches ihn in besonderer Weise befähigt, seine Aufgaben im Unternehmen zu erfüllen, ist nicht homogen zu einem Mitarbeiter, dem jegliche Erfahrung mit diesen Aufgaben in diesem Unternehmen fehlt.
- ▸ **Abnehmerspezifische Investitition:** Die Investitionen unterscheiden sich von anderen dadurch, dass sie für einen ganz bestimmten Auftrag eines ganz bestimmten Kunden vorgenommen werden. Die Investition ist durch diese Zweckbindung nicht homogen zu anderen Investitionen, die für den anonymen Markt getätigt wurden.
- ▸ **Zeitspezifität:** Eine Leistung zu einem Zeitpunkt t1ist nicht homogen zu einer Leistung im Zeitpunkt t2. Der Zeitpunkt einer Leistung spielt bspw. eine Rolle für die Notwendigkeit des Aufbaus von Lagern, die Möglichkeit zur Einhaltung von Lieferfristen und zur Einsparung von Energie (bspw. indem man durch schnelle Verarbeitung Temperaturverluste vermeidet oder Ähnliches).
- ▸ **Markennamenspezifität:** Ein Produkt mit einem bestimmten Markennamen ist nicht homogen zu einem no-name Produkt. Damit die Reputation des Markennamens erhalten bleibt, sind wiederum spezifische Leistungen und Investitionen nötig. z. B. sind hochwertige Rohstoffe zu verwenden, die Verarbeitung ist besonders sorgfältig, die Präsentation der Waren erfolgt in einer besonderen Umgebung usw. Für die Qualität des Markennamens ist daher auch nicht gleichgültig, wer die Produkte herstellt und präsentiert (Bindung an Vertriebskanäle).

Als Spezifitätsmerkmale kommen im Grunde alle Eigenschaften einer Leistung/eines Produktes in Frage, die aus Sicht eines Kunden „einen Unterschied machen", also auch Dinge wie Qualität, Herkunft, Design, Sicherheit. Mit spezifischen Faktoren kann der Wert der Transaktionen deutlich gesteigert werden, d. h. die Spezifität hat erhebliche **Vorteile**.

Beispiele:
Die räumliche Nähe zwischen Lieferant und Abnehmer senkt Transportkosten. Spezialmaschinen stellen die gewünschten Produkte besonders präzise, schnell und/oder kostengünstig her, Mitarbeiter mit spezifischem Know how verrichten Aufgaben besser und schneller, die zeitgenaue Anlieferung von Teilen erspart die Lagerhaltung, ein guter Markenname schützt vor Preiswettbewerb und die abnehmerspezifische Investition ermöglicht ein Geschäft, das sonst gar nicht hätte getätigt werden können.

Allerdings haben die spezifischen Faktoren auch **Nachteile**, denn mit dem Ausmaß der Spezifität nimmt die Möglichkeit ab, die Faktoren anderen Verwendungen oder anderen Verwendern zuzuführen, ohne dabei große Verluste in Kauf nehmen zu müssen.

Beispiele:
Eine Spezialmaschine hat möglicherweise nur noch Schrottwert, wenn die Teile, die sie herstellt, nicht mehr benötigt werden. Die Spezialkenntnisse eines Mitarbeiters über das Planungs- und Kontrollsystem eines Unternehmens sind für das Unternehmen sehr wertvoll, aber mit diesem Wissen lässt sich auf dem anonymen Arbeitsmarkt wenig anfangen. Bei Markenprodukten ist es oft nicht ratsam, das Produkt über beliebige Vertriebskanäle zu verteilen, denn die wertvolle Reputation könnte bei einem Vertrieb über Discounter leicht verloren gehen.

Immer wenn Spezifität im Spiel ist, wird die **Identität der Transaktionsbeteiligten wichtig** und die Fortdauer dieses speziellen Transaktionsverhältnisses wird positiv bewertet. Die Beteiligten können gemeinsam hohe Quasi-Renten erzielen; die nächst beste Verwendungsmöglichkeit für die Faktoren ist bedeutend weniger lukrativ. Sobald sich ein Machtungleichgewicht zwischen den Vertragsparteien ergibt, ist eine solche Transaktion aber auch in besonderer Weise der Gefahr des **Hold up** ausgesetzt. Die mächtigere Partei kann versuchen sich in Nach- und Neuverhandlungen einen Teil der Quasi-Rente der schwächeren Partei anzueignen. Transaktionen, die durch spezifische Investitionen gestützt werden, bedürfen daher in besonderer Weise (organisatorischer) Absicherungen. Sonst werden die vorteilhaften spezifischen Investitionen möglicherweise gar nicht getätigt, um der Gefahr hoher ex post-TAK zu entgehen.

Das neoklassische Marktmodell kennt keine Spezifität. Die Güter eines Marktes sind stets homogen, d. h. es gibt immer viele Wettbewerber, die genau das gleiche anbieten. Solange man nicht von einer wirklichkeitsfremden isolierten Transaktion ausgeht, kann bei homogenen Gütern der Markt den Opportunismus ausreichend zügeln. Tatsächlich ist die Spezifität der Faktoren aber eine weit verbreitete Erscheinung, denn sie stellt sich häufig im Laufe der Zeit ganz von selbst ein, auch wenn in einer Ausgangssituation ein Wettbewerb homogener Faktoren herrschte. Die **„fundamentale Transformation"** (*Williamson* [Institutionen] 70) eines unspezifischen Faktors in einen spezifischen ergibt sich einfach durch die wachsende Erfahrung der Vertragspartner miteinander. Ein Lieferant der bereits einmal für einen Kunden gearbeitet hat, verfügt über Kenntnisse, die ein Konkurrent nicht hat. Er kennt das Procedere der Anlieferung, die Mitarbeiter der Einkaufsabteilung und der Warenannahme, die Art und Weise der Vertragsabwicklung usw. Außerdem hatte er bereits eine Chance, seine Vertrauenswürdigkeit unter Beweis zu stellen und sich so eine Reputation zu erwerben. Vom beliebigen, gesichtslosen Marktpartner wandelt er sich so zu einem vertrauenswürdigen Agenten, der nicht mehr einfach gegen einen Konkurrenten auszutauschen ist, mit dem man noch keine Erfahrung hat. Man könnte in diesem Fall von einer Sozialkapitalspezifität sprechen. Die spezifischen Investitionen in ein Vertrauensverhältnis verbessern die Transaktion, ersparen bspw. Agencykosten.

5.3.2.2 Unsicherheit

Ein weiteres wichtiges Merkmal einer Transaktion ist das erwartete Ausmaß an Unsicherheit. Zwei Arten von Unsicherheit, die miteinander verbunden sind, spielen eine Rolle: Die Umweltunsicherheit und die Verhaltensunsicherheit.

▸ **Umweltunsicherheit** kann zu äußeren Störungen der Transaktion führen, die wiederum einen Anlass für Anpassungsbemühungen der Vertragspartner an die veränderten Umstände geben. Ein ursprünglich vereinbarter Liefervertrag kann etwa für eine Partei sehr ungünstig werden, wenn sich Preise oder Nachfragemengen anders entwickeln als gedacht. Eine solche Situation, in der äußere Störungen Vertragsanpassungen nötig machen, gibt in besonderer Weise der Verhaltensunsicherheit Raum.

▸ **Verhaltensunsicherheit** bedeutet, dass man nicht weiß, wie sich die Vertragspartner verhalten werden. Vermutlich wird jeder versuchen, durch strategisch geschicktes Verhalten einen Vorteil für sich herauszuschlagen und dabei auch auf opportunistische Praktiken wie nötigen, lügen, verschleiern und verzerren von Informationen nicht verzichten. Die Bandbreite tatsächlicher Handlungsweisen ist so groß, dass man nicht einmal mit statistischen Wahrscheinlichkeiten bestimmte Verhaltensweisen prognostizieren kann (vgl. *Williamson* [Institutionen] 66 f.).

Die begrenzte Rationalität verbietet es, im voraus vollständige Entscheidungsbäume mit allen denkbaren Umweltentwicklungen und daraus folgenden potenziellen Reaktionen und Gegenreaktionen der Vertragspartner aufzustellen und in Verträgen zu verarbeiten. Mit zunehmender Unsicherheit werden die Lücken in den Verträgen größer und die Anlässe für sequentielle Anpassungen werden quantitativ und qualitativ erheblicher.

Problematisch ist die Unsicherheit insbesondere bei spezifischen Transaktionen. Zum einen ist bei spezifischen Transaktionen die Bindung zwischen den Partnern typischerweise langfristig und die Wahrscheinlichkeit unvorhersehbarer äußerer Störungen steigt. Zum anderen können die Beteiligten auf opportunistisches Verhalten nicht ohne weiteres mit einer Kündigung des Vertrages reagieren. Sie müssen andere Problemlösungsverfahren finden.

5.3.2.3 Häufigkeit

Manche Transaktionen fallen sehr häufig an, andere nur selten. So kauft man fast täglich Lebensmittel im Supermarkt aber vielleicht nur einmal im Leben ein Haus. Im Unternehmen werden täglich zig Mal Teile von einem Arbeitsplatz zum anderen weitergereicht, aber nur gelegentlich werden die Dienste eines Anwaltes benötigt. Ob es sich lohnt, spezialisierte Überwachungs- und Beherrschungssysteme für bestimmte Transaktionen aufzubauen, hängt neben der Spezifität und der Unsicherheit auch von der Häufigkeit ab. Die standortspezifische Übertragung von Zwischenprodukten aufeinanderfolgender Produktionsstufen geschieht so häufig, dass ein spezialisiertes Überwachungssystem (unternehmungsinternes Kontrollsystem) ausgelastet wäre. Wenn man dagegen ein Mal eine neue Werksanlage errichtet, wird man vermutlich dafür nicht die Baufirma ins Unternehmen integrieren.

Die Häufigkeit alleine ist aber nicht ausschlaggebend. Häufige Transaktionen, die problemlos über den Markt abgewickelt werden können (wie der Kauf von Brötchen), bedürfen trotz ihrer Häufigkeit keiner eigenen Beherrschungs- und Überwachungssysteme. Wieder ist es die Spezifität, die den Unterschied macht. Nur häufige und (hoch-)spezifische Transaktionen werden ein spezialisiertes Überwachungs- und Beherrschungssystem stützen (vgl. *Williamson* [Institutionen] 69). In der folgenden Abbildung 13 sind die Transaktionsmerkmale „Spezifität" und „Häufigkeit" zusammengefasst und jeweils typische Beispiele angeführt. Die Unsicherheit wird nicht eigens erwähnt. Sie wird als ausreichend groß angesehen, um die Notwendigkeit von Vertragsanpassungen wahrscheinlich zu machen.

Investitionsmerkmale			
	Nicht spezifisch	gemischt	hochspezifisch
Gelegentlich	Kauf von Standardausrüstung	Kauf von spezialgefertigter Ausrüstung	Errichtung einer Werkanlage
Wiederholt	Kauf von Standardmaterial	Kauf von spezialgefertigtem Material	Standortspezifische Übertragung von Zwischenprodukten aufeinanderfolgender Produktionsstufen

Abb. 14: Merkmale von Transaktionen

5.3.3 Unterschiedliche Beherrschungs- und Überwachungssysteme

5.3.3.1 Beherrschung und Überwachung durch den Markt

Transaktionen am Markt stellt man sich normalerweise so vor, dass anonyme Anbieter und Käufer zu einem Zeitpunkt aufeinandertreffen und einen einzelnen Tausch vereinbaren. Der Vertrag ist oft „klassisch" *(Williamson* [Institutionen] 78), d. h. es wird eine (fast) vollständige Vorwegnahme aller relevanten zukünftigen Eventualitäten im Vertrag für möglich gehalten. Da der Vertrag vollständig ist, ist bei Streitigkeiten eine gerichtliche Durchsetzung des Vertrages relativ unproblematisch. Die typische Markttransaktion ist der Kauf von Standardgütern. Der Kaufvertrag wird Zug um Zug erfüllt und ist damit abgewickelt. Als „Überwachungssystem" kann man den Markt bezeichnen, weil er **Wettbewerb** erzeugt. Wenn der Markt viele homogene Alternativen bereithält und die Vertragspartner häufig bestimmte Transaktionen durchführen, können sie aufgrund ihrer Erfahrungen immer wieder neu entscheiden, ob sie eine bestehende Tauschbeziehung erneuern oder auf andere Partner ausweichen wollen. Bei nicht so häufigen Transaktionen fehlen vielleicht die eigenen Erfahrungen. Dafür kann man auf die Erfahrungen anderer Käufer zurückgreifen oder spezielle Beratungen in Anspruch nehmen (z. B. von Stiftung Warentest). Der leichte und billige Übergang zu anderen Partnern ist das entscheidende Überwachungsinstrument, denn so kann opportunistisches Verhalten bestraft werden.

5.3.3.2 Dreiseitige Beherrschungs- und Überwachungssysteme

Viele (langfristige) Verträge sind nicht vollständig und machen während ihrer Laufzeit Anpassungen erforderlich, die Anlass zu Streitigkeiten geben können. Die Beteiligten möchten diese Streitigkeiten oft nicht durch den Abbruch der Beziehung und/oder durch Gerichtsverfahren beenden, sondern sich lieber gütlich einigen. In der Praxis werden Vertragsstreitigkeiten sehr viel häufiger außergerichtlich geregelt, als es die neoklassische Ökonomik annimmt (vgl. *Williamson* [Institutionen] 12). Die **Mithilfe Dritter** spielt bei der außergerichtlichen Einigung eine wichtige Rolle. Dieser Dritte kann eine Art Schiedsrichter sein oder ein unabhängiger Fachmann, der als Berater fungiert. Gelingt die Schlichtung nicht, können die Vertragsparteien immer noch auf ein Gerichtsverfahren ausweichen und/oder den Vertrag kündigen.

5.3.3.3 Zweiseitige Beherrschung und Überwachung und vereinheitlichte Kontrolle (Kooperationen bzw. relational contracting)

Bei langfristigen komplexen Verträgen, die dem Druck ausgesetzt sind, die bestehende Beziehung aufrecht zu erhalten, werden zunehmend ganz spezielle Überwachungs- und Anpassungsprozeduren fortlaufend-administrativer Art eingerichtet. Die Beziehung entwickelt sich im Laufe der Zeit und es geht immer weniger darum, den urprünglichen Vertrag dem Wortlaut nach einzuhalten. Der Vertragsschluss ist nur ein Episode in der Beziehung die zusätzlich durch außervertragliche Normen gestützt wird (vgl. *Williamson* [Institutionen] 80 f.). Arbeitsverträge sind typisch für diese Art von kooperativen Beziehungen. Die Beherrschung und Kontrolle ist bei Arbeitsverträgen „vereinheitlicht" (**vereinheitlichte Kontrolle**). Das bedeutet, die laufenden Transaktionen sind dem Markt ganz entzogen und unternehmensintern so organisiert, dass sich eine **Autoritätsbeziehung** ergibt. Anpassungen sind sehr leicht möglich, nämlich einfach durch Anordnungen der Vorgesetzten an die Untergebenen. Außerdem fließt beiden Parteien ein einheitlicher Gewinnstrom zu, so dass die Interessen (teilweise) harmonisiert sind (vgl. *Williamson* [Markets] 57 ff.; ders. [Institutionen] 88 f.). Konflikte können nicht mehr auf externe Instanzen (Gerichte) verlagert, sondern müssen im wesentlichen intern gelöst werden. Auch haben die Beteiligten gewisse „Treuepflichten" (Loyalitäts-, Sorgfalts-, Berichtspflichten), die über die von autonomen Vertragsparteien hinausgehen (*Williamson* [Vergleichende] 30).

Als Kooperation bezeichnet man auch noch eine spezielle Art von Vertragsbeziehung, bei der die rechtliche Selbstständigkeit der Beteiligten gewahrt bleibt, wo im Grunde also ein Marktaustausch stattfindet (zweiseitige Beherrschung und Überwachung). Sobald die Marktpartner durch Spezifität aufeinander angewiesen sind, kann der Wettbewerb als Kontrollinstrument nicht mehr funktionieren. In solchen Fällen werden einerseits komplexe Verträge ausgearbeitet, die von vornherein bestimmte Anpassungsklauseln enthalten (Mengen- und Preisanpassungen bei genau bestimmten Umweltentwicklungen). Vertraglich vereinbart werden oft auch Unterpfänder, welche die finanziellen Risiken der Vertragspartner kompensieren sollen, wenn z. B. eine Partei den Vertrag storniert. Auch **quasi-hierarchische Kontrollinstrumente** können solche zweiseitigen Kooperationen stützen, etwa indem es einem wichtigen Kunden erlaubt wird, die Produktion im Lieferunternehmen direkt zu beobachten und evtl. sogar Effizienzverbesserungen zu verlangen. Längerfristige bilaterale Tauschbeziehungen erzeugen überdies ein implizites Normengefüge und ein **Vertrauensverhältnis,** wie es sonst unter Kollegen eines Unternehmens üblich ist. Ein stabiles Beziehungsgeflecht und Verhaltensstandards sind Voraussetzung und Folge einer solchen Organisationsform, die oft als „Hybride Organisation" bezeichnet wird, weil sie Merkmale des Markttausches mit Merkmalen der Hierarchie verbindet.

Beispiel:

In der Automobilbranche sind sog. Sourcing-Partnerschaften zwischen den großen Automobilherstellern und ausgewählten Lieferanten üblich. Die Lieferanten stellen sich stark auf den Nachfrager ein und entwickeln und produzieren ganze Komponenten speziell für den Abnehmer.

5.3.4 Zuordnung von Transaktionstypen zu Beherrschungs- und Überwachungssystemen

5.3.4.1 Annahmen und Überblick

Der TAK-Ansatz geht davon aus, dass zu Transaktionen mit bestimmten Merkmalen bestimmte Überwachungssysteme (oder Vertragstypen) besser passen als andere.

> „Transaktionskosten werden dadurch eingespart, dass Transaktionen (mit je verschiedenen Eigenschaften) in differenzierender Weise Beherrschungs- und Überwachungssystemen zugeordnet werden (die sich hinsichtlich ihrer Anpassungsfähigkeit und der damit verbundenen Kosten unterscheiden)." (*Williamson* [Institutionen] 20).

Wie eine solche Zuordnung aussieht, zeigt die folgende Abbildung 15.

Spezifität/Häufigkeit	Investitionsmerkmale		
	nichtspezifisch	gemischt	hochspezifisch
gelegentlich	Marktkontrolle (klassischer Vertrag)	Dreiseitige Kontrolle	
wiederholt		Zweiseitige Kontrolle Kooperation	Vereinheitlichte Kontrolle Hierarchie

Abb 15: Effiziente Beherrschung und Überwachung; Quelle: Williamson [Institutionen] 89

Während der PA-Ansatz einen bestimmten Vertragstyp voraussetzt (z. B. einen Kaufvertrag oder einen Arbeitsvertrag) und die dann enstehenden Probleme betrachtet (z. B. die Drückebergerei), ist im TAK-Ansatz die Wahl des richtigen Vertragstyps ein Lösungsansatz, um die Schwierigkeiten mit Transaktionen zu meistern. Die richtige Zuordnung von Transaktionstyp und Vertragstyp erhöht die Effizienz.

Das in Abb. 15 dargestellte Zuordnungsschema beruht auf folgenden vereinfachenden **Annahmen:**

- Die Unsicherheit der Transaktion ist ausreichend groß, um Anpassungsbedarf ex post zu erzeugen.
- Für die Häufigkeit von Transaktionen werden zwei Klassen gebildet: gelegentliche und wiederholte Transaktionen. Das Häufigkeitskrite-

rium bezieht sich ausschließlich auf die Tätigkeit der Käufer. Ganz einmalige, isolierte Transaktionen werden nicht betrachtet.

▸ Für die Spezifität der Investitionen gelten drei Klassen: nicht-spezifisch (standardisiert), gemischt-spezifisch und hochspezifisch. Das Spezifitätskriterium bezieht sich nur auf die Investitionen der Anbieter.

▸ Anbieter und Käufer wollen auf Dauer im Geschäft bleiben, so dass ihnen ein schlechter Ruf nicht gleichgültig sein kann.

▸ Vor (dem ersten) Vertragsschluss sind zahlreiche potenzielle Anbieter vorhanden.

5.3.4.2 Standardisierte Transaktionen und Marktkontrolle

Die **Marktkontrolle** passt zu allen standardisierten Transaktionsobjekten, seien die Transaktionen nur gelegentlich oder häufig. Bei häufigen Transaktionen kann der Käufer auf eigene Erfahrungen zurückgreifen, bei gelegentlichen auf die Erfahrungen anderer Käufer oder neutraler Beratungsstellen. Diese Möglichkeiten der Information schaffen im Verein mit der Konkurrenzsituation genügend Druck, um Opportunismus zu zügeln. Anpassungen an Umweltänderungen müssen nicht durch Verhandlungen innerhalb bestehender Vertragsbeziehungen gelöst werden. Man kann einfach den Vertragspartner wechseln. Wird eine Umweltänderung, etwa eine Preiserhöhung bei den Rohstoffen, von allen potenziellen Marktpartnern auf die Käufer überwälzt, dann muss sich der Käufer diesem Marktdiktat eben beugen.

In keinem Fall kommt es zu langwierigen Vertragsnachverhandlungen und damit zu hohen ex post-TAK. Die ex ante-TAK könnten im Prinzip hoch sein, weil man immer wieder neue Verträge schließt und deshalb immer wieder Such-, Informations- und Verhandlungskosten hat. Allerdings werden Kaufverträge im Alltag oft völlig formlos abgewickelt und solange man mit dem bestehenden Vertragspartner zufrieden ist, entfällt ja auch die Suche nach neuen Partnern, so dass die gesamten TAK bei gut funktionierenden Märkten für Standardprodukte eher niedrig sind.

Für die Produktionskosten sind hohe Skalenerträge zu vermuten, weil sich die Anbieter auf die Herstellung der Standardgüter spezialisiert haben, die sie in großen Mengen dem anonymen Markt zuführen. Bei homogenen Gütern ist der Markt ein sehr effizientes Überwachungssystem.

5.3.4.3 Gelegentliche spezifische Transaktionen und dreiseitige Kontrolle

Eine **dreiseitige Kontrolle** ist besonders angebracht bei gelegentlichen Transaktionen der gemischten und der hochspezifischen Art. Sobald der Vertrag geschlossen wurde und die spezifischen Investitionen getätigt sind (es wurde ein spezielles Werkzeug entwickelt, eine spezielle Maschine angeschafft, es wurden Zeichnungen und Berechnungen erstellt...), haben die Vertragspartner ein Interesse daran, genau diese Beziehung aufrecht zu erhalten. Die Marktkontrolle versagt, weil ein Wechsel des Partners nicht mehr so leicht möglich ist. Die Einstandskosten für die Errichtung eines spezialisierten Kontrollsystems wären aber auch zu hoch, weil die Transaktion nur gelegentlich erfolgt. Es wird also eine institutionelle Zwischenform gewählt, etwa ein Kaufvertrag mit gewissen zusätzlichen Klauseln insbesondere betreffs eines außergerichtlichen Schiedsverfahrens.

Ex ante- und ex post-TAK sind vermutlich höher als beim Standardkaufvertrag. Der Vertrag selbst ist förmlicher und komplizierter, die Auswahl der Partner erfolgt vermutlich sorgfältiger, Anpassungsstreitigkeiten erfordern den Einsatz von Schiedsrichtern und/oder Beratern. Durch den Bezug von einem externen Lieferanten können bei gemischt-spezifischen Investitionen Produktionskosten gespart werden, weil der Verkäufer auch noch (wenige) andere Kunden versorgt und daher Skalenerträge hat, die der Käufer bei der Selbsterstellung nicht hätte. Bei hochspezifischen Investitionen im Hinblick auf einen einzigen Kunden sind dagegen die Produktionskosten von Käufer und Verkäufer gleich hoch (zumindest was die Skalenerträge betrifft).

5.3.4.4 Wiederholte spezifische Transaktionen und Kooperation

Unterschiede in den Skalenerträgen sind der wichtigste Grund für eine Zuordnung der **zweiseitigen Kooperation** zu wiederholten, gemischt-spezifischen Transaktionen und der **vereinheitlichten Kontrolle** (Vollintegration) zu wiederholten hochspezifischen Transaktionen. Bei der zweiseitigen Kooperation behält der Lieferant seine rechtliche Selbstständigkeit. Das ermöglicht ihm günstigere Produktionskosten, wenn die von ihm insgesamt gelieferten Mengen höher sind als der Bedarf des Kooperationspartners, d. h. wenn er auch noch andere Kunden bedient. Abgesehen von der reinen Produktionsmenge und den damit verbundenen Größenvorteilen kann der Lieferant aber auch noch über andere Quellen für Produktionskostenvorteile verfügen, z. B. über besondere Kernkompetenzen bei der Herstellung der gefragten Produkte oder Standortvorteile.

Bei einer zweiseitigen Kooperation dürften die ex ante-TAK recht hoch sein, weil man sicher sorgfältig nach einem passenden Partner sucht und sich ausführlich über potenzielle Partner informiert. Außerdem wird der Kooperationsvertrag ausführlich und ausgeklügelt sein, um die zu erwartenden Probleme mit Anpassungen ex post bereits bei Vertragsschluss so gut wie möglich zu antizipieren und zu lösen. Für die Durchsetzung des Vertrages wirkt es sich günstig aus, dass die Marktkontrolle in einem begrenzten Umfang erhalten bleiben kann. Auch werden sich vermutlich im Verlaufe der Kooperation informale Normen und persönliche Bindungen entwickeln, welche die Vertragsdurchsetzung erleichtern.

Eine vereinheitlichte Kontrolle erzeugt vor allem hohe TAK für die Einrichtung eines eigenen Beherrschungs- und Überwachungssystems (der Hierarchie). Wird etwa ein bisher unabhängiger Lieferant aufgekauft und damit vom Unternehmer zum angestellten Geschäftsführer einer unternehmensinternen Zulieferabteilung, dann ändern sich mit seinem Status (bzw. seinen Verfügungsrechten) auch seine Anreize. Er ist nicht mehr im gleichen Maße motiviert, das Sachkapital sorgfältig einzusetzen und sich innovativ zu verhalten, da ihm die Erträge aus diesem Verhalten nicht selbst zufließen. Die vom Markt ausgehenden Anreize müssen im Unternehmen kostspielig nachgeahmt werden. Außerdem wird kein Preis mehr vom Markt bereitgestellt. Unternehmensintern müssen Verrechnungspreise ermittelt werden, die manipulationsanfällig sind. Mess- und Kontrollprobleme, die zuvor der Markt gelöst hat, müssen nun unternehmensintern gelöst werden, etwa durch die Schaffung von Kontrollstellen, zusätzliche Berichtssysteme und ein erweitertes Rechnungswesen. Bei wiederholten hochspezifischen Transaktionen lohnt sich dieser Aufwand, weil die ex post-TAK der Anpassung an veränderte Bedingungen deutlich gesenkt werden können. Mengen-, Preis-, Termin-, Qualitäts-, Standortänderungen usw. können problemlos durch Anweisung erzeugt werden. Da mit der Vollintegration eine gemeinsame Zielsetzung der Parteien unterstellt werden kann (vgl. *Williamson* [Institutionen] 88), ist auch die Selbstabstimmung zwischen ihnen nicht so anfällig für kostspieliges Feilschen. Vorteile weist die unternehmensinterne Organisation also vor allem bei der Lösung des Koordinationsproblems auf.

Im Unternehmen kann eine ganze Palette von Koordinationsinstrumenten benutzt werden (persönliche Weisung, Selbstabstimmung, Pläne, Programme; vgl. *Bea/Göbel* [Organisation] 284 ff.), damit ohne zusätzliche Suchkosten immer genau die passende Leistung, am richtigen Ort, in der richtigen Menge und Qualität, zur richtigen Zeit bereitgestellt wird.

Die Koordination gelingt auch leichter, weil sich eine gemeinsame Sprache entwickelt und weil es durch eingespielte Rollen konvergierende Erwartungen an das Verhalten der Kollegen gibt. Die Motivationsprobleme sind im Unternehmen zunächst größer als in einem gut funktionierenden Markt mit Wettbewerb. Da die Faktoren aber hochspezifisch sind, stellt die Marktkontrolle sowieso keine gangbare Alternative dar. Außerdem stehen den verschärften Anreizproblemen bei interner Organisation auch eine Reihe neuer Möglichkeiten zur Motivation gegenüber: Mitarbeiter können innerhalb des Unternehmens aufsteigen, die feste Entlohnung und die Sozialleistungen bieten eine hohe Sicherheit im Vergleich mit dem Status des selbstständigen Unternehmers, große Unternehmen bieten mehr Möglichkeiten, sich auf Aufgaben zu spezialisieren, die man besonders gut und gerne macht, zwischen Kollegen entwickelt sich ein Wir-Gefühl und Vertrauen durch die stabilen, nicht wettbewerblich geprägten Beziehungen (vgl. *Williamson* [Markets] 25 f., 29 f., 35 ff.).

Die Auswirkungen auf die Produktionskosten sind sehr schwer abzuschätzen. Da die hochspezifischen Produkte auch von einem externen Lieferanten nicht in höheren Mengen produziert würden, entstehen keine zusätzlichen Kosten durch den Verzicht auf Skalenvorteile. Wenn der externe Produzent aber Produktionskostenvorteile aus anderen Quellen gewinnen konnte, etwa durch besondere Kernkompetenzen, durch Standortvorteile, durch innovative Ideen oder ausgeprägtes Engagement, dann ist nicht sicher, ob diese Vorteile nach der Integration erhalten bleiben. Möglicherweise verlassen die Kompetenzträger das Unternehmen nach der Integration, weil sie sich in einem großen Unternehmen nicht mehr so wohl fühlen. Andererseits ist nach der Integration eine noch höhere Spezifität zu erwarten, bspw. eine räumliche Zusammenlegung der ehemals getrennten Unternehmen (Erhöhung der Standortspezifität) und eine engere Zusammenarbeit der Mitarbeiter (Erhöhung der Humankapitalspezifität), mit entsprechenden Vorteilen, wie geringere Transportkosten, kleinere Läger, reibungslosere Abläufe.

Eine genaue Schätzung der Kosten unterschiedlicher institutioneller Arrangements ist nicht möglich. Was *Williamson* aber behauptet und auch mit vielen empirischen Beispielen untermauert, ist die Möglichkeit einer groben Zuordnung zwischen Transaktionen mit bestimmten Attributen und jeweils passenden Vertragsformen (Beherrschungs- und Überwachungssystemen).

5.4 Der Clanmechanismus als zusätzliches Beherrschungs- und Überwachungssystem

„Thus, industrial organization can, in some instances, rely to a great extent on socialization as the principal mechanism of mediation or control, and this „clan" form...can be very efficient in mediating transactions between interdependent individuals." (Ouchi [Markets] 132).

Von *Ouchi* (vgl. [Markets]) wurde eine weitere Möglichkeit ins Spiel gebracht, Transaktionen zu überwachen. Neben Markt und Hierarchie (und den Mischformen) gibt es nach seiner Meinung noch den Clan als Mechanismus, um effizient mit Transaktionsproblemen umzugehen.

Ouchi sieht zwei Quellen für die Existenz von Kooperationsproblemen: Zielkonflikte zwischen den Beteiligten und Messprobleme (performance ambiguity) (vgl. [Markets] 129). Er beschreibt damit eher eine Principal-Agent-Problematik, als eine Transaktionskostenproblematik im Sinne *Williamsons.* Man könnte den Zusammenhang zwischen den Überlegungen von *Ouchi* und denen von *Williamson* so sehen: *Williamson* interessiert sich vor allem für die Kosten der Vertragsanpassung und -durchsetzung (ex post-TAK). Im Vergleich zum Markt schneidet die Hierarchie bei diesen Kosten besser ab, weil die Anpassung und Durchsetzung einfach per Anweisung von Vorgesetzten an Untergebene erfolgt (also durch ein Autoritätsverhältnis). Dass innerhalb dieses Autoritätsverhältnisses wiederum Principal-Agent-Probleme auftauchen können, ist für *Williamson* kein gravierendes Problem. Er unterstellt den Mitarbeitern einer Unternehmung gemeinsame Ziele (vgl. [Institutionen] 88 sowie [Markets] 29) und weist auf die guten Möglichkeiten der Hierachie hin, Messprobleme durch Kontrolle und Erfahrung zu überwinden (vgl. [Markets] 29 f., 35 ff.). Darüberhinaus bietet die unternehmensinterne Organisation vielerlei weitere Mechanismen an, um eine zielgerichtete Kooperation der Mitarbeiter zu erreichen. Es entwickelt sich im Unternehmen eine gemeinsame Sprache, es entsteht Vertrauen, Erwartungen an das Verhalten der Kollegen werden im Laufe der Zeit stabiler, moralische Überlegungen und Gefühle wechselseitiger Verpflichtungen spielen eine größere Rolle, informale Normen und Regeln kanalisieren das Verhalten (vgl. [Markets] 25, 35 ff.).

Ouchi argumentiert etwas anders. Er unterstellt zunächst einmal die Existenz von Principal-Agent-Problemen auch im Unternehmen, also zwischen Vorgesetzten und Untergebenen. Die zwei Hauptquellen für Kooperationsprobleme sind nach seiner Meinung immer Zielkonflikte und Messprobleme, ob nun beim Markttausch oder bei internen Transaktionen. Die Hierarchie im Sinne der Bürokratie löst das Problem durch Kontrolle, setzt also beim Messproblem an. Den Mitarbeitern werden von den Vorgesetzten Standards vorgegeben, die Einhaltung wird überwacht, Abweichungen bemängelt und bestraft (vgl. *Ouchi* [Markets] 134). Bürokratie will die Informationsasymmetrie abbauen, um es in Begriffen der Agencytheorie auszudrücken. *Ouchi* hält aber eine Überwachung und Kontrolle auch innerhalb eines Unternehmens nur für begrenzt möglich. Wenn die Aufgaben einzigartig werden, sehr neuartig, sehr komplex oder untrennbar verbunden mit anderen Aufgaben, dann wird es außerordentlich schwierig, den Erfolg eines einzelnen Mitarbeiters exakt zu messen. „Under these conditions it becomes impossible to evaluate externally the value added by any individual" ([Markets] 135). Als Alternative kommt dann nur noch in Frage, die Zielinkongruenz der Beteiligten zu beseitigen und sie auf ein gemeinsames Ziel „einzuschwören". Durch Sozialisation der Mitglieder soll sich eine organische Solidarität ausbilden, ein starkes Zusammengehörigkeitsgefühl unter den Mitarbeitern, welches Opportunismus verhindert. Es soll ein Clan entstehen. „In this sense, any occupational group which has organic solidarity may be considered a clan" *(Ouchi* [Markets] 136).

Die Harmonisierung der Ziele im Clan beruht nicht auf ausgeklügelten, vertraglich vereinbarten Anreizsystemen, sondern auf gemeinsamen Werten und Überzeugungen, Traditionen, einer einheitlichen „Philosophie" oder Weltsicht und gemeinsamer Sprache. Die Annäherung der Ziele geschieht informal und entwickelt sich im Laufe der Zeit, vor allem durch die Sozialisation in einem einheitlichen System. Eine gemeinsame „Lehrzeit" in einem Unternehmen und dauerhafte Beschäftigung stärken den Clanmechanismus (vgl. *Ouchi* [Markets] 138).

Ouchi entdeckt im Grunde keine dritte Form von Beherrschungs- und Überwachungssystem jenseits von Markt und Hierarchie, sondern er differenziert die Überlegungen von *Williamson* zur unternehmensinternen Beherrschung und Überwachung und unterscheidet sozusagen **zwei Arten von unternehmensinterner Organisation: die Bürokratie,** in der formale Weisungsbeziehungen zentral sind und die mit Anweisung und Kontrolle arbeitet und den **(Unternehmens-)Clan**, der nicht auf Kontrolle der Mitarbeiter setzt, sondern auf deren Solidarität mit dem Unternehmen und Vertrauen.

Spezifität/Häufigkeit	Investitionsmerkmale		
	nichtspezifisch	gemischt	hochspezifisch
gelegentlich	Marktkontrolle (klassischer Vertrag)	Dreiseitige Kontrolle	
wiederholt		Zweiseitige Kontrolle Kooperation	Vereinheitlichte Kontrolle • Hierarchie (Kontrolle) • Clan (Sozialisation im Unternehmen, Ausbildung einer Unternehmenskultur, stärkerer Zusammenhalt zwischen den Mitarbeitern, weniger Opportunismus...)

Abb. 16: Der Clanmechanismus als zusätzliches Beherrschungs- und Überwachungssystem

Eine ähnliche Unterscheidung macht *Williamson* zwischen den Organisationsformen „peer group" und „simple hierarchy". Die „einfache Hierarchie" arbeitet vor allem mit der Messung und Kontrolle von Leistungen, die „Gruppe Gleichgestellter" dagegen eher mit sozialen Bindungen, quasi-moralischen Verpflichtungen und Verantwortungsgefühl für das Ganze (also dem Clanmechanismus). In der Arbeitsbeziehung (employment relation) werden normalerweise beide Arten von Institutionen gleichzeitig eingesetzt, um die Probleme der Kooperation zu bewältigen (vgl. *Williamson* [Markets] 57 ff.). Deshalb sieht *Williamson* die formale Hierarchie und das, was man als Clanmechanismus oder heute eher als **„Unternehmenskultur"** bezeichnet (also die gemeinsamen Werte und Überzeugungen, die vertrauensvolle Atmosphäre zwischen Kollegen, die wechselseitigen Verpflichtungen usw.) als gleichermaßen bezeichnend für die unternehmensinterne Organisation an.

Ouchi trennt dagegen Bürokratie und Clanmechanismus, und auch das ist überzeugend zu begründen. Die beiden Arten, mit Kooperationsproblemen umzugehen, sind nämlich zum Teil ergänzend, zum Teil aber auch konfliktär. Wie auch *Williamson* schon feststellte (vgl. [Markets] 55 f.), kann eine intensive bürokratische Kontrolle die Verbundenheit der Mitarbeiter mit dem Unternehmen (involvement) zerstören, weil sie als Misstrauenserklärung verstanden wird. Mit einer ausgeprägten, misstrauischen Kontrollattitüde kann man allenfalls erreichen, dass die Mitarbeiter den Vorschriften entsprechend handeln, sozusagen „Dienst nach Vorschrift" machen. Immer wenn die Aufgaben komplex, neuartig oder aus anderen Gründen schwer messbar sind, funktioniert die Kontrolle aber nicht mehr gut. Zum Ersten sind die Standards „richtigen Verhaltens" von den Vorgesetzten schwer festzulegen, weil sie selbst von der Aufgabe möglicherweise nur wenig verstehen. Zum Zweiten ist es schwierig festzustellen, ob die (qualitativen) Standards erreicht wurden und wenn nicht, ob der Mitarbeiter dafür die Schuld trägt. Zum Dritten ist gerade bei solchen Aufgaben mehr gefragt als die gleichgültige und minimalistische Erfüllung von Vorgaben. Vielmehr braucht man engagierte Mitarbeit (consummate cooperation, *Williamson* [Markets] 56, 69), die freiwillige Initiative, Verantwortungsübernahme und volle Wissensbereitstellung umfasst.

Immer wenn die Messprobleme besonders groß werden, ist der Clanmechanismus in besonderer Weise geeignet, die internen Principal-Agent-Probleme zu lösen. „What form of mediation succeeds by minimizing goal incongruence and tolerating high levels of ambiguity in performance evaluation?...The answer is what we have referred to as the clan, which is the obverse of the market relation since it achieves efficiency under the opposite conditions: high performance ambiguity and low opportunism." (*Ouchi* [Markets] 135).

Obwohl also in jeder Unternehmung formale und informale Regeln, Struktur und Kultur zusammenwirken, kann man typologisch Organisationsformen unterscheiden, die eher auf die formale, bürokratische Kontrolle setzen und solche, die eher unbürokratisch und informal vorgehen und dabei auf eine starke (Vertrauens-)Kultur setzen. Unternehmensinterne Organisation als Alternative zum Markt muss nicht automatisch bedeuten, dass im Unternehmen ein bürokratisches Organisationsmodell im Sinne Max Webers eingesetzt wird (zum Typ der Bürokratie nach Weber vgl. *Bea/Göbel* [Organisation] 73 ff.), auch wenn in der NIÖ häufig von Hierarchie und Bürokratie geredet wird, sobald die interne Organisation angesprochen wird. Die Palette möglicher „institutioneller Arrangements" wird damit erweitert und die Differenzierung verfeinert. Sie reicht vom Spot-Vertrag zwischen anonymen Anbietern und Kunden auf dem Wettbewerbsmarkt bis hin zur tiefen persönlichen Bindung und Solidarität zwischen bestimmten Partnern. Entsprechend reichhaltig sind auch die Durchsetzungsmechanismen für Vereinbarungen, von der Androhung einer gerichtlichen Klage bis hin zu subtilen Mechanismen wechselseitiger Verpflichtung und der Androhung „menschlicher Enttäuschung".

Je weiter man sich vom klassichen Markttausch entfernt, desto geringer wird die Bedeutung des formalen Vertrages und desto wichtiger wird die „Beziehung". Man spricht in der NIÖ im Zusammenhang mit solchen Beziehungen auch vom **„relationalen Vertrag"** (der deutsche Begriff der

Kooperation(en) heißt bei *Williamson* im Original „relational contracting"; vgl. [Institutionen] 17). Mit einem Vertrag nach juristischen Maßstäben haben relationale Verträge nur noch wenig gemein. Sie sind sehr unvollständig, informell, implizit, nicht rechtsverbindlich, persönlich und gefühlsbeladen (vgl. *Richter/Furubotn* [Neue] 173 ff.).

5.5 Die Transaktionskosten als Maßstab der Vorteilhaftigkeit institutioneller Arrangements

5.5.1 Erklärung der Vielzahl von institutionellen Arrangements aus den TAK

Im Laufe der Zeit haben sich eine Vielzahl von verschiedenen Vertragsformen entwickelt, und zwar nicht nur die unterschiedlichen „reinen" Vertragstypen, wie sie im Rahmen der Ausführungen zur Verfügungsrechtstheorie beschrieben wurden (also Kaufvertrag, Werkvertrag, Arbeitsvertrag, Mietvertrag usw.), sondern auch vielerlei Mischformen.

Beispiele:
Ein Ratenkauf ist eine Mischung von Kauf und Darlehensvertrag. Finance-Leasing stellt eine Mischform zwischen Ratenkauf und Miete dar. Beim Franchising vermischen sich Kaufvertrag und Arbeitsvertrag, denn nach dem Verkauf der Lizenz behält der Franchisegeber gewisse Weisungs- und Kontrollrechte gegenüber dem Franchisenehmer, um das Markennamenkapital für das gesamte Franchisingsystem zu schützen. Bei langfristigen Werkverträgen werden die Mitarbeiter des Lieferanten manchmal so stark in die Betriebsorganisation des Auftraggebers integriert, dass der Werkvertrag in einen Arbeitnehmerüberlassungsvertrag abgleitet. Bei einer Arbeitnehmerüberlassung handelt es sich um eine Mischung von Werkvertrag und Arbeitsvertrag. Beim Werkvertrag schuldet der Beauftragte dem Auftraggeber einen bestimmten Erfolg (etwa die Errichtung einer Werkshalle), bei der Arbeitnehmerüberlassung wird dagegen die Arbeitskraft gegen Entgelt „verliehen". Der Kunde erhält für die Leihzeit (maximal 12 Monate) eine Weisungsbefugnis gegenüber dem Mitarbeiter, d.h. es entsteht quasi ein Arbeitsverhältnis. Arbeitsverträge können verschieden interpre-

tiert und gelebt werden, einmal als Herrschaftsverhältnis (Bürokratie) und zum anderen als persönliche Beziehung (Clan).

Diese Vielfalt der Verträge erklärt der TAK-Ansatz durch das Bestreben der Wirtschaftsakteure, besonders effiziente Formen des Umgangs mit Transaktionsproblemen zu finden. Verschiedene Typen von Problemsituationen machen verschiedene Formen ihrer Bewältigung erforderlich. Das Maß für die Effizienz einer Vertragsform stellt die Höhe der TAK dar.

„Das vorliegende Buch (Die ökonomischen Institutionen des Kapitalismus von *Williamson*; E. G.) stellt die Behauptung auf, dass die ökonomischen Institutionen des Kapitalismus hauptsächlich die Einsparung von Transaktionskosten bezwecken und bewirken." ([Institutionen] 19).

5.5.2 Probleme der empirischen Prüfung

Ein großes Problem bei der Überprüfung dieser Behauptung stellt die Operationalisierung der TAK dar. Man ist sich heute weitgehend einig, dass die TAK nicht gemessen werden können (vgl. *Terberger* [Ansätze] 34). Wie bereits eingangs dieses Kapitels geschildert wurde, ist der Begriff der TAK sehr diffus. Die Kosten für den Abschluss von Kaufverträgen, die Kosten für die Übertragung von Gütern und Leistungen über Schnittstellen hinweg, die Kosten für das Betreiben eines Wirtschaftssystems, die Kosten für die Organisation des menschlichen Zusammenlebens, all das sind Definitionen der TAK. Eine zusätzliche Komplikation ergibt sich daraus, dass sich die institutionellen Arrangements nicht nur im Hinblick auf die TAK unterscheiden, sondern auch im Hinblick auf die Produktionskosten. Wenn man z. B. einem externen Lieferanten die Produktion eines Gutes überlässt, dann kann dieser u. U. economies of scale and scope (Größen- und Verbundvorteile) verwirklichen, die bei Eigenerstellung nicht möglich wären. Oder nachdem ein kleines Unternehmen aufgekauft wurde, lässt das Engagement der Mitarbeiter nach, weil die Unternehmenskulturen der fusionierten Unternehmen nicht kompatibel sind. Die Mitarbeiter machen nach der Fusion mehr Fehler, sind langsamer, weniger sorgfältig usw., was zu erhöhten Produktionskosten führt. Obwohl sich die zusätzlichen Kosten unmittelbar im Produktionsbereich auswirken (z. B. in einer höheren Ausschussquote), könnten sie auch als TAK angesehen werden, weil sie sich mit der Art des institutionellen Arrangements ändern. Sie sind nicht technologisch determiniert, was nach *Arrow* (vgl. [Organization] 60) eigentlich ein Merkmal von Produktionskosten ist. Da Produktions- und TAK kaum sauber getrennt werden können, geht es bei der Effizienzbeurteilung von verschiedenen Vertragsformen im Grunde nicht um die TAK alleine, sondern vielmehr um die Summe aus Produktions – und TAK (vgl. auch *Williamson* [Institutionen] 25). Besonders im Hinblick auf die Standortspezifität müssten auch die Transportkosten noch beachtet werden. Die Höhe der Kosten einer Vertragsform ist außerdem abhängig vom sozialen Kontext einer Kultur (Landeskultur oder Unternehmenskultur) (25 f.). Institutionelle Arrangements, die in einem Kulturkreis sehr gut funktionieren, können in einem anderen sozialen Kontext scheitern.

Die Abschätzung der Effizienz einer Vertragsform (gemessen an den TAK, die sie verursacht), ist so schwierig, dass dem TAK-Ansatz der Vorwurf gemacht wird, tautologisch zu argumentieren. Jede beliebige Vertragsform ließe sich im nachhinein so rechtfertigen, dass man den Beteiligten einfach Kostenminimierung unterstellt, nach dem Motto: Vertragsformen werden entwickelt, um TAK zu sparen, also sind alle bestehenden Verträge in irgendeiner Weise in der Lage, TAK zu senken, sonst wären sie in dieser Form nicht geschlossen worden. Diesem Vorwurf begegnet *Williamson* mit seinem Bemühen, bestimmten Transaktionssituationen mit bestimmten Merkmalen (Spezifität, Unsicherheit, Häufigkeit) passende Vertragsformen typologisch zuzuordnen. Ob die Logik dieser Zuordnung stimmt, kann empirisch überprüft werden. Die Hypothese kann an der Realität scheitern und ist daher nicht tautologisch. Die Messschwierigkeiten sind nicht so gravierend, weil es nur um einen ordinalen Vergleich verschiedener Institutionen geht. Es muss also nur überprüft werden, ob die Summe der Kosten in einem Fall (beim Kauf) kleiner oder größer als im anderen Fall (bei der Eigenerstellung) ist, während die absolute Höhe der Kosten nicht so wichtig ist (vgl. *Williamson* [Institutionen] 25).

Dass die Spezifität eine Größe ist, die Institutionenunterschiede (teilweise) erklärt, konnte *Williamson* an vielen Beispielen nachweisen. Hochspezifische Transaktionen finden eher innerhalb einer Hierarchie statt, Standardtransaktionen werden dagegen über den Markt abgewickelt. Trotzdem ist nicht sicher, ob die Höhe der TAK für die Wahl der Institution tatsächlich ausschlaggebend ist, denn dieser Befund lässt sich verschieden interpretieren.

Nach *Williamson* ist Spezifität eine Ursache für die Vollintegration, also für die Wahl der internen Organisation zur Beherrschung und Überwachung der spezifischen Transaktion. Die zu erwartenden ex post-TAK des Feilschens um die Quasi-Rente sollen verhindert werden. **Spezifität kann aber genauso gut als Wirkung der internen Organisation angesehen werden.** Es gibt nicht immer zuerst hochspezifische Markttransaktionen, die wegen der Verhandlungsprobleme (hohe ex post-TAK) dann integriert werden. Vielmehr werden oft unspezifische Faktoren (Maschinen, Arbeitnehmer, Rohstoffe und Komponenten) über den Markt besorgt, die erst durch ihren Einsatz im Unternehmen spezifisch werden (z. B. werden die Maschinen standortspezifisch, weil sie in einer Werkhalle nah beieinander stehen, die Mitarbeiter entwickeln durch learning by doing spezifisches Humankapital, die Rohstoffe und Komponenten werden zu einem spezifischen Markenprodukt zusammengefügt). Auch nach dieser Logik würden hochspezifische Transaktionen innerhalb von Unternehmen abgewickelt, aber nicht, um die Probleme mit der Spezifität externer Faktoren zu mindern, sondern um eine noch nicht bestehende Spezifität zu erzeugen. Dass viele Unternehmen heute auf den vorhandenen Wettbewerb zwischen ihren Lieferanten bewusst verzichten und sich sozusagen „mutwillig" in eine Situation der Abhängigkeit von nur einem Lieferanten begeben (sog. single sourcing), kann nur mit dem Wunsch erklärt werden, durch die freiwillige Bindung Spezifität zu erzeugen.

5.5.3 Einseitige Kostenbetrachtung

Bei den Agency Costs als Effizienzmaßstab wurde bemängelt, dass zu einseitig die Probleme aus der Agenturbeziehung betrachtet werden, bis schließlich die Arbeitsteilung nur noch nachteilig erscheint und der Agency-Nutzen völlig aus dem Blickfeld verschwindet. In ähnlicher Weise kann man dem TAK-Ansatz vorwerfen, die Spezifität zu einseitig als Kostentreiber und Gefahr anzusehen und ihren Nutzen zu wenig zu beachten.

Die für die NIÖ typische Orientierung an den Kosten ist daraus zu erklären, dass ihr Referenzmodell der Idealmarkt der Mikroökonomik ist. Die institutionenökonomischen Ansätze erklären Institutionen aus dem Marktversagen, aus den Problemen mit dem realen Markt. Aus der Sicht des idealen Marktes verhindern Messprobleme (Informationsasymmetrien) Markttransparenz und sind daher schlecht und Spezifität verhindert den Wettbewerb und ist daher ebenfalls schlecht. Dass die positive Kehrseite der

Informationsasymmetrie das besondere Wissen und Können des Agenten ist und die positive Kehrseite der Spezifität die maßgeschneiderte Problemlösung, das gerät aus dem Blick. Die Wahl einer Institution sollte immer von umfangreichen Kosten-Nutzen-Überlegungen abhängen, wobei die Höhe der TAK ein Aspekt unter anderen ist.

Zusammenfassung

- ▸ Jede Übertragung von Gütern und Leistungen über eine Schnittstelle hinweg erzeugt Transaktionskosten. Bei Kaufverträgen sind das Marktbenutzungskosten, bei unternehmensinternen Transaktionen spricht man von Hierarchie- oder Bürokratiekosten.

- ▸ Probleme bei Transaktionen entstehen durch Zielkonflikte und Opportunismus der Beteiligten im Verein mit Umweltunsicherheit und begrenzter Rationalität.

- ▸ Gelegenheit zum Opportunismus ergibt sich durch Informationsprobleme der Beteiligten aber auch durch die Spezifität der übertragenen Güter und Leistungen. Wird die Bedingung homogener Güter und Leistungen aufgegeben, dann können die Beteiligten nicht mehr ohne weiteres auf andere Tauschpartner ausweichen. Die Partei, die mehr auf den Tausch angewiesen wird, kann zu Zugeständnissen genötigt werden (Hold Up).

- ▸ Bestimmten Typen von Transaktionen mit bestimmten Ausprägungen der Merkmale Spezifität, Unsicherheit und Häufigkeit können bestimmte Typen von Beherrschungs- und Überwachungssystemen zugeordnet werden. Alternative Beherrschungs- und Überwachungssysteme sind der Marktmechanismus, die Hierarchie, der Clan und hybride Formen zwischen Markt und Hierarchie.

- ▸ Die zahlreichen unterschiedlichen institutionellen Arrangements sind entstanden, um Transaktionskosten zu sparen.

- ▸ Die Spezifität einer Leistung wird vom TAK-Ansatz als Problem gesehen, weil dadurch die Funktionsfähigkeit des Marktes beeinträchtigt wird. Dass Spezifität aus der Sicht eines Anbieters am Markt höchst erwünscht ist, weil damit ein Differenzierung gegenüber dem Kunden gelingt und höhere Preise durchgesetzt werden können, wird zu wenig beachtet.

Wie die drei vorgestellten Ansätze zur Analyse und Verbesserung eines Marktes eingesetzt werden können, soll im nächsten Kapitel an einem konkreten Beispiel demonstriert werden. Es geht um den Markt für biologisch erzeugte Lebensmittel, der eine ganze Reihe von Problemen aufweist, die institutionell gelöst werden müssen.

Kapitel 6

Institutionen machen Märkte - Eine institutionenökonomische Betrachtung des Marktes für Bio-Lebensmittel

„Ohne sachgerechte staatliche Regulierung und Intervention führen Märkte nicht zu ökonomisch effizienten Ergebnissen" (Stiglitz [Chancen]15).

6.1 Marktfehler und Marktversagen

6.1.1 Das Ideal der „unsichtbaren Hand"

„Nicht vom Wohlwollen des Metzgers, Brauers und Bäckers erwarten wir, was wir zum Essen brauchen, sondern davon, dass sie ihre eigenen Interessen wahrnehmen. Wir wenden uns nicht an ihre Menschen- sondern an ihre Eigenliebe, und wir erwähnen nicht die eigenen Bedürfnisse, sondern sprechen von ihrem Vorteil." (*Smith* [Wohlstand] 17).

Mi diesem oft zitierten Satz aus dem Buch von *Adam Smith* über den Wohlstand der Nationen wird 1776 der Mythos von der unsichtbaren Hand des Marktes begründet.

> Die unsichtbare Hand des Marktes sorgt dafür, dass der Eigennutz der Wirtschaftsakteure ohne deren Absicht im höchsten Gemeinwohl mündet.

Unterstellt man den Egoismus der Menschen als eine naturhafte Konstante, wie es die Ökonomen mit dem Modell des Homo Oeconomicus tun, dann ist die marktwirtschaftliche Lösung des Versorgungsproblems tatsächlich genial. Niemand muss sein egoistisches Verhalten ändern oder sich Vorwürfe deshalb machen lassen, führt Egoismus doch im Ergebnis zu einem höchst wünschenswerten Zustand, nämlich der bestmöglichen Versorgung der Menschen mit Gütern. Für den Unternehmer ist es geradezu eine moralische Pflicht, den eigenen Gewinn zu maximieren.

Wie hat man sich diesen Marktmechanismus im Einzelnen vorzustellen?

- ‣ Die Menschen kommen mit ihren autonom gebildeten Bedürfnissen auf den Markt. Die Intensität des Bedarfs bzw. die Dringlichkeit des Mangels drückt sich im Preis aus, den sie zu zahlen bereit sind. Die geldwerte Nachfrage lockt die Anbieter auf den Plan, die die Bedürfnisse mit ihren Gütern befriedigen wollen.
- ‣ Die Anbieter produzieren die nachgefragten Güter unter sparsamem Einsatz knapper Ressourcen, da sich der Ressourcenverbrauch bei ihnen als Kosten niederschlägt und die Spanne zwischen Kosten und Ertrag maximiert werden soll.
- ‣ Käufer und Verkäufer schließen freiwillig einen Vertrag, der beiden Seiten Vorteile bringt, sonst käme er nicht zustande.

So führt der Markt zur optimalen Versorgung der Menschen bei gleichzeitig optimaler Ressourcenverwendung und einem fairen Interessenausgleich.

6.1.2 Funktionsvoraussetzungen der „unsichtbaren Hand"

Damit die unsichtbare Hand funktioniert, müssen viele Voraussetzungen erfüllt sein. Es sind dies die Merkmale des idealen Marktes, wie sie in der neoklassischen Modellwelt beschrieben werden.

- ‣ Alle Marktteilnehmer sind ohne Informationsbemühungen und -kosten über alle Marktbedinungen vollständig informiert. Es herrscht also vollständige und kostenlose Markttransparenz.
- ‣ Auf allen Märkten herrscht vollständige Konkurrenz. Anbieter und Nachfrager verhalten sich als reine Mengenanpasser, d. h. sie haben keinerlei Macht zur Gestaltung der Märkte.
- ‣ Der Preis ist für alle Beteiligten das zentrale Entscheidungskriterium. In jeder anderen Hinsicht sind die Güter und Leistungen austauschbar und homogen.
- ‣ Alle Marktteilnehmer können ohne Probleme und Kosten sofort auf Preisunterschiede mit Anpassungsmaßnahmen reagieren. Der Wechsel des Marktpartners ist jederzeit und kostenlos möglich.
- ‣ Anbieter und Nachfrager schließen vollständige Verträge, wobei Leistung und Gegenleistung vollständig spezifiziert sind und Täuschung und Unsicherheit ausgeschlossen sind.

- ▶ Weder der Vertragsschluss noch dessen Überwachung oder Änderung verursachen irgendwelche Kosten. Alle Arten von Leistungstausch sind problemlos und kostenlos.
- ▶ Sämtliche Güter sind im genau spezifizierten Privateigentum von bestimmten Individuen und können geteilt und getauscht werden. Externe Effekte und öffentliche Güter existieren nicht.

Außer den fraglos vorausgesetzten Basisinstitutionen Privateigentum und Vertrag, braucht man keine weiteren Institutionen. Je freier der Markt von staatlichen Eingriffen bleibt, umso besser kann er sich entfalten.

6.1.3 Gründe für Marktversagen

Dass eine solche Modellwelt übermäßig abstrakt ist und in der Realität ganz andere Bedingungen herrschen, wird mittlerweile auch von den Ökonomen zugestanden. So konzediert ein bekanntes Lehrbuch zur Mikroökonomie, dass es mindestens vier Gründe gibt, weshalb Märkte in der Realität versagen.

Diese Gründe für Marktversagen sind: Öffentliche Güter, Externalitäten, unvollständige Information und Marktmacht (vgl. *Pindyck/Rubinfeld* [Mikroökonomie] 792 f.).

Dahinter steckt ein gravierendes Umdenken. Es kann nicht länger als selbstverständlich unterstellt werden, dass Märkte problemlos funktionieren und quasi automatisch zum Gemeinwohl führen. Vielmehr ist mit Marktversagen als Normalfall zu rechnen, und gerade als rationaler Akteur sollte man sich mit Möglichkeiten beschäftigen, damit umzugehen.

Ein funktionierender Markt wird von der naturwüchsigen Selbstverständlichkeit zum ambitionierten Projekt.

Dies ist die Welt in der gilt „institutions matter". Am Beispiel des Marktes für biologisch erzeugte Lebensmittel soll skizziert werden, welche Probleme der reale Markt mit sich bringt und wie sie institutionell gemildert werden können. Die folgende Abbildung zeigt die Marktfehler im Überblick.

- Informationsprobleme, insbesondere Informationsasymmetrie zu Lasten der Kunden. (Principal-Agent-Ansatz)
- Der Preis beinhaltet Kosten zur Vermeidung externer Effekte bzw. zur Erzeugung öffentlicher Güter. (Verfügungsrechts-Ansatz)
- Erzeuger müssen bei starker vertikaler Integration auf Größen- und Spezialisierungsvorteile und auf Reichweite im Handel verzichten. Dafür ist die Markennamenspezifität hoch. (Transaktionskosten-Ansatz)
- Wollen sie Kostenvorteile und eine höhere Reichweite im Handel erreichen, dann sind sie der Marktmacht der Nachfrager ausgeliefert. Es droht ein Hold Up. (Transaktionskosten-Ansatz)

Abb. 17: Gründe für Marktversagen im Markt für Bio-Lebensmittel

6.2 Marktversagen auf dem Markt für biologisch erzeugte Lebensmittel

6.2.1 Informationsprobleme

In der Betriebswirtschaftslehre werden oft zwei Arten von Wettbewerbs-strategien unterschieden, mit denen Unternehmen in den Markt gehen: die Kostenführerschaft und die Differenzierungsstrategie. Ein Produkt muss, vereinfacht gesagt, besser oder billiger sein als ein Konkurrenzprodukt, um im Wettbewerb Vorteile zu gewinnen. Die Prämisse der homogenen Güter wird aufgegeben. Die Unternehmen suchen jenseits des perfekten Wettbewerbes aktiv nach Spielräumen für strategische Entscheidungen, um damit ihre wirtschaftliche Situation zu verbessern. Das gelingt bspw. dadurch, dass die Produkte in den Augen der Kunden „besonders" sind und nicht einfach austauschbar.

Ökologisch erzeugte Lebensmittel können in der Regel nicht besonders billig angeboten werden, da die Herstellungskosten eher hoch sind. Durch weniger Einsatz von mineralischem Dünger, Pestiziden und Herbiziden sind die Erntemengen geringer. Außerdem ist mehr (Hand-)Arbeit erforderlich. Um die Artenvielfalt zu fördern, lässt man Ackerflächen teilweise brach liegen. Tiere bekommen größere Flächen im Stall und im Freien zugestanden und werden besser ernährt. Die Mast von Nutztieren dauert länger durch den Verzicht auf künstliche Mastmittel und Antibiotika. Aus diesen und vielen weiteren Gründen kommt ein Wettbewerb über besonders günstige Preise in der Regel für biologisch erzeugte Lebensmittel nicht in Betracht. Also muss der Anbieter den Kunden über die besondere Qualität der Erzeugnisse für sich gewinnen.

Eine solche besondere Qualität kann sich in verschiedenen Dimensionen zeigen. Aussehen, Geschmack, Haltbarkeit, Freiheit von Schadstoffen, hoher Anteil gesundheitsfördernder Inhaltsstoffe wie Vitamine, Spurenelemente oder sekundäre Pflanzenstoffe können als besondere Qualität biologisch erzeugter Lebensmittel herausgestellt werden. Hinzu kommen Argumente wie artgerechte Haltung von Tieren oder geringere Umweltbelastung.

Für den Verbraucher sind solche Eigenschaften nur teilweise prüfbar. Das Aussehen ist als sog. **Inspektionseigenschaft** noch leicht zu erfassen. Geschmack und Haltbarkeit können zumindest über die Erfahrung geprüft werden (**Erfahrungseigenschaft**). Für die Normalkunden unkontrollierbar sind aber Qualitätsmerkmale wie Schadstofffreiheit, Hochwertigkeit der Inhaltsstoffe oder Artgerechtigkeit der Tierhaltung. Die Marketingökonomik spricht hier von sog. **Vertrauenseigenschaften** (vgl. *Kaas/Busch* [Vertrauenseigenschaften]).

Der Konsument muss glauben, dass das Produkt die versprochenen Eigenschaften tatsächlich aufweist. Wird die Prämisse der vollkommenen Markttransparenz aufgegeben, dann entstehen Informationsprobleme. Insbesondere ist mit einer **Informationsasymmetrie zu Lasten der Käufer** zu rechnen. Es ist dies die typische Principal-Agent-Problematik.

Je weniger Unterschiede in Aussehen, Geschmack und Haltbarkeit gegenüber herkömmlich erzeugten Lebensmitteln bestehen, desto riskanter wird es aus Sicht des Käufers, für letztlich unkontrollierbare Eigenschaften einen höheren Preis zu bezahlen.

> **Beispiele:**
> Niemand sieht einem Hühnerei an, ob das Huhn ausreichend Freilauf hatte. Der Konsument kann nicht verifizieren, ob der Thunfisch in der Dose wirklich delphinfreundlich gefangen wurde.

Echtheitszweifel stellen eine wichtige Kaufbarriere für Bio-Lebensmittel dar. Die Informationsasymmetrie muss durch Institutionen gemildert werden.

6.2.2 Institutionen zur Behebung der Informationsprobleme

Für Anbieter ökologisch erzeugter Lebensmittel ist es von zentraler Bedeutung, die besondere Qualität der Erzeugnisse zu beweisen. Sie müssen durch glaubhafte Signale dem Konsumenten das notwendige Vertrauen einflößen. In der Geschichte des ökologischen Landbaus bestand von Beginn an eine wichtige Aufgabe der Verbände darin, dieses Signalling zu unterstützen. Die Verbände (bspw. Demeter) legen Richtlinien fest für die Erzeugung der Lebensmittel, sie kontrollieren deren Einhaltung und bestätigen die richtlinienkonforme Erzeugung mit einem Qualitätssiegel.

Für den Kunden ist ein solches Siegel allerdings nur aussagekräftig und glaubwürdig, wenn er weiß, was damit bescheinigt wird und wenn er dem Kontrolleur vertraut. Die Verbände müssen daher auch die Öffentlichkeit darüber informieren, was ökologischer Landbau nach den Kriterien des Verbandes beinhaltet. Außerdem müssen sie Transparenz über die Art und Häufigkeit von Kontrollen herstellen.

Für Anbieter konventionell erzeugter Lebensmittel besteht ein Anreiz, sich als Trittbrettfahrer zu betätigen und falsche Signale zu senden. Sie können dann die höheren Preise am Markt durchsetzen, ohne die höheren Kosten tragen zu müssen. Dass es lange Zeit nicht geregelt war, wer mit Begriffen wie „Bio" und „Öko" werben darf, hat den ehrlichen Anbietern geschadet. Es musste gesetzlich festgelegt werden, wann ein Produkt als „Bio-Produkt" bezeichnet werden darf. Gesetze wie die EG-Ökoverordnung oder das Öko-Kennzeichengesetz waren mithin sehr wichtig für die Funktionsfähigkeit des Marktes. Seit 2001 betätigt sich der deutsche Staat auch selbst als Herausgeber eines Siegels, welches bescheinigt, dass Lebensmittel gemäß der EG-Ökoverordnung erzeugt und verarbeitet wurden. Die Einhaltung der Richtlinien wird von privaten Zertifizierungsunternehmen unter staatlicher Aufsicht kontrolliert. Seit 2010 gibt es ein EU-weit einheitliches Bio-Siegel. Daneben gibt es aber nach wie vor eine Vielzahl von Gütesiegeln, die als Marketinginstrumente von den Erzeugern und dem Handel entwickelt wurden.

Beispiel:
Das KAT-Siegel bescheinigt eine „kontrollierte alternative Tierhaltung". Es wird insbesondere in der Vermarktung von Eiern benutzt. Hinter der Kontrollinstitution stehen allerdings die Produzenten und der Handel selbst, was die Glaubwürdigkeit mindert.

Für die Verbraucher wird die Orientierung durch ein einheitliches Gütesiegel leichter. Außerdem steigt die Glaubwürdigkeit durch eine anbieterunabhängige Kontrolle. Auf der anderen Seite können Unterschiede zwischen den verschiedenen Anbausystemen mit einem einheitlichen staatlichen Siegel nicht mehr abgebildet werden. Bislang sind viele Verbandsrichtlinien strenger als die EU-Ökoverordnung. Nach den Richtlinien des Demeter-Verbandes sind bspw. die geforderten Flächen bei der Tierhaltung viel höher. Wenn der Kunde aber keine Unterschiede bspw. zwischen „Demeter" und „Bio" erkennen kann, dann wird er vermutlich zu dem preiswerteren Produkt greifen. Damit wird es aber auch für den Anbieter unattraktiv, höhere Standards einzuhalten als die, welche vom Kunden honoriert werden.

6.2.3 Externe Effekte und öffentliche Güter

Trotz enormer Wachstumsraten bei Produktion und Absatz von Bio-Lebensmitteln, machen sie immer noch einen relativ kleinen Anteil am Lebensmittelmarkt aus. 2019 lag der Anteil in Deutschland noch unter 6 %, und dabei kaufen die Deutschen EU-weit relativ viel Bio-Lebensmittel. Die zentrale Einkaufsbarriere stellt für die Nichtkäufer vermutlich der hohe Preis im Vergleich zu konventionellen Lebensmitteln dar. Für die Preissensitivität der Verbraucher spricht, dass der Anteil an Bio-Produkten besonders in den Märkten gering ist, in denen die Preisunterschiede besonders hoch sind. So kaufen viel mehr Menschen Bio-Eier als Bio-Fleisch. Der Preis ist für die meisten Verbraucher zwar nicht alleiniges, aber doch sehr wichtiges Entscheidungskriterium. Die Preisaufschläge werden nur akzeptiert, wenn ein entsprechender Zusatznutzen geboten wird.

Aus Sicht der Verfügungsrechtstheorie kann ein Problem darin liegen, dass dieser Zusatznutzen zum größten Teil darin besteht, dass **in öffentliche Güter investiert wird bzw. dass negative externe Effekte vermieden** werden.

> **Beispiele:**
> Vermieden werden Überdüngung von Gewässern, Belastung der Böden mit Pestiziden, Bodenermüdung und Versauerung, Entwicklung resistenter Bakterienstämme, Verkahlung der Landschaft und Artensterben. Positiv gewendet gehören Tierschutz, Verbesserung der Bodenqualität, Erhalt der Biodiversität, Klimaschutz, Pflege der Kulturlandschaft sowie die Entwicklung des ländlichen Raums zu den positiven Effekten

des ökologischen Landbaus. Der internationale Spitzenverband des Ökologischen Landbaus IFOAM (International Federation of Organic Agriculture Movements) zählt auch die Bekämpfung der Armut, die Einhaltung der Menschrechte und eine gerechtere Entlohnung zu den Zielen des Öko-Landbaus.

Der Verfügungsrechts-Ansatz geht davon aus, dass die Menschen in der Regel nicht bereit sind, privat in öffentliche Güter zu investieren bzw. negative externe Effekte in ihrem privaten Kosten-Nutzen-Kalkül zu berücksichtigen. Die Nachfrage nach Bio-Lebensmitteln wird belastet von der Forderung an die Verbraucher, über den Preis auch öffentliche Güter mitzufinanzieren. Es wird ein gewisser Altruismus gefordert, der nach dem ökonomischen Menschenbild nicht zu erwarten ist.

Wenn die Käufer nicht bereit sind, über den Preis die Internalisierung externer Effekte zu finanzieren, haben diejenigen Vorteile am Markt, denen es gelingt, möglichst viele Kosten auf die Allgemeinheit abzuwälzen und sie so aus ihrer Preiskalkulation herauszuhalten. Der Markt honoriert die Erzeugung externer Effekte, was nicht erwünscht sein kann.

6.2.4 Institutionen zur Vermeidung externer Effekte

Gegenmaßnahmen gegen diesen Marktfehler können an der Preisschere zwischen ökologisch und herkömmlich erzeugten Lebensmittel ansetzen. Es gibt von Seiten des Staates mehrere Möglichkeiten, diese Preisschere zu schließen.

Maßnahmen, die auf die Anbieter zielen:

- ▸ Die Anbieter herkömmlich erzeugter Lebensmittel werden gezwungen, mehr externe Kosten zu internalisieren, bspw. durch Abgaben, Auflagen und Verbote oder durch den Kauf von Verschmutzungsrechten. Der Preis für konventionell erzeugte Lebensmittel steigt, weil die tatsächlich entstehenden Kosten vollständiger erfasst werden.

Beispiel:
Landwirte müssen nach der Düngeverordnung 2020 vor dem Düngen mit Hilfe von Bodenproben den Nährstoffbedarf des Bodens prüfen. Gülle darf nicht mehr zu jeder Zeit und in beliebigen Mengen auf dem Acker „entsorgt" werden. Jede Ausbringung von Dünger ist

zu dokumentieren. Die Kosten für die externen Effekte der Bodenversauerung und der Grundwasserverschmutzung werden teilweise internalisiert.

▸ Bei den Anbietern ökologischer Erzeugnisse könnte der Staat ansetzen, indem sie für die Erbringung öffentlicher Leistungen eine Vergütung erhalten. Vorteile könnten in Steuervorteilen bestehen, in Prämien, günstigen Darlehen, Freistellung von Abgaben usw. Dadurch könnten ökologisch erzeugte Lebensmittel preiswerter angeboten werden.

Beispiele:
Prämien für Brachflächen und Blühstreifen, die der ökologischen Vielfalt dienen, Prämien für tiergerechte Ställe, Prämien für Winterbegrünung der Äcker.

▸ Der Staat könnte auch direkt bestimmte öffentliche Leistungen selbst erbringen, bspw. in Forschung und Entwicklung, Ausbildung und Naturschutz. Damit würden die Anbieter bzw. deren Verbände von öffentlichen Aufgaben entlastet.

Beispiel:
Mit dem „Bundesprogramm Ökologischer Landbau und andere Formen nachhaltiger Landwirtschaft" (BÖLN) fördert der Bund die Forschung zu effektiven ökologischen Anbaumethoden sowie Verbraucheraufklärung und Weiterbildung im Bereich ökologische Landwirtschaft.

Maßnahmen, die auf die Nachfrager zielen:

▸ Der Staat könnte bestimmte Nachfrager direkt subventionieren und damit den Kauf von Biolebensmitteln fördern.

Beispiel:
Dänemark fördert das Angebot von Biolebensmitteln in allen öffentlichen Kantinen, also bspw. den Kantinen von Behörden, Kitas,

Schulen und Hochschulen. Bis 2020 sollten 60 % der dort angebotenen Lebensmittel aus ökologischem Landbau stammen.

▸ Schließlich kann der Staat durch Konsumenteninformation und -erziehung Einfluss auf die Käufer nehmen. Sie werden darüber aufgeklärt, dass der Preis für ökologische Lebensmittel zu einer Verbesserung der Lebensverhältnisse führt und insofern indirekt auch ihnen nutzt. Damit soll die private Nachfrage nach Bio-Lebensmitteln gefördert werden.

Beispiel:
Im Rahmen der Zukunftsstrategie Ökologischer Landbau unterstützt das Bundesministerium für Ernährung und Landwirtschaft die Entwicklung von Unterrichtsmaterialien zum Thema ökologischer Landbau speziell für den Bereich der beruflichen Bildung. Das Bundesministerium für Umwelt, Naturschutz und nukleare Sicherheit stellt vielfältige Unterrichtsmaterialien zur Verfügung, die für allgemeinbildende Schulen gedacht sind.

Ist der Konsument ein Homo Oeconomicus, dann wird er nur die Mehrleistungen bezahlen wollen, die ihm selbst nutzen, bspw. in Form gesünderer Lebensmittel. Ob durch die Art der Erzeugung ein seltener Schmetterling überleben kann oder ein Huhn glücklicher lebt, interessiert ihn dagegen nicht. Für den Anbieter wird es dann aber auch ökonomisch irrational, solche nicht honorierten Leistungen weiter zu erbringen. Ohne institutionelle Hilfen bzw. Zwänge würde der Markt keine öffentlichen Güter bereitstellen oder externen Effekte internalisieren.

6.2.5 Marktmacht

Eine weitere Besonderheit des ökologischen Landbaus kann man in der Vorliebe der Betriebe für vertikale Integration und horizontale sowie vertikale Kooperationen sehen. Ein vollintegrierter Betrieb erzeugt die benötigte Energie selbst, züchtet sein eigenes Saatgut, verwertet eigenen Dünger und eigenes Tierfutter, kauft wenige oder keine Pestizide, Arzneimittel, Futterzusätze und Maschinen und verarbeitet und vermarktet die Erzeugnisse auch selbst im eigenen Hofladen. Er ist weitgehend autark. Eine solche geschlossene Kreislaufwirtschaft stellt das Ideal der ökologischen Landwirtschaft dar.

Was der einzelne Betrieb nicht aus eigener Kraft leisten kann, wird in horizontaler Kooperation über die Verbände geleistet, so etwa die Aus- und Weiterbildung von Öko-Spezialisten, die Information und Beratung der Betriebe, Forschungen zu Tier- und Pflanzengesundheit, die Etablierung und Kontrolle eines Gütesiegels. Auch vertikale Kooperationen mit Vertriebspartnern, also langfristige und partnerschaftliche Zusammenarbeit mit bestimmten Vertreibern, findet man häufig. Die Präferenz für Direktvermarktung oder langwährende Handelsbeziehungen wird im Code of Conduct der IFOAM sogar ausdrücklich aufgeführt.

Aus der Sicht der Neoklassik sind diese Vorlieben für das Selbermachen und die Kooperationen erklärungsbedürftig, weil die nächstliegende und erste Option in den Augen der Ökonomen der klassische Kaufvertrag ist. Das heißt, man erwartet eigentlich den Zukauf von Leistungen auf dem anonymen Markt mit ständig wechselnden Marktpartnern. Vertikale Integration und Kooperationen sind nach dieser Logik nur durch Marktversagen zu erklären. Der Transaktionskostenansatz würde das etwa so erklären: Aufgrund der Spezifität der Leistung gibt es nur wenige Anbieter und der Nachfrager muss ein nachvertragliches Verhandeln der Austauschbedingungen befürchten. Er ist den Anbietern quasi ausgeliefert, was diese zum Hold Up nutzen, also zu einer Art Erpressung, um sich einen größeren Teil der Quasi-Rente anzueignen. Um dieser Gefahr zu entgehen, erbringt der Betrieb die Leistung lieber selbst oder versucht zumindest, durch Kooperationsverträge mehr Kontrolle über den Anbieter zu gewinnen.

Für den ökologischen Landbau scheint diese Erklärung nur teilweise schlüssig. Der weitgehende Verzicht auf den Einsatz außerbetrieblicher Mittel, also die vertikale Rückwärtsintegration, kann schlecht mit Marktversagen erklärt werden. Für Dünger oder Futter gibt es bspw. reichlich verschiedene Anbieter auf dem Markt. Man verzichtet also nicht aus Angst vor einem Hold Up auf den Zukauf von Kunstdüngern, sondern weil sie als schädlich eingestuft werden. Das Selbermachen entspricht darüber hinaus dem Ideal eines Betriebes, der sich als Organismus selbst erhält. Es sind also „außerökonomische" Gründe, die zu einer starken Integration führen. Da man bei der Selbsterstellung auf Größen- und Spezialisierungsvorteile externer Anbieter verzichtet, ist aber immer wieder zu überlegen, ob eine Vollintegration sinnvoll ist.

Die Vorwärtsintegration in den Vertrieb bzw. die Kooperationen im Vertriebsbereich lassen sich eher mit der Spezifität der Leistung erklären. Allerdings geht es nicht darum, aus der Sicht eines Nachfragers Spezifität zu vermeiden. Vielmehr ist es aus Sicht des Anbieters ökologischer Erzeugnisse gerade erwünscht, dass das Angebot in den Augen der Verbraucher „besonders" und „nicht austauschbar" erscheint. Der Erzeuger muss eine **Markennamenspezifität** aufbauen und schützen. Daher kann ihm daran gelegen sein, eine gewisse Kontrolle über den Vertrieb zu behalten. Entweder vermarktet er seine Leistungen direkt (Hofladen), was dem Kunden auch eine unmittelbare Kontrolle der Erzeugungsweise ermöglicht und das Problem seiner Informationsasymmetrie senkt. Oder er kooperiert mit ausgewählten Vertriebspartnern. Eine längerfristige partnerschaftliche Zusammenarbeit harmonisiert die Ziele, dämpft den Opportunismus, spart Vertragskosten und ermutigt spezifische Investitionen bspw. in eine besondere Gestaltung des Ladengeschäftes. Vor allem lässt sich ein mit den ökologischen Erzeugnissen verbundener „nachhaltiger Lebensstil" eher über ausgewählte Partner, etwa Naturkostläden oder Reformhäuser, transportieren. Da beide Seiten gegenseitig aufeinander angewiesen sind, ist die Macht relativ ausgewogen.

Die genauere Ausrichtung auf bestimmte Käufergruppen wird allerdings mit dem Nachteil der geringeren Reichweite erkauft. Es ist eine Nischenstrategie.

6.2.6 Spezifität versus Reichweite

Die Spezifität ist aus Sicht der Erzeuger eigentlich ein Vorteil, denn nur über die „Besonderheit" der Bio-Lebensmittel können auch höhere Preise beim Kunden durchgesetzt werden. Sie bringt aber auch ökonomische Nachteile mit sich. So verzichtet man auf Größen- und Spezialisierungsvorteile von Lieferanten, wenn alles selbst gemacht wird. Beim Verkauf im eigenen Hofladen verzichtet man auf Reichweite. Die meisten Lebensmittelverkäufe laufen über den normalen Einzelhandel ab. Aus Sicht des Endkunden sinken seine Transaktionskosten durch das Angebot von Bio-Lebensmitteln im Supermarkt oder Discounter, weil er dann keine Extrawege in Kauf nehmen muss. Wenn die Erzeuger von Bio-Lebensmitteln den Absatz deutlich ausweiten wollen, kommen sie um diese Vertriebswege nicht herum.

Zwischen Lebensmitteleinzelhandel und den Erzeugern von Bio-Lebensmitteln ist aber eine viel stärkere Machtasymmetrie zu vermuten als zwischen Erzeugern und dem kleinen Naturkostladen. Während es für den einzelnen Erzeuger existenzbedrohend ist, wenn er seine Erzeugnisse nicht verkaufen kann, stellen die Öko-Produkte für den Lebensmitteleinzelhandel nur einen kleinen Teil des Sortimentes dar. In Deutschland ist außerdem die Konzentration im Lebensmitteleinzelhandel sehr hoch. Vier große Nachfrager bestimmen den Markt (Edeka, Rewe, Schwarz-Gruppe mit Lidl und Kaufland, Aldi). Sie werden bei den Austauschverhandlungen ihre Interessen besser durchsetzen können. Solche Interessen werden sein: Größere Mengen einheitlicher Ware, die kontinuierliche Belieferung das ganze Jahr hindurch, billiger Einkauf, professionelle Logistik, handlich verpackte Ware.

Diese Anforderungen des Lebensmitteleinzelhandels haben wiederum Rückwirkungen auf das Angebot. Größere Mengen einheitlicher Ware sprechen für eine stärkere Spezialisierung der Betriebe. Die kontinuierliche Belieferung gelingt nur über eine „künstliche" Ausdehnung der Saison (bspw. mit Hilfe von Treibhäusern) oder über den globalen Einkauf mit entsprechenden Transportwegen. Der Druck auf die Preise wird vermutlich zu größeren und stärker mechanisierten Betrieben führen. Die Verpackung kleiner, handelsüblicher Mengen führt zu mehr Müll.

Die bessere Marktgängigkeit der Produkte wird also über den Abbau der Spezifität des Angebotes erhöht. Ökologische Ziele wie die regionale und saisonale Erzeugung von Lebensmitteln sowie Abfallvermeidung können weniger durchgesetzt werden. Auf der anderen Seite können die Lebensmittelketten mit ihrer Werbung und ihrer Reichweite für eine deutliche Ausweitung der Absatzmengen sorgen. Gerade dem Lebensmitteleinzelhandel verdanken die Bio-Produkte ihr enormes Umsatzplus in den letzten Jahren. Selbst Discounter wie Aldi und Lidl haben ihr Bio-Sortiment ständig ausgeweitet.

6.3 Entwicklung des Marktes für Öko-Produkte

Ökologisch erzeugte Nahrungsmittel weisen einige Besonderheiten auf, welche die Vermarktung erschweren. Sie beinhalten viele Leistungen, die nicht exklusiv dem Kunden zugute kommen, sondern der Allgemeinheit dienen. Solche Leistungen sind bspw. Klimaschutz, Verbesserung der Böden, Erhalt der Artenvielfalt, Abfallvermeidung. Diese Leistungen müssen über den Preis gleichwohl vom Konsumenten mit bezahlt werden.

Diese Leistungen bei der Erstellung öffentlicher Güter bzw. der Vermeidung externer Effekte können dabei vom Kunden selbst nicht überprüft werden. Es sind – genauso wie der Zusatznutzen biologisch erzeugter Produkte für die Gesundheit – Vertrauenseigenschaften. Durch äußere Inspektion und selbst durch Erfahrung sind diese Eigenschaften für den Käufer nicht zu verifizieren.

Die Spezifität des Angebotes führt zur Direktvermarktung bzw. zur Kooperation mit ausgewählten Vertriebspartnern, was die Reichweite des Vertriebs senkt und beim Kunden höhere Suchkosten verursacht. Außerdem erhöht die Spezifität die Erzeugerkosten, weil eine starke vertikale Integration den Verzicht auf die Größen- und Spezialisierungsvorteile von externen Lieferanten bedeutet.

Überlässt man die Lösung der Probleme der „unsichtbaren Hand" des Marktes und setzt dabei das Modell des Homo Oeconomicus voraus, dann ist mit folgendem Szenario zu rechnen:

Die Erzeuger interessierten sich nur für die Eigenschaften ihrer Erzeugnisse, die höhere Umsätze versprechen, weil sie dem Kunden unmittelbar nutzen. Bei Lebensmitteln sind das etwa gutes Aussehen, guter Geschmack und gesunde Inhaltsstoffe. Die Erzeugung öffentlicher Güter und die Vermeidung externer Effekte interessiert sie dagen nicht, weil die Kunden das nicht honorieren. Die Anbieter müssen das Vertrauen der Kunden in die besondere Güte ihrer Lebensmittel über Gütesiegel gewinnen. Der Homo Oeconomicus „Konsument" wird ansonsten nichts für Leistungen zahlen, die er nicht prüfen kann. Die Kosten für solche Siegel sollen gering sein. Zynisch könnte man sagen: Es reicht, wenn der Kunde dran glaubt. Am einfachsten ist es, die Gütesiegel selbst zu erstellen oder „wohlwollende" Kontrollinstitutionen zu bezahlen. Für den Kontrolleur ist es ökonomisch rational, seinen Kunden zufrieden zu stellen und nicht so streng zu sein bzw. Kontrollen anzukündigen. Durch die Spezialisierung auf bestimmte Erzeugnisse werden Größen- und Spezialisierungsvorteile genutzt. Um den Wünschen des Einzelhandels entgegenzukommen, wird die Saison für den Anbau künstlich ausgedehnt. Die Lebensmittel werden handelsüblich verpackt und es werden auch lange Transportwege in Kauf genommen. Trittbrettfahrer werden versuchen, über eine „ökologische Anmutung" ihrer Produkte höhere Preise zu erzielen, ohne die damit verbundenen höheren Kosten in Kauf zu nehmen.

Tatsächlich scheint die Entwicklung genau in diese Richtung zu weisen.

Beispiel:
In Spanien wird in der Region Almeria auf riesigen Flächen Bio-Gemüse angebaut. Um die Erntemengen zu erhöhen und die Saison zu verlängern, werden die Gemüse unter Folien gezogen, was Unmengen an Plastikmüll erzeugt. Außerdem wird die knappe Ressource Wasser übermäßig ausgenutzt und der Grundwasserspiegel gesenkt. Da das Wasser über Brunnen gewonnen wird, geht es als „freies Gut" nicht in die Kostenkalkulation der Erzeuger ein. Ein großer Teil der über den Lebensmitteleinzelhandel in Deutschland angebotenen Bio-Lebensmittel wird von dort importiert und hat lange Transportwege hinter sich. Die Zertifizierungsgesellschaften haben auf Druck der Erzeuger die Bedingungen für die Gütesiegel gelockert und lassen bspw. auch Kunstdünger zu. Bio-Obst und Bio-Gemüse wird fertig abgepackt angeboten. Die mächtigen Handelskonzerne drücken die Preise ständig und eignen sich die gesamte Quasi-Rente an. Im November 2020 vernichteten die Erzeuger in Spanien große Teile der Ernte, weil sie nicht mal mehr ihre Produktionskosten vergütet bekamen. Trittbrettfahrer nutzen Lücken in der Kennzeichnungspflicht und erzeugen mit Hilfe der Werbung den Anschein von ökologisch und regional erzeugter Ware, obwohl die Lebensmittel aus herkömmlicher Landwirtschaft stammen.

Die Entwicklung zeigt: Ohne starke institutionelle Unterstützung sind die Ideen des ökologischen Landbaus nicht zu verwirklichen. Es braucht ein anspruchsvolles und von anbieterunabhängigen Organisationen zertifiziertes Gütesiegel. Externe Effekte bspw. der Müllerzeugung oder der Grundwasserbelastung müssen durch Gesetze verhindert oder bei den Erzeugern internalisiert werden. Die Konsumenten müssen aufgeklärt und gebildet werden, damit sie die externen Effekte ihres Konsums wahrnehmen und berücksichtigen. Zu große Marktmacht muss von der Kartellbehörde verhindert werden."Ohne sachgerechte staatliche Regulierung und Intervention führen Märkte nicht zu ökonomisch effizienten Ergebnissen." (*Stiglitz* [Chancen] 15). Es ist ein Mythos, dass unregulierte, „freie" Märkte automatisch zum besten Wohle aller führen.

Teil III: Bewertung der Neuen Institutionenökonomik

Die Institutionenökonomik ist in den letzten Jahrzehnten aufgeblüht. Sie ist ein faszinierendes und fruchtbares Gebiet der ökonomischen Forschung, dessen Anwendungsbreite noch immer nicht ausgeschöpft erscheint. Eine ganze Reihe von Forschern, die Beiträge zur NIÖ geleistet haben, haben den Nobelpreis für Wirtschaftswissenschaften erhalten (Akerlof, Becker, Buchanan, Coase, North, Spence, Stiglitz), was die Bedeutung des Ansatzes unterstreicht. Es ist allerdings auch immer wieder eine Kritik an der institutionenökonomischen Sichtweise angeklungen. Am Ende des Buches sollen Stärken und Schwächen der Institutionenökonomik noch einmal zusammenfassend dargestellt werden.

Kapitel 1

Probleme der NIÖ

1.1 Überblick

Im Folgenden sollen zunächst die Schwächen der NIÖ vorgestellt werden. Dabei werden vier Problembereiche angesprochen:

- Das **Verhaltensmodell des Homo Oeconomicus,** welches zur Charakterisierung der ökonomischen Perspektive herangezogen wird, kann zweierlei Probleme mit sich bringen. Bei sehr weiter Auslegung ist der Homo Oeconomicus nichts anderes als der rational handelnde Mensch und es ergeben sich Schwierigkeiten mit der **disziplinären Spezialisierung.** Bei inhaltlicher Präzisierung der Präferenzstruktur des Homo Oeconomicus erscheint dagegen die **Einseitigkeit des Menschenbildes** problematisch.
- Auch die **Vertragsperspektive** der NIÖ kann zu zweierlei Problemen führen. Erstens führt die Betonung formaler Verträge zur **Vernachlässigung der formlosen Beschränkungen** des Verhaltens, der gewachsenen Institutionen. Zweitens wird auch der **Wert der Gesetzgebung unterschätzt,** weil annahmegemäß die Akteure als rationale und souveräne Vertragspartner alle Institutionen selbst zu ihrem eigenen Besten schaffen können und Gesetze nur die Vertragsfreiheit einschränken. Damit einher geht auch eine Immunisierung der bestehenden Verhältnisse gegen Kritik, weil ja alle Institutionen freiwillig von den Betroffenen geschaffen wurden.
- An der **Modellbildung** der NIÖ kann kritisiert werden, dass die Prämissen häufig sehr weit von der Realität entfernt sind, besonders wenn es um rechnerische Optimierung der Institutionen geht. Bei realistischeren Prämissen kann auch die NIÖ oft nur qualitative, ordinale Vergleiche zwischen alternativen Lösungen bieten.
- Schließlich kann kritisch angemerkt werden, dass **versteckte Wertungen** in die Aussagen einfließen und zu einer oft einseitigen Sicht-

weise führt, sowohl bei der Auswahl der interessierenden Probleme als auch bei der Bewertung von Lösungen.

Die vier Problembereiche sollen nun im Einzelnen diskutiert werden.

1.2 Das Homo Oeconomicus-Modell

1.2.1 Die ökonomische Perspektive in der NIÖ

Als Vorzug der NIÖ wird häufig gepriesen, nun sei endlich (wieder) die Ökonomik in die Betriebswirtschaftslehre eingezogen, während zuvor jahrzehntelang „nur Spurenelemente" (*Wunderer/Mittmann* [Jahre]) von Ökonomie in der BWL zu finden gewesen seien. Besonders Fächer wie Personalwirtschaftslehre, Organisation und Marketing wurden von manchem Fachvertreter als nicht den Wirtschaftswissenschaften zugehörig angesehen, eben weil sie angeblich „keine Ökonomie" enthielten. Steht die BWL tatsächlich außerhalb der ökonomischen Theorie, fragt sich da der Betriebswirt (vgl. *Albach* [Ansprache] 3)? Oder mit größerem Nachdruck: Wieso maßt sich die NIÖ Exklusivrechte auf die ökonomische Perspektive an und diskreditiert jede andere Sichtweise als fachfremd? (Vgl. *Schanz* [Exklusivrechte] 147 f.).

Die Berechtigung der Kritik der NIÖ-Vertreter an der „nicht-ökonomischen „, oft als „verhaltenswissenschaftlich" charakterisierten BWL, steht und fällt mit der Definition des Ökonomischen. Es ist das ökonomische Modell menschlichen Handelns oder kurz das Homo Oeconomicus-Modell, welches die ökonomische Perspektive im Kern ausmacht (vgl. *Erlei/Leschke/ Sauerland* [Neue] 2 ff.). Das Ineinandergreifen der Dispositionen rational handelnder Individuen wird von der ökonomischen Theorie betrachtet (vgl. *Hax* [Theorie] 65). Nicht der Gegenstandsbereich „Wirtschaft" oder „Unternehmung" ist Grundlage der Fachabgrenzung, sondern das ökonomische Verhaltensmodell (vgl. *Alewell* [Verhältnis] 668 ff.).

Ökonomisches Verhalten ist gekennzeichnet als rationales Wahlverhalten (rational choice). Individuelle Verhaltensänderungen werden rekonstruiert als rationale Anpassung an Restriktionenänderungen bei konstanten Präferenzen (vgl. *Pies* [Grundlagen] 16). Der Homo Oeconomicus hat also gegebene Präferenzen (Nutzenvorstellungen) und er verhält sich grundsätzlich (intendiert) nutzenmaximierend, d. h. er wählt in einer Entscheidungssituation die in seinen Augen nutzenmaximale (kostenminimale) Alternative. Ändern sich die Restriktionen (z. B. die Preise für Güter), passt er sein Verhalten entsprechend an. Er ist dabei nicht allwissend, sondern versucht nur – auch bei unvollkommenen und unvollständigen Informationen – so gut wie möglich zu entscheiden.

Für das ökonomische Verhaltensmodell sind also folgende Elemente entscheidend: „Die Trennung zwischen Präferenzen und Restriktionen, die Bewertung (eines Teils) der Alternativen, unter den bewerteten Alternativen die Entscheidung gemäß dem relativen Vorteil, und damit die Beeinflussbarkeit dieses Verhaltens durch veränderte Umweltbedingungen (Anreize)" (*Kirchgässner* [Homo] 31 f.). Ökonomisches Verhalten bedeutet also lediglich, dass ein Individuum prinzipiell in der Lage ist, gemäß seinem relativen Vorteil zu handeln, d. h. seinen Handlungsraum abzuschätzen, zu bewerten, und dann entsprechend zu handeln (vgl. *Kirchgässner* [Homo] 17).

Dabei wird ein solches rationales Wahlverhalten nicht als empirische Tatsache behauptet. Vielmehr ist es eine methodologische Vorentscheidung, die zweckmäßig erscheint. Verhaltensänderungen können innerhalb des Modells nicht auf Präferenzänderungen zurückgeführt werden und auch nicht auf irrationales Verhalten. Man ist also gezwungen, nach erklärenden Restriktionsänderungen Ausschau zu halten (vgl. *Pies* [Grundlagen] 17).

In dieser Allgemeinheit ist der Homo Oeconomicus nichts anderes als der „normale Mensch" (*Kirchgässner* [Homo] 16, FN 13), der Gründe für sein Handeln hat und dessen Gründe man als Außenstehender nachvollziehen und „zuschreiben" kann. Das Handeln wird als zweckrational gedeutet, d. h. als rationale Wahl von Handlungsweisen, die als Mittel zur Erreichung gegebener Ziele dienen. Wenn man die Ziele eines Individuums kennt (oder zu kennen meint) und die Ergebnisse von Handlungsalternativen im Hinblick auf diese Ziele, dann kann das Verhalten mit Sicherheit vorausgesagt werden, denn der Mensch wird als rationaler Entscheider die Alternative mit dem höchsten Zielertrag wählen. Zugleich kann dann der eine rationale Akteur gezielt Einfluss auf die Wahl anderer Akteure nehmen, also Anreize für ein erwünschtes Verhalten in der Interaktion setzen, indem der Nutzen der erwünschten Handlungsweisen erhöht wird bzw. unerwünschte Handlungsweisen „verteuert" werden. Als Gestalter von Institutionen muss der eine Homo Oeconomicus das rationale Wahlverhalten des anderen Homo Oeconomicus voraussetzen.

1.2.2 Unklare disziplinäre Spezialisierung

Die bisherige Kennzeichnung des Ökonomischen lässt noch keinen Grund erkennen, warum man eine ökonomische und eine nicht-ökonomische BWL unterscheiden sollte. Man kann nämlich der sog. nicht-ökonomischen oder verhaltenswissenschaftlichen BWL schwerlich nachsagen, sie ginge nicht von genau den oben beschriebenen methodischen Grundannahmen aus, wenn sie das Verhalten von Akteuren in Unternehmen und Märkten erklären und beeinflussen will. Die Idealtypen des Unternehmers, des Aktionärs, des Kunden, des Lieferanten, des Managers, des Mitarbeiters usw. werden grundsätzlich als (intendiert) rationale Entscheider konzipiert, deren Entscheidungsverhalten ja überhaupt nur gezielt beeinflusst werden kann, wenn es sich auch nachvollziehen und voraussagen lässt. Auch im sog. nicht-ökonomischen Marketing ist der Kunde ein (intendiert) rationaler Nutzenmaximierer (bzw. Bedürfnisbefriediger), denn nur dann kann ja gehofft werden, sein Kaufverhalten gezielt beeinflussen zu können, indem man die Produkte in seinen Augen „nützlicher" oder „billiger" macht. Und auch wenn in der sog. nicht-ökonomischen Organisationslehre über die verhaltensbeeinflussende Wirkung von Organisationsstrukturen nachgedacht wird, dann wird vorausgesetzt, dass das Organisationsmitglied systematisch nach Bedürfnisbefriedigung strebt und dass es – wenn man die Bedürfnisse kenne – in seinem Verhalten gezielt durch bedürfnisgerechte Änderungen der Restriktionen (Arbeitsbedingungen) beeinflusst werden kann. Alle Gestaltungsempfehlungen, die die BWL ausspricht, wenden sich an den rationalen Entscheider im Unternehmen, dem geholfen werden soll, „bessere" Entscheidungen zu treffen, d.h. seinen Nutzen zu erhöhen.

Es scheint also verfehlt, einen Gegensatz zwischen einer ökonomischen Theorie und der verhaltenswissenschaftlichen BWL zu konstruieren, indem alleine der NIÖ das Modell des zweckrationalen Handelns zugeschrieben wird. Die Theorie des zweckrationalen Handelns ist sogar mit der Soziologie und der Psychologie ohne weiteres vereinbar (vgl. *Weber* [Wirtschaft] 2 f., 12; *Kirchgässner* [Homo] 30). Die Grundfigur der eigennützigen, beschränkt informierten, rational interagierenden Individuen scheint nahezu unbegrenzt anwendbar. Deutlich wird dies insbesondere in den Veröffentlichungen von *Gary S. Becker*.

> **Beispiele:**
> Wie verhindere ich am besten Drogenmissbrauch? Wie kann man
> erreichen, dass Eltern sich um ihre Kinder gut kümmern? Wie senkt
> man Scheidungsraten? Was kann gegen Diskriminierung getan wer-
> den? Das sind nur einige der Themen mit denen er sich in seiner
> „Alltagsökonomik" beschäftigt (vgl. *Becker/Becker* [Ökonomik]).

Dieser „ökonomische Imperialismus" *(Pies/Leschke* [Imperialismus]) lässt
aber auch die Frage aufkommen, ob der ökonomische Ansatz die ihm zu-
gewiesene Stärke der „disziplinären Spezialisierung" *(Sadowksi* [Organisati-
onskapital] 130) überhaupt noch einlösen kann. Wenn man die ökonomiche
Perspektive (= rationales Wahlverhalten) auf jeden beliebigen Gegenstandsbereich ausdehnen kann, dann fragt sich, wie gut und sinnvoll man mit
dieser Perspektive die Grenzen einer Disziplin festlegen kann. Der sog.
verhaltenswissenschaftlichen BWL wird vorgeworfen, sie dilettiere in fach-
fremden Bereichen (Soziologie, Psychologie) (vgl. *Aufderheide/Backhaus*
[Fundierung] 45). Warum aber sollte die Gefahr des Dilettantismus geringer
sein, wenn man das ökonomische Verhaltensmodell auf solche Bereiche
wie Politik, Familiengründung, Scheidung, Kindererziehung, Prostitution,
Drogenmissbrauch, Diskriminierung usw. ausdehnt?

Vielleicht muss man ja das Homo Oeconomicus-Modell noch näher
präzisieren, um die Fachgrenzen besser abstecken zu können. Wenn der
Homo Oeconomicus etwa jemand ist, der sich bei seinen Entscheidungen
ausschließlich an Kosten orientiert (vgl. *Pies* [Grundlagen] 19) bzw. an
monetären Vorteilen, dann könnte in der Tat in dieser Beschränkung auf
ein rein monetäres Kalkül eine Besonderheit der ökonomischen Perspektive
gesehen werden. Aber diese Kennzeichnung des Ökonomischen wird von
vielen Fachvertretern nicht akzeptiert. „Der Nutzenbegriff ist explizit nicht
auf die Erlangung monetärer Vorteile beschränkt" heißt es (*Wolff/Lazear*
[Personalökonomik] 12) oder „an die Stelle objektiv messbarer monetärer
Kosten treten subjektive Opportunitätskosten" *(Pies* [Grundlagen] 18). „Wei-
che" Nutzenargumente, wie z. B. soziale Anerkennung, sind prinzipiell
zulässig (vgl. *Braun* [Rational-choice] 151). Der Nutzen kann auch in einer
ästhetischen Qualität bestehen (vgl. *Kirchgässner* [Homo] 16), im Spaß an
der Arbeit oder in familienfreundlichen Arbeitszeiten oder im Geborgen-
heitsgefühl in einer Gruppe (vgl. *Wolff/Lazear* [Personalökonomik] 13 ff.)
oder sogar in einem guten Gewissen (vgl. *Kirchgässner* [Homo] 59). Wenn
jemand eine altruistische Präferenz hat, dann kann unentgeltiche Hilfeleis-

tung oder anonymes Geldspenden ein nutzenmaximierendes Verhalten sein (vgl. *Kirchgässner* [Homo] 16; *Braun* [Rational-Choice] 151). Schließlich kann das Individuum auch einen Nutzen darin sehen, im Handeln immer bestimmten Regeln zu folgen und sich so von Entscheidungen zu entlasten. Die Ausbildung der inneren Regel, niemals betrügerisch zu handeln, ist so auch noch mit dem Homo Oeconomicus-Modell vereinbar (vgl. *Kirchgässner* [Homo] 33).

So unbestimmt und dehnbar wie der Nutzenbegriff ist auch der Begriff der Kosten. Vor allem mit den „Opportunitätskosten" tut man sich schwer, denn diese sind ja als Nutzenentgang durch Verzicht auf eine andere Alternative zu definieren. Zu den Opportunitätskosten des Kinderkriegens gehört bspw. der Verzicht auf Einkommen für die Zeit der Kinderbetreuung (vgl. *Ott* [Ansatz] 70 f.). Die Höhe dieser Kosten mag man noch relativ gut abschätzen können. Umgekehrt gehört dann aber auch zu den Opportunitätskosten der Berufstätigkeit (zumindest oft für Frauen) der Verzicht auf Kinder. Wie hoch diese Opportunitätskosten sind, lässt sich viel schwerer sagen, weil man dann ja zuvor den Nutzen eines Kindes bestimmen müsste. Mit ganz ähnlichen Problemen ist man konfrontiert, wenn im TAK-Ansatz zu den Hierarchiekosten gezählt wird, dass es zu „Anreizminderungen" kommt im Vergleich zur Alternative Markt (vgl. *Williamson* [Institutionen] 154 ff.). Wenn man die Anreizwirkung als Nutzen des Marktes nicht quantifizieren kann, dann sind auch die Opportunitätskosten als „Nutzenentgang" nicht zu messen.

Im Grunde sagt also das ökonomische Verhaltensmodell nichts anderes aus, als dass Menschen sich i. A. für jene Alternative entscheiden, die ihnen am vorteilhaftesten erscheint. Und daran anknüpfend: Wer Verhalten in eine bestimmte Richtung steuern will, sollte die Präferenzen des Akteurs erkunden und das gewünschte Verhalten vorteilhaft bzw. das unerwünschte Verhalten nachteilig machen. Statt von Vorteilen und Nachteilen kann man auch von Nutzen und Kosten reden, aber das alleine gibt für eine disziplinäre Spezialisierung nicht viel her. Es handelt sich ja nur um eine andere Ausdrucksweise, wenn man etwa statt von einem „schlechten Gewissen" von „psychischen Kosten" redet (vgl. *Kirchgässner* [Homo] 59). Es kann also doch nicht das zweckrationale Handeln alleine sein, welches die ökonomische Perspektive kennzeichnet. Das Verhaltensmodell muss notgedrungen präzisiert werden, wenn das Besondere der ökonomischen Perspektive klar werden soll.

1.2.3 Negatives Menschenbild als Kennzeichen der NIÖ

Unterschiede zwischen NIÖ-Vertretern und verhaltenswissenschaftlich argumentierenden Fachvertretern werden erst an der Stelle deutlich, wo der Nutzenbegriff für Zwecke der Modellbildung inhaltlich präzisiert wird. Ohne eine Konkretisierung der unterstellten Präferenzen kann man weder voraussagen noch steuern, welche Handlungsalternative ein Akteur wählen wird. Die NIÖ legt sich mit der Bestimmung der unterstellten Präferenzen auf ein bestimmtes, sehr pessimistisches Menschenbild fest, und hier nun scheint sich eine „Wegegabel" *(Schanz* [Exklusivrechte] 159 ff.) zwischen der „herkömmlichen" und der „ökonomischen" BWL zu zeigen.

Der Mensch der Ökonomik ist faul, er lügt, betrügt, erpresst, verschweigt und verzerrt Informationen, stiehlt, hält keine Versprechen, sabotiert, verhält sich als Trittbrettfahrer, kennt keinen Altruismus usw. So sehr man auch im Vorfeld bemüht war, den Charakter des Homo Oeconomicus neutral oder sogar sympathisch zu zeichnen (er will nichts als seine persönliche Situation verbessern und rational handeln), in concreto zieht die NIÖ dann doch die negativen Seiten des Menschen zur näheren Charakterisierung seiner „Natur" heran. Verbunden wird damit der Anspruch, man zeichne so ein „realistisches Menschenbild". Die Annahme anderer Präferenzen wird zugleich als Utopie und romantisches Wunschbild diskreditiert (vgl. *Kirchgässner* [Homo] 27, 47).

Nun ist es sicherlich realistisch davon auszugehen, dass Menschen auch lügen, betrügen, stehlen, faulenzen, Verträge brechen usw. Es ist aber genauso realistisch zu sagen, dass sie sich auch als ehrlich, vertrauenswürdig, fleißig, hilfsbereit, solidarisch, vertragstreu, pflichtbewusst, altruistisch usw. erweisen. Von der NIÖ wird jedoch der Stellenwert des Opportunismus von einem „auch möglichen Verhalten" zu einem „präferierten Verhalten" verschoben. Opportunismus wird zur Attitüde, zu einem naturgegebenen Merkmal jedes Menschen. Opportunismus ist damit zugleich das normalerweise zu erwartende Verhalten, wenn man sich nicht ausdrücklich dagegen absichert (vgl. *Ghoshal/Moran* [Bad] 18). So heißt es nicht: „Es gibt das Phänomen der Drückebergerei". Vielmehr sagt man: „Der Mensch ist von Natur aus faul". Anormal und erklärungsbedürftig/steuerungsbedürftig wird es, wenn jemand fleißig arbeitet/arbeiten soll. Dann muss man Ursachenforschung bzw. Steuerung betreiben, während „shirking" ganz normal und einfach durch die naturgegebenen Präferenzen erklärbar ist.

Die ökonomische Perspektive der NIÖ besteht offenbar darin, sich bei den Präferenzen auf die „dunkle Seite der menschlichen Natur" festzulegen *(Schanz* [Exklusivrechte] 160). Dementsprechend können Institutionen nur als „Schutzmaßnahmen" oder „Kontroll- und Herrschaftsinstrumente" verstanden werden und nicht positiv als Einrichtungen zu Verbesserung menschlicher Lebensmöglichkeilen. Das ist zumindest sehr einseitig. Wie *Ghoshal/Moran* in ihrer kritischen Auseinandersetzung mit dem TAK-Ansatz herausarbeiten (vgl. [Bad]), kann es sogar gefährlich für die Praxis sein.

1.2.4 Gefahren des negativen Menschenbildes der NIÖ

Wenn jemand ein Haus baut mit dem obersten oder gar einzigen Ziel, sich vor Dieben zu schützen, wird er ein ganz anderes Haus bauen, als jemand, dem auch die Ästhetik wichtig ist, die Gemütlichkeit, die Entfaltungsmöglichkeiten für die Kinder usw. So hat auch die Art des Menschenbildes Einfluss auf die Art der innerbetrieblichen Organisation oder die Gestaltung von Entlohnungsformen. Nach Maßgabe des negativen Menschenbildes der NIÖ sind Unternehmen in erster Linie als " Opportunismusschutzmaßnahmen" zu verstehen und zu gestalten. Wenn die NIÖ auf dieser Grundlage zur „normative theory of organizational choice and design" wird, wenn sie also Gestaltungsempfehlungen ausspricht, dann ist Vorsicht angebracht *(Ghoshal/Moran* [Bad] 15). Sobald es um Gestaltungsempfehlungen geht, wird es nämlich sehr wichtig zu beachten, wie zutreffend die Prämissen sind, die man gesetzt hat, um eine einfache und logische Modellanalyse durchführen zu können. Dann kann es gefährlich werden, von einem Menschenbild auszugehen, das selbst von überzeugten Anhängern der NIÖ als „extreme caricature" *(Milgrom/Roberts* [Economics] 42) eingeschätzt wird. Das Extreme und Karikaturhafte liegt nicht in der Annahme, dass die meisten Menschen sich auch manchmal opportunistisch verhalten. Es liegt vielmehr darin, dass Opportunimus vom gelegentlichen Verhalten zur natürlichen Präferenz umgedeutet wird, so dass nicht opportunistisches Verhalten grundsätzlich das erklärungsbedürftige und künstlich anzureizende Verhalten darstellt.

Was kann daran gefährlich für die Praxis sein? Das soll für die Wahl einer Organisationsstruktur näher gezeigt werden. *Frederick W. Taylor* ging bei seinen Strukturempfehlungen von einem ganz ähnlichen Menschenbild aus, wie die Vertreter der NIÖ. Das „Sich-um-die-Arbeit-drücken" hielt er für das größte Übel in den Unternehmen, und er meinte, es entspringe

„dem angeborenen Instinkt und der Neigung des Menschen, nicht mehr zu arbeiten, als unumgänglich nötig" ([Grundsätze] 12, 18). Die darauf aufbauenden Empfehlungen für ein effizientes Management lauten:

- Jahrelange und penible Beobachtung und Messung der Arbeitsvollzüge, um objektiv die beste Leistung festlegen und vorschreiben zu können. Damit soll der Wissensvorsprung der Arbeiter (Informationsasymmetrie), der sie zu den „wahren Herren der Werkstatt macht" *(Taylor* [Grundsätze] 52), endgültig beseitigt werden.

- Aufbau einer ausgeprägten Bürokratie mit umfangreichen Statistiken und Formularen, bis zu acht den Arbeitern unmittelbar vorgesetzten Funktionsmeistern und einer ausgeprägten Kontrollhierarchie, in welcher ein Generalinspektor die Arbeit der Nachprüferinnen kontrolliert, welche die Prüferinnen kontrollieren, die wiederum die Arbeiterinnen kontrollieren (vgl. [Grundsätze] 95; [Betriebsleitung] 48 f.).

- Starke Arbeitsteilung, um die Arbeitsleistung genauestens vorschreiben und kontrollieren zu können, strikte Trennung von Entscheidung und Ausführung (vgl. [Grundsätze] 41).

- Direkt mit der einzelnen Arbeitsleistung verbundene Geldprämien bzw. Lohnabzüge, keine Gruppenlöhne, keine Gewinnbeteiligungen, weil das zuwenig mit der Einzelleistung gekoppelt sei (vgl. [Betriebsleitung] 23; [Grundsätze] 76, 99).

Solche tayloristischen Strukturen und Entlohnungsformen gelten heute als überholt und ineffizient. Moderne Organisationsstrukturen setzen gerade auf eine Rückführung der Spezialisierung, Ausbau von Selbstorganisation und Selbstkontrolle, weniger Formalisierung und Regelungsdichte, Abbau der Hierarchie, Integration von Denken und Handeln, Gruppenarbeit und Gruppenentlohnung, verstärkte Gewinnbeteiligung, also lauter Maßnahmen, die bei der Voraussetzung einer Präferenz der Mitarbeiter für Drückebergerei und Betrug wenig erfolgversprechend erscheinen. Ebenso bleibt es unter Voraussetzung des negativen Menschenbildes der NIÖ unerklärlich, warum viele Unternehmen eine funktionierende Marktkontrolle freiwillig aufgeben und sich bewusst in eine größere Abhängigkeit von wenigen – im Extremfall einem einzigen – Lieferanten begeben, um mit diesem in einem vertikalen Netzwerk eng zu kooperieren.

Die deutliche Änderung im Verständnis einer effizienten Organisations-struktur hat gute Gründe. *Taylor* argumentierte vor einem völlig anderen Hintergrund als heutige Organisationsgestalter:

▶ Es ging bei ihm um die effiziente Ausführung von Handarbeit.
▶ Es gab vor allem ungelernte, wenig gebildete Arbeiter.
▶ Diese arbeiteten als Tagelöhner für einen geringen Lohn.
▶ Zwischen Arbeitgebern und Arbeitern herrschte Kampfstimmung.
▶ Ziel war ein erhöhter Output von Massengütern zur besseren Versorgung der Bevölkerung (Verkäufermarkt).

Heute geht es mehr und mehr um individualisierte, kundenorientierte Produkte und Dienstleistungen, in die vor allem Know how einfließt. Die Versorgung ist weitgehend gesichert. Wer etwas verkaufen will, muss sich aus der Masse herausheben und etwas Spezifisches bieten. Handarbeit wird von Maschinen erledigt. Das Bildungsniveau ist hoch, die meisten Arbeitnehmer befinden sich in gut bezahlten, sozial gesicherten und relativ stabilen Beschäftigungsverhältnissen. Allgemeiner Wohlstand, Mitbestimmung und Unternehmensbeteiligungsmodelle haben das Verhältnis zwischen Arbeitgebern und Arbeitnehmern entspannt. Die Arbeit lässt sich immer weniger in vorgeschriebene Bewegungsabläufe pressen, vorschreiben und kontrollieren.

Aus der bedrohlichen Informationsasymmetrie zwischen Prinzipal und Agent wird der positiv zu wertende **Wissensvorsprung** der Mitarbeiter, den es zu nutzen und nicht zu beseitigen gilt. Mechanische Pflichterfüllung (perfunctory compliance) reicht im heutigen Wettbewerb nicht mehr aus. Gefragt ist vielmehr vollständige Kooperationsbereitschaft (consummate cooperation). „Consummate cooperation" bedeutet, der Mitarbeiter füllt von sich aus Lücken in den Regeln im Sinne des Unternehmens, zeigt Initiative, setzt seine Kreativität und Energie ein, um die Arbeit so gut wie möglich zu machen, akzeptiert Verantwortung (vgl. *Williamson* [Markets] 69). In dieser Situation scheint es geradezu gefährlich, die Unternehmung in erster Linie als bürokratisches Kontrollsystem zum Schutz gegen Opportunismus zu begreifen, denn die beschriebene Kooperationsbereitschaft kann nicht befohlen oder herbeikontrolliert werden. Die Stärke der Unternehmung liegt darin, dass sie einen Kontext der Identifikation, des Vertrauens und der Bindung schafft, soziale Beziehungen aufbauen hilft, gemeinsame Zwecke vorgibt (vgl. *Ghoshal/Moran* [Bad] 36). Die Transaktionen sind eingebettet in einen konkreten sozialen Kontext persönlicher Beziehungen und Erfahrungen (vgl. *Granovetter* [Economic] 490). Wer in erster Linie damit beschäftigt ist, sich gegen das schlechtest mögliche Verhalten von Mitarbeitern und/oder Lieferanten abzusichern, der zerstört vermutlich gerade die Basis für die Entstehung dieser unternehmerischen Stärken. Exzessive Kontrollen lassen den Mitarbeitern z. B. gar nicht die Chance, sich vertrauenswürdig zu erweisen. Enge Reglementierungen lassen keinen Spielraum, um aktives Engagement zu zeigen. Wer nicht auf Marktkontrolle verzichten will, kann keine spezifischen Lieferantenleistungen erwarten. Wer das Wissen der Mitarbeiter vor allem als Bedrohung interpretiert, wird nicht von der Ressource Wissen profitieren können.

Unterstellt man die Gültigkeit des Präferenzmodells der Theorie Y (vgl. *McGregor* [Mensch] 61 f.), wonach der Mensch sich in der Arbeit entfalten will und zur Selbstkontrolle, Selbstdisziplin und Verantwortungsübernahme willens und fähig ist, dann verpasst man durch sein Misstrauen nicht nur Chancen, sondern unterminiert sogar aktiv die eigentlich vorhandene Motivation der Mitarbeiter. Ganz im Sinne des rational choice-Modells wird ein Mitarbeiter, der eine Präferenz für Selbstbestimmung hat, auf strukturelle Restriktionen negativ reagieren, die seine Selbstbestimmung einschränken. Reagiert er dann mit Unlust und geringem Arbeitseifer, kann sich der Kontrolleur wiederum in seiner negativen Einschätzung bestätigt fühlen und sich weitere Kontrollmaßnahmen überlegen. Das negative Menschenbild wird so zur sich selbst erfüllenden Prophezeiung und man gerät in einen Teufelskreis sich steigernder Kontrollmaßnahmen von Seiten des Prinzipals und der Suche nach Schlupflöchern von Seiten des Agenten (vgl. *Ghoshal/Moran* [Bad] 14, 39).

Wer Institutionen – und speziell Unternehmungen – nur als Schutzmaßnahmen gegen Opportunismus interpretiert, verliert den Blick für die wesentlichen Vorteile der Unternehmung: „... the advantage of organizations over markets lie not in overcoming human pathologies through hierarchy, but in leveraging the human ability to take initiative, to cooperate and to learn" *(Ghoshal/Moran* [Bad] 42).

1.3 Das vertragstheoretische Denken

1.3.1 Vernachlässigung formloser Beschränkungen

„Verträge und Vertragsverhandlungen spielen in der modernen Institutionenökonomik eine tragende Rolle" *(Richter/Furubotn* [Neue] 155). Es gehört zu den zentralen Vorstellungen der NIÖ, dass die Institutionen, welche die rationalen interagierenden Individuen ersinnen, auf einen Vertragsschluss zurückzuführen sind. Selbst Familien werden als Vertragsgebilde modelliert (vgl. *Ott* [Ansatz] 73), in denen Dienstleistungen und Emotionen getauscht werden. Nun ist der Begriff des Vertrages mehrdeutig. Ein wichtiger Bestandteil ist die Willenserklärung, mit der man sich zu einer zukünftigen Handlung verpflichtet, um so sein Verhalten für andere voraussehbar zu machen. Im Einzelnen kann eine solche Willenserklärung aber sehr unterschiedliche Formen annehmen. Vom schriftlich festgelegten, explizit ausgearbeiteten und vollständigen Vertrag mit Rechtsfolgen über unvollständige formale bis hin zu informellen und impliziten Verträgen reicht die Palette. Ja sogar völlig ohne ausdrückliche Willenserklärung kann es als verpflichtend empfundene wechselseitige Verhaltenserwartungen geben, etwa die, dass Freunde sich gegenseitig helfen. Wird die Hilfe verweigert, gleicht das einem Vertragsbruch.

Ausgangspunkt und Referenzmodell der NIÖ ist jedoch der klassische, vollständige Vertrag, dessen Einhaltung durch die Rechtsprechung garantiert werden kann. Im Principal-Agent-Ansatz geht man in der Regel von solchen vollständigen Verträgen aus, deren Durchsetzung auf dem Gerichtswege möglich ist (vgl. *Aufderheide/Backhaus* [Fundierung] 54 f.; *Williamson* [Institutionen] 58). „Im wirklichen Leben jedoch sind Verträge unvollständig, und zwar über jenes Maß an elementarer Unvollständigkeit hinaus, wie sie das Vertragsrecht oder die judizielle Praxis berücksichtigt" *(Richter/Furubotn* [Neue] 157). Der TAK-Ansatz berücksichtigt die Realität insofern besser als der Principal-Agent-Ansatz, als er ausdrücklich auch sehr unvollständige, nicht ohne weiteres einklagbare, persönlichkeitsgebundene, relationale Verträge berücksichtigt. Vor allem Arbeitsverträge zählt er zu diesem Typ (vgl. *Williamson* [Vergleichende] 29). Im Wirtschaftsleben spielen solche Verträge eine ganz erhebliche Rolle.

Im alltäglichen Sprachgebrauch assoziiert man mit dem Begriff „Vertrag" in der Regel ein juristisch verbindliches Schriftstück. Verträge werden zu den „formgebundenen Regeln" gerechnet und von den „formlosen Beschränkungen" unterschieden (vgl. *North* [Institutionen] 43 ff.). Auch wenn der Unterschied zwischen beiden Formen von Beschränkungen nur ein gradueller ist, so führt doch die Benutzung des Begriffes „Vertrag" leicht zu einer einseitigen Konzentration auf die formgebundenen Beschränkungen menschlicher Interaktion. Verhaltenskodizes, Sitten und Gebräuche, Konventionen, Gepflogenheiten, Gewohnheiten, soziale Normen, all diese formlosen Regeln und Ordnungselemente werden vernachlässigt. *Coase* hält es inzwischen für eine Schwäche seines berühmten Aufsatzes („The Nature of the Firm"), dass er das Unternehmen darin vor allem durch die Verträge zwischen Arbeitgebern und Arbeitnehmern charakterisiert hat. Dadurch entstünde der unberechtigte Eindruck, eine Unternehmung sei in erster Linie Einkäufer von Arbeitsleistungen und Vertragsgestalter (vgl. *Coase* [Influence] 37 f.). *Williamson* meint ebenfalls, es würde das Wesen der Unternehmung nicht gut treffen, es als Netzwerk von Verträgen zu charakterisieren (vgl. [Vergleichende] 29). Er schlägt daher auch vor, den Begriff „contract" (Vertrag), durch den Begriff „treaty" (Übereinkommen) zu ersetzen (vgl. [Firm] 3), um so den Blick dafür zu öffnen, dass nicht juristische, sondern soziale Beziehungen ausschlaggebend für die Besonderheiten des Unternehmens gegenüber dem Markt sind. Es sind nicht in erster Linie die Texte der Arbeitsverträge, die das Verhältnis zwischen den Mitgliedern einer Organisation bestimmen, sondern die persönlichen Erfahrungen, die gewachsenen Routinen und informalen Normen, die impliziten Verpflichtungen wechselseitigen Gebens und Nehmens.

Der formale Vertrag markiert oft nur den Beginn einer Beziehung mit persönlichem Charakter, die eine Geschichte hat und ihre Qualität im Verlaufe dieser Geschichte ändert. Durch die persönliche Beziehung zwischen den Vertragspartnern wird das Übereinkommen zunehmend erleichtert. Man hat mehr Informationen übereinander, kann sich genauer einschätzen, kann eine Reputation und Vertrauen aufbauen und fühlt sich auch stärker zur Vertrauenswürdigkeit verpflichtet (vgl. *Granovetter* [Economic] 490). Dass selbst bei normalen Markttransaktionen solche persönlichen Kontakte und die daraus entstehenden impliziten Verpflichtungen und formlosen Beschränkungen hoch geschätzt werden, zeigt die Beobachtung, dass in der Regel einmal aufgebaute Geschäftsbeziehungen über längere Zeit aufrecht erhalten und nur zur Not aufgegeben werden (vgl. *Granovetter* [Economic] 496 f.).

Formlose Beschränkungen haben aber nicht nur eine wichtige vertrags-ergänzende und -ersetzende Funktion. Sie machen im Grunde Verträge überhaupt erst möglich. Ohne eine gewisse Kultur der Vertragseinhaltung wäre eine Benutzung von Verträgen als Institution kaum denkbar. Die Menschen im Hobbes'schen Naturzustand, die zügellosen Raubmenschen, haben nichts mit Verträgen zu schaffen. Nur wenn schon eine gegenseitige Anerkennung von Rechten, ein Wille, Frieden zu wahren und Versprechen zu halten vorhanden sind, können Verträge im juristischen Sinne als transaktionsregelnde Institutionen wirksam werden. „Formlose Beschränkungen ergeben sich aus der Werttradition einer Kultur... Insgesamt scheinen sie weitestreichenden Einfluss auf die Institutionenordnung auszuüben. Eine lebendige Tradition von Arbeitsfleiß, Redlichkeit und Anständigkeit senkt einfach die Kosten von Transaktionen und ermöglicht komplexen produktiven Tausch" *(North* [Institutionen] 164 f.). Dieser „weitestreichende Einfluss" gewachsener Normen wird durch die Überbetonung des formaljuristischen Vertrages in der NIÖ allzuleicht ignoriert. Zugleich wird damit auch die Machbarkeit der Verhältnisse überschätzt, weil nicht mit der Zähigkeit gewachsener Institutionen gerechnet wird.

1.3.2 Vernachlässigung gesetzlicher Rahmenbedingungen

„Berücksichtigt man, dass (freiwillige) Tauschakte nur dann zustande kommen, wenn die Tauschpartner sich dabei zumindest nicht schlechter stellen, und geht man davon aus, dass die Individuen sich rational...verhalten, so führen die vorgenommenen Tauschakte letztlich dazu, dass niemand mehr besser gestellt werden kann, ohne dass irgend ein anderer schlechter gestellt wird: Es wird eine optimale Situation im Sinne des ... Pareto-Kriteriums erreicht... Die Welt, zumindest soweit sie marktwirtschaftlich organisiert ist, kann dann als die beste aller möglichen Welten erscheinen." *(Kirchgässner* [Homo] 165, 166). Staatliche Gesetzgebung ist in dieser Welt mindestens überflüssig, meistens sogar störend und effizienzsenkend, weil sie die Vertragsfreiheit einschränkt.

In dieser Argumentation kann eine typische „Problemverschlingung" gesehen werden, wie sie von *Max Weber* kritisiert wird (vgl. [Sinn] 536). Zunächst wird gedanklich eine idealtypische Situation konstruiert: Es gibt eine optimale, von allen als gerecht empfundene Ausgangsausstattung mit Ressourcen. Dann werden ausschließlich über freiwillige Verträge Ressourcen getauscht, wobei die Individuen über die Tauschbedingungen vollkommen informiert sind. Es gibt keine externen Effekte und keine öffentlichen Güter. Alles ist im wohldefinierten Privatbesitz von Individuen (vgl. *Kirchgässner* [Homo] 165). Man erkennt unschwer die mikroökonomische Idealwelt wieder. Aus diesem Gedankenmodell wird dann unversehens eine Tatsachenbehauptung und schließlich sogar ein Vorbild. Wenn der Markt mit seinen Tauschaktionen so perfekt funktioniert, dann sollte sich der Staat logischerweise aller störenden Eingriffe in den Markt enthalten. Da die Perfektion des Marktes aber in der Realität nicht gegeben ist, ist die Folgerung ein „Trugschluss" *(Kirchgässner* [Homo] 165), der eigentlich nicht einmal in die Gedankenwelt der NIÖ passt. Es wird ja gerade entgegen dem mikroökonomischen Idealmodell des perfekten Marktes problematisiert, dass die Vertragspartner sich täuschen, belügen, betrügen und erpressen können, dass sie nicht über alle Handlungsmöglichkeiten und deren Konsequenzen vollständig informiert sind, dass sie nicht jederzeit auf beliebige homogene Alternativangebote ausweichen können, dass es zu vielfältigen externen Effekten kommt und dass die Verträge in der Regel alles andere als perfekt sind. „Die Pareto-Effizienz des Gleichgewichts in der neoklassischen Modellwelt, in dem der Eigennutz jedes einzelnen zum besten aller gereicht, wird mit der Aufhebung der Informationsannahmen zu einem Sonderfall ... Rationales Verhalten ist keine Garantie mehr für sozial wünschbares Verhalten .." *(Terberger* [Ansätze] 238).

Dennoch neigen auch manche NIÖ-Vertreter weiterhin zu der Meinung, es gäbe keinerlei Grund für staatliche Schutzbestimmungen von Vertragspartnern wie etwa Verbraucherschutz oder Arbeitsrechtsbestimmungen. Besonders im Principal-Agent-Ansatz besteht häufig die Vorstellung, jeder Vertragspartner könne ex ante die Umwelt- und Verhaltensunsicherheit richtig einschätzen und sich dagegen mit Vertragsklauseln schützen. Die Verträge sind zwar komplizierter als die Kaufverträge in einer Welt ohne Verhaltensunsicherheit, sie sind aber nach wie vor vollständig. Der schlechter informierte Partner wird „durchaus in der Lage sein, die Schwäche seiner Position zu erkennen und sich auf einen Vertrag, der ihn der Ausbeutung aussetzt, gar nicht einlassen" *(Hax* [Theorie] 59). Es wird zwar zugestanden, dass zwingendes Recht den Geschäftsverkehr durch die Normierung von Vertragsinhalten erleichtern kann, dass es durchaus auch schutzbedürftige Vertragspartner gibt und dass Verträge oft unvollständig sind (vgl. *Hax* [Theorie] 60 f.). Dennoch durchzieht die Leitidee, dass maximale Vertragsfreiheit zur „besten aller Welten" führt unverkennbar die NIÖ. Ausgeklammert wird dabei unter anderem das Problem ungleicher Machtverteilung zwischen den Beteiligten. Für die Geschäftsbeziehungen zwischen den Marktakteuren ist aber zu konstatieren: Wer stark ist und den anderen durch ökonomische Sanktionen zu kooperativem Verhalten zwingen kann, braucht keine Verträge, wer schwach ist, dem nutzen sie nichts wegen fehlender Sanktionsmöglichkeiten (vgl. *Arbeitskreis* [Geschäftsbeziehungen] 195 f.). Der, der den Schutz am nötigsten brauchte, weil er in der schwächeren Position ist, kann kaum Vertragsbedingungen zu seinen Gunsten durchsetzen.

Man könnte daher auch argumentieren, dass zwingendes Recht, welches die Position des schwächeren Partners schützt, richtige Verträge überhaupt erst ermöglicht, weil nur dadurch die idealtypisch unterstellte, gleichgewichtige Ausgangsposition hergestellt wird.

Beispiel:
Hersteller und Handel wurden durch Gesetze gezwungen, die Angebotstransparenz für den Käufer durch Deklarations- und Auszeichnungsmaßnahmen zu verbessern. Aber erst diese Transparenz erlaubt dem Konsumenten, als rationaler Vertragspartner zu agieren, dem man auch eine (Mit-)Verantwortung für die Marktergebnisse aufbürden kann.

Wenn der in einem Vertrag zum Ausdruck gebrachte Konsens tatsächlich auch die Vernünftigkeit des vertraglichen Regelsystems garantieren soll, dann muss im Vorfeld gesichert sein, dass alle Betroffenen beteiligt werden, dass sie alle gleichermaßen gut informiert sind und über die gleiche Macht verfügen. Eine Annäherung an diese Idealbedingungen ist oft nur über Gesetze zu erreichen. Interessanterweise ist die Wertpapierbörse, die oft als Paradebeispiel für einen annähernd vollkommenen Markt herangezogen wird, zugleich äußerst streng reglementiert. Produkte und Händler müssen explizit zum Handel zugelassen werden und die Konditionen, zu denen gehandelt werden darf, sind durch eine Marktverfassung strikt reguliert.

Die NIÖ neigt dazu, aufgrund ihrer starken Betonung des privatrechtlichen Vertrages, nicht nur die Bedeutung des kulturellen Umfeldes, sondern auch die der gesetzlichen Rahmenbedingungen zu unterschätzen. Dadurch besteht zugleich die Gefahr, die herrschenden Verhältnisse gegen Kritik zu immunisieren, weil sie ja angeblich immer das Ergebnis freiwilliger Verträge zwischen gut informierten, gleich starken, rationalen Vertragspartnern sind und daher für alle Beteiligten pareto-optimal. Vernachlässigt wird, dass die

Idealbedingungen des Vertragsschlusses oft nicht mal annähernd erfüllt sind.

1.4 Probleme der Modellbildung

In den meisten Büchern und Aufsätzen zur NIÖ finden sich mathematische Formeln und Berechnungen. Das erweckt den Eindruck großer Exaktheit der abgeleiteten Aussagen. Kosten werden rechnerisch minimiert, Nutzen maximiert, Anreize optimiert. Damit hat die NIÖ anscheinend aus dem Sumpf anekdotisch gestützter Management-Rezeptologie (vgl. *Wenger* [Betriebswirtschaftslehre] 172, 174) endgültig herausgefunden und befindet sich auf dem festen, verlässlichen Boden der mathematischen Berechnung. Die Berechnungen lassen sich allerdings nur innerhalb der Modellprämissen logisch ableiten. Die Modellprämissen sind aber oft so weit von der Realität entfernt, dass sie eben nicht „diejenigen Züge menschlichen Verhaltens abbilden, die im Hinblick auf das zu lösende Problem das Verhalten eines durchschnittlichen Akteurs beschreib-, erklär- und prognostizierbar machen" *(Wolff/Lazear* [Personalökonomik] 7). Dies ist jedoch, bei aller berechtigten Vereinfachung in der Modellbildung, eine Mindestforderung, wenn die Theorie zur Problemlösung beitragen soll.

So wird in der normativen Agencytheorie die „extreme Informationsprämisse" gesetzt, dass der Prinzipal die genaue Reaktionsfunktion des Agenten kennt. Er hat also sichere Erwartungen über das Arbeitsverhalten des Agenten in Abhängigkeit von den Anreizen. Trifft der Agent Entscheidungen, hat der Prinzipal zudem sichere Erwartungen darüber, um wieviel besser die Entscheidungen des Agenten bei vermehrter Anstrengung werden. Der Agent empfindet grundsätzlich Arbeitsleid und ist nur durch materielle Entlohnung motivierbar. Zahlreiche weitere Informations- und Verhaltensprämissen kommen hinzu, bevor man mit den Berechnungen beginnen kann (vgl. *Müller* [Agency-Theorie] 66 ff.). Und selbst bei extremer Vereinfachung der Entscheidungssituation des Prinzipals sind die Berechnungen oft so komplex, dass der Aufwand für die Erstellung eines perfekten Vertrages wohl regelmäßig den möglichen Optimalitätsverlust bei weitem überschreiten würde (vgl. *Müller* [Agency-Theorie] 65).

Die Gefahr ist groß, dass es mehr um die Eleganz der mathematischen Formulierung geht und weniger um die Erklärung und Gestaltung der Realität (vgl. *Müller* [Agency-Theorie] 72). Sobald die Prämissen realistischer werden, sind exakte Modellformulierungen und Berechnungen nicht mehr möglich. *Williamson* hat denn auch für den TAK-Ansatz gar nicht mehr den Anspruch, mathematisch exakt berechnete, optimale Lösungen anbieten zu können. Sein Ziel ist ein eher qualitativer, ordinaler Vergleich diskreter Strukturalternativen mit relativ groben und einfachen Argumenten (vgl. [Vergleichende] 16 f.). Immerhin wird noch ein Rest von „Rechenhaftigkeit" in der Argumentation erkennbar, weil als Vergleichskriterium die Höhe der TAK herangezogen wird. Dass von „Kosten" und „Einsparungsorientierung" die Rede ist und Kostenkurven aufgezeichnet werden, kann aber nicht darüber hinweg helfen, dass niemand die Höhe der TAK bestimmen kann (vgl. *Perrow* [Markets] 375; *Schneider* [Unhaltbarkeit] 1241; *Michaelis* [Organisation] 89). Es handelt sich lediglich um eine Sprachregelung, wenn von Kosten der Strukturalternativen gesprochen wird und nicht einfach von Nachteilen, oder von Opportunitätskosten und nicht einfach von Vorteilen, auf die man bei der Wahl einer Alternative verzichtet. Oft ist nicht einmal die Wirkungsrichtung einer Änderung von Transaktionsparametern sicher, also ob die Höhe der TAK einer Strukturalternative mit dieser Parameteränderung nun steigt oder fällt (vgl. *Williamson* [Vergleichende] 32 ff.). Für die Agency-Kosten gilt die Kritik an der mangelnden Operationalisierbarkeit in gleicher Weise.

Die NIÖ arbeitet also entweder mit sehr rigiden Modellprämissen, um logisch exakte Folgerungen ableiten zu können, deren Informationsgehalt dann allerdings gegen Null geht (vgl. *Müller* [Agency-Theorie] 72). Oder aber sie lässt sich auf umfassendere und realistischere Problembeschreibungen ein und muss dann ebenso auf mathematisch exakte Lösungen verzichten, wie die „nichtökonomische" BWL. Nicht selten werden an sich bekannte Erscheinungen und Erklärungen nur in ein neues Sprachspiel übersetzt (vgl. *Kieser* [Theorie] 318).

1.5 Versteckte Wertungen

Nicht zuletzt auch aufgrund der mathematischen Darstellungsweise wirkt die NIÖ auf den ersten Blick rein sachlich und interessenneutral. Die Ökonomik will wertfreie Wissenschaft sein (vgl. *Kirchgässner* [Homo] 3). Es lässt sich aber nicht übersehen, dass zumindest im Basisbereich Wertungen einfließen. Die Auswahl der Methoden und der Modellprämissen entspringt einer Entscheidung des Forschers und ist insofern nicht zwingend. Man muss zur Erklärung menschlichen Verhaltens keineswegs darauf verzichten, sich auch um die Bildung und Änderung von Präferenzen zu kümmern. Man muss auch nicht bestimmte Präferenzen (z. B. für opportunistisches Verhalten) unterstellen. Wertungen stecken auch in der Auswahl der interessierenden Fragestellungen und in der Abschätzung der Vor- und Nachteile alternativer Institutionen. Dies soll für alle drei Teilansätze kurz gezeigt werden.

Im **Verfügungsrechtsansatz** werden einseitig die Vorteile unverdünnten Privateigentums gesehen und jede Form von Gemeineigentum wird diskreditiert. Dabei wird vernachlässigt, dass die „Tragödie der Allmende" (vgl. Teil II, 3.3.2.2) nicht alleine durch das Gemeineigentum hervorgerufen wird, sondern durch die Kombination von Privateigentum und Gemeineigentum. Gerade das Privateigentum schafft starke Anreize, öffentliche Güter auszubeuten, wenn es nicht gelingt die externen Effekte zu internalisieren. Entscheidungen sind oft betriebswirtschaftlich (privat) rational, aber für die Allgemeinheit (volkswirtschaftlich) schädlich.

> **Beispiel:**
> Wenn Schweinemäster ihre Tiere mit Antibiotika füttern und dadurch für die Entstehung gefährlicher, resistenter Keime sorgen, dann geschieht dies sicher auch, weil diese Schweine im Privatbesitz sind und dem Besitzer um so mehr Gewinn einbringen, je schneller sie schlachtreif sind. Dieser starke Anreiz aus dem Privatbesitz lässt es erst besonders wahrscheinlich werden, dass sich der Mäster um das öffentliche Gut „Volksgesundheit" wenig schert und die schädlichen externen Effekte auf die Öffentlichkeit überwälzt. Das Problem entsteht nicht alleine dadurch, dass Volksgesundheit ein öffentliches Gut ist.

Beim **Principal-Agent-Ansatz** fällt die Einseitigkeit ins Auge, mit der die Interessen des Unternehmers als Prinzipal betrachtet werden. Ausbeutungsmöglichkeiten der Arbeitgeber gegenüber den Mitarbeitern oder gegenüber anderen von der Unternehmenstätigkeit betroffenen Personengruppen werden nur am Rande wahrgenommen. Wenn das Unternehmen als Agent modelliert wird, vorrangig gegenüber Kunden, dann wird der Opportunismus regelmäßig geringer eingeschätzt, als bei den Mitarbeitern als Agenten, und es wird auf die harmonischen Interessen zwischen Prinzipalen (Kunden) und Agent (Unternehmung) verwiesen.

Beispiel:
In der Werbung wird oft eine Zielharmonie zwischen dem Unternehmen als Agent und den Kunden als Prinzipalen suggeriert mit Slogans wie „Wir leben von ihrer Zufriedenheit" oder „Wir sind der Partner an ihrer Seite".

Dem **Transaktionskostenansatz** kann man Einseitigkeit vorhalten, weil das institutionelle Arrangement „Markt" zum quasi natürlichen Ausgangspunkt und Referenzmodell erklärt wird. Das Unternehmen als Hierarchie ist grundsätzlich nur Lückenbüßer für Marktfehler, was zugleich impliziert, dem Markt sollte – wo immer möglich – der Vorzug gegeben werden. Tatsächlich ist aber die moderne Wirtschaft von Organisationen geprägt. Es scheint daher auch keine unrealistischere Ausgangsposition, den Markt als Lückenbüßer für Organisationsfehler anzusehen (vgl. *Ghoshal/Moran* [Bad] 30). Die make or buy-Entscheidung heißt dann nicht: „Was müssen wir notgedrungen selbst machen, um nicht dem Opportunismus der Lieferanten ausgeliefert zu sein?" Vielmehr fragt man: „Sollen wir Teilaufgaben anderen Marktteilnehmern überlassen, weil diese es besser/billiger machen können als wir?" Oder auch: „Können wir die Hierarchiekosten durch Reorganisation soweit senken, dass sich das Selbstmachen wieder lohnt?" Eine weitere Einseitigkeit des TAK-Ansatzes liegt in der Kennzeichnung der internen Organisation als „Hierarchie" und „Herrschafts- und Kontrollinstrument". Damit wird der Eindruck erweckt, Unternehmen seien ausschließlich dazu da, Opportunismus zu unterdrücken und zwar durch Befehle und Kontrollen. Die Wirksamkeit anderer Instrumente zur Unterdrückung von Opportunismus (soziale Kontrolle, Sozialisation in der Unternehmenskultur, Entwicklung von Vertrauen, Loyalität und persönlichen Bindungen) wird leicht unterschätzt. Unternehmen sind aber auch „vertrauensbildende Maßnahmen" (vgl. *Albach* [Ansprache] 6) und verfügen über ein umfassenderes Motivationsinstrumentarium als der Markt.

Weiterhin sind Organisationen nicht nur „Opportunismusunterdrückungssysteme" oder positiv ausgedrückt „Motivationssysteme". Zu ihren Besonderheiten gehört auch die „zweckdienliche Anpassung" (purposive adaptation) (vgl. *Ghoshal/Moran* [Bad] 34). Die Unternehmung verfügt über viel mehr Koordinationsinstrumente als der Markt, der nur den Preismechanismus kennt. Organisationsmitglieder können sich direkter und genauer und gezielter abstimmen als Marktteilnehmer. Auch lässt die Organsation Raum für innovative Aktivitäten, für die es (noch) keinen Markt gibt.

„Because innovative acitivities often are characterized by missing prices (or even markets), by „strong" uncertainty ... and by high ambiguity, markets alone are relatively ill-suited to transmit information and knowledge in sufficient quantity and quality to ensure execution of the most efficient transactions" *(Ghoshal/Moran* [Bad] 35). Unternehmen sind auch Orte der Wissensproduktion, -weitergabe, -speicherung und -nutzung (vgl. *Bea* [Wissensmanagement] 366 f.). Und sie sind Systeme, in denen die einzelnen Bestandteile (Strategie, Struktur, Kultur, Personal, Fähigkeiten, Prozesse) zielgerichtet miteinander abgestimmt werden können, was mit dem Begriff der „complementarity" *(Baron/Kreps* [Strategie] 38) umschrieben wird. Diese originären Vorteile der Institution Unternehmung kommen zu kurz, wenn sie nur als notdürftiger „Marktersatz" verstanden wird.

Einen zusammenfassenden Überblick gibt Abb. 18.

Das Menschenbild des Homo Oeconomicus ist
- zu allgemein (der rational handelnde Mensch)
- oder zu einseitig negativ (der Mensch ist faul, lügt, hält keine Versprechen, betrügt, erpresst...)

Das vertragstheoretische Denken führt zu
- einer Vernachlässigung formloser Beschränkungen
- und gesetzlicher Rahmenbedingungen.

Wenn die NIÖ optimale Lösungen berechnet,
dann geht das nur unter sehr rigiden und unrealistischen Modellprämissen.

Versteckte Wertungen stecken
- in der Bevorzugung von Privateigentum,
- in der Bevorzugung der Interessen der Unternehmen als Prinzipal
- und in der Bevorzugung des Marktes gegenüber andern institutionellen Arrangements.

Abb. 18: Probleme der NIÖ

Kapitel 2

Stärken und Weiterentwicklungsmöglichkeiten der NIO

2.1 Die Offenheit des Ansatzes

2.1.1 Breite Anwendbarkeit

Institutionenökonomisches Denken beschäftigt sich mit einer sehr allgemeinen Problematik:

- Es geht um die Interaktionen von Menschen,
- die Verfügungsrechte teilen und tauschen,
- die dabei gegenseitig Einfluss aufeinander ausüben (externe Effekte),
- die selbstinteressiert und intendiert rational handeln,
- die nicht vollkommen informiert sind (Umweltunsicherheit, Verhaltensunsicherheit)
- und die nach Lösungen für die daraus entstehenden Interaktionsprobleme suchen.

Diese „Lösungen" sind die Institutionen im Sinne von Regelsystemen und ihren Durchsetzungsmechanismen, welche die Interaktion auf ein bestimmtes Ziel hin ordnen sollen.

Diese Grundproblematik lässt sich in vielen Zusammenhängen beobachten, wodurch die NIÖ eine starke, fächerübergreifend integrierende Kraft aufweist. Mit den Institutionen befassen sich praktisch alle Gesellschaftswissenschaften, neben der BWL und VWL auch z. B. die Soziologie, die Politologie, die Rechtswissenschaften und die Ethik. Die Ökonomik kann diese Einzelwissenschaften unter dem Verhaltensmodell des Homo Oeconomicus integrieren. Die Erkenntnis, dass nicht nur Marktteilnehmer (Käufer und Verkäufer) die oben beschriebenen Interaktionsprobleme lösen müssen, sondern auch die Mitglieder einer Unternehmung (bspw. Vorgesetzte und Untergebene), schlägt eine Brücke zwischen VWL und BWL. Aus Sicht der VWL wird die Rolle des Unternehmens als Institution erklärbarer, aus Sicht der BWL wird die Rolle des Unternehmers als Akteur im institutionellen Umfeld der Marktwirtschaft verdeutlicht.

Dadurch dass die Verteilung von Verfügungsrechten und die Rechtsfigur des Vertrages als Basis-Institutionen im Vordergrund stehen, besteht auch eine starke Verbindung der NIÖ zur Rechtswissenschaft. Darüber hinaus geraten die Politiker als diejenigen ins Blickfeld, die Gesetze erlassen und damit institutionelle Rahmenbedingungen schaffen. Dabei interagieren sie selbst wiederum mit ihren Wählern und diversen Interessengruppen im institutionellen Rahmen einer Verfassung. Eine politische Ökonomik ist so unter dem Dach der NIÖ ebenso zu finden wie eine ökonomische Analyse des Rechts.

Mit den Institutionen als Vorkehrungen zur Regelung von menschlicher Interaktion beschäftigt sich ganz zentral auch die Soziologie. Soziologen nähern sich neuerdings der Ökonomik an, indem sie bei der Erklärung von Institutionen das Makrogeschehen als Ergebnis der Interaktionen zwischen rationalen und nutzenoptimierenden Individuen sehen (vgl. *Braun* [Rational-choice] 150 ff.). Institutionenökonomen verweisen andererseits auf die Notwendigkeit der Einbeziehung soziologischer Erkenntnisse in die NIÖ. So heißt es bei *Williamson* ([Firm] 4 f.): „A new science of organization in which all of the social sciences have a stake is in prospect...There ist at least a possibility, however, that an interdisciplinary science of organization – in which economics, sociology and political science are all joined – is in progress."

Auf der Hand liegt schließlich auch die mögliche Verbindung von NIÖ und Ethik. Zunächst ist die Leitidee der Institutionengestaltung bei Transaktionen eine ethische Kategorie, nämlich Gerechtigkeit (vgl. *Ouchi* [Markets] 130). Sowohl bei Preisen für Konsum- und Investitionsgüter, wie auch bei Löhnen und Gehältern für die Arbeit – im Grunde in allen Verträgen – spielt die Idee des gerechten Ausgleichs von Leistung und Gegenleistung eine zentrale Rolle. Weiterhin wäre durch moralisches Verhalten (z. B. hohe Arbeitsmoral der Mitarbeiter, hohe Zahlungsmoral der Kreditnehmer, Ehrlichkeit und Verlässlichkeit der Vertragspartner) eine sehr effiziente Lösung der Interaktionsprobleme zu erwarten. Die Ethik könnte schließlich auch von der Ökonomik profitieren, indem sie sich von der Einsicht leiten lässt, dass die Durchsetzung moralischer Regeln gegen das wohlverstandene Eigeninteresse der Menschen schwerlich gelingen kann (vgl. *Vanberg* [Erklärung] 146). Nach *Homann* (vgl. [Legitimation] 72, 74) bearbeiten Ethik und Ökonomik das gleiche Grundproblem, nämlich Interaktionen zwischen Menschen bei Vorliegen zugleich gemeinsamer und konfligierender Interessen zu regeln, wobei der Mensch nach individuellen Vorteilen sucht.

Die breite Anwendbarkeit des institutionenökonomischen Denkmodells zeigt sich schließlich auch innerhalb der Betriebswirtschaftslehre. Es gibt kaum noch eine spezielle BWL, die nicht schon institutionenökonomisch bearbeitet worden wäre. Neben Organisations-, Finanz-, Personal- und Marketingökonomik wurden auch Rechnungswesen sowie Planung und Kontrolle unter Zugrundelegung von NIÖ-Modellen analysiert (vgl. *Budäus/Gerum/Zimmermann* [Betriebswirtschaftslehre]; *Neus* [Einführung]).

Über die NIÖ kommen so zuvor getrennte Disziplinen miteinander ins Gespräch und es entsteht die Verheißung der Möglichkeit einer Einheit der Gesellschaftswissenschaften. Das Rationalitätsprinzip kann dabei für die Sozialwissenschaften einen ähnlichen Stellenwert einnehmen wie das Kausalitätsprinzip in den Naturwissenschaften (vgl. *Kirchgässner* [Homo] 18 f.).

2.1.2 Öffnung der Ökonomik gegenüber den Verhaltenswissenschaften

Die breite Anwendbarkeit ergibt sich zum Teil aus der sehr allgemeinen Kennzeichnung des ökonomischen Handelns als zweckrationales Handeln. Die Ökonomik ist gekennzeichnet durch die Vorteils-Nachteils-Kalkulation des Homo Oeconomicus, „was immer die Akteure selbst als Vorteile und Nachteile ansehen" (*Homann* [Relevanz] 333). Da die Menschen zuverlässig gemäß ihrem subjektiven Vorteil handeln, kann man ihr Verhalten auch gezielt beeinflussen, indem man gewünschtes Verhalten vorteilhaft bzw. unerwünschtes Verhalten nachteilig macht.

Auf den ersten Blick werden damit aus dem Kanon der Durchsetzungsmechanismen für Regelsysteme (vgl. Teil I, 1.4) nur zwei Mechanismen angesprochen: Angst vor Strafe (Nachteile) und Erwartung von Vorteilen. Die Offenheit der Begriffe Vorteile und Nachteile lässt aber zu, die Vorteils-Nachteils-Kalkulation so weit auszulegen, dass sie alle anderen Durchsetzungsmechanismen umschließt. Wenn jemand sich in gewünschter Weise verhält, weil es alle tun (Konformismus), dann sind in seinen Augen offenbar die „sozialen Kosten" eines Regelverstoßes hoch, die sich etwa in der Missbilligung der Bezugsgruppe äußern. Eine Regelbefolgung aus Gewohnheit bringt den Vorteil der Entlastung mit sich. Personen zu enttäuschen, an die man gefühlsmäßig gebunden ist, erzeugt „psychische Kosten", weshalb es vorteilhaft ist, die von ihnen gesetzten Regeln einzuhalten. Unbehagen ruft sicher auch ein Verstoß gegen Regeln hervor, die von einer anerkannten Autorität ausgesprochen wurden. Regeln einzuhalten, die man für sich selbst als vernünftig und gültig akzeptiert hat, bringt den Vorteil des guten Gewissens bzw. der Selbstachtung (vgl. Kirchgässner [Homo] 59 ff.).

Was der Einzelne in seiner Kalkulation besonders gewichtet, hängt von seinen subjektiven Präferenzen ab. Geld, Glück, Gesundheit, Freiheit, Bequemlichkeit, Selbstverwirklichung, Selbstachtung, soziale Anerkennung, Freundschaft, Zuneigung, Geborgenheit, Solidarität, all das und mehr lässt sich als „Vorteil" fassen.

Die formale Offenheit der Begriffe „Vorteil" und „Nachteil " birgt – wie schon früher erläutert – die Gefahr der Tautologie. Was immer auch Menschen tun, man kann dem Handeln immer irgendeine Art von Vorteilhaftigkeit zuschreiben. Damit die Rational-Choice-Theorie nicht auf diese Weise inhaltsleer wird, muss man sich in konkreten Modellen auf bestimmte Präferenzen, also auf bestimmte Vorteils-Nachteils-Erwägungen, festlegen. Hier nun scheint es angebracht, sich im Interesse eines wirklich realistischen Menschenbildes nicht von den Erkenntnissen der Verhaltenswissenschaften (Soziologie, Psychologie, Sozialpsychologie) abzuschotten und die NIÖ nicht vorrangig als Alternative zu einer verhaltenswissenschaftlichen Orientierung zu positionieren. Es ist ja gerade das Verdienst der NIÖ, das „soziale Vakuum" der Mikroökonomie überwunden zu haben (*Ulrich* [Betriebswirtschaftslehre] 186). Gerade weil die NIÖ sich über ein Verhaltensmodell profiliert und die „Anreizperspektive" betont, müsste sie eigentlich an den Ergebnissen der Verhaltenswissenschaften, speziell der Motivationsforschung, hochgradig interessiert sein. Insbesondere in der Personalökonomik werden die Ergebnisse der Motivationsforschung denn auch schon integriert (vgl. *Wolff/Lazear* [Personalökonomik] 25 ff.). Als „Vorteil" oder „Belohnung" werden dort auch Dinge beachtet wie Arbeitszeitsouveränität, die Sicherheit des Arbeitsplatzes, der mit der Arbeit verbundene Status und die Verantwortung, der Spaß an der Arbeit selbst, das Gefühl, ernst genommen zu werden, ein kollegiales Umfeld, Zugehörigkeit zu einer Gruppe, ein glaubwürdiger Führungsstil des Vorgesetzten (vgl. *Backes-Gellner/Lazear/Wolff* [Personalökonomik] 405 ff.; *Wolff/Lazear* [Personalökonomik] 13 f., 22 f.). Das Modell rationalen Wahlverhaltens in Institutionen und rationaler Institutionengestaltung wird nicht in Frage gestellt, wenn man zur Kenntnis nimmt, dass die monetäre Entlohnung nicht der einzige Vorteil ist, den der Mensch kennt. „Men and women want respect, recognition, prestige, acceptance, and power from their familiy, friends, peers, and others" konstatiert auch *Becker* ([Accounting] 12). Insoweit die Arbeitsplatzgestaltung motivierende Wirkung entfaltet (etwa durch das Ausmaß an Verantwortung oder die Vielfalt der Aufgaben), sind die Erkenntnisse der Motivationsforschung in gleicher Weise für die Organisationsökonomik von Interesse.

Durch die Offenheit der Vorteils-Nachteils-Kalkulation ist die NIÖ grundsätzlich aufnahmefähig für die Erkenntnisse der Verhaltenswissenschaften und es scheint ratsam, besonders im Hinblick auf die Ableitung von Gestaltungsempfehlungen, auf diese Erkenntnisse nicht zu verzichten. Gerade der Homo Oeconomicus „Unternehmer", der für die Mitarbeiter anreizkompatible Strukturen und Entlohnungsformen etablieren und seinen Kunden einen besonderen Nutzen bieten möchte, sollte dabei alle Theorien, die zur Beschreibung, Erklärung und Lösung des Problems (potenziell) beitragen, aufnehmen (vgl. *Weibler* [Ökonomische] 653). Der ökonomische Nutzen der Gestaltungsvorschläge wird gerade dadurch größer, dass verhaltenswissenschaftliche Erkenntnisse einbezogen und so die Prämissen realistischer werden.

2.1.3 Nachdenken über Präferenzen

Eine wichtige methodische Grundannahme der NIÖ ist die Gegebenheit und Stabilität der Präferenzen. Verhalten wird erklärt aus einem Zusammenspiel zwischen den inneren Voraussetzungen des Homo Oeconomicus, seiner Präferenzstruktur, also seiner Art von Vorteils-Nachteils-Kalkulation, und den äußeren Handlungsbedingungen, den Restriktionen. Will man Verhaltensunterschiede erklären zwischen verschiedenen Individuen oder auch zwischen den Verhaltensweisen des gleichen Individuums zu verschiedenen Zeitpunkten, dann sollen diese bei Voraussetzung stabiler Präferenzstrukturen ausschließlich auf die Änderung der äußeren Bedingungen zurückgeführt werden.

Beispiel:
Wenn jemand heute weniger Alkohol trinkt als früher, dann würde der Ökonom nach den Änderungen äußerer Bedingungen suchen, denen er diese Verhaltensänderung im Sinne rationalen Anpassungsverhaltens zuschreiben kann. Die Preise für Alkohol könnten gestiegen sein, das verfügbare Einkommen ist möglicherweise gesunken, es gibt neue Beschränkungen bei den Ausschankzeiten, die Promillegrenze für Autofahrer wurde gesenkt oder die soziale Akzeptanz des Alkoholtrinkens hat abgenommen.

Man könnte prinzipiell zur Erklärung auch Änderungen der Präferenzen heranziehen. Man gibt das Geld lieber für andere Dinge aus, die relativ wichtiger geworden sind, das Gesundheitsbewusstsein ist mit zunehmendem Alter gestiegen oder man hat sich von einem Anti-Alkoholiker überzeugen lassen, dass Alkoholkonsum schädlich ist. Der Verzicht auf eine Erklärung durch Präferenzänderungen hat methodische Gründe. Man muss ja entweder die inneren oder die äußeren Entscheidungsvoraussetzungen konstant halten, wenn man überhaupt erkennen will, ob innere oder äußere Bedingungsänderungen für eine Verhaltensänderung ursächlich waren. Hat sich an den äußeren Bedingungen nichts Erkennbares geändert, muss sich wohl der Entscheider selbst geändert haben. Wird das Präferenzsystem stabil gehalten, können nur äußere Änderungen eine Verhaltensänderung induzieren. Der Ökonom entscheidet sich für die Stabilität der Präferenzen, weil man die inneren Vorgänge weniger gut beoachten und weniger gut gestalten kann. Er befürchtet auch, dass die Annahme veränderlicher Präferenzen zu einem vorzeitigen Abbruch von Erklärungsversuchen führt, nach dem Motto: Wer sein Verhalten ändert, der will es eben so (vgl. *Kirchgässner* [Homo] 39).

Diese methodische Entscheidung sollte allerdings nicht dazu führen, die Präferenzen aus der ökonomischen Diskussion auszuschließen. Sie sind ja als „innere Beurteilungsinstanz" für die äußeren Restriktionen genauso verhaltensbeeinflussend, wie die Restriktionen selbst. Jeder, der Restriktionen anreizkompatibel gestalten möchte, muss also zunächst mal die Präferenzstrukturen der beteiligten Akteure kennen, nicht für jedes Individuum im Einzelnen, aber doch die repräsentativen, dominanten oder durchschnittlichen Präferenzstrukturen (vgl. *Erlei/Leschke/Sauerland* [Neue] 5 f.). Es erscheint weder notwendig noch sinnvoll davon auszugehen, dass diese repräsentativen Präferenzstrukturen immer und überall gleich und über lange Zeit stabil sind. Sie differieren erheblich zwischen Ländern, ethnischen Gruppen, Reichen und Armen, Gebildeten und Ungebildeten und ändern sich auch im Laufe der Zeit (vgl. *Becker* [Accounting] 6).

Beispiel:
Wenn in islamischen Ländern weniger Alkohol getrunken wird, als in christlich geprägten Ländern, dann ist dies sicherlich auch auf die andere Vorteils-Nachteils-Kalkulation (Präferenzstruktur) eines im Islam sozialisierten Individuums zurückzuführen. Der Alkoholgenuss ist für einen Muslim als Verletzung eines religiösen Gebotes mit dem Nachteil psychischer Kosten verbunden.

Erkenntnisse darüber, wie die durchschnittlichen Präferenzen zu einer bestimmten Zeit an einem bestimmten Ort tatsächlich aussehen, sollten die Ökonomik spätestens dann interessieren, wenn sie Gestaltungsempfehlungen ausspricht. Was bspw. in einer Landeskultur als Managementmaßnahme akzeptiert und erfolgversprechend ist, wirkt sich in einer anderen Kultur kontraproduktiv aus.

Weiterhin können auch in einer ökonomischen Diskussion bestimmte Präferenzen als vorteilhaft oder nachteilig beurteilt werden. Der Homo Oeconomicus, der Institutionen gestaltet, um damit das Verhalten anderer Akteure zu kanalisieren, hat dabei bestimmte erwünschte Verhaltensweisen vor Augen.

Beispiele:
Ein Arbeitgeber möchte, dass Bewerber um einen Arbeitsplatz ihre Fähigkeiten und Absichten ehrlich darlegen und dass Arbeitnehmer fleißig sind und die Ressourcen der Unternehmung nicht privat nutzen. Für einen Kreditgeber wäre wünschenswert, wenn der Kreditnehmer das geliehene Geld vernünftig investiert und Zins und Tilgung pünktlich leistet. Der Vermieter wünscht sich einen Mieter, der sein Eigentum achtet und pfleglich damit umgeht sowie die Miete regelmäßig zahlt. Der Kunde wünscht eine ehrliche Information über die Eigenschaften der verkauften Produkte.

Ein solches erwünschtes Verhalten entsteht aus dem Zusammenspiel innerer Präferenzen und äußerer Restriktionen. Eine innere Arbeitsabneigung kann im Zusammenspiel mit starken Kontrollen und Strafen zu fleißigem Verhalten führen, weil der subjektive Vorteil der Bequemlichkeit durch den Nachteil der Strafen überkompensiert wird. Fleiß kann aber auch ohne Kontrollen und Strafen vorkommen, weil ein hohes Arbeitsethos Drückebergerei gar nicht als vorteilhaft erscheinen lässt, sondern ein schlechtes Gewissen erzeugt.

Ohne Zweifel wäre es besonders effizient, wenn die erwünschten Verhaltensweisen im Präferenzsystem der Akteure verankert wären, wenn sie also in der inneren Kalkulation mit positivem Vorzeichen auftauchen würden und als internalisierte Regel quasi automatisch bevorzugt würden, wenn die Menschen also eine Präferenz dafür hätten, Verträge zu halten, fleißig zu arbeiten, mit fremdem Eigentum sorgfältig umzugehen, ehrlich zu sein. Je mehr man den Menschen vertrauen könnte, desto weniger teure

Kontroll- und Sicherungssysteme müssten errichtet werden. „Eine lebendige Tradition von Arbeitsfleiß, Redlichkeit und Anständigkeit senkt einfach die Kosten von Transaktionen ...“ *(North* [Institutionen] 164f.). „Thus cooperation, can be sustained more easily without sanctions against uncooperative behavior when individual behavior ist habitual“ *(Becker* [Accounting] 17). Über Präferenzen kann insofern ein Urteil abgegeben werden, als bestimmte Präferenzen die Interaktion deutlich erleichtern würden und darum auch ökonomisch „besser“ sind als andere.

Wenn bestimmte Präferenzen wünschenswert sind, schließt sich als logische Frage an, ob man die Entstehung dieser Präferenzen nicht begünstigen kann. Dazu muss man sich Gedanken darüber machen, wie Präferenzen entstehen. *Becker* sieht darin ein wichtiges Forschungsfeld für Ökonomen ...the study of preferences becomes a vital and exciting contribution to the understanding of economic and social life“ ([Accounting] 5). Als Einflussfaktoren auf die Präferenzen zählt er auf: Erziehung durch die Eltern und andere frühe Erfahrungen, soziale Interaktionen (insbesondere Einfluss der „peer group“), Einfluss der umgebenden Kultur, Werbung, frühere Entscheidungen (vgl. *Becker* [Accounting] 3f.). Der Homo Oeconomicus (der sein Verhalten frei wählt) wird so mit dem Homo Sociologicus (dessen Verhalten gesellschaftlich vorbestimmt ist) verbunden. Es wird akzeptiert, dass Präferenzen durch Sozialisation beeinflusst werden und dass Menschen i. A. Verhaltensweisen wählen „... with an eye to pleasing peers and others in their soical network“ *(Becker* [Accounting] 12). Dass auch die Wirtschaft Einfluss auf die Präferenzen hat, wird ausdrücklich bestätigt. „In other words, preferences both influence economic outcomes and are in turn influenced by the economy.“ Und er bedauert: „...that modern economics has lost a lot by completely abandoning the classical concern with the effects of the economy on preferences and attitudes.“ *(Becker* [Accounting] 18, 19).

Es wäre demnach eine sinnvolle Weiterentwicklung der NIÖ, wenn sie auch untersuchen würde, wie Institutionen Menschen und ihre Präferenzen prägen. „*Institutionen prägen Menschen,* ihre Präferenzen, Wertvorstellungen, internalisierten Normen, ihre intrinsische Motivation, Vorstellungen von Pflichten und Rechten, Status, Vorstellungen zur Gerechtigkeit, Fairneß und vielem mehr.“ *(Held/Nutzinger* [Institutionen] 8).

Die Wirksamkeit des von *Ouchi* beschriebenen „Clanmechanismus“ (vgl. [Markets] 134ff.) ist erst dann voll verständlich, wenn man eine Beeinflussung der Präferenzen für möglich hält. Die Mitglieder des Clans werden nicht gegen ihre eigenen Intentionen durch soziale Kontrolle diszipliniert, sondern haben die Ziele und Werte des Clans internalisiert (vgl. *Ghoshal/Moran* [Bad] 25), also ihre Präferenzstruktur verändert.

Kann man die wesentlichen Einflussfaktoren auf die Entstehung von Präferenzen rekonstruieren, dann besteht grundsätzlich auch die Chance, durch eine gezielte Gestaltung dieser Faktoren Präferenzen zu formen. Wenn es z. B. stimmt, dass bestimmte Präferenzen durch „Einübung" in eine bestimmte Verhaltensweise entstehen (vgl. *Becker* [Accounting] 8), dann ist es wichtig, dem Akteur die Chance zu geben, sich in der gewünschten Art und Weise zu verhalten. Wenn man etwa von einem Mitarbeiter Selbstverantwortung und Vertrauenswürdigkeit erwartet, muss er auch den entsprechenden Freiraum bekommen, um dieses Verhalten einzuüben. Institutionen – auch wirtschaftliche – können dazu beitragen „Tugenden zu entwickeln" oder " Werte zu korrumpieren" *(Becker/Becker* [Ökonomik] 117 f.). Insofern erzeugen sie immer auch die Präferenzen mit, denen sie sich dann als Gestaltungsvoraussetzung wiederum gegenüber sehen.

2.2 Vertragstheoretisches Denken

2.2.1 Verantwortung für Institutionen

Als Stärke des institutionenökonomischen Ansatzes kann man weiterhin ansehen, dass er die Machbarkeit vieler Institutionen offenlegt. Die Menschen in der NIÖ gestalten ihre Institutionen aktiv. Institutionen werden nicht einfach als naturgegeben oder gottgewollt angesehen, sondern als Schöpfungen von Menschen für Menschen. Sie sind diskutierbar, kritisierbar und veränderbar. Das ökonomische Entscheidungsmodell zwingt zu einem Denken in Alternativen, zur Aufdeckung von Zielen und zur systematischen Untersuchung der Zielerträge verschiedener Optionen. Damit wird eine sachliche Diskussion der Kosten und Nutzen ermöglicht. Diese Rationalisierung der Entscheidung kann befreiend wirken. Es gilt nicht mehr einfach das als gut, was schon immer so war oder was alle so machen. Wer eine Institution empfiehlt, muss das sachlich begründen.

Als Gestalter der Institutionen übernimmt der Homo Oeconomicus die Verantwortung für die Handlungsbedingungen, welche wiederum die Entscheidungen der davon betroffenen Individuen kanalisieren, indem sie Anreize zu einem bestimmten Handeln setzen. Er ist sich klar darüber, dass mit den Institutionen Handlungsbedingungen verändert werden und davon

Impulse zu einem veränderten Verhalten (eventuell sogar zu veränderten Präferenzen) ausgehen. Als Gestalter von Institutionen muss er auch die Verantwortung übernehmen für Handlungsbedingungen, die offenkundig das Handeln des Einzelnen systematisch in eine unerwünschte Richtung drängen. Wer Fleiß, Sorgfalt und Ehrlichkeit durch richtige Gestaltung von Anreizverträgen systematisch erzeugen kann, der ist offenbar auch verantwortlich für Faulheit, Schlamperei und Lügen, weil er versäumt hat, die richtigen Handlungsbedingungen zu setzen.

Werden Institutionen einseitig erlassen, liegt die Verantwortung für die Ergebnisse alleine bei dem Gestalter. Gegen von der Rahmenordnung bestimmte Fehlanreize lässt sich erwünschtes Verhalten nicht erwarten (vgl. *Homann* [Relevanz] 330), weil der Homo Oeconomicus in den Institutionen ja annahmegemäß nicht gegen seine Interessen handelt. Die meisten Individuen könnten sich demnach von jeder Verantwortung für unerwünschte Handlungsergebnisse freisprechen, indem sie auf die falschen Rahmenbedingungen verweisen, innerhalb derer sie nicht mehr tun, als rational ihren Vorteil zu suchen. Die unerwünschten Ergebnisse stellen sich als nichtintendierte Folgen intentionalen Handelns dar. Entstehen die Institutionen dagegen durch Vertrag, dann schaffen sich die Betroffenen ihre eigenen Rahmenbedingungen und sind insofern immer mitverantwortlich für die Handlungsergebnisse. Sie haben eine Doppelrolle: Als Gestalter von Institutionen und als Handelnde im Rahmen dieser Institutionen. Sie können sich nicht von schlechten Handlungsergebnissen exkulpieren, indem sie auf extern aufgezwungene Regelungen verweisen.

Wie legitim es erscheint, die Verantwortung für die Handlungsergebnisse auf die Vertragspartner zu verteilen, liegt auch an den Bedingungen der Vertragsverhandlungen. Wurden alle Betroffenen zu Beteiligten gemacht, sind sie alle gleich mächtig und gleichermaßen vollständig über die Folgen informiert, dann haben auch alle gleichermaßen die Folgen zu verantworten. Jeder schafft ja die Anreize selbst mit, denen er unterliegt, und er weiß im voraus, wie er und andere auf diese Rahmenbedingungen reagieren werden.

Natürlich sind diese Idealbedingungen in der Realität nicht erfüllt. Institutionen entstehen auch „von selbst" und müssen „erlassen" werden. Wo Verträge die Grundlage sind, sind die Verhandlungsbedingungen häufig nicht ideal und die Ergebnisse sind oft sehr unvollständig. Als „regulative Leitidee" hat die Vorstellung der Institutionenentstehung durch Vertrag aber viel für sich. Mit dieser Idee verbunden ist die Verantwortung des Einzelnen für die Handlungsergebnisse innerhalb von Verträgen wie auch die Verantwortung für die Bedingungen der Vertragsverhandlungen (etwa die Einbeziehung der Betroffenen). Ebenfalls impliziert ist die Vorstellung einer optimalen Konfliktlösung durch friedlichen Konsens zwischen autonomen Partnern, denen das gleiche Recht auf Vertretung ihrer Interessen zugebilligt wird. Privatinitative und Eigenverantwortung, Gerechtigkeit beim Ausgleich der Interessen, Freiheit beim Abschluss und Gestalten sowie das „Sich-vertragen" als Ziel sind positive Konnotationen der Vertragsidee.

Wenn auch die „Machbarkeit der Verhältnisse" (*Kirchgässner* [Homo] 169) nicht überschätzt werden sollte, so wird doch mit der vertragstheoretischen Grundlage der NIÖ auch klar gestellt, dass die Verhältnisse durchaus bis zu einem gewissen Grade machbar sind und die Beteiligten die Verantwortung tragen. Trotz aller Einwände gegen die Vorstellung einer vollständigen Konsumentensouveränität kann so auch von den Konsumenten eine Mitverantwortung für die Marktergebnisse verlangt werden, weil sie durch den Abschluss der Kaufverträge mitentscheiden, welche Produkte und Produktionsbedingungen erfolgreich sind.

2.2.2 Einbeziehung formloser Beschränkungen

Die NIÖ betont mit dem Begriff des Vertrages die formalen, bewusst ausgehandelten Regelsysteme. Im Alltag schließt man eher selten formale Verträge ab und häufig spielt der Inhalt des Vertrages solange keine Rolle, wie es nicht zu Streitigkeiten zwischen den Vertragspartnern kommt. Formgebundene Regeln – zu denen die Verträge zählen – machen selbst in den höchst entwickelten Wirtschaften nur einen kleinen Teil der Summe von Beschränkungen aus, die unsere Entscheidungsspielräume abstecken. Unser täglicher Umgang mit anderen unterliegt einer Ordnung, die hauptsächlich durch Verhaltenskodizes, Sitten und Gebräuche und Konventionen bestimmt ist.

Die täglichen Transaktionen werden vollzogen, ohne in jedem Augenblick und in jedem Einzelfall die Bedingungen des Tausches genau festlegen zu müssen. Erleichtert werden die Transaktionen durch einen gemeinsamen kulturellen Hintergrund, welcher eine einheitliche Vorstellung davon vermittelt, was „man tut" und was „man nicht tut". Dies erlaubt auch vertrauensvolle Transaktionen mit Fremden ohne besondere Sicherungsmaßnahmen. Die Verhaltensforschung zeigt, dass Menschen i. A. eine Tendenz zu Vertrauen und Kooperation auch gegenüber Fremden haben, und dass dieses Vertrauen und die Kooperationswilligkeit erst bei Enttäuschung

zurückgenommen werden (vgl. *Kirchgässner* [Homo] 58). Im Zusammenhang wiederholter Interaktionen bestimmter Individuen bilden sich weitere
Verhaltensbeschränkungen heraus, gemeinsame Routinen, Gewohnheiten,
Spielregeln, welche die wechselseitigen Verhaltenserwartungen immer si-
cherer machen. Wegen dieses Zuwachses an formlosen Beschränkungen
ziehen vermutlich auch so viele Individuen und Unternehmen vor, immer
wieder mit den gleichen Partnern Transaktionen zu tätigen.

Über dem vertragstheoretischen Denken sollte der „weitestreichende
Einfluss" *(North* [Institutionen] 164) dieser gewachsenen, selbst organisier-
ten Regeln nicht vernachlässigt werden. Sie tragen bei zur Einschränkung,
Ergänzung und Erweiterung formgebundener Regeln (vgl. ebenda, 103). Sie
enthalten das destillierte Wissen vieler Einzelner, sind flexibel und gleichzeitig stabil. Sie werden bei ihrer Anwendung sozusagen ständig auf ihre
Sinnhaftigkeit und Akzeptanz getestet und in kleinen Schritten verändert
(vgl. *Kasper/Streit* [Institutional] 108). Unterstützen sie die formgebundenen
Beschränkungen, trägt dies zu einer zusätzlichen Stabilität des institutionellen Gefüges bei. Bei einem erwünschten institutionellen Wandel können sie
andererseits ein Hemmnis darstellen, weil ihre Entstehung verlaufsabhängig
ist und sie sich nicht wie Vertragsklauseln zu einem bestimmten Zeitpunkt
willentlich ändern lassen. Die großen Problem bei der Transformation
ehemaliger Planwirtschaften in Marktwirtschaften zeigen, wie schwierig
es ist, ein Wirtschaftssystem in einen anderen Kulturkreis zu übertragen,
in welchem die gewachsenen Normen im Umgang mit Privateigentum,
Vertragsfreiheit, unternehmerischem Denken fehlen und „consumption on
the job" zur Überlebensstrategie gehörte.

2.3 Die Berücksichtigung von individuellen Interessen

2.3.1 Aufdeckung von Interessengegensätzen

Institutionengestaltung ist deshalb nötig und schwierig, weil die interagierenden Individuen je eigeninteressiert handeln und diese Interessen
teilweise konträr sind. Natürlich haben sie teilweise auch harmonische
Interessen. Sie wollen ja miteinander „ins Geschäft kommen", sei es als
Kunde und Verkäufer, als Arbeitnehmer und Arbeitgeber, Kreditgeber und
Kreditnehmer usw. Wenn sie über längere Zeit im Geschäft bleiben wollen,
kann es sogar als unerlässlich angesehen werden, sich die Interessen des

Vertragspartners in einem gewissen Ausmaß zueigen zu machen und für dessen langfristige Zufriedenheit mit der Interaktion zu sorgen. I. A. betont die NIÖ aber eher die Interessengegensätze zwischen den Vertragsparteien. Dies erscheint insofern vorteilhaft, als es zu einer realistischen Einschätzung der möglichen Konfliktfelder führt. Es ist sicher besser, Interessen klar aufzudecken, als sie „unter der Hand" wirksam werden zu lassen, ohne auch nur die Chance zu bekommen, die möglicherweise konträren eigenen Interessen dagegen zu setzen.

Die BWL war im Grunde nie interessenneutral, auch wenn sie sich schon frühzeitig davon distanzierte, eine „Privatwirtschaftslehre" im Sinne Riegers zu sein und „rein betriebswirtschaftlich" zu argumentieren vorgab (vgl. Ulrich [Betriebswirtschaftslehre] 184 f.). Es gibt aber keinen „rein betriebswirtschaftlichen Standpunkt" und wer interessenneutral zu argumentieren vorgibt, ist somit kritisch zu befragen, wessen Interessenstandpunkt er konkret vertritt, d. h. wessen Bedürfnisse er „effizient" verwirklichen will, möglicherweise ungeachtet der Nebenwirkungen auf die Bedürfnisse anderer. Es ist eine Stärke der NIÖ, dass sie die unterschiedlichen Interessen aufdeckt.

Beispiel:
„Der Mensch ist Mittel. Punkt." Dieses Statement von *Neuberger* zur Personalentwicklung (vgl. [Personalentwicklung] 9) wirkt hart und provokativ. Das Unternehmen will nach seiner Meinung mit der Personalentwicklung nicht Persönlichkeiten formen, sondern Arbeitsvermögen formieren und in Arbeitsleistung umformen (vgl. ebenda, 12). Dass er das Verwertungsinteresse des Arbeitgebers so glasklar zum Ausdruck bringt, hat verschiedene Vorteile. Es entlastet die Unternehmung von einer Aufgabe, die sie zweifellos überfordern würde. Es entlastet aber auch den Mitarbeiter, denn er geht nur mit seinem Arbeitsvermögen in die Verfügung der Unternehmung über und nicht „mit Haut und Haaren". Aus der Position des Mitarbeiters könnte man formulieren: „Die Arbeit ist Mittel. Punkt." Das Unternehmen kann sich den Mitarbeiter nicht gänzlich einverleiben, sondern nur über dessen Arbeitsvermögen verfügen.

Das berechtigte Interesse des Unternehmers besteht darin, das Arbeitsvermögen in Verwertungsabsicht umzuformen und zu nutzen. Der Mitarbeiter hat das berechtigte Interesse, sein Humanvermögen zu entwickeln und bestmöglich zu verwerten. Daraus können sich Konflikte ergeben, etwa wenn der Arbeitnehmer mehr Interesse an einer unspezifischen Weiterbildung hat, die seine Chancen auf dem externen Arbeitsmarkt verbessert, der Arbeitgeber aber mehr Wert auf die Entwicklung unternehmensspezifischer Fähigkeiten legt, welche die Vewertbarkeit des Humanvermögens und die Bindung des Arbeitnehmers an das Unternehmen verbessern. Sind die Interessen erst offen gelegt, kann darüber verhandelt werden, wie man zu einem Konsens finden kann. Interessenkonflikte können sich auch ergeben bei der Entlohnung, der Arbeitszeitgestaltung, der Arbeitsplatzgestaltung und in vielen anderen Bereichen.

Durch die Offenlegung der Zieldivergenzen kommt es zu einer „Re-Politisierung" der Ökonomik (vgl. *Steinmann/Hennemann* [Personalmanagementlehre] 240). Unterschiedliche Ansprüche werden geltend gemacht und können gegeneinander abgewogen werden.

2.3.2 Einbeziehung harmonischer Interessen

Die Aufdeckung potenzieller Konfliktfelder ermöglicht erst das Nachdenken über Maßnahmen, die zu einer besseren Harmonisierung der Interessen führen. Das sollte allerdings nicht zu einer Überbetonung der Interessengegensätze führen. Vor allem wenn von einer längeren Interaktion zwischen den Beteiligten ausgegangen wird, in deren Verlauf man Erfahrungen sammeln und diese in künftige Entscheidungen einfließen lassen kann, entwickelt sich eine breite Basis gleichgerichteter Interessen. Verkäufer und Käufer profitieren von einer stabilen zufriedenstellenden Geschäftsbeziehung, Arbeitgeber und Arbeitnehmer von einer stabilen zufriedenstellenden Arbeitsbeziehung. Besonders in der Marketingökonomik wird betont, wie wichtig es für das Unternehmen als Agent ist, dem Kunden die Unsicherheit hinsichtlich der Transaktion zu nehmen, unter Verweis auf die gemeinsamen Interessen an einer für beide Seiten vorteilhaften Geschäftsbeziehung (vgl. z. B. *Kleinaltenkamp/Marra* [Aspekte] 111 ff.).

Die Betonung der Interessengegensätze lässt die Vorstellung von Nullsummenspielen aufkommen. Der Gewinn der einen Partei geht zu Lasten der anderen Partei. Der Vorteil kooperativer Lösungen besteht aber oft gerade darin, dass beide Seiten einen Kooperationsgewinn erreichen können. Eine einseitige Betrachtung der potenziellen Konflikte verdeckt möglicherweise die Sicht auf solche Kooperationsgewinne, die beide Parteien besser stellt. Um noch einmal das Problemfeld „Personalentwicklung" aufzugreifen: Im Rahmen einer „lernenden Organisation" wird es heute für

eminent wichtig gehalten, dass die Mitarbeiter über Problemlösungsfähig-
keit verfügen, Sozialkompetenz, Lernfähigkeit und Teamfähigkeit (vgl.
Sattelberger [Personalentwicklung]). Die Entwicklung dieser Fähigkeiten
durch das Unternehmen ist in gewisser Weise riskant, weil es sich ja
um unspezifische Fähigkeiten handelt, die auch in anderen Unternehmen
verwertbar sind. Es wäre aber fatal, wenn aus einer grundsätzlichen Angst
vor wechselseitiger Ausbeutung eine Kooperation gar nicht erst versucht
würde, die letztlich beiden Seiten Gewinne brächte. Die NIÖ sollte über
den Agency-Kosten und den TAK den Nutzen aus einem arbeitsteiligen
Zusammenwirken nicht vergessen.

2.3.3 Konsensorientierte Unternehmenspolitik

Ökonomische Analysen sollen nicht über den untersuchten Gegenstandsbereich gekennzeichnet werden, sondern nur über das ökonomische Verhaltensmodell. Im Prinzip kann also eine ökonomische Analyse für alle
möglichen Interaktionen durchgeführt werden, etwa für das Verhältnis
von Eltern und Kindern, Politikern und Wählern, Ärzten und Patienten
usw. Wenn sich die BWL der ökonomischen Theorie bedient, dann erfolgt
aber augenscheinlich in der Regel eine Begrenzung der Analyse auf
den Gegenstandsbereich „privatwirtschaftliches Unternehmen" (vgl. *Or-
delheide/Rudolph/Büsselmann* [Betriebswirtschaftslehre]; *Budäus/Gerum/
Zimmermann* [Betriebswirtschaftslehre]; *Neus* [Einführung]). Zugleich
wird häufig die Perspektive des Unternehmensführers bzw. des Unterneh-
menseigentümers eingenommen. Aus dessen Blickwinkel als Prinzipal
werden die Interaktionsprobleme wahrgenommen und nach Lösungen
gesucht. Wie kann der Leiter der Unternehmung (als angestellter Manager
oder Eigentümerunternehmer) das Unternehmen erfolgreich führen vor
dem Hintergrund der Tatsache, dass die Unternehmung eine sozioökono-
mische Veranstaltung· ist, in der eigeninteressierte Individuen mit ihren
teils konträren Zielen aufeinander stoßen? Wie kann er Arbeitnehmer
zu Fleiß und guten Entscheidungen motivieren, Lieferanten spezifischer
Ressourcen von Erpressungsversuchen abhalten, die Kunden von der
Qualität seiner Produkte überzeugen, gute Bewerber von schlechten unterscheiden, Debitoren zur pünktlichen Tilgung ihrer Schulden veranlassen
und Kreditoren seine Bonität beweisen? Mit solchen Fragen muss sich der
Unternehmensführer auseinandersetzen. Sind Eigentümer und Unternehmensführer nicht identisch, kommt auf einer übergeordneten Ebene das

Problem hinzu, wie die Eigentümer wiederum den Manager zu einer guten Unternehmensführung bringen können.

Eine solche Fokussierung des Blicks auf die Probleme der Unternehmensführung kann als sinnvolle disziplinäre Schwerpunktsetzung angesehen werden. Im Hinblick auf diese grundsätzliche Blickrichtung stimmen im übrigen die ökonomische BWL und eine als Führungs- oder Managementlehre konzipierte BWL durchaus überein. Eine BWL als „Wissenschaft vom Management" „liefert Handlungshilfen für die Bestgestaltung betrieblicher Systeme... In diesem ... Sinne ist die Betriebswirtschaftslehre Handlungshilfe für den Manager" *(Albach* [Betriebswirtschaftslehre] 88). Sie soll demjenigen, der ein Unternehmen steuert, die Wirkungszusammenhänge des Unternehmens mit der Umwelt und die Interdependenzen im Unternehmen erklären und ihm so helfen, in Kenntnis dieser Wirkungszusammenhänge das Unternehmen optimal zu steuern (vgl. ebenda, 82). Den in der Führungs- und Managementlehre oft vermissten „ökonomischen Blick" *(Ulrich* [Blick] 141) weist die an der NIÖ orientierte BWL insofern auf, als sie für alle Akteure konsequent das ökonomische Verhaltensmodell unterstellt. Die Eigentümer führen das Unternehmen in ihrem Interesse bzw. – sofern sie es nicht selbst führen – dringen darauf, dass die angestellten Manager es in ihrem Interesse führen. Als Interesse der Eigentümer wird oft der Einfachheit halber ein möglichst hoher Gewinn angesehen, aber auch andere monetäre und nicht monetäre Nutzenvorstellungen können unterstellt werden (etwa ein stetiger Strom von Privatentnahmen für Konsumzwecke, Maximierung des Unternehmenswertes, Unternehmenswachstum, Verdrängen eines Konkurrenten aus dem Markt, Prestige).

Wichtig ist, dass die Unternehmensführer (ob Eigentümer oder angestellte Manager sei jetzt einmal dahin gestellt) im Unternehmen und in der Unternehmensumwelt auf andere Akteure mit je eigenen Interessen stoßen und dass sie versuchen, auf deren Verhalten Einfluss zu nehmen, um der Unternehmensziele willen. Gerade diese Erkenntnis der NIÖ, dass auch die anderen Akteure ihre Interessen wahrnehmen, lässt es geboten erscheinen, deren Ziele und Befürchtungen vorurteilsfrei zur Kenntnis zu nehmen. Der Manager, der sich gedanklich in die Interessenlage der anderen „Akteure" hineinversetzen kann, wird zu einer besseren Konfliktlösung fähig sein. Die Unternehmensführung hat ja selbst vielerlei Möglichkeiten opportunistisch zu handeln.

Beispiele:

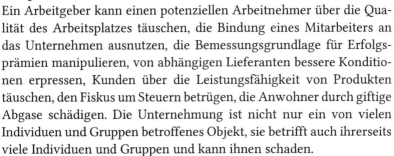

Ein Arbeitgeber kann einen potenziellen Arbeitnehmer über die Qualität des Arbeitsplatzes täuschen, die Bindung eines Mitarbeiters an das Unternehmen ausnutzen, die Bemessungsgrundlage für Erfolgsprämien manipulieren, von abhängigen Lieferanten bessere Konditionen erpressen, Kunden über die Leistungsfähigkeit von Produkten täuschen, den Fiskus um Steuern betrügen, die Anwohner durch giftige Abgase schädigen. Die Unternehmung ist nicht nur ein von vielen Individuen und Gruppen betroffenes Objekt, sie betrifft auch ihrerseits viele Individuen und Gruppen und kann ihnen schaden.

Als Maßnahme der strategischen Umweltanalyse wird eine „Stakeholderanalyse" empfohlen (vgl. *Bea/Haas* [Management] 122 ff.), deren Sinn es ist, die von der Unternehmenstätigkeit betroffenen Anspruchsgruppen und deren Ziele und Strategien kennenzulernen, um sich darauf einstellen zu können. Diese Idee der Stakeholderanalyse lässt sich gut mit der NIÖ vereinbaren. Die Stakeholder können als Prinzipale gegenüber der Unternehmung modelliert werden. Sie werden von der Unternehmung beeinflusst, sind in mancher Hinsicht schlechter informiert und müssen mit konfligierenden Interessen und Opportunismus rechnen. Aus einer rein strategischen Sicht sollte sich das Unternehmen über diese Stakeholder informieren, weil es im Interesse einer guten Unternehmensführung wichtig ist, sich über die Wirkungszusammenhänge des Unternehmens mit der Umwelt klar zu werden. Wenn die Stakeholder als rationale Gegenspieler aufgefasst werden, sollte man deren Ziele und voraussichtlichen Strategien kennen, um im „bargaining" *(Milgrom/Roberts* [Economics] 140) erfolgreich zu sein.

Die NIÖ erlaubt aber über die Grundidee des fairen Interessenausgleichs zwischen Vertragspartnern noch eine weitergehende Interpretation des Stakeholderansatzes. In der grundsätzlichen gegenseitigen Anerkennung der Vertragspartner als mündige und rationale Subjekte mit je berechtigten individuellen Interessen liegt der Keim einer **kommunikativen Ethik,** die auf eine funktionierende Verständigung und eine rationale Bewältigung von Konflikten setzt. Dabei wäre allerdings das Interesse der Unternehmenseigner nicht mehr automatisch Ausgangspunkt und Steuerungsziel der Institutionengestaltung. Vielmehr müsste in einem ersten Schritt eine unternehmenspolitische Präferenzordnung zwischen den Betroffenen ausgehandelt werden, an der sich die Effizienz des Handelns dann messen lassen müsste. Es ginge nicht mehr um Beherrschung oder Manipulation des einen durch den anderen, sondern um Konsens. Die im Rahmen eines solchen konsensorientierten und fairen Dialogs gewonnenen Regelsysteme hätten den Vorteil, von allen Beteiligten als legitim anerkannt zu werden. überdies könnten sie nicht nur als „geschickt" im instrumentellen Sinne, sondern auch als „umfassend vernünftig" angesehen werden.

Gerade weil die NIÖ den persönlichen, stets werte- und interessense-lektiven Blickwinkel der Individuen berücksichtigt und potenzielle Kon-flikte aufdeckt, könnte sie eine gute Basis abgeben für die Diskussion des normativen Problems des Ausgleichs konfligierender Interessen. Die institutionalistisch gewendete Wirtschaftstheorie wird so möglicherweise zur Grundlage der Idee einer konsensorientierten Unternehmungspolitik (vgl. *Ulrich* [Betriebswirtschaftslehre] 188, 193 f., 201; *Ulrich* [Blick]) und schlägt eine Brücke zu einer Unternehmensethik.

Einen zusammenfassenden Überblick gibt Abb. 19.

Die Offenheit des Ansatzes

- lässt grundsätzlich eine Öffnung der Ökonomik hin zu den Verhaltenswissenschaften zu
- und schlägt eine Brücke zum Modell des homo sociologicus und zur Ethik.

Das vertragstheoretische Denken

- legt offen, dass Institutionen von Menschen für Menschen gemacht werden und dass sie diskutierbar und veränderbar sind.
- Es schließt eine Einbeziehung formloser Beschränkungen und impliziter Verträge nicht aus.

Die Berücksichtigung von individuellen Interessen

- Hilft aufzudecken, wo Interessenkonflikte und Interessenharmonien bestehen
- und legt nahe, über einen fairen Interessenausgleich und eine konsensorientierte Unternehmenspolitik nachzudenken.

Abb. 19: Stärken und Weiterentwicklungsmöglichkeiten der NIÖ

Literaturverzeichnis

Albach, H.: [Ansprache] anlässlich der Eröffnung der 52. Wissenschaftlichen Jahrestagung des Verbandes der Hochschullehrer für Betriebswirtschaft in der Universität Frankfurt am 6. Juni 1990, in: *Ordelheide, D., Rudolph, B., Büsselmann, E.* (Hrsg.): Betriebswirtschaftslehre und ökonomische Theorie, Stuttgart 1991, S. 3-9.

Albach, H.: [Betriebswirtschaftslehre] als Wissenschaft vom Management, in: *Wunderer, R.* (Hrsg.): Betriebswirtschaftslehre als Management- und Führungslehre, 3. A., Stuttgart 1994, S. 81-89.

Alchian, A. A.: Same Economics of Property Rights, in: Il Politico, 1965, S. 816-829.

Alchian, A. A.: [Specificity], specialization, and coalitions, in: Journal of Institutional and Theoretical Economics, 140, 1984, S. 34-49.

Alchian, A.A., Demsetz, H.: [Production], Information Costs, and Economic Organization, in: The American Economic Review, Vol. 62 (1972) S. 777-795.

Alewell, D.: Zum [Verhältnis] von Arbeitsökonomik und Verhaltenswissenschaften, in: Die Betriebswirtschaft, 56. Jg. (1996), S. 667-683.

Arbeitskreis „Das Unternehmen im Markt": Vertikale [Geschäftsbeziehungen] zwischen Industrie und Handel, in: *Kaas, K. P.* (Hrsg.): Kontrakte, Geschäftsbeziehungen, Netzwerke – Marketing und Neue Institutionenökonomik, Zeitschrift für betriebswirtschaftliche Forschung, Sonderheft 35, Düsseldorf, Frankfurt/M. 1995, S. 179-203.

Arrow, K. J.: [Information] and Economic Behavior, Stockholm 1973.

Arrow, K. J.: The Economics of [Agency], in: *Pratt, J. W. und Zeckhauser, R. J.* (Hrsg.): Principals and Agents: The Structure of Business, Boston 1985, S. 37-51.

Aufderheide, D., Backhaus, K.: Institutionenökonomische [Fundierung] des Marketing, in: *Kaas, K. P.* (Hrsg.): Kontrakte, Geschäftsbeziehungen, Netzwerke – Marketing und Neue Institutionenökonomik, Zeitschrift für betriebswirtschaftliche Forschung, Sonderheft 35, Düsseldorf, Frankfurt/M. 1995, S. 43-60.

Backes-Gellner, U., Lazear, E. P., Wolff, B.: [Personalökonomik], Stuttgart 2001.

Baron, J. N., Kreps, D. M.: Strategic [human] resources: frameworks for general managers, New York u. a. 1999.

Bea, F. X.: [Wissensmanagement], in: Wirtschaftswissenschaftliches Studium, Nr. 7, 29. Jg. (2000), S. 362- 367.

Bea, F. X., Göbel, E.: [Organisation], 5. A., München 2019.

Bea, F. X., Haas, J.: Strategisches [Management], 10. A., München 2019.

Becker, G. S.: [Accounting] for Tastes, Cambridge 1996.

Becker, G. S., Becker, G. N.: Die [Ökonomik] des Alltags, Von Baseball über Gleichstellung zur Einwanderung: Was unser Leben wirklich bestimmt, Tübingen 1998.

Behrends, O., Knütel, R., Kupisch, B., Seiler, H. H.: [Corpus] Iuris Civilis, Die Institutionen, 2. Aufl., Heidelberg 1999.

Berger, P., Luckmann, T.: Die gesellschaftliche [Konstruktion] der Wirklichkeit, Eine Theorie der Wissenssoziologie, 5. A., Frankfurt 1977.

Beutter, R: Die [Eigentumsbegründung] in der Moraltheologie des 19. Jh., Paderborn 1971.

Braun, N.: Der [Rational-choice]-Ansatz in der Soziologie, in: *Pies, I., Leschke, M.* (Hrsg.): Gary Beckers ökonomischer [Imperialismus], Tübingen 1998, S. 147-173.

Breid, V.: [Aussagefähigkeit] agencytheoretischer Ansätze im Hinblick auf die Verhaltenssteuerung von Entscheidungsträgern, in: Zeitschrift für betriebswirtschaftliche Forschung, 47. Jg. (1995), S. 821-854.

Budäus, D., Gerum, E., Zimmermann, G. (Hrsg.): [Betriebswirtschaftslehre] und Theorie der Verfügungsrechte, Wiesbaden 1988

Coase, R. H.: The [Nature] of the Firm, in: Economica, November 1937, S. 386-405.

Coase, R. H.: The Nature of the Firm: [Influence], in: Journal of Law, Economics, and Organization, Vol. 4 (1988), S. 33-47.

Coase, R. H.: Das [Problem] der sozialen Kosten, in: *Assmann, H.-D., Kirchner, C., Schanze, E.* (Hrsg.): ökonomische Analyse des Rechts, Tübingen 1993,S. 129-183.

Commons, J. R.: [Institutional] Economics, Madison, WI, 1934.

Dahrendorf, R.: [Homo] Sociologicus, 5. A., Köln und Opladen 1965.

Demsetz, H.: Toward a theory of property rights, in: American Economic Review, 57, 196 7, S. 347- 359 .

Ebers, M., Gotsch, V.: Institutionenökonomische [Theorien] der Organisation, in: *Kieser, A.* (Hrsg.): Organisationstheorien, 3. Aufl., Stuttgart, Berlin, Köln 1999, S. 199-251.

Erlei, M., Leschke, M., Sauerland, D.: [Neue] Institutionenökonomik, Stuttgart 1999.

Fama, E. F.: Agency Problems and the Theory of the [Firm], in: Journal of Political Economy, Vol. 88 (19 80), S. 288-307.

Furubotn, E.G., Pejovich, S. (Hrsg.): The [Economics] of Property Rights, Cambridge, Mass. 1974.

Gerum, E.: [Unternehmensverfassung] und Theorie der Verfügungsrechte, Einige Anmerkungen, in: *Budäus, D., Gerum, E., Zimmermann, G.* (Hrsg.): Betriebswirtschaftslehre und Theorie der Verfügungsrechte, Wiesbaden 1988, S. 21-43.

Ghoshal, S., Moran, P.: [Bad] for Practice: A Critique of the Transaction Cost Theory, in: Academy of Management Review, Vol. 21 (1996), S. 13 – 47.

Granovetter, M.: [Economic] Action and Social Structures: The Problem of Embeddedness, in: American Journal of Sociology, Vol. 91 (1985), No. 3, S. 481-510.

Gukenbiehl, H. L.: [Institution] und Organisation, in: *Korte, H., Schäfers, B.* (Hrsg.): Einführung in die Hauptbegriffe der Soziologie, 2. Aufl., Opladen 1993, S. 95-110.

Habermas, J.: [Erläuterungen] zur Diskursethik, Frankfurt a. M. 1991.

Hardin, G.: The [Tragedy] of the Commons, in: Science, 1968, S. 1243-1248.

Hax, H.: [Theorie] der Unternehmung – Information, Anreize und Vertragsgestaltung, in: *Ordelheide, D., Rudolph, B., Büsselmann, E. (Hrsg.):* Betriebswirtschaftslehre und ökonomische Theorie, Stuttgart 1991, S. 51-72.

Hayek, F. A. v.: Freiburger [Studien], Tübingen 1969.

Hayek, F. A. v.: Recht, Gesetzgebung und Freiheit, Band 1: [Regeln] und Ordnung, München 1980.

Heinen, E.: Zum [Wissenschaftsprogramm] der entscheidungsorientierten Betriebswirtschaftslehre, in: Zeitschrift für Betriebswirtschaft, 39. Jg. (1969), S. 207-220.

Held, M., Nutzinger, H. G.: [Institutionen] prägen Menschen – Menschen prägen Institutionen, in: *Held,* M., *Nutzinger, H. G.* (Hrsg.): Institutionen prägen Menschen: Bausteine zu einer allgemeinen Institutionenökonomik, Frankfurt/M. 1999, S. 7-29.

Hilpert, K.: Die [Menschenrechte], Düsseldorf 1991.

Hobbes, T.: [Leviathan], Darmstadt 1996, Erstauflage 1651.

Holmstrom, B.R., Milgrom, P.: [Multitask] Principal-Agent Analysis, Incentive Contracts, Asset Ownership, and Job Design, in: Journal of Law, Economics and Organization, 7, 1991, S. 24-52.

Homann, K.: Die [Legitimation] von Institutionen, in: *Korff,* W. (Hrsg.): Handbuch der Wirtschaftsethik, Band 2, Gütersloh 1999, S. 50-95.

Homann, K.: Die [Relevanz] der Ökonomik für die Implementation ethischer Zielsetzungen, in: *Korff, W.* (Hrsg.): Handbuch der Wirtschaftsethik, Bd. l, Gütersloh 1999, S. 322-343.·

Jensen, M. C., Meckling, W. H.: [Theory] of the Firm: Managerial Behavior, Agency Costs and Ownership Structure, in: Journal of Financial Economics, 1976, S. 305-360.

Kaas, K., Busch, A.: Inspektions-, Erfahrungs- und [Vertrauenseigenschaften] von Produkten, in: Marketing, Zeitschrift für Forschung und Praxis, 18. Jg. (1996), Heft 4, S. 243-252.

Kant, I.: [Grundlegung] zur Metaphysik der Sitten, Philosophische Bibliothek Band 41, hrsg. v. K. Vorländer, Hamburg 1965.

Kasper, W., Streit, M. E.: [Institutional] Economics, Social Order and Public Policy, Cheltenham, UK, Northampton, MA 1999.

Kieser, A.: Erklären die [Theorie] der Verfügungsrechte und der Transaktionskostenansatz historischen Wandel von Institutionen? In: *Budäus, D., Gerum, E., Zimmermann, G.* (Hrsg.): Betriebswirtschaftslehre und Theorie der Verfügungsrechte, Wiesbaden 1988, S. 299-323.

Kirchgässner, G.: [Homo] Oeconomicus, Tübingen 1991.

Klein, B., Leffler, K.: The [Role] of Market Forces in Assuring Contractual Performance, in: Journal of Political Economy, 89. Jg. (1981), S. 615-641.

Kleinaltenkamp, M., Marra, A.: Institutionenökonomische [Aspekte] der „Customer Integration", in: *Kaas, K. P.* (Hrsg.): Kontrakte, Geschäftsbeziehungen, Netzwerke – Marketing und Neue Institutionenökonomik, Zeitschrift für betriebswirtschaftliche Forschung, Sonderheft 35, Düsseldorf, Frankfurt/M. 1995, S. 101-117.

Korte, H., Schäfers, B. (Hrsg.): Einführung in die Hauptbegriffe der [Soziologie], 2. A., Opladen 1993.

Laux, H.: Risiko, [Anreiz] und Kontrolle: Principal-Agent-Theorie; Einführung und Verbindung mit dem Delegationswert-Konzept, Berlin, Heidelberg 1990.

McGregor, D.: Der [Mensch] im Unternehmen, Düsseldorf, Wien 1970 (The Human Side of Enterprise, New York u. a. 1960).

Michaelis, E.: [Organisation] unternehmerischer Aufgaben – Transaktionskosten als Beurteilungskriterium, Frankfurt/M. 1985.

Milgrom, P., Roberts, J.: [Economics], Organization & Management, Prentice Hall 1992.

Molitor, B.: [Wirtschaftsethik], München 1989.

Müller, C.: [Agency-Theorie] und Informationsgehalt, in: Die Betriebswirtschaft, 55. Jg. (1995), S. 61-76.

Neuberger, O.: [Personalentwicklung] 2. A., Stuttgart 1994.

Neus, W.: [Einführung] in die Betriebswirtschaftslehre aus institutionenökonomischer Sicht, Tübingen 1998.

Nietzsche, F.: Werke, Bd. 2, Zur Genealogie der [Moral], Jenseits von Gut und Böse, München 1966, S. 563-756, 763-900.

North, D. C.: [Institutionen], institutioneller Wandel und Wirtschaftsleistung, Tübingen 1992.

Ordelheide, D., Rudolph, B., Büsselmann, E. (Hrsg.): Betriebswirtschaftslehre und ökonomische Theorie, Stuttgart 1991.

Ostrom, E.: Governing the [Commons]. The Evolution of Institutions for Collective Action, Cambridge 1990.

Ott, N.: Der familienökonomische [Ansatz] von Gary S. Becker, in: *Pies, I., Leschke, M.* (Hrsg.): Gary Beckers ökonomischer [Imperialismus], Tübingen 1998, S. 63-90.

Ouchi, W. G.: [Markets], Bureaucracies, and Clans, in: Administrative Science Quarterly, Vol. 25 (1980), S. 129-141.

Ouchi, W. G.: [Theory Z], Reading, Mass. 1981.

Perrow, C.: [Markets], Hierarchies and Hegemony, in: *Van de Ven, A. H., Joyce, E. F.* (Hrsg.): Perspectives on Organization Design and Behavior, New York 1981, S. 371-386.

Picot, A., Dietl, H., Franck, E.: [Organisation], Eine ökonomische Perspektive, 2. Aufl., Stuttgart 1999.

Picot, A., Schneider, D.: Unternehmerisches [Innovationsverhalten], Verfügungsrechte und Transaktionskosten, in: *Budäus, D., Gerum, E., Zimmermann, G.* (Hrsg.): Betriebswirtschaftslehre und Theorie der Verfügungsrechte, Wiesbaden 1988, S. 91-118.

Pies, I.: Theoretische [Grundlagen] demokratischer Wirtschafts- und Gesellschaftspolitik, Der Beitrag Gary Beckers, in: *Pies, I., Leschke, M.* (Hrsg.): Gary Beckers ökonomischer Imperialismus, Tübingen 1998, S. 1-29.

Pies, I., Leschke, M. (Hrsg.): Gary Beckers ökonomischer [Imperialismus], Tübingen 1998.

Polinsky, M. A.: Ökonomische [Analyse] als ein potentiell mangelhaftes Produkt: Eine Verbraucherinformation zu Posners „ökonomische Analyse des Rechts", in: *Assmann, H.-D., Kirchner, C., Schanze, E.* (Hrsg.): Ökonomische Analyse des Rechts, Tübingen 1993, S. 99-128.

Posner, R. A.: The Economic [Analysis] of Law, Boston 1972.

Posner, R. A.: Recht und [Ökonomie]: Eine Einführung, in: *Assmann, H.-D., Kirchner, C., Schanze, E.* (Hrsg.): ökonomische Analyse des Rechts, Tübingen 1993, S. 79-98.

Pratt, J. W., Zeckhauser, R. J.: [Principals] and Agents: An Overview, in: *Pratt, J. W., Zeckhauser, R. J.* (Hrsg.): Principals and Agents: The Structure of Business, Boston 1985, S. 1-35.

Pyndick, R. S., Rubinfeld, D. L.: [Mikroökonomie], 6. A., München 2005.

Richter, R.: Von der [Aktion] zur Interaktion: Der Sinn von Institution, in: *Korff, W.* (Hrsg.): Handbuch der Wirtschaftsethik, Bd. 2, Gütersloh 1999, S. 17-38.

Richter, R.: [Neue] Institutionenökonomik. Ideen und Möglichkeiten, in: Zeitschrift für Wirtschafts – und Sozialwissenschaften, Jahrestagung 196, Steuersysteme der Zukunft, hrsg. v. *Krause-Junk, G., Richter, R.,* Berlin 1996, S. 323 – 355.

Richter, R.: Institutionen ökonomisch analysiert, Tübingen 1994.

Richter, R., Furubotn, E.: [Neue] Institutionenökonomik, Eine Einführung und kritische Würdigung, Tübingen 1996.

Ripperger, T.: [Ökonomik] des Vertrauens, Analyse eines Organisationsprinzips, Tübingen 1998, zugl. Diss. München 1997.

Sadowski, D.: Humankapital und [Organisationskapital] – Zwei Grundkategorien einer ökonomischen Theorie der Personalpolitik in Unternehmen, in: *Ordelheide, D., Rudolph, B., Büsselmann, E.* (Hrsg.): Betriebswirt schaftslehre und ökonomische Theorie, Stuttgart 1991, S. 127-141.

Sappington, D.: [Incentives] in Principal-Agent Relationships, in: Journal of Economic Perspectives, 1991, S. 45-66.

Sattelberger, T.: [Personalentwicklung] neuer Qualität durch Renaissance helfender Beziehungen, in: *Sattelberger, T.* (Hrsg.): Die lernende Organisation, 2. A., Wiesbaden 1994, S. 207-227.

Schanz, G.: [Exklusivrechte] auf die ökonomische Perspektive? Konfrontation neoinstitutionalistischer Anmaßungen mit verhaltenstheoretischen Argumenten, in: *Edeling, T., Jann, W., Wagner, D.* (Hrsg.): Institutionenökonomie und Neuer Institutionalismus, Überlegungen zur Organisationstheorie, Opladen 1999, S. 147-164.

Schanze, E.: Ökonomische [Analyse] des Rechts in den USA, in: *Assmann, H. D., Kirchner, C., Schanze, E.* (Hrsg.): ökonomische Analyse des Rechts, Tübingen 1993, S. 1-16.

Schneider, D.: „[Unsichtbare] Hand" Erklärungen für die Institution Unternehmung, in: Zeitschrift für Betriebswirtschaft, 63. Jg. (1993), S. 179- 195.

Schneider, D.: Allgemeine [Betriebswirtschaftslehre], 3. A., München, Wien 1987.

Schneider, D.: Die [Unhaltbarkeit] des Transaktionskostenansatzes für die „Markt oder Unternehmung"-Diskussion, in: Zeitschrift für Betriebswirtschaft, 55. Jg. (1985), S. 1237-1254.

Scott-Morgan, P.: Die heimlichen [Spielregeln], Die Macht der ungeschriebenen Gesetze im Unternehmen, Frankfurt/M., New York 1994.

Smith, A.: Der [Wohlstand] der Nationen, 6. A., München 1993, Erstauflage 1776.

Spencer, A. M.: Market [Signalling]: Information Transfer in Hiring and Related Processes, Cambridge/Mass. 1973.

Spremann, K.: Zur [Reduktion] von Agency-Kosten, in: *Schneider, D.* (Hrsg.): Kapitalmarkt und Finanzierung, Berlin 1987, S. 341-350.

Steinmann, H., Hennemann, C.: [Personalmanagementlehre] zwischen Managementpraxis und mikro-ökonomischer Theorie – Versuch einer wissenschaftstheoretischen Standortbestimmung, in: *Weber, W.* (Hrsg.): Grundlagen der Personalwirtschaft, Theorien und Konzepte, Wiesbaden 1996, S. 223-277.

Stiglitz, J. E.: Die [Chancen] der Globalisierung, Für eine andere Weltwirtschaft, München 2006.

Taylor, F. W.: Die [Betriebsleitung] insbesondere der Werkstätten, deutsche Bearbeitung von „Shop Management" durch A. Wallichs, 3. A., Berlin 1917.

Taylor, F. W.: Die [Grundsätze] der wissenschaftlichen Betriebsführung, Reprint der Ausgabe v. 1913, neu hrsg. und eingeleitet von W. *Bungard* und W. *Volpert,* Weinheim 1995.

Terberger, E.: Neo-institutionalistische [Ansätze], Entstehung und Wandel – Anspruch und Wirklichkeit, Wiesbaden 1994, zugl. Habil-Schr. Frankfurt/M. 1993.

Tirole, J.: [Hierarchies] and Bureaucracies: On the Role of Collusion in Organization, in: Journal of Law, Economics and Organization, 1986, S. 182-214.

Ulrich, P.: [Betriebswirtschaftslehre] als praktische Sozialökonomie – Programmatische Überlegungen, in: *Wunderer, R.* (Hrsg.): Betriebswirtschaftslehre als Management- und Führungslehre, 3. A., Stuttgart 1994, S. 179-203.

Ulrich , P.: Der spezielle [Blick] der Allgemeinen Betriebswirtschaftslehre für die ökonomischen Dinge der Unternehmensführung, Ein sozialökonomischer Ansatz, in: *Kirsch, W., Picot, A.* (Hrsg.): Die Betriebswirtschaftslehre im Spannungsfeld zwischen Generalisierung und Spezialisierung, Wiesbaden 1989, S. 137-154.

Vanberg, V.: Zur ökonomischen [Erklärung] moralischen Verhaltens, in: *Pies L., Leschke, M.* (Hrsg.): Gary Beckers ökonomischer [Imperialismus], Tübingen 1998, S. 141-146.

Weber, M.: [Wirtschaft] und Gesellschaft, Grundriss der verstehenden Soziologie, 5.A., Studienausgabe, Tübingen 1980.

Weber, M.: Der [Sinn] der „Wertfreiheit" der soziologischen und ökonomischen Wissenschaften, in: *Weber., M.:* Gesammelte Aufsätze zur Wissenschaftslehre, 3. A., Tübingen 1968, S. 489- 540.

Weibler, J.: [Ökonomische] vs. verhaltenswissenschaftliche Ausrichtung der Personalwirtschaftslehre – Eine notwendige Kontroverse? In: Die Betriebswirtschaft, 56. Jg. (1996), S. 649-665.

Wenger, E.: Allgemeine [Betriebswirtschaftslehre] und ökonomische Theorie, in: *Kirsch, W., Picot, A.* (Hrsg.): die Betriebswirtschaftslehre im Spannungsfeld zwischen Generalisierung und Spezialisierung, Wiesbaden 1989, S. 155-181.

Williamson, O. E.: [Comparative] Economic Organization: The Analysis of Discrete Structural Alternatives, in: Administrative Science Quarterly, Vol. 36 (1991), S. 269-296.

Williamson, O. E.: [Vergleichende] ökonomische Organisationstheorie: Die Analyse diskreter Strukturalternativen, in: *Ordelheide, D., Rudolph, B., Büsselmann, E.* (Hrsg.): Betriebswirtschaftslehre und ökonomische Theorie, Stuttgart 1991, S. 13-49.

Williamson, O. E.: The [Firm] as a Nexus of Treatis – an Introduction, in: The Firm as a Nexus of Treatis, hrsg. v. *Aoki, M., Gustafsson, B., Williamson, O. E.,* London u. a. 1990, S. 1-25.

Williamson, O. E.: Die ökonomischen [Institutionen] des Kapitalismus, Tübingen 1990. Original: The Economic Institutions of Capitalism, New York 1985.

Williamson, O. E.: [Markets] and Hierarchies, New York 1975.

Wolff, B., Lazear, E. P.: Einführung in die [Personalökonomik], Stuttgart 2001.

Wunderer, R., Mittmann, J.: 10 [Jahre] Personalwirtschaftslehre – von Ökonomie nur Spurenelemente, in: Die Betriebswirtschaft, 43. Jg. (1983), S. 623-655.

Register

Adverse selection 157
Agency-Beziehung 153
Agencykosten 80, 192
Agency-Nutzen 194
Agencyprobleme, einfache 162
Agencyprobleme, komplexe 164
Allmende 119, 273
Anreizverträge 174
Arbeitsleid-Hypothese 51, 156
Arbeitsteilung 87, 155, 202
Arbeitsvertrag 110, 133, 154, 200
Ausdünnung von
    Verfügungsrechten 111, 115
Beherrschungs- und
    Überwachungssysteme 218
Bereitstellungsproblem 56, 93, 206
Bewertung von Institutionen 36
Bonding 180
Bonding costs 192
Bürokratie 228
Choice of rules 61, 74
Choice within rules 61, 74
Clanmechanismus 72, 106, 226, 284
Coase-Theorem 142
Commitment 180, 188
Darlehensvertrag 130
Dienstvertrag 93, 133, 154
Differenzierungsstrategie 55, 240
Dreiseitige Beherrschung und
    Überwachung 219, 223
Drückebergerei 158, 175, 195, 261, 263
Durchsetzung von Institutionen 17, 27,
    40
Eigentum 109

Entlastungsfunktion von
    Institutionen 22
Entstehung von Institutionen 25
Erfahrungseigenschaften von
    Gütern 139, 241
Erlass 25, 65
Externe Effekte 112, 119, 141, 155, 239
Faktorspezifität 209
Fundamentale Transformation 216
Funktionen von Institutionen 68
Geistiges Eigentum 110
Gemeineigentum 118
Gemeinwohl 41
Gesellschaftsvertrag 34, 135, 145
Gleichgewichtstheorie 53, 55
Herrschaftssicherung 24, 68
Hidden action 158
Hidden characteristics 157
Hidden information 159
Hidden intention 160
Hierarchie 65, 105, 227, 274
Hold up 160, 209, 215
Homogenität der Güter 53, 97
Homo oeconomicus 47, 51, 74, 114, 189,
    256
Homo sociologicus 32, 284
Hybride Organisation 220
Idealer Diskurs 42, 78
Idealer Markt 96, 238
Impliziter Vertrag 182
Individualprinzip 47
Individuum und Institution 30
Informale Institutionen 267, 287
Information, unvollständige 205, 208

Informationsasymmetrie 103, 155, 170, 241

Inspektionseigenschaften von Gütern 139, 241

Institution 15

Institutionenvergleich, ordinaler 213, 232

Internalisierung externer Effekte 244

Kaufvertrag 93, 138, 149

Kohäsionsfunktion von Institutionen 23, 70

Kollektivgüter 66, 121

Konkurrenz 53, 97

Konsens 39, 41, 291, 294

Kooperationsgewinne 33

Koordinationsfunktion von Institutionen 23, 68

Koordinationsproblem 56, 92

Kostenführerstrategie 240

Kosten-Nutzen-Kalkül 52, 68, 73, 279

Legitimation von Institutionen 29, 36

Leitidee 17

Lock-in-Situation 210

Machtasymmetrie 239, 246, 248

Marktkontrolle 222

Markttransparenz 54, 96, 170, 238

Marktversagen 239

Menschenbild 31, 50

Menschenbild, negatives 51, 261

Messproblem 57, 95, 103, 126

Mietvertrag 127

Monitoring 173

Monitoring costs 192

Moral hazard 160

Motivationsfunktion von Institutionen 22

Motivationsproblem 56, 95, 102f., 126

Multitask-Problem 167

Nachverhandlung von Verträgen 205, 210f.

Natürliche Ordnung 37

Naturzustand 33

Nutzenmaximierung 48f., 76, 155, 189

Nutzungskosten 113, 115

Nutzungsrechte 113

Öffentliche Güter 66, 113, 118, 121, 243

Ökonomischer Imperialismus 259

Opportunismus 204, 261

Ordnungsfunktion von Institutionen 15, 21

Organisation 19

Organisationskultur 70

Pachtvertrag 127

Pareto-Effizienz 42, 77

Pareto-Kriterium 42, 77, 268

Präferenzen 47, 52, 257, 281

Preismechanismus 94, 96

Principal-Agent-Ansatz 103, 273

Privateigentum 91, 117, 145, 273

Privatisierung von Gemeineigentum 147

Qualitätsunsicherheit 242

Quasi-Rente 211, 215, 251

Rationalitätsprinzip 45, 48, 168, 256

Regelgeleitetes Verhalten 62, 190

Relationaler Vertrag 134, 229

Reporting 174

Reputation 168, 179, 187

Residual loss 192, 194

Restriktionen 48, 257

Rolle, soziale 18

Screening 170

Seitenverträge 166

Self-Selection 104, 176

Shirking 158, 261

Signalling 171, 242

Sittlichkeit 39
Sozialkapital 111, 187
Spezifität 205, 209, 213, 233
Spezifitätsproblem 57, 96, 106
Suchproblem 56, 94, 104
Tayloristische Organisation 195, 263
Team-Produktion 165
Tragödie der Allmende 119, 123, 273
Transaktion 199
Transaktionskosten 54, 66, 80, 105, 199, 231
Transaktionskostenansatz 105, 199, 274
Trittbrettfahrerproblem 66, 120, 242, 251
Übernutzung von Gemeineigentum 120f.
Überwachung 23, 68
Umweltunsicherheit 216
Unsichtbare Hand des Marktes 237
Unterinvestition in Gemeineigentum 120f.

Unternehmenskultur 228
Verfügungsrechte 88, 109
Verfügungsrechtsansatz 102, 109, 273
Verhaltensunsicherheit 217
Verhandlungskosten 144
Vertrag 26, 39, 64, 71, 91, 145, 286
Vertragstheorie 32, 266
Vertrauen 181
Vertrauenseigenschaften von Gütern 139, 182, 241
Werkvertrag 93, 131, 154
Wertmaßstabsfunktion von Institutionen 23
Wirtschaftliches Prinzip 45
Wissensvorsprung 194, 264
Zielharmonisierung 175, 290
Zielkonflikte 174, 289
Zweiseitige Beherrschung und Überwachung 219, 223